Ah, che teatro che è il teatro!

(Una della balconata III del Tm&vT)

Il
teatro del teatro
a
Théatropólis

di
Jeph Anelli

Prefazione di Rino Caputo

B e a T
Enrico Bernard entertainmentart

*Al
mio carissimo e amatissimo Maestro,
prof. Enzo Spaltro, psicologo, poeta.*

Il Teatro del Teatro a Théatropolis

Quando il mio caro e stimatissimo amico, il Prof. Rino Caputo, mi propose di pubblicare il testo-epopea di Jeph Anelli "Il teatro del teatro a Théatropólis" ho dato del matto a lui, all'autore e a me stesso perché decisi subito di inserirlo nelle mie edizioni. Si tratta non di un testo ma di un'enciclopedia, una storia completa del teatro sotto forma di spettacolo, un capolavoro assolutamente geniale. 510 pagine fittissime in cui c'è tutto, ci sono anch'io col mio teatro *Snaturalista*! Al teatro sonnolento non posso fare altro che suggerirgli di darsi una svegliata.

(Nota dell'editore, autore teatrale e saggista Enrico Bernard)

Gli accenti acuti sulla parola *Théatropólis* (dal greco θέατρον πόλις, *théatro pólis*). La pronuncia con la tonica sulla terzultima sillaba (sdrucciola) è spaesante rispetto alla presenza di due altre vocali accentate: se l'occhio è attratto dalle vocali accentate, la lingua va a battere nel mezzo delle due, dove s'è creato un vuoto. Tutto il testo è un tentativo di creare un vortice di azioni attorno a uno spazio vuoto, un nulla generatore di azioni e relazioni. La mancata numerazione delle pagine è ciò che il testo vuole essere: un magma informe in cui immergersi e non un asettico prodotto da fruire analiticamente sezionandone forma e contenuto.

(Nota di Giancarlo Loffarelli, scrittore, commediografo, drammaturgo, regista e attore)

Forma e indeterminazione nelle poetiche contemporanee
Un'opera d'arte o un sistema di pensiero nascono da una rete complessa di influenze, la maggior parte delle quali si svolgono al livello specifico di cui opera o sistema fanno parte; il mondo interiore di un poeta è influenzato e formato dalla tradizione stilistica dei poeti che lo hanno preceduto tanto e forse più che dalle occasioni storiche a cui si rifà la sua ideologia; e attraverso le influenze stilistiche che egli ha assimilato, sotto specie di modo di formare, un modo di vedere il mondo. L'opera che produrrà potrà avere connessioni esilissime con il proprio momento storico, potrà esprimere una fase successiva dello sviluppo generale del contesto, o potrà esprimere, della fase in cui egli vive, livelli profondi che non appaiono ancora così chiari ai contemporanei.

(Umberto Eco, *Opera Aperta*, Bompiani, Milano, 1971)

*Il teatro del teatro a Théatropóli*s è un'opera destinata alla lettura, alla fiction televisiva e cinematografica, al teatro e al nulla. Il testo teatrale è tratto dal programma televisivo "La stagione del centenario del Teatro delle maschere & dei volti di Théatropólis", Anno del Conto Salato/Anno della Ripresa.

(Nota dell'Autore)

Post-Scriptum (PS): Per implicarsi come coautore del romanzo teatrale *Il teatro del teatro a Théatropólis*, al lettore basterà inserire i numeri di pagina al testo e ai titoli e sottotitoli indicati nell'Indice.

(*Nota dell'Autore*)

7

Il Teatro del Teatro a Théatropolis

Prefazione

Quando, nel maggio del 1921, quasi un secolo fa, al Teatro Valle di Roma fu rappresentata per la prima volta *Sei Personaggi in cerca d'autore*, dal significativo sottotitolo "Commedia da fare", il pubblico, già fortemente diviso tra detrattori e fautori, al termine del primo atto, fece risuonare la sentenza (apparentemente) definitiva: " Manicomio!!! Manicomio!!!", umoristicamente condivisa, e ribadita, qualche anno dopo, dallo stesso Pirandello nel corpo stesso delle battute di scena nel testo del secondo intervento drammaturgico metateatrale, *Ciascuno a suo modo*. Del resto, già da qualche anno Luigi Pirandello, autore di crescente successo nei teatri italiani degli anni della (prima) guerra mondiale, faceva 'impazzire' gli spettatori, come si accorge acutamente Antonio Gramsci, notista teatrale dell'Avanti a Torino: "Le sue commedie sono tante bombe a mano che scoppiano nei cervelli degli spettatori e producono crolli di banalità, rovine di sentimenti, di pensiero". Ma, dopo la migliore accoglienza dell'opera a Milano, qualche mese dopo, è solo nel 1923 che, grazie alla messinscena innovativa e 'tecnologica' di Pitoëff a Parigi, i Sei Personaggi assicurano il successo planetario al drammaturgo siciliano e lo consegnano altresì al destino di iniziatore del 'metateatro' ovvero del 'teatro nel teatro', che sarà ribadito dalla sua successiva immediata 'trilogia' comprendente, oltre al primo capolavoro, *Ciascuno a suo modo*, appunto, nel 1924 e, nel 1930, *Questa sera si recita a soggetto*.

Jeph Anelli non è un semplice seguace della modalità pirandelliana ovvero l'ennesimo autore che, in Italia, in Europa e nel mondo intero, impara la lezione del Predecessore e la ripete, con maggiore o minore aderenza o creatività, nel testo e nella scena. Il salto esplicito del piano della (presunta) realtà vera, proposto genialmente da Pirandello, diventa per Anelli e il suo 'alter ego' nel testo approntato, il regista Smirnov, il luogo in cui i piani della realtà e della fantasia s'intrecciano, si rincorrono convulsivamente e, spesso, a spirale, e infine si sbriciolano nella (apparente) confusione dell'azione, fino all'autoironica messa in crisi di ogni attendibilità positiva: la 'finta finzione', lo 'sciopero alla rovescia', il barocco inseguimento, orizzontale e verticale, dei piani e dei rapporti.

Anelli seguace consapevole e acculturato di Pirandello, dunque, fino all'omaggio di memoria allusiva e quasi celebrativa? Certamente il testo rispetta l'archetipo pirandelliano, come si può notare dal 'teatro nel teatro' presente nella parte terza dell'opera. Ma c'è dell'altro. Come Pirandello estraeva dal 'fatto' spaziotemporale concreto, un evento in sé bruto e inconoscibile, la verità profonda, pur precaria e pressoché insoddisfatta nella sua realizzabilità effettiva, così Jeph Anelli predispone all'azione scenica, per inverarla, il racconto della (propria) vita: la sua storia intellettuale e artistica, le relazioni culturali geneticamente formative, i rapporti interpersonali del dare e dell'avere dello scrittore, poeta, narratore e drammaturgo, tra la nascita e l'infanzia di Maenza, la giovinezza tumultuosa di Trento e la maturità operosa nelle città lepine, Sezze e la stessa Maenza, che lo hanno visto e vedono tuttora vivere intensamente le esperienze esistenziali della Famiglia, della Società, delle Istituzioni (è stato anche Sindaco del suo paese) ma, soprattutto, la vita della scrittura e la scrittura della vita.

La Storia, proprio come nei Sei Personaggi, irrompe a suo modo anche nel testo dell'Epigono pirandelliano dei nostri tempi. E sarà da valutare, con attenta ermeneutica, la significatività plurima dei riferimenti (auto) biografici. Lungi dall'essere un buon espediente puramente allusivo, lo "sciopero alla rovescia", ad es., richiama la Vita reale di quegli uomini e donne, in particolare della realtà sociale dei Monti Lepini, che nell'immediato secondo dopoguerra lottavano per il lavoro, inteso, oltre che come condizione per l'esistenza e, spesso, per la stessa elementare sopravvivenza, come momento ineludibile di identità e dignità umana. Lavoravano ancor più per protestare, scioperavano, certamente, ma...'alla rovescia'.

L'opera di Anelli-Smirnov diventa non più, allora, o non soltanto, 'teatro nel teatro' ma, appunto, nell'inviluppo fantasmagorico e lucidamente 'folle' degli atti e delle scene, Teatro del Teatro, come dimostra chiaramente, e non solo nelle intenzioni poietiche dell'Autore, l'ampio "Antefatto", che è già Teatro del Teatro, nella misura in cui, ormai oltre Pirandello, il Teatro è dappertutto e il mondo è una Théatropólis. Del resto, è pur sempre il geniale Predecessore di Jeph Anelli che, ancor giovanissima matricola universitaria e drammaturgo in pectore, scriveva: "sicut in theatro item in coelo".

Anelli-Smirnov, 'scioperando alla rovescia', lavora ancor più sul nesso tra Realtà e Finzione, tra Vita e Scrittura, tra Storia e Arte. Il suo è un Inno alla necessità del Teatro per la Vita. Ma, come accade sempre nell'Arte, la Vita vive se si fa Teatro. Il Teatro del Teatro.

Rino Caputo
Storico e Critico della Letteratura
Direttore della Rivista "Pirandelliana"

PARTE PRIMA
(Fuori rappresentazione)

ANTEFATTO I

Celebrazione del Centenario del Teatro delle Maschere & dei volti di Théatropólis.

Tm&vT. Venerdì, 27 settembre dell'Anno del Conto Salato.

CRONISTA TVTT

Robert Linton, di TV Théatropólis Theatrum, per commentarvi la Cerimonia d'apertura del Centenario del Teatro delle Maschere & dei volti di Théatropólis a cui partecipano le massime autorità dello Stato. Il teatro è addobbato a festa, con esposizioni di bandiere a due bande di color giallo ocra e rosso porpora, insegne, gonfaloni, stendardi, drappi, bandiere, vessilli e gagliardetti con lo stemma della Città-Stato di Théatropólis. Ogni spettatore riceverà dalle Maschere una coccarda che ciascuno si apporrà sul petto. Considerata la sua difficile e dolorosa crisi economica, il Tm&vT celebrerà in modo sobrio il suo Centenario. Ed ora ascoltiamo in piedi, fermi sulla posizione di attenti e in rispettoso silenzio, l'*Inno Nazionale* della Città-Stato di Théatropólis, composto da Annegret Beundransvärd. Dirige il Coro e l'Orchestra del Teatro dell'Opera di Théatropólis Francesco Belli.

(A seguire il concerto della sinfonia n. 4, in quattro movimenti, in re maggiore per soli, coro e orchestra, opera 90, *Inno alla felicità* di Eros Zephyr)

(Alla fine del concerto, fa il suo ingresso in palcoscenico il Direttore Artistico del Tm&vT)

DIRETTORE ARTISTICO

Signore e Signori, in occasione della Cerimonia di partecipazione della Stagione del Centenario del Teatro delle maschere & e dei volti   è per me un privilegio e un grande onore poter esprimere ì sentimenti di fervido ossequio e di deferente rispetto al Capo dello Stato e al Capo del Governo della Città-Stato di Théatropólis. Mi è gradito esprimere alle autorità presenti, in particolare, ai Signori Ministri e Sottosegretari del Governo, agli Onorevoli Deputati del Parlamento, al Reggente di Théatropólis, ai Presidenti del Consiglio Superiore della Magistratura, della Corte costituzionale e della Corte dei conti, alle Loro Eccellenze Ambasciatori, agli sponsor, agli ospiti e agli spettatori in sala, il più cordiale e caloroso benvenuto, convinto e sentito di tutto il personale del Tm&vT. Il Teatro delle maschere & e dei volti di Théatropólis fu inaugurato il giorno sabato 27 settembre dell'Anno della Peste, che fece temere la fine dell'umanità. Da allora sono trascorsi cent'anni, un secolo: si tratta di una testimonianza della lunga storia della nostra tradizione culturale, che costituisce un tratto caratteristico del Tm&vT: teatro nazionale e mondiale. Mi è gradito salutare e invitare sul palcoscenico il Ministro della Cultura e dello spettacolo della Città-Stato di Théatropólis, l'on. Diomede Leon, il Reggente di Théatropólis, l'on. Pier Grillini, e il Gestore in Amministrazione Controllata del Tm&vT, il dott. Augusto Formichino. Proprio nell'Anno del Conto Salato, in cui ci si accinge a celebrare il suo Centenario, il Tm&vT, il teatro più rappresentativo di Théatropólis e considerato tra i più prestigiosi teatri al mondo, che ospita i principali artisti nel campo internazionale del teatro, sarà costretto a dover svolgere un ruolo secondario poiché, limitato da vincoli legislativi e insufficienti risorse pubbliche, pressoché inesistenti, e private. La celebrazione del Centenario della fondazione del prestigioso Tm&vT è un avvenimento straordinario e, per tale evento, abbiamo ricevuto tantissimi auguri di felicitazioni da tutto il mondo; ma, per l'economia del tempo di cui disponiamo, diamo lettura soltanto dei messaggi augurali del Presidente della Repubblica, Sergio Serioso, del Presidente del Governo, Paolo Addizionato, e del Parlamento, Roberto Fichetto. Messaggio del Presidente della Repubblica: «Egregio signor Gestore, esimio Direttore Artistico, illustri autori, registi e interpreti, spettabile staff scenico, tecnico, amministrativo e inserviente, e a voi preziosi spettatori, giungano gli auguri più fervidi e la gratitudine della Libera Città-Stato della Repubblica Democratica di Théatropólis e mia personale per il 100° anniversario del Tm&vT che, con passione civile, ha rappresentato e svolto un ruolo fondamentale di equilibrio ed apertura di incessante ricerca del dialogo e della cooperazione, accanto all'affermazione del pluralismo della cultura e dei principi che sono alla base della libertà di espressione, rappresentazione e informazione: valori e diritti fondamentali, tutelati dalla Costituzione della Libera Città-Stato della Repubblica Democratica di Théatropólis che stabilisce all'articolo 1: «La Libera Città-Stato della Repubblica Democratica di Théatropólis – la cui economia è fondata principalmente sulla cultura teatrale – promuove, sviluppa e sostiene le attività delle istituzioni pubbliche e delle imprese, organizzazioni e associazioni private, a supporto delle politiche di inclusione, di integrazione e di coesione sociale. Attraverso il teatro, i cittadini acquisiscono elementi di conoscenza per elaborare opinioni, a volte allarmanti, distorsive, ansiose, rissose, intolleranti e nocive che, invece di determinare responsabilità, consapevolezza e capacità di stimolare la riflessione, la critica, il confronto con le altrui opinioni e convinzioni, per realizzare quella connettività di linguaggio capace di rendere più tollerabile, integrato, unito e saldo il nostro Stato, rischiano di seminare, nella società, i bacilli della divisione, del pregiudizio, della partigianeria, dell'ostilità preconcetta, dell'intolleranza, che puntano a sottoporre i nostri concittadini a tensione continua, con il danno che ne deriva per la convivenza sociale. Il Tm&vT, patrimonio di storia, di cultura e di valori, ha contribuito a interpretare e a rappresentare, nelle sue forme di espressione teatrale, le vicende umane per restituirle al mondo allo scopo di migliorarlo. A voi operatori di teatro esprimo un grande apprezzamento e gli auguri più intensi di successo che meritate nel restituire al mondo le sue vicende per migliorarne il destino. W il Tm&vT, eccellenza culturale nel mondo. W la Democrazia, W la Repubblica». Messaggio del Presidente del Governo: «Mi è assai gradito porgervi il mio cordiale saluto ed esprimervi le mie felicitazioni per il Centenario del Tm&vT, virtuoso patrimonio culturale dell'umanità che ha dato tanto rilievo e prestigio alla nostra cultura nel mondo. W il teatro! W la cultura!». Messaggio del Presidente del Parlamento: «Celebrazioni come questa sono utili a ricordare come il Teatro operi e incida culturalmente nella società, contribuendo a ridurre le nostre difficoltà, a far crescere il nostro paese e a migliorarne le condizioni di vita. Successo e Gloria al Tm&vT». E ora, mi è gradito dare la parola al signore direttore dei servizi culturali che svolgerà una relazione sulla storia centenaria del Tm&vT.

DIRETTORE s.c. Tm&vT

(Entra e saluta con timidi sorrisi e inchini)

Il Tm&vT, nel corso della sua storia centenaria, ha cambiato più volte il proprio nome. Alla sua fondazione, durante la Monarchia, fu chiamato

"Teatro Ausel" e, poi, "Theatrum Dux Lux" nel periodo della Tirannide; con l'avvento della Libera Città-Stato della Repubblica Democratica di Théatropólis, prese l'attuale nome di "Teatro delle maschere & dei volti": intitolazione ispirata al titolo dell'opera grottesca "La maschera e il volto" scritta da Luigi Chiarelli nel 1913 e alla frase «Imparerai a tue spese che nel lungo tragitto della vita incontrerai tante maschere e pochi volti» tratta dal romanzo "Uno, nessuno e centomila" di Luigi Pirandello, pubblicata in volume nel 1926. Il titolo al plurale indica la molteplicità delle maschere che i volti assumono. Tuttavia, ancora oggi, il teatro è abitualmente chiamato "Teatro della Sfinge", oppure "Teatro della Peste" a seguito della rappresentazione teatrale di *"Èdipo re"*, di Sofocle. Nell'*Anno Economico dei Buoni Propositi*, con l'approvazione del nuovo organigramma, mi fu affidato l'incarico di Direttore dei servizi culturali per realizzare un archivio, una biblioteca e un museo del Tm&vT. Mi trovai in difficoltà: il materiale custodito fino allora dall'Uscere si trovava sparso in vari ambienti del Tm&vT e nel più completo disordine, privo di catalogazione e conservato in modo approssimativo. Con la ristrutturazione del palazzo teatrale e dopo un lunghissimo e certosino lavoro di ricerca e recupero è stato raggiunto l'ottimale risultato di realizzare un archivio, una biblioteca, una nastroteca, una videoteca e un museo con relativo personale specializzato in grado di provvedere alla catalogazione ed alla conservazione dei costumi, delle scenografie e della documentazione storica e audiovisuale dell'Ente, rendendo altresì, tale patrimonio, di notevole dimensioni, che testimonia l'ultracentenaria attività del Teatro delle maschere & e dei volti , fruibile a quanti che per studio o per curiosità, desiderino prenderne visione.

CRONISTA TVTT

Signor Direttore dei servizi culturali, del Tm&vT, può fornirci i dati del Bilancio di Esercizio di un secolo?

(Il Direttore s.c.t. guarda il Direttore Artistico che, impacciato, volge lo sguardo verso il Gestore seduto in prima fila in platea per ricevere il suo consenso a fornire la risposta alla domanda del Cronista)

GESTORE
DIRETTORE s.c.

Prego. Signor Direttore dei servizi culturali.

(*Sfoglia dei documenti*)

Entrate. Valore della produzione media annua arrotondata per difetto (Importi espressi in D, denari). Biglietti: 9.000.000; abbonamenti: 2.000.000; altre prestazioni 2.420.000, di cui: proventi scuole: 445.000; diritti per riprese tv: 160.000.; noleggio materiale teatrale: 370.000; proventi tournée: 560.000; vendita libretti/programmi: 150.000; coproduzioni: 240.000; altro: 50.000). Contributi pubblici: 40.000.000. Contributi privati: 800.000. Sponsorizzazioni: 900.000. Altri ricavi (pubblicità, affitto): 1.000.000, di cui 700.000 di proventi straordinari. Totale media annuale entrate: D 56.120.000. totale entrate in un secolo: D 5.612.000.000!

CRONISTA T/MAGAZINE

(Digita l'icona della calcolatrice del suo telefono cellulare)

La fonte più consistente di ricavo è data dai contributi pubblici (4.000.000.000 D) che rappresentano il 71,28% del totale del valore della produzione. Che consuntivo dettagliato! Bravo! E le Uscite?

DIRETTORE s.c.
CRONISTA T/MAGAZINE

Delle Uscite, volete un rendiconto dettagliato?

(Si atteggia e interviene come fa un pavone che si sente ammirato)

	No, per carità; ci fornisca soltanto il riepilogo delle uscite e del debito prodottosi nell'arco di un secolo!
DIRETTORE s.c.	Entrate: 5.612.000 D. Uscite: 7.100.000 D. Debito: 1.488.000 D.
CRONISTA T/MAGAZINE	1.488.000 D? Un debito troppo, troppo elevato, difficilmente sanabile: almeno in tempi brevi.
CRONISTA TVTT	Il bilancio consuntivo dello scorso anno non è stato ancora approvato e neppure il previsionale per la prossima stagione teatrale.
DIRETTORE s.c.	Nessun commento.
CRONISTA T/MAGAZINE	Ritiene opportuno non rispondere per timore di qualche ritorsione?
DIRETTORE s.c.	La questione non è di mia competenza.
GESTORE	Signore cronista del Theatre Magazine, a tal proposito, onde evitare fraintendimenti o illazioni pregiudizievoli allo scopo di instillare odio e disorientamento nell'opinione pubblica, sarà compito del Gestore riferire le dovute risposte per ristabilire, in verità alla verità, il vero della verità e non il vero della falsità, fornendo i documenti ufficiali su cui basare l'analisi della gestione del Tm&vT.
CRONISTA T/MAGAZINE	Allo stato dei fatti e delle norme in vigore, la liquidazione del Tm&vT è quasi certa.
GESTORE	Incauto! Provocatore!
UNO (*dal retroscena*)	Si inviti il Signor Carenti a esplicitare in modo chiaro, conciso, rigoroso, preciso, concreto, in maniera essenziale, sufficiente e completa e non affatto generica la verità sulla crisi finanziaria del Tm&vT!
DIRETTORE ARTISTICO	Stiamo celebrando il Centenario del Tm&vT e l'intervento del signor Carenti non è in programma.
UN ALTRO (*dal retroscena*) DIRETTORE ARTISTICO	Sia consentito un fuori programma nel programma!

(Guarda il Gestore che, con un cenno del capo, lo autorizza a invitare sul palco il signor Carenti)

GESTORE — Il dott. Furio Carenti è invitato a intervenire.

FURIO CARENTI (*in platea*) — Se lo ritiene utile a raffreddare e, finanche, a spegnere gli animi dei teatranti più focosi dietro le quinte, in stato di agitazione e che minacciano lo sciopero per annullare tutte le attività del teatro in programma per il Centenario, tra cui la Stagione teatrale e il 70° "Festival internazionale del teatro di Théatropólis", mi presto volentieri a relazionare sulla mia gestione, che ha ridotto notevolmente l'indebitamento del teatro e ne ha evitato la chiusura.

UNO (*dal retroscena*) — Vogliamo una relazione esaustiva sulla crisi gestionale del teatro e sulla sua risoluzione, altrimenti provocheremo un oscuramento in modo da interrompere la Cerimonia d'apertura della Stagione del Centenario del Teatro delle maschere & e dei volti e l'annullamento dello spettacolo teatrale *Sei personaggi in cerca d'autore* di Pirandello. Si esige la verità e, dunque, si dica la verità! Che gli enunciati, le informazioni fornite, siano verificabili.

FURIO CARENTI — Dovreste decidere di dotarvi almeno di una pedana obliqua, come per legge, per consentire anche ai disabili, come me, di salire dalla platea sul palcoscenico.

(Si sposta con la carrozzina posizionandosi accanto a una delle due scalette laterali che conduce dalla platea al palcoscenico)

GESTORE — È nel progetto di ristrutturazione del palazzo teatrale, da compiersi entro la fine dell'anno in corso o, altrimenti, si rischia che l'agibilità fissa non venga più concessa, neppure in forma temporanea. Mi permetta di presentarla al pubblico.

FURIO CARENTI — Prego, ma non mi massacri di pregiudizi e di pettegolezzi.

DIRETTORE ARTISTICO — La parola al sig. Furio Carenti, figlio di Aurelio Carenti, il fondatore del "Teatro Ausel" di

Théatropólis, successivamente denominato "Theatrum Dux Lux" e Teatro delle maschere & e dei volti . Prego, signor Carenti, intervenga pure, nel più breve tempo possibile, attenendosi esclusivamente al periodo che va dall'Anno della Leggera Ripresa Economica – con la costituzione dell'Azienda del Teatro delle maschere & e dei volti spa (in breve, ATm&vT spa) che, con la Agorà Spettacoli (società di riferimento della famiglia Carenti con il 39% delle azioni, ha gestito il teatro con altri soci) – all'Anno del Debito Pubblico Aggravato, anno in cui si è dimesso da Direttore artistico.

FURIO CARENTI

Tenterò di attenermi alla consegna, riferendovi la storia centenaria delle *proprietà* del Tm&vT:

UNO (*dal retroscena*)

Riferisca ogni minimo dettaglio, senza nascondimenti di dati e situazioni utili a fare chiarezza sul malessere dell'ATm&vT spa. E se le saranno poste delle domande, risponda e sputi e vomiti i suoi rospi gastrici.

FURIO CARENTI

Nella storia del suo Centenario, mi preme ricordare, innanzitutto un paio di scioperi alla rovescia attuati dai dipendenti del Tm&vT. Il primo è riferibile al periodo della Tirannide, quando il Ministero della Cultura confiscò, per motivi razziali, il teatro al suo proprietario Aurelio Carenti, di razza *simiiformes*. Allora, i dipendenti del "Teatro Ausel", uno dei più antichi di Théatropólis, temendone la trasformazione in teatro di propaganda della politica del regime *homo* protestarono vivacemente. L'impresario teatrale fu costretto, su ordine del Ministro dello Spettacolo a rompere il contratto con la "Compagnia dei Drammatici" e ad annullare gli spettacoli in cartellone. I lavoratori occuparono l'Ausel e attuarono lo *sciopero alla rovescia*, continuando a svolgere le attività funzionali alle rappresentazioni teatrali. Il regime della Tirannide arrestò gli artisti, confiscò l'Ausel e lo denominò "Theatrum Dux Lux", utilizzandolo per la propria propaganda politica e culturale Si trattò del furto legale del teatro e del suo patrimonio artistico patrimoniale a danno della mia famiglia, messo in pratica dal regime della Tirannide nell'ambito dei "Provvedimenti per la difesa della razza *Magnus Homo*. Successivamente, alla caduta del regime tirannico, un'indagine della commissione parlamentare (risalente *all'Anno dei principi etici per porre un freno agli eccessi della finanza*) per la ricostruzione delle vicende che hanno caratterizzato Théatropólis per le attività di acquisizione dei beni dei cittadini *simiiformes*, dopo anni di ricerche e studio, fornì i numeri e indicò gli effetti devastanti di quella politica: 9.801 simiiformes arrestati e deportati; 8.613 morti, di cui 729 suicidi o uccisioni mentre tentavano di sfuggire all'arresto o deceduti in seguito a gravi disagi e privazioni, e, soltanto, 1.188 sopravvissuti, tra cui mio padre Aurelio Carenti. Con l'emanazione delle leggi razziali, gli *homo* cessarono le commesse ai fornitori *simiiformes*, provocandone il dissesto economico A questo bilancio si devono aggiungere le svendite precauzionali d'immobili o aziende operate dai *simiiformes* per timore di forzate spoliazioni che, di fatto, si concretarono con 6.381 decreti fiscali, cui corrispondono 7.187 nomi di persone e 162 nomi di ditte. Il secondo sciopero alla rovescia, con occupazione del teatro, accadde durante la prima recessione della Repubblica, nel giugno dell'Anno della Carenza della Domanda, alla fine della stagione teatrale, quando lo Stato – che ne era divenuto proprietario unico con la sua confisca, operata dal Governo della Tirannide a danno della famiglia Carenti, legittimo proprietario, a cui non fu mai restituito – decise di vendere il Tm&vT. Immediatamente, un gruppo di lavoratori dello spettacolo, attori e tecnici, occuparono il teatro per evitarne la chiusura e la cessione a privati e disposero una petizione indirizzata al Presidente della Repubblica, per far recidere il Governo dal suo intendo di dismettere una funzione essenziale che la Costituzione assegnava allo Stato: la promozione e la tutela dei beni culturali. L'occupazione, denominata "Il teatro al teatro", da presidio di salvaguardia del teatro e di protesta contro la politica culturale del governo, divenne un luogo di incontro e confronto tra lavoratori del teatro e pubblico sui temi più disparati: spettacolo, cultura, politica, società, economia. Durante i milleottanta giorni di occupazione andarono in scena trecentosei spettacoli teatrali, centottanta proiezioni di film e documentari, oltre novanta concerti, nove sfilate di moda, ottantuno conferenze e diciotto convegni. Pur in un clima di austerità economica, visti i risultati positivi dell'autogestione, nonostante la mancanza di sovvenzioni pubbliche e private, con le spese ridotte per garantire sobrie messe in scena e un minimo di stipendio al personale del teatro, il Comune decise di acquistare il teatro dallo Stato per affidarlo alla gestione di una fondazione privata, che fallì miseramente: nonostante le ingenti risorse messegli a disposizione dalla Libera Città-Stato della Repubblica Democratica di Théatropólis e dagli sponsor. Ancora occupazione. Fino a quando il Consorzio del Mutuo Soccorso lo acquistò dalla Libera Città-Stato della Repubblica Democratica di Théatropólis per vendere l'immobile al mecenate Auxilium Providentia, il quale lo diede in gestione all'ATm&vT spa, con il risultato di condurci all'attuale difficile situazione. Nell'Anno della

Leggera Ripresa Economica, sono stato invitato a investire i soldi della mia famiglia per salvare dal fallimento il Tm&vT che aveva un debito complessivo di circa 16 miliardi di denari verso lo Stato (7 miliardi) gli istituti previdenziali (2,4 miliardi), la Banca di Théatropólis (4,2 miliardi), i fornitori (1,4 miliardi) e altri (1 miliardo). Si costituisce così l'Azienda del Teatro delle maschere & e dei volti spa a tempo indeterminato, che ha tra i soci la Agorà Spettacoli (società di riferimento della mia famiglia) che ne detiene il 39% delle azioni, la Banca di Théatropólis, che ne detiene il 45% e altri soci, persone fisiche e giuridiche, per il restante 16%. L'ATm&vT spa rileva e assume crediti e debiti del ramo della Società Cicalini, versando nelle casse dell'azienda sei miliardi di denari. L'ATm&vT spa rileva tutti i lavoratori (sono trentotto a tempo indeterminato più ventidue stagionali, per un totale di 60 persone), e nomina Manlio Volpi direttore artistico. La Banca di Théatropólis è lo sponsor principale con un sostegno annuale di 350.000.000 D. Sono anni in continuità con il passato, in cui la qualità artistica rimane molto alta. A quel tempo, il contributo del Fondo Spettacolo è di circa 3,3 miliardi di denari, su un bilancio complessivo di circa 10 miliardi (il 33 % dei Ricavi). Si scopre col trascorrere degli anni che i debiti della Società Cicalini sono molti di più di quelli che apparivano, con un *financial hole* ben più ampio che si aggirava intorno ai 20 miliardi di denari, in quanto risultarono circa 4 miliardi di poste non contabilizzate rappresentate da interessi e sanzioni di enti fiscali e previdenziali, fornitori e compagnie ospitate.

UNO (*dal retroscena*)

Un enorme, irresponsabile *buco* economico da apparirle senza fine e, che lei, impaurito di non poterlo risanare ma soltanto di ridurre, almeno nel breve tempo, per dare un'immagine sicura della sua gestione del Tm&vT, ha licenziato, *nell'Anno Economico della Forte Evasione Fiscale*, diciassette dipendenti.

FURIO CARENTI — Quella procedura, costosa, produrrà sopravvenienze passive pagate più di 800.000 denari a causa di quattordici transazioni con licenziamento e tre reintegre.

(Fischi e rumoroso battito di piedi dal retroscena)

Insieme alla riorganizzazione, si cercano anche i modi per aumentare i ricavi e rilanciare l'attività artistica. È in questa visione che il Consiglio di amministrazione del Tm&vT, presieduto da Renato Passerotti, socio con l'1,8% delle azioni dell'ATm&vT spa, decide di dare l'incarico di Direzione Artistica a Leo Leone. Nel giro di pochi mesi però risulta evidente che le prospettive di Leone non coincidono con le volontà del CDA. La vicenda non va a finire bene; Leone viene licenziato, sfuria su tutti i giornali, fa causa alla società e ottiene un risarcimento danni di 200.000 D: poco più di una annualità di stipendio da direttore artistico. Renato Passerotti lo querela, vince e Leone viene condannato a pagare 50.000 D. Viene dunque incaricato della Direzione Artistica un grande nome "Teatro delle maschere & dei volti": Ennio Fringuelli. Nel frattempo, Vittorio Cicalini, uscito, da ormai più di 8 anni, dalla gestione dalla Società Teatro delle maschere & e dei volti s.r.l., dovendosi presentare al passaggio di proprietà dopo il riscatto esercitato dall'ATm&vT spa , presenta un'istanza di auto fallimento della propria Società (Teatro delle maschere & e dei volti s.r.l.", in liquidazione, che ottiene e promuove analoga richiesta contro l'ATm&vT spa per recuperare degl'immobili messi all'asta dalla Banca di Théatropólis e così recuperare i debiti causati dalla precedente gestione e che, nella sua mente, del Cicalini, appunto, dovevano restare in usufrutto e nella sua disponibilità fino alla morte. L'operazione, complicata e dispendiosa, costa 560.000 D tra avvocati, commercialisti, curatori, detentori di quote sociali e spese varie. Inoltre, i crediti (prestiti dell'ATm&vT spa) necessari per chiudere i debiti devono essere azzerati per la revoca del fallimento della Società Teatro delle maschere & e dei volti s.r.l. che, altrimenti, avrebbe comportato conseguenze drammatiche per l'ATm&vT spa stessa e per la Banca di Théatropólis. Oltre 2 milioni di denari di crediti sono cancellati e provocano nel Bilancio consuntivo, chiuso nell'Anno della Cicala, una perdita di 2.272.156 D, costringendo i soci a ricostituire il capitale sociale, reinvestendo pesantemente, anche per pagare una fidejussione bancaria rilasciata nell'interesse della S.T. s.r.l. dell'importo di 748.862 D. Fino a quel momento, e siamo nell'Anno dei Sospiri, la Agorà Spettacoli ha investito nel Tm&vT quasi 2,5 milioni di denari e la Banca di Théatropólis circa 3 milioni di denari. L'Azienda Teatro delle maschere & e dei volti spa ha pagato quasi due milioni di denari di interessi passivi alla Banca di Théatropólis per i finanziamenti necessari a ripianare le perdite della S.T. s.r.l. ed ha affrontato spese straordinarie per la riorganizzazione e le cause giudiziarie di quasi tre milioni di denari. In compenso, il margine operativo lordo della società, cioè il margine prima degli ammortamenti, degli interessi, delle tasse, è sempre largamente positivo. I dati, da me riferiti, confermano che la gestione caratteristica della società, cioè il rapporto tra i costi e i ricavi della gestione del Tm&vT, delle ospitalità, delle produzioni, delle tournée è in utile, grazie anche al finanziamento delle istituzioni pubbliche e degli sponsor. Ma tale margine non è mai sufficiente a pagare l'indebitamento pregresso della gestione Cicalini e le opere di riorganizzazione aziendale. I ricavi del Tm&vT si aggirano sempre intorno ai 6 milioni di denari (dei quali, fino all'Anno Economico del Tonfo Economico, circa 1,77 milioni provengono dal Fondo Spettacolo e dalla quota annale dell'Amministrazione municipale di Théatropólis a fondo perduto. Nell'Anno Economico degli Sprechi, il signor Auxilium Providentia, mecenate, acquista per 5,4 milioni D, un prezzo esorbitante, dal Consorzio del Mutuo Soccorso, il palazzo del Tm&vT con l'obiettivo di evitare di farlo chiudere o vendere a uno speculatore per trasformarlo in negozi di lusso; anzi, facendolo inserire, negli ordinamenti statutari di Théatropólis, quale bene artistico e architettonico inalienabile. Nell'Anno Economico della Contrazione, a Ennio Fringuelli, nel frattempo deceduto, il Consiglio di Amministrazione dell'ATm&vT spa mi affida l'incarico di Direttore Artistico e Gestore, ruoli fino allora disgiunti, con la clausola, da me proposta e approvata e inserita nel suo Statuto dal Consiglio d'Amministrazione dell'ATm&vT spa, di potervi rinunciare in qualsiasi momento, senza penalità legali o di rivalsa, per evitare qualsiasi contenzione, come avvenuto nel caso precedente con Leo Leoni. Per ottenere la certificazione di agibilità fissa del teatro si decide, nel mese di luglio dell'Anno Economico del Collasso, di procedere alle verifiche delle condizioni di solidità e sicurezza delle strutture e attrezzature allestite, nonché gli aspetti strutturali dell'edificio e il rispetto della vigente normativa di sicurezza (impiantistica, antincendio e segnaletica) e di igiene. Il teatro non è solo palcoscenico ma anche un sistema di attrezzature e di servizi essenziali alla rappresentazione dello spettacolo; e, dunque, c'erano da conseguire necessari lavori di restauro degli affreschi e degli arredi e, inoltre: rinnovare, gli impianti audio fisso, video e delle americane di sala e l'impianto mobile per movimentazione scene-luci e i servizi igienici; installare l'impianto di climatizzazione, per mantenere le sale a una temperatura costante, con funzione di aria fresca e riscaldamento e dei sistemi video di antifurto e allarme, elettrici e idraulici, citofonici e videocitofonici; sostituire la moquette e le poltrone in platea e nelle balconate e ristrutturare dei locali da adibire a ristorante, bar e foyer per consentire agli spettatori di intrattenersi prima e dopo lo spettacolo e durante le pause. I lavori, a carico totale dell'ATm&vT spa – data l'indisponibilità del proprietario del Tm&vT di parteciparvi – sono costati 1,2 milioni di denari, di cui: 700.000 D da finanziamenti bancari e 500.000 D dalla gestione corrente.

LUCRETIA PROVIDENTIA   (*Dalla platea*)   Indisponibilità del proprietario di partecipare alle spese per i lavori di restauro e ristrutturazione del Tm&vT? Avete profittato della generosità di mio padre, Auxilium Providentia, che aveva acquistato dal Consorzio del Mutuo Soccorso il palazzo teatrale per consentire all'ATm&vT spa, indebitata con i fornitori, le compagnie e lo Stato (per le previdenze), di proseguire le sue attività. Ma l'ATm&vT spa non ha neppure adempiuto al pagamento di una rata dell'affitto dell'immobile, concesso a un prezzo annuo agevolato da rimborsare: 100.000 D per l'Anno Economico degli Sprechi, 200.000 per l'Anno Economico della Contrazione e 300.000 D per l'Anno Economico del

Collasso. 5.000.000:20 anni=250.000 D all'anno. 5.000.000 di denari a un tasso di interesse annuo dell'7% per 20 anni= 5.350.000 D. Alla fine del pagamento, rispettando il contratto di locazione, il Tm&vT sarebbe potuto divenire proprietà dell'AMTV! Alla fine dell'operazione, l'ATm&vT spa avrebbe sborsato la cifra di 5.350.000 D; 12 rate all'anno per un importo mensile medio di 22.292 D, comprensiva sia della quota capitale e sia della quota interessi: praticamente, ricomprandosi l'immobile a condizioni favorevoli. Un affare per l'ATm&vT spa, senza alcun dubbio. Così facendo, non gli avete consentito neppure di pagare le rate e gli interessi del mutuo contratto con la Banca della Cultura: come potevate pretendere che mio padre contribuisse con altro denaro, che non possedeva poiché indebitato, ai lavori di ammodernamento del Tm&vT?

UNA (*dal retroscena*) Restituire i soldi all'affittuario e pagate le rate e gli interessi del mutuo contratto dal mecenate Auxilium Providentia con la Banca della Cultura!

UN'ALTRA(*dal retroscena*) Rispettate i patti!

LUCRETIA PROVIDENTIA Avete consultato mio padre per chiedergli di finanziarvi, a titolo gratuito, *almeno* i lavori di restauro degli affreschi e degli arredi. *Almeno*! E poi, in verità, perché avete affidato a una ditta privata i lavori di rinnovamento del Tm&vT, invece di indire una gara d'appalto – così come consigliato mio padre – per poter permettere una gestione improntata sul rispetto della trasparenza, della concorrenza e della meritocrazia tra le varie imprese che operano a Théatropólis?

FURIO CARENTI Non c'era tempo per indire il bando di gara.

LUCRETIA PROVIDENTIA Altroché!

FURIO CARENTI La licenza di agibilità temporanea, concessaci per sette mesi, sarebbe scaduta a dicembre, consentendoci di concentrare i lavori in platea e nelle balconate per l'apertura dell'inizio della nuova stagione teatrale; e, in ciò, vostro padre, congiuntamente alla necessità di porre, soprattutto in sicurezza il Tm&vT e per migliorarne la funzionalità, ha espresso il suo consenso.

LUCRETIA PROVIDENTIA La verità è che avete affidato i lavori, con suo dispiacere per la mancanza di concorrenzialità e trasparenza, a una ditta amica, ovvero a un vostro sponsor.

FURIO CARENTI Abbiamo operato secondo le disposizioni della legge, con risultati superiori alle nostre aspettative per qualità e risparmi economico; e, ce ne dia il merito, apportando all'immobile teatrale, che è di vostra proprietà, un aumento di pregio artistico, di valore economico, di sicurezza e di funzionalità. Sotto la mia direzione e grazie al valore e alla qualità dell'impegno lavorativo dell'intera struttura, che ha moltiplicato le attività, riconquistato e diversificato e aumentato il numero degli spettatori, il Tm&vT ha ottenuto il riconoscimento di Teatro Internazionale. Ma ecco che qui si inserisce la brutta vicenda dello sfratto.

LUCRETIA PROVIDENTIA Ovvio: per zero pagamento dei canoni di affitto e degli interessi bancari e spese condominiali.

FURIO CARENTI E arriva una prima intimazione di sfratto notificata all'ATm&vT spa.

LUCRETIA PROVIDENTIA Decidendo, su vostra pietosa insistenza unitamente al personale del Tm&vT in stato di agitazione, di non presentarci all'udienza in Tribunale.

FURIO CARENTI E poi viene inviata una nuova intimazione di sfratto, proprio mentre sono in corso soluzioni di ripianamento della situazione debitoria complessiva dell'ATm&vT spa e l'accordo con gl'investitori interessati alla new-co.

LUCRETIA PROVIDENTIA Anche in questo caso, all'udienza per la convalida di sfratto ci siamo accordati, verbalmente, di non presentarsi in Tribunale, con il sostegno dei dipendenti del Tm&vT che, pur incavolati, organizzarono dei sit-in per manifestare le loro perplessità, senza incidenti e senza nessun sopruso.

FURIO CARENTI
Il problema non è più di mia competenza.

LUCRETIA PROVIDENTIA
Quando però lo è stato, lei non si è adoperato per risolverlo.

FURIO CARENTI
Come poc'anzi affermato, abbiamo dovuto investire le nostre risorse finanziarie ai lavori del Tm&vT, proprio per evitarne la chiusura: sia per l'ottenimento della concessione della agibilità fissa e sia per la scadenza della licenza di agibilità temporanea, non più prorogabile. Nell'Anno Economico della Forte Austerità Economica, diminuiscono di 180.000 D le sponsorizzazioni e di 0,44 mln di denari i contributi concessi dai vari Governi in carica. È l'indebitamento, soprattutto quello bancario, che consente la sopravvivenza, grazie anche a fidejussioni personali degli azionisti di maggioranza. Nell'Anno Economico della Depressione Economica e Finanziaria inizia la crisi più difficile, perché l'aumentare del debito va in parallelo a una riduzione dei ricavi consistente: infatti, alla diminuzione del Fondo Spettacolo e alla sparizione quasi totale degli sponsor, va ad unirsi una diminuzione dei ricavi da biglietti che dipende non tanto da un calo di spettatori, quanto da una diminuzione del prezzo del biglietto medio molto pesante. L'insieme di questi gravi cali di ricavi (Fondo Spettacolo, sponsor, botteghino) si aggiunge alle spese straordinarie, come chiarito in precedenza, ed all'aumento, prevalentemente bancario, dell'indebitamento. Il margine operativo lordo della società, positivo non riesce e non è sufficiente al risanamento. Nel frattempo, il Presidente del Consiglio d'Amministrazione dell'ATm&vT spa,

Renato Passerotti alla fine di un dibattito in televisione sulla crisi economica dei teatri di Théatropólis, a un giornalista del Theatre Magazine, dichiarerà, fuori programma, a luci e microfoni spenti, così s'immaginava, l'eventualità di modificare alcuni punti, particolarmente significativi, dello Statuto dell'ATm&vT spa, tra cui la clausola di trasferibilità assoluta delle partecipazioni, ossia che il socio sia costretto a restare in società per tutta la durata pattuita (nel caso specifico, a tempo indeterminato): anche quando cambiano le condizioni a cui aveva aderito all'iniziativa di farvi parte – a meno che non sia posta in fallimento e liquidazione – e di poter cedere le proprie azioni non soltanto ai soci della società di cui si è partecipi ma anche a altre persone fisiche e giuridiche, dato che «l'interesse all'agevole disinvestimento costituisce uno dei fattori essenziali della scelta del tipo società per azioni, che si fonda sul principio di libera circolazione delle azioni». Si aprì un consiglio straordinario sulle dichiarazioni del Presidente del Consiglio d'Amministrazione dell'ATm&vT spa, Renato Passerotti in cui emersero diverse opinioni sul destino della società. A quel punto, ci si trovò davanti a un bivio: decidere di favorire la costituzione di una *new-co* per il completamento dell'aumento di capitale sociale, in modo da azzerare l'indebitamento, o dichiarare il fallimento e porre in liquidazione l'azienda. Essendo Agorà Cultura favorevole alla costituzione di una nuova maggioranza per cancellare il debito di 981ml di denari ma contraria sia al compimento di sostanziali modifiche dell'oggetto sociale e del tipo di società e sia alla liquidazione dell'ATm&vT spa, così come suggerito da diversi soci, alla fine della stagione teatrale dell'Anno del Debito Pubblico Aggravato, rassegnai le mie dimissioni da Direttore Artistico del Tm&vT. Si costituì, per la prima volta, una nuova maggioranza nell'ATm&vT spa , con Agorà Cultura, in posizione di minoranza e opposizione. La Banca di Théatropólis iniziò la procedura di recesso, mentre Renato Passerotti si dimise da Presidente del Consiglio d'Amministrazione dell'ATm&vT spa, e cedette le sue azioni, l'1,8% a un altro socio di minoranza. Riepilogando, dall'Anno della Leggera Ripresa Economica all'Anno del Debito Pubblico Aggravato, ho versato nelle casse del Tm&vT quasi quattro milioni di denari in aumenti di capitale sociale. L'ATm&vT spa ha pagato oltre 3,5 milioni di denari in interessi passivi, principalmente alla Banca di Théatropólis, che è pienamente rientrata del proprio investimento nel Tm&vT, oltre a essere uscita dal capitale sociale, cedendo le sue azioni, il 45%, alla Banca della Cultura, e aver cancellato l'importante partnership e sponsorizzazione. L'ATm&vT spa ha pagato oltre 4,7 milioni di denari di spese straordinarie. In conclusione, la mia direzione artistica e gestionale ha registrato un costante aumento degli abbonati annuali (da 72000 a 97.200) e di vendita dei biglietti (+36%) e la riduzione del debito complessivo, portandolo da 16 miliardi a 981.000 denari.

(Applauso scrosciante da parte del pubblico da ogni settore del Tm&vT)

Riduzione del debito di 15.999.019 denari! Come è stato possibile? Grazie a voi spettatori e alla qualità degli spettacoli prodotti in proprio nel Tm&vT da eccellenti autori, registi, attori e staff tecnico-artistico-amministrativo-pubblicitario e venduti in giro per il mondo; grazie alle contribuzioni delle istituzioni pubbliche e degli enti privati, delle sponsorizzazioni, dagli affitti e dai botteghini convenzionati con i teatri, ubicati negli angoli delle piazze e negli incroci dei viali e mobili, che hanno venduto, ogni giorno, ed in qualche caso per lo spettacolo pomeridiano del giorno seguente, biglietti scontati del 25%, 35% e anche del 50% che, altrimenti, sarebbero rimasti invenduti, rendendo così la partecipazione agli spettacoli più accessibile e, inoltre, per attrarre il pubblico o portare nuovi spettatori al Tm&vT, abbiamo inserito nelle rappresentazioni dei drammi e delle commedie attori di grande fama del cinema e della televisione. Il seguito vi sarà riferito, suppongo, dal Gestore in amministrazione. Mi preme sottolineare che anch'io, come voi tutti, sono in ansia per le sorti del Tm&vT. Finché sarò socio con il 39% delle azioni, m'impegnerò a tutelare e a sviluppare al meglio il suo livello culturale storico, opponendomi a qualsiasi altra soluzione: che sarebbe nefasta per la nostra polis. La mia famiglia ha dato un contributo importante allo sviluppo culturale di Théatropólis attraverso investimenti cospicui a favore del Tm&vT ma, in un momento così difficile, si rende necessario uno sforzo per trovare, subito, nuovi soci per evitare lo sfratto e il suo rilancio ulteriore. Sono d'accordo sul fatto che bisogna separare la conduzione artistica da quella amministrativa per ridurre le spese folli, spesso operate, senza controllo, da sprovveduti Direttori Artistici in materia di bilancio amministrativo che concedono cachet milionari agli artisti (registi, attori protagonisti e scenografi inclusi), che sprecano denari in fase di allestimento perché il progetto è stato affidato a uno strampalato incompetente o a un umorale di fama, contro cui nessuno osa opporsi per impedirgli di compiere costose idiozie che aggravano i debiti: come le spese folli per le scenografie e i costumi sfarzosi e le innumerevoli pubblicità in ogni dove. Il Gestore che amministra deve essere ritenuto responsabile degli ammanchi e di risponderne penalmente se i buchi di bilancio sono ingiustificati.

(Dal retroscena, forte rumore dei piedi battuti ritmicamente sul pavimento e fischi di dissenso dei teatranti e, in sala, applausi del pubblico)

DIRETTORE ARTISTICO

Ringrazio il dott. Furio Carenti, socio azionista dell'ATm&vT spa e già Direttore Artistico con funzioni di Gestore finanziario del Tm&vT, per il minuzioso rendiconto del suo management. E, ora, mi è gradito dare la parola all'on. Pier Grillini, Reggente di Théatropólis, ed è considerata la Città-Stato d'interesse culturale più importante del mondo.

REGGENTE

Signore e Signori, sarò breve. A Théatropólis, che conta una popolazione di 9.720.108 abitanti, operano: 3.600 associazioni culturali, trentanove teatri con 66.690 posti, nove sale cinematografiche, sei musei, tre pinacoteche e nove gallerie, nove biblioteche, diciotto librerie, tredici auditori, tre circhi, nove canali televisivi, quindici radio, sei giornali, tre stadi per concerti all'aperto, quattro case di moda, nove facoltà universitarie, sette case editrici, due cinepólis con trentasei studi. Théatropólis ospita, annualmente, numerosi festival internazionali (Teatro, Cinema, Economia, Scienza, Filosofia, Editoria, Diritto, Letteratura e Arte, Fotografia, Musica classica, pop, etnica, jazz e rock, danza classica ed etnica). Possiamo vantarci di affermare che la cultura – nostro principale propulsore economico – contribuisce a generare miliardi di entrate nei più svariati settori economici, collezionando una serie di segni positivi in quest'anno: + 26% di arrivi, + 32% di biglietti venduti nelle strutture culturali, + 31% d'incassi per opere artistiche, + 30% degli introiti dei parcheggi,

+ 33% degli incassi per i negozi, + 30% del fatturato delle lavanderie, + 4,5 della produzione agricola, + 18% del consumo alimentare, + 27% di quello energetico (gas, elettricità, benzina, legna). E ora vi do lettura di un breve rendiconto in cifre dei Cento anni di vita del Tm&vT. Il Tm&vT ha una capienza di n. 700 posti, di cui n. 440 in platea e n. 110 in balconata I, n. 90 in balconata II e n. 60 in balconata III. Un breve rendiconto in cifre dei cento anni di teatro. Sono state rappresentate n. 1.260 opere, di cui n. 542 commedie (43%), n. 353 drammi (28%), n. 252 tragedie (20%) e n. 113 farse (9%). Sono state rappresentate n. 1.260 opere, di cui n. 542 commedie (43%), n. 353 drammi (28%), n. 252 tragedie (20%) e n. 113 farse (9%). Diversi e per più volte sono stati gli artisti protagonisti della scena teatrale: n.162 autori e n. 504 registi; 14.440 gli attori (60%) e n. 9.560 le attrici (40%). 15.965.100 gli spettatori paganti (in media, n. 657 a spettacolo per 243 recite l'anno).

CRONISTA TVTT   Signor Direttore dei servizi culturali del Tm&vT può fornirci l'elenco delle opere più rappresentate e dei direttori artistici, dei registi e degli attori di più successo?

DIRETTORE s.c.   Durante il Centenario, le opere maggiormente riproposte e rappresentate sono state: *Amleto*, *Otello* e *Romeo e Giulietta* di William Shakespeare; *Edipo Re* e *Antigone* di Sofocle; *Medea* di Euripide; *Il malato immaginario*, *L'Avaro* e *Il Misantropo* di Molière; *Così è (se vi pare)*, *Enrico IV*, *L'uomo dal fiore in bocca* e *Sei personaggi in cerca d'autore* di Luigi Pirandello; *Natale in casa Cupiello*, *Filumena Marturano*, *Questi fantasmi*, *Le voci di dentro* e *Uomo e galantuomo* di Eduardo De Filippo; *Il gabbiano*, *Il giardino dei ciliegi* e *Zio Vanja* di Anton Pavlovič Čechov, *La locandiera* di Carlo

Goldoni, *Casa di bambola*, *Spettri* e *L'anitra selvatica* di Henrik Johan Ibsen, *La cantatrice calva* di Eugène Ionesco, *Morte di un commesso viaggiatore* di Arthur Asher Miller, *Lungo viaggio verso la notte* e *Oltre l'orizzonte* di Eugene Gladstone O'Neill, *Il tempo si può fermare* di Iosif Smirnov. Sui Direttori Artistici desidererei non pronunciarmi, mentre tra i Registi segnalerei Walter Görner, Pit Shobb e Liz Rubs, tra gli attori Maximilien Troach e Robin Watts e tra le attrici Charlotte Forster e Florence Guyader.

CRONISTA MERCURY

Emily James, cronista del Mercury. Può fornirci qualche dato di riferimento alle manifestazioni dal vivo del Tm&vT svoltesi nell'Anno della Recessione?

REGGENTE

(Consulta dei dati su un tablet)

Numero di spettatori paganti espressi in milioni di denari e la variazione % rispetto all'*Anno Economico della Contrazione* precedente. Tipologia. Balletto: 2,1 (+1%). Calcio: 22,2 (0%). Cinema: 113,8 (+7%). Circo, burattini, marionette, pupi: 1,1 (-16%). Commedia musicale: 1,7 (+36%). Concerti classici e jazz: 4,0 (+5%). Concerti musica leggera: 9,2 (- 4%). Fiere: 13,1 (+2%). Lirica: 2,2 (-2%). Mostre: 13,6 (+4%). Parchi divertimento: 16,8 (+ 12%). Teatro e varietà: 15,8 (+ 4%). Sport individuali: 1,3 (-6%). Sport vari: 5,5 (+12%).

CRONISTA RT 1

Si possono conoscere i ricavi dello spettacolo?

REGGENTE

Incassi espressi in milioni di denari. Teatro: 1.500,3 (+3,6); Balletto: 340,1 (+6%); Calcio: 302,1 (+2%); Cinema: 695,1 (+5%); Circo, burattini, marionette, pupi: 100,0 (-34%); Commedia musicale: 46,8 (+78%); Concerti classici e jazz: 57,5 (+1%); Concerti musica leggera: 280,5 (- 2%); Fiere: 70,9 (+3%); Lirica: 97,0 (+5%); Mostre: 105,0 (+10%);

Parchi divertimento: 244,0 (+ 5%); Teatro e varietà: 218,0 (+ 11%); Sport individuali: 40,8 (-1%); Sport vari: 54,7 (+13%). Mi avvio alla conclusione, signor Direttore Artistico, dandovi notizia che la Procura della Corte dei Conti di Théatropólis ha aperto un'inchiesta su un esposto presentato dall'Ufficio Fondi Pubblici sull'erogazione dei soldi da parte dell'Amministrazione Comunale di Théatropólis alla Teatri Riuniti spa, all'ATm&vT spa, al Teatro dell'Opera di Théatropólis e ad altri istituti culturali, pubblici e privati, indicando un *buco* di bilancio pari a 70 milioni di denari, mentre i cittadini di Théatropólis avrebbero subito un danno erariale di ben 160 milioni di denari. Pertanto, l'Amministrazione Comunale di Théatropólis abbasserà il suo contributo annuale, a fondo perduto, consentendo un risparmio notevole ai contribuenti che pagano le imposte e i tributi stabiliti per legge.

GESTORE	Signor Reggente, per la cultura sarà dura.
REGGENTE	Ne sono responsabilmente consapevole.
GESTORE	E che ne è dei contributi delle ultime annualità non ancora pervenuti e che il Comune aveva assicurato di erogarci in occasione della Cerimonia d'apertura della Stagione del Centenario del Tm&vT?
REGGENTE	Ho già inviato al Gestore il piano dei pagamenti delle quote arretrate e il contributo speciale per il Centenario.
GESTORE	La priorità assoluta, data l'emergenza, è di pagare, subito, sia i dovuti canoni d'affitto arretrati e mai versati, così come previsto nel contratto di locazione, e sia i soldi necessari agli interessi bancari rinegoziati con la Banca della Cultura, prima che lo sfratto esecutivo del Tm&vT, concesso dal Giudice in contumacia dell'ATm&vT spa, diventi operativo.
VOCE (*Dal retroscena*)	E chi pagherà i nostri stipendi arretrati? Moriamo di fame! Pagateci!

GESTORE   Ripeto: la priorità assoluta è che il proprietario Auxilium Providentia, blocchi l'esecuzione dello sfratto esecutivo, non chiuda il Tm&vT e ne consenta il regolare svolgimento delle attività culturali.

REGGENTE   Nonostante il nostro *buco* di bilancio amministrativo di settanta milioni di denari, allorché si verificherà la disponibilità di cassa, il servizio di tesoreria della Banca di Théatropólis espleterà le funzioni di pagamento e l'ATm&vT spa incasserà le somme così come assegnate e previste nel piano dei pagamenti. Fidatevi e sappiate che l'Amministrazione Comunale di Théatropólis intende rimanere ancora un interlocutore credibile, affidabile e propositivo per le istituzioni culturali di Théatropólis. Noi crediamo nella cultura e, come recita la nostra Costituzione, fondiamo nella cultura il nostro destino.

DIRETTORE ARTISTICO   Il Presidente della Banca della Cultura, dott. Lucio Sirio, in riunione con i soci della *Cordata* "Save the Tm&vT", informa, tramite tweet, che la discussione procede al meglio e che l'esito auspicato si sta rendendo concreto. E ora, è invitato a prendere la parola, l'onorevole Diomede Leon, Ministro della Cultura e dello Spettacolo di Théatropólis.

(Timido applauso dalla platea e fischi dalle balconate)

MINISTRO C & S   Ringrazio il Direttore Artistico e il Gestore per l'invito di partecipazione alla Cerimonia d'apertura della Stagione del Centenario del Teatro delle maschere & e dei volti, a cui esprimo i miei più affettuosi auguri e l'ammirazione per il suo impegno culturale che ha onorato e dato prestigio internazionale a Théatropólis. Con il cuore che mi batte fortemente per l'emozione, mi è gradito riferirvi che l'UNESCO, *(Organizzazione delle Nazioni Unite per l'Educazione, la Scienza e la Cultura)* fondata nel 1945 a Paris, alla fine della Seconda Guerra Mondiale, con l'obiettivo di promuovere la pace e la comprensione tra le nazioni attraverso i canali dell'Educazione, Scienza, Cultura e Comunicazione, sta valutando di inserire nell'elenco ufficiale del Patrimonio Mondiale prodotto dell'essere umano – nella categoria specifica del teatro – la Libera Città-Stato della Repubblica Democratica di Théatropólis , che *vive, in toto,* di teatro, un *bene* culturale materiale e immateriale dell'umanità.

(Applauso del pubblico in sala)

E ancora che Théatropólis è stata dichiarata capitale mondiale della cultura per il prossimo anno 2020.

(Applauso del pubblico in sala)

Per Théatropólis si tratta di un investimento già di cinquantaquattro milioni di denari, finanziati da fondi statali e privati. Sarà un'occasione per ampliare nel mondo la conoscenza della storia e dei beni culturali, artistici, architettonici e monumentali del nostro Paese e un'opportunità per potenziare infrastrutture, presenze turistiche, strutture ricettive e ristorative. L'impatto economico per Théatropólis si prevede che sarà positivo e per questo motivo il Governo ha deciso di denominare il prossimo anno, Anno dell'Efficacia e dell'Efficienza, cui dobbiamo, in tal senso, dare concretezza.

(Timido applauso dalla platea)

Dopo la crisi finanziaria scoppiata nell'Anno dello Sconforto in molti paesi del mondo, e nel nostro con proporzioni più ampie con una forte contrazione della produzione e degli ordinativi – come già accaduto nel periodo della Tirannide – pare che, in questi ultimi tempi, si stia verificando una parziale ripresa economica, grazie al "piano di salvataggio" del Banco Monetario Internazionale che ci ha erogato ingenti prestiti, consentendoci così di scongiurare possibili *default*.

VOCE (*Dal retroscena*) A prezzo però di politiche di bilancio fortemente restrittive sui conti pubblici. Austerità! Con freno a consumi e a produzione. E alimentazione della spirale recessiva. Signor Ministro, non svari e non fronzoli a vuoto.

MINISTRO C & S Vado al dunque e non mi esimo di esprimere le mie critiche alle inefficienti gestioni amministrative di alcune istituzioni culturali. Esaminando le dinamiche commerciali, si rileva che a fronte di un aumento degli spettatori e dei ricavi da biglietteria per alzata, sono diminuiti sensibilmente i ricavi unitari per spettatore. Ciò significa che in media, per ogni replica di ogni spettacolo in calendario, si spende più di ciò che s'incassa; ed è una tendenza che è deleterio e ne siamo preoccupati. Il costo degli spettacoli è superiore agli incassi, i debiti sono aumentati e, certamente, ciò non segna l'inversione di rotta auspicata. Ora, davvero, non siamo così sprovveduti nel non capire che qualcosa non ha funzionato nella gestione operativa dell'ATm&vT spa che, al momento, non fa registrare quegli utili sufficienti e necessari a produrre dinamiche di un suo effettivo riequilibrio finanziario e patrimoniale.

(Il Presidente della FTR dalla platea, alza la mano per intervenire)

DIRETTORE ARTISTICO Signor Presidente della Fondazione dei Teatri Riuniti non ora.

PRESIDENTE FTR Signor Ministro, lei sa meglio di qualsiasi sprovveduto che la cultura e la sanità non potranno né ora né mai conseguire il pareggio di bilancio;

	eppure, producono beni e utili sociali di valore inestimabile per l'economia. Se lo immagina cosa sarebbe un mondo di analfabeti e di malati? Una rovina!
MINISTRO C & S	Condivido le sue affermazioni; però occorre ridurre la lievitazione della spesa e, soprattutto, ridurre e, anzi, evitare gli sprechi e l'indebitamento di certi enti culturali parassiti in modo da investire quei risparmi in esercizi di pubblica utilità sociale. Consideri che la situazione della Fondazione dei Teatri Riuniti spa, ente privato, che lei dirige, resta critica e, quel che è ancor più grave, il suo debito complessivo non solo non è calato ma è schizzato a quota 5.463.189 D, superando di 3.975.189 D il debito del "Teatro delle Maschere & dei Volti", anch'esso di proprietà privata.
PRESIDENTE FTR	Un niente, rispetto al debito del Teatro dell'Opera di Théatropólis, di cui, considerati gli esposti presentati da associazioni di professionisti e partiti politici, farebbe bene la Corte dei conti a interessarsene il più presto possibile.

(In platea si eleva la voce del Sovrintendente del Teatro dell'Opera di Théatropólis)

SOVRINTENDENTE	Signor Presidente della Fondazione dei Teatri Riuniti spa, la sua dichiarazione mi stupisce e rivela la sua imperizia sul Teatro dell'Opera di Théatropólis.
PRESIDENTE FTR	Del Teatro dell'Opera di Théatropólis si sa, il fatto è di dominio pubblico, che il costo degli spettacoli è superiore agli incassi, i debiti sono aumentati e che i 27 milioni di denari di fondi pubblici erogati nell'Anno della Stagnazione, in virtù della cosiddetta Legge Birilli, non basta a segnare l'inversione di rotta auspicata né ad approssimarsi a uno stentato pareggio d'esercizio, tanto auspicato e conclamato e mai conseguito; e, però, allo stato dei

fatti, par certo che il dott. Severo Fecondo – laureato in Scienze Statistiche ed Economiche presso l'Università degli Studi "La Conoscenza" di Théatropólis, manager ed economista della cultura, che ha svolto studi e consulenze sui temi dell'economia della cultura, con riferimento alla gestione dei teatri, musei e dei beni culturali, allo spettacolo dal vivo, alla televisione e cinema, nominato Sovrintendente del Teatro dell'Opera di Théatropólis dal Ministro della cultura e dello Spettacolo Diomede Leon - qualora procedesse alla sua liquidazione, affermerebbe la propria personale rovina per fallimento manageriale.

SOVRINTENDENTE — Il personale rappresenta il 67% delle voci di costo totali: con novantanove impiegati, in gran parte quadri e funzionari dal costo elevato, 145 maestranze e 297 artisti (fra musicisti, coro e ballerini). Un'enormità, tenendo presente che nell'ultimo bilancio preconsuntivo le uscite per i dipendenti sono state pari a 33.521.295 D. Il Teatro dell'Opera di Théatropólis ha ottenuto nell'ultimo esercizio soltanto 9,6 milioni di denari di contributi da enti pubblici e appena 1,24 milioni da sponsorizzazioni private. Insomma, i tagli ai finanziamenti pubblici, in media del 40%, e i ritardi nella loro riscossione, che arrivano a superare i tre anni, hanno peggiorato la situazione di crisi e d'indebitamento del teatro lirico.

PRESIDENTE FTR — Il fatto è che, a oggi, a fronte di uno stock debitorio di 47,6 milioni di denari, il patrimonio netto è di appena 5,88 milioni di denari, in altre parole il 10,7% in meno rispetto al piano di risanamento su carta: un fallimento!

(Il Sovrintendente ha un malore; viene soccorso e portato fuori dalla sala. Scompiglio generale)

CRONISTA MERCURY — Non ritiene che, per ridurre le tasse sul lavoro e

	investire in ricerca e sviluppo e formazione del capitale umano, il Governo, invece di taglieggiare le pensioni, dovrebbe combattere l'evasione fiscale, che è enorme, e aumentare le tasse sulle rendite finanziarie (redditi di capitale e diversi).
MINISTRO C & S	Abbiamo costituito un Governo di Unità Nazionale, formato da partiti di diverso orientamento politico e con idee differenti, sia sull'aumento o la riduzione delle tasse sulle rendite finanziarie e sia sui modi di recupero del denaro dovuto all'evasione fiscale che, va in ogni caso, ridotta e azzerata.
CRONISTA TIME NEWS	Moll Dick, cronista del Time News. Fino a che punto i partiti politici sono realmente intenzionati a contrastare l'evasione fiscale?
VOCE (*Dal retroscena*)	Quando? Mai, mai, mai, mai!
MINISTRO C & S	Sull'evasione fiscale, in verità, si fa poco e con lentezza; certo è che occorre intervenire una strategia più efficace e più equa rispetto al passato.
CRONISTA MERCURY	Con quali strumenti e provvedimenti?
MINISTRO C & S	Da subito, e senza ulteriori perdite di tempo, la promozione della cultura della legalità fiscale.
VOCE (*Dal retroscena*)	Si impiegherà un secolo!
MINISTRO C & S	In tempi brevi, proporrei la chiusura degli esercizi che non rilasciano ricevute e scontrini fiscali.
VOCE (*Dal retroscena*)	E chi li controlla gli esercizi? E quantunque si riscontrassero con accertamenti in loco dell'esercizio o tramite verifiche incrociate, delle irregolarità degli evasori fiscali da parte della Polizia di Finanza, si procederebbe davvero con efficacia a effettuare le multe e a riscuoterle?
CRONISTA TIME NEWS	Il Governo, per fare cassa, sta forse progettando una sanatoria per procedere ai condoni a favore degli evasori fiscali?
MINISTRO C & S	Non mi risulta.
CRONISTA MERCURY	Lei sarebbe favorevole al condono fiscale?
MINISTRO C & S	No. Chi non paga le tasse è colpevole di evasione

fiscale. "Pagare tutti per pagare meno": questo è l'imperativo del dovere civico di ogni cittadino che produce reddito.

VOCE (*Dal retroscena*) L'evasore di tasse è un parassita perché sottrae risorse alla sua comunità e perché beneficia gratuitamente di ciò che gli altri pagano per lui.

CRONISTA RT 1 Signor Ministro, quale è lo stato di salute dell'Università degli Studi "La Conoscenza" di Théatropólis?

MINISTRO C & S Così e così.

CRONISTA TIME NEWS Ovverosia?

MINISTRO C & S Non bene e non male e, in ogni caso, più bene che male.

CRONISTA TIME NEWS Qual è il bilancio di previsione dello Stato per l'anno finanziario in corso e per il prossimo triennio dell'Università degli Studi "La Conoscenza" di Théatropólis?

MINISTRO C & S È pari a 5.427.189.630,00 D.

CRONISTA MERCURY Non le sembra eccessiva?

MINISTRO C & S Spesa necessaria e, a mio parere, anche, insufficiente per il funzionamento e le attività istituzionali dell'Università degli Studi "La Conoscenza" di Théatropólis, che comprende le Facoltà di Agraria e Scienze Gastronomiche, Architettura e Design Industriale, Architettura Urbanistica e Ingegneria delle costruzioni, Ingegneria con gli indirizzi di specializzazione di informatica, chimica e biochimica, aerospaziale, biomedica, meccanica, gestionale, edile, industriale, dell'informazione, Beni Culturali, Archivistica, Biblioteconomia, Discipline Artistiche (musica, danza, spettacolo, teatro, cinema e arte), Lettere, Filosofia, Lingue e letterature straniere, Mediazione Linguistica e Culturale, Chimica, Design e Arti, Economia Aziendale, Economia e Management, Informatica, Farmacia, Medicina e Chirurgia, Veterinaria,

Professioni Sanitarie, Odontoiatria e protesi dentaria, Giurisprudenza, Musicologia, Psicologia, Scienze del Farmaco, Scienze del Benessere, Scienze della Comunicazione, Scienze della Formazione, scienze e Tecnologie, Scienze Matematiche, Fisiche e Naturali, Scienze Politiche, Scienze Sociali, Scienze Statistiche, Sociologia, Scienze biotecnologiche, Scienze Bancarie, Finanziarie e Assicurative.

VOCE (*Dal retroscena*)   Signor Ministro, come ritiene risanare il debito ed evitare il fallimento e la messa in liquidazione dell'ATm&vT spa?

MINISTRO C & S   La questione è complessa.

CRONISTA TIME NEWS   Non ha risposto alla mia domanda.

MINISTRO C & S   L'incremento dello stock debitorio teatrale, riguardante la Fondazione dei Teatri Riuniti spa, l'ATm&vT spa e il Teatro dell'Opera di Théatropólis, segna un rallentamento nella dinamica di risanamento; tuttavia, è impegno del Ministero della Cultura e dello Spettacolo garantire la sua partecipazione alla riduzione del loro indebitamento. In particolare, credo che la *Cordata* "Save the Tm&vT", costituita da diverse società assicurative, finanziarie, bancarie e imprenditoriali con i contributi assegnati dal Ministro della Cultura e dello Spettacolo, dal Reggente e dagli Sponsor, eviterà la procedura fallimentare e la messa in liquidazione dell'ATm&vT spa.

CRONISTA TIME NEWS   Onorevole Ministro, condivide la decisione del Governo di voler continuare a usare soldi pubblici per salvare le imprese inefficienti?

MINISTRO C & S   Certamente, in via di principio. Non siamo del tutto usciti dalla crisi globale e nazionale dell'economia; nonostante ciò, il Governo ha concesso, complessivamente, a fondo perduto, il 2,3% del proprio bilancio annuale alla cultura e non lo 0,9, come si fa altrove, di cui l'1,8% per lo Spettacolo;

	ciò finora ha comportato un aggravio del debito pubblico, senza riuscire a ridurre l'indebitamento del settore teatrale; tuttavia, credo che, soprattutto nei casi di crisi, l'investimento finanziario nella cultura possa risanare l'economia di uno Stato e non affondarla.
CRONISTA MERCURY	Non crede che occorrerebbe stabilire degli accordi migliori tra Governo e Istituti culturali per azzerare lo spreco di denaro pubblico?
MINISTRO C & S	Certamente, e qualche segnale positivo s'incomincia a intravedere in tal senso.
CRONISTA MERCURY	Non ritiene che il governo debba pretendere una parte di capitale delle aziende in cui ha investito e non di socializzare il rischio per privatizzare il profitto?
VOCE (*nel retroscena*)	La quota crescente dei profitti aziendali è stata utilizzata per ricomprare azioni proprie e distribuire dividendi, invece di reinvestirla in capacità produttiva e innovazione.
VOCE (*Dal retroscena*)	I teatri devono soltanto dotarsi di strategie per ridurre gli sprechi, azzerare il deficit e dimostrare di volersi e sapersi innovare per migliorarsi in qualità.
MINISTRO C & S	Abbiamo duecentomila lavoratori che operano esclusivamente nello spettacolo dal vivo e trecentomila impiegati nella pubblica istruzione, negli istituti culturali, nel cinema, nella televisione, nell'editoria e nell'informazione. Va fatta un'analisi molto approfondita su come rimpiazzare la riduzione del contributo pubblico ma chi ha del denaro disponibile lo investa sulla cultura: perno della nostra economia che fa da volano al turismo, all'industria, all'artigianato, all'agricoltura, ai trasporti e al commercio.
VOCE (*Dal retroscena*)	Gli spettacoli realizzati dalla maggior parte dei teatri di Théatropólis, in tempi più recenti, a partire dall'Anno Economico del Crollo della Borsa Valori

	a oggi, sono produzioni commerciali che perseguono soprattutto la massimizzazione del profitto per produttori ed investitori.
CRONISTA RT 1	L'investimento in una produzione comporta un certo numero di rischi.
VOCE (*Dal retroscena*)	Ma noi stiamo con i piedi nella fossa e sepolti fin sopra il nostro ombelico. Non abbiamo un sistema di assistenza e di ammortizzatori sociali per il mondo della cultura e dello spettacolo. Ministro, intanto, si impegni a distribuire con meno parzialità il Fondo Spettacolo. Dimezzi il 50% del contributo agli enti lirici e al cinema e lo distribuisca ai teatri. Ci venga riconosciuto quello che, credo, ci sia dovuto!
MINISTRO C & S	So bene che non mancano ancora difficoltà, ostacoli, impedimenti e che permangono limiti da superare e i ritardi da recuperare.
CRONISTA RT 1	Si tratta soltanto di rinnovamento della politica culturale, di più equa distribuzione delle risorse finanziarie dello Stato e di ridurre gli sprechi smettendo di finanziare i teatri che producono spettacoli costosi e poco rappresentati. O si cambia il modo di affrontare la promozione e l'organizzazione teatrale o ci si destina alla rovina.
CRONISTA MERCURY	Il Fondo Speciale non dovrebbe dotarsi di un comitato di valutazione costituito di artisti autorevoli per valutare i progetti da finanziare?
CRONISTA RT 1	Ci sono autori di teatro che non riescono a pubblicare e a rappresentare i loro testi.
CRONISTA TIME NEWS	Gli attori di strada, diplomati nelle scuole di teatro e bravi artisti, vivono della carità degli spettatori *per caso* senza assicurazione e senza percepire neppure un minimo di reddito salariale e pensionistico.
CRONISTA RT 1	Molti gruppi teatrali amatoriali non hanno sedi per produrre scenografie, costumi e rappresentare i loro spettacoli: neppure alle loro migliaia di giovani amici e familiari.

CRONISTA TIME NEWS — Questi gruppi organizzano con grande impegno saggi ed eventi, costruiscono scenografie, realizzano costumi e poi non hanno luoghi adatti dove esibirsi.

CRONISTA RT 1 — I saggi teatrali scolastici di fine anno sono rappresentati in palestre senza palcoscenico e con acustiche spaventose e illuminazioni indecenti. Un grande patrimonio di cultura e impegno che viene svilito dal disinteresse delle istituzioni. Investire sulle scuole e nei gruppi amatoriali, dando loro spazi e comprando i loro prodotti, sarebbe utile alla crescita umana e sociale del paese.

CRONISTA MERCURY — Perché non si dispongono e concedono spazi pubblici adatti agli spettacoli a questi gruppi amatoriali, mentre i privati ricevono finanziamenti tenendo i teatri chiusi o aperti per rappresentare spettacoli con poche decine di spettatori e con spreco di denaro per Maschere, Inservienti, Pompieri e varie spese necessarie al loro funzionamento?

CRONISTA TIME NEWS — Perché non si organizzano festival di strada riservato ai gruppi amatoriali al fine di riconoscere pubblicamente la loro passione e il loro valore artistico?

CRONISTA RT 1 — Educare alla passione per l'arte a livello di massa contribuirebbe a sviluppare il mercato della cultura, a fronteggiare il bullismo e la criminalità giovanile, in forte aumento, e a ridurre il disagio sociale.

MINISTRO C & S — Ci troviamo in una fase del ciclo economico in cui la variazione del prodotto interno lordo è lievemente negativa rispetto all'anno precedente.

VOCE (*Dal retroscena*) — Lievemente? No, gravemente negativa. In verità, Théatropólis è in recessione. L'Istituto di Statistica Nazionale di Théatropólis ha certificato, stamane, che il Pil nel quarto trimestre è sceso dello 0,2%, mettendo a segno il secondo calo consecutivo dopo quello del terzo trimestre. Si tratta del peggiore calo trimestrale da cinque anni a questa parte e per trovare

	un dato simile bisogna tornare al quarto trimestre dell'Anno Economico dei principi etici per porre un freno agli eccessi della finanza, quando il Pil segnò appunto un equivalente -0,2%. Il tasso di disoccupazione a settembre si è attestato al 10,1%, risalendo di 0,3 punti percentuali su agosto ed è aumentato dell'1,1% rispetto allo scorso anno. Le persone in cerca di lavoro sono 435.600, in aumento di 81 mila unità (+3,2%) rispetto ad agosto e in calo di 48.100 unità al mese di settembre dell'anno scorso.
MINISTRO C & S	È logico che, se stagna il Pil può anche esserci il rischio che aumenti la disoccupazione. Il Governo sta lavorando per frenare il rallentamento dell'attività produttiva e diminuire l'incremento del tasso di disoccupazione, soprattutto giovanile, per evitare la recessione. Nel prossimo triennio, contiamo di abbassare la pressione fiscale, ovvero la quota di reddito prelevato dallo Stato allo scopo di finanziare la spesa pubblica, ormai troppo insostenibile, di 9 punti, dal 47,25 al 38, 25 che, tuttavia, resterebbe al primo posto, e molto al di sopra della media, che è del 34,20%, dei paesi aderenti alla World Economic Cooperation (WEC). Ridurremo gli sprechi e l'evasione fiscale, e risolveremo la crisi economica.
VOCE (*Dal retroscena*)	Parole all'aria! Balle! Bubbole! Bugie! Chiacchiere! Falsità! Fandonie! Fanfaluche! Frottole! Invenzioni! Menzogne! Panzane!
CRONISTA RT 1	La riduzione dei contributi pubblici evidenzierà una forte calo delle attività dello spettacolo e una diminuzione del pubblico di almeno del 13% per il prossimo triennio.
MINISTRO C & S	Mi rendo conto che le prospettive sono difficili; tuttavia, sono pienamente convinto che la cultura potrà far crescere il nostro paese, migliorare la nostra condizione di vita, ridurre le nostre difficoltà,

risolvere la nostra crisi politica, economica e sociale, e impedirci la rovina.

VOCE (*Dal retroscena*) In tempi così difficili, neppure più in teatro si ha il coraggio di rappresentare la finzione! Fa il profeta del buon augurio per illuderci con le visionarie gioie della cultura?

MINISTRO C & S Secondo i dati sullo Spettacolo teatrale dell'ultimo Censimento, Théatropólis, che, per la sua elevata diversità culturale e per la grande quantità di lingue parlate, circa 162, risultato di flussi migratori, soprattutto di artisti e tecnici delle arti performative, ospita 39 teatri al chiuso e 6 teatri all'aperto, in 9 dei quali si recita in lingua straniera, che comprendono il teatro di prosa, l'opera lirica, il musical, il teatro-danza, il teatro dei burattini, il teatro delle marionette e spazi per ospitare il circo contemporaneo, e stadi, auditori e sale per i concerti jazz, rock, pop, l'illusionismo e magia e forme d'arte più concettuali come la performance art (body art, Fluxus, poesia d'azione e altre forme di espressione, spesso improvvisate che favoriscono l'interazione dell'animatore con il pubblico) e le forme più tradizionali provenienti dall'Africa e dall'Asia. Il 72% delle *prime* teatrali mondiali si svolgono a Théatropólis, dove risiedono migliaia di professionisti del teatro, che includono ruoli creativi, tecnici e amministrativi, impegnati per la produzione e fruizione degli spettacoli teatrali, tra cui ci è gradito sottolineare che qui risiedono abitualmente 18 scrittori di teatro della letteratura internazionale, le cui opere sono pubblicate da grandi case editrici e rappresentate in tutto il mondo. Lo scorso anno, sono state portate in scena 702 differenti opere teatrali, con una media di 40.000 spettatori al giorno, per una presenza annua di 9.600.000 spettatori e per un incasso complessivo di 963 milioni di *Denari*, mentre il ritorno fiscale per le casse della Libera Città-Stato della Repubblica Democratica di Théatropólis è stato il doppio del suo contributo erogato tramite il Ministero della Cultura e dello Spettacolo. Insomma, nonostante la crisi economica, sociale e politica, le attività teatrali rappresenta un volano economico per Théatropólis.

(Dal retroscena, forte rumore dei piedi battuti ritmicamente sul pavimento)

(Il Ministro saluta con un sorriso amaro, abbandona il palcoscenico, scende la scaletta ed esce dalla sala, scortato da alcuni agenti di polizia. Qualche applauso dalla platea e fischi dalle balconate)

DIRETTORE ARTISTCO — Il signor Gestore in amministrazione controllata dell'ATm&vT spa è invitato a intervenire.

GESTORE — Per la trasparenza dovuta per legge, informo che il bilancio della ATm&vT spa è stato pubblicato sui siti *ttt.registroimprese.tp* e *ttt.aTm&vT.tp* . Il debito dell'ATm&vT spa è di 1.488.000 D. Invece di informarvi di come si sia giunti alla situazione attuale di crisi amministrativa e finanziaria del Tm&vT, preferisco soffermarmi su come ritengo uscire dalla crisi. Date le circostanze, si potrebbe procedere non solo al fallimento (che condurrebbe alla cancellazione dell'impresa), ma anche al concordato preventivo (che realizzerebbe il salvataggio dell'impresa grazie a un sacrificio dei creditori). Noi, qua, attraverso le procedure dell'amministrazione controllata (ossia attraverso un controllo nella gestione d'impresa) – prevista dalla legge fallimentare per le imprese che si trovino in una situazione di temporanea difficoltà a adempiere alle proprie obbligazioni e che presentino però serie possibilità di ripresa – miriamo a ottenere un duplice scopo: il pagamento integrale dei creditori (seppure differito nel tempo) e il mantenimento in vita dell'impresa. La procedura di amministrazione controllata si esplica in un periodo di tempo che non può essere superiore a due anni. Alla fine del periodo concesso dal tribunale possono verificarsi due situazioni: 1) il risanamento, da effettuarsi con successo perché l'impresa funzioni regolarmente; 2) il fallimento, qualora l'impresa non sia in grado di far fronte alle proprie obbligazioni. Ora, noi, stiamo sotto minaccia dei creditori e con una sentenza di sfratto esecutivo.

(Legge la notifica)

«In attuazione della notificazione degli atti giudiziari, alle ore 09.00 di venerdì mattina del 18 dicembre dell'Anno del Conto Salato, l'ufficiale giudiziario, coadiuvato dagli agenti della forza pubblica, eseguirà lo sfratto esecutivo coattivo contro l'Azienda del Teatro delle maschere & dei volti spa, poiché morosa nei confronti del mecenate Auxilium Providentia, proprietario dell'immobile teatrale, al quale non sono mai stati pagati i canoni d'affitto: motivo per cui il contratto di locazione deve ritenersi concluso il 27 dicembre dell'Anno della Forte Evasione Fiscale». Pertanto, non ci resta da fare che regolarizzare il pagamento del debito contratto con la Banca della Cultura; ed è ciò che ci stiamo adoperando da fare per pagare, attraverso operazioni straordinarie, i debiti attraverso rateazioni e accordi individuali.

LUCRETIA PROVIDENTIA   Non intendo di quali operazioni straordinarie vanvera.

GESTORE   Il rientro del debito dell'ATm&vT spa, che prevede il pagamento di una prima tranche di D 243.000,00 entro il 30 dicembre Anno del Conto Salato, una seconda tranche di D 108.000,00 entro il 30 dicembre Anno della Ripresa e, infine, la rateizzazione del restante debito entro il 30 dicembre Anno della Contrazione Economica: a patto che il mecenate Auxilium Providentia non si presenti all'udienza in tribunale per l'esecuzione dello sfratto esecutivo per morosità.

LUCRETIA PROVIDENTIA   Troppo tardi, ormai, poiché, come già notificato dall'Ufficiale Giudiziario, lo sfratto esecutivo per morosità sarà eseguito martedì 24 dicembre Anno del Conto Salato, alle ore 09.30; il tempo che resta per evitarlo si è, dunque, notevolmente ridotto al lumicino e... Buon Natale e Felice Anno Nuovo!

GESTORE   Pazienza, ancora un ultimo sforzo di pazienza e ogni cosa si risolverà.

LUCRETIA PROVIDENTIA   Pazienza, pazienza! A forza di pazientare ci siamo spazientiti! Sono mesi che dura lo scontro frontale tra i soci proprietari dello stabile per l'acquisto di una parte delle quote della proprietà e per la guida della direzione artistica della nuova gestione del Tm&vT, senza raggiungere uno straccio d'accordo.

GESTORE   Personalmente, quale Gestore in amministrazione controllata, avevo deciso di avventurarmi nella follia dell'ATm&vT spa con l'obiettivo di fare degl'investimenti, unitamente a una schiera di straordinari autori, registi e artisti, per migliorare la qualità della produzione e dell'offerta teatrale in modo da ricavarne un buon introito finanziario e così risanarne i debiti.

LUCRETIA PROVIDENTIA   Un fallimento!

GESTORE   Inutile discutere a vuoto! Contatto il dottor Lucio Sirio, Presidente della Banca della Cultura., per informarmi sulla riunione della *Cordata* "Save the Tm&vT".

(Utilizza lo smartphone, videochiamando con WhatsApp)

{Videomessaggio a viva voce del dottor Lucio Sirio, Presidente della Banca della Cultura di Théatropólis: «Si comunica che l'adunanza si trova in una delicata fase di negoziazione. I nuovi soci della *Cordata* "Save the Tm&vT" assicurano di voler rilevare la società di gestione, di sdebitarsi con la proprietà del teatro e di acquistarlo, in modo da evitare l'esecuzione dello sfratto. Il nuovo Consiglio di amministrazione rimborserà i creditori, risanerà il bilancio e nominerà il nuovo Direttore Artistico.

ANTEFATTO II

Conferenza stampa di presentazione della Stagione Teatrale del Centenario del Tm&vT, Anno del Conto Salato/Anno della Ripresa.

Tm&vT. Sabato, 4 ottobre Anno del Conto Salato.

DIRETTORE ARTISTICO La Stagione teatrale del Centenario del Teatro delle maschere & e dei volti di Théatropólis, Anno del Conto Salato/Anno della Ripresa, è dedicato alla "Rassegna del metateatro" con in programma le opere di Luigi Pirandello, Husch Harth, Eloise Vivien e Iosif Smirnov. In cartellone. Dal 1 Novembre al 31Dicembre Anno del Conto Salato: *Sei personaggi in cerca d'autore*, *Ciascuno a suo modo* e *Questa sera si recita a soggetto* di Luigi Pirandello; gennaio-febbraio/Anno della Ripresa: *Consort divorce in court*, *Loneliness and emptiness* e *Yesterday Today and Tomorrow* di Husch Harth; marzo-aprile/Anno della Ripresa: *Si oui, ça ne marche pas*, *Avec amour et haine* e *Le manque d'amour* di Eloise Vivien; maggio-giugno/Anno della Ripresa: *L'urlo*, *Di fronte allo specchio* e *L'eco dei soliloqui* di Iosif Smirnov. Nell'opuscolo della Stagione del Centenario, che vi è stato distribuito in biglietteria, troverete le schede relative a ogni spettacolo teatrale in cartellone, con le sinossi e i nomi degli autori, dei registi, degli attori, degli scenografi, dei costumisti, dei tecnici audio e luci e dei compositori e degli esecutori delle musiche. Il Teatro delle maschere & e dei volti" di Théatropólis è sostenuto dal Ministero della Cultura e dello Spettacolo della Libera Città-Stato della Repubblica Democratica di Théatropólis , dalla Banca della Cultura, dall'Associazione Albergatori & Ristoratori e da Canale tv Theatrum di Théatropólis. Domande?

CRONISTA TVTT (*in platea*) Signor Direttore Artistico, qual è il significato o la novità della "Rassegna del metateatro?"

DIRETTORE ARTISTICO Gli autori del Novecento nel cambiare il modo di pensare il teatro hanno modificato la concezione tradizionale non solo dello spettatore ma anche dello spazio scenico, eliminando la separazione tra palcoscenico e sala teatrale e tra gli attori e il pubblico. La rappresentazione di "Ciascuno a suo modo" di Pirandello inizia sullo spiazzo davanti al teatro e in "Questa sera si recita a soggetto" gli spettatori partecipano direttamente allo spettacolo in prima persona e interagiscono con gli attori. Grotowsky, neutralizza la separazione dello spazio avvolgendo gli spettatori nella rappresentazione. Non abbiamo più soltanto il tipo di spettatore, pur importante e, anzi, indispensabile, che assiste muto e immobile seduto in poltrona nel rigoroso silenzio della platea o delle balconate, ma non indifferente, alla rappresentazione di una tragedia o di un dramma classico, ma anche colui che, per esempio nel teatro di varietà, nel cabaret e nel Café-chantant, interagisce, con fischi di dissenso, risate divertite e applausi di consenso, alle *battute a effetto* dell'attore in scena, contrapponendogli anche smorfie e risposte piccanti. Alcune commedie e farse prevedono l'intervento del pubblico in specifici passaggi del testo. Com'è di vostra conoscenza, in questa "Rassegna del metateatro", lo Spettatore può intromettersi nella rappresentazione teatrale che si sta svolgendo sul palcoscenico come e quando gli pare: sia interagendo con l'Attore sia sostituendosi all'attore, sia per recitare il personaggio di un'altra opera teatrale sia per inscenare se stesso. Di Luigi Pirandello, considerato come il più grande scrittore di teatro del secolo scorso e conosciutissimo dal nostro pubblico, ci limitiamo ad affermare che la sua Trilogia dei «drammi da fare» si basa sui contrasti fra Personaggi e Attori (*Sei personaggi in cerca d'autore*), fra Spettatori e Attori (*Ciascuno a modo suo*) e fra Attori e Regista, con il coinvolgimento del pubblico (*Questa sera si recita a soggetto*). Ed ora, mi sia consentito, di dare la parola agli autori contemporanei invitati alla "Rassegna del metateatro", i quali vi tratteggeranno, in sintesi, le metodologie usate nella rappresentazione teatrale delle loro opere. Signore e signori, mi è gradito invitare a salire sul palcoscenico la commediografa americana Husch Harth, che ci relazionerà, brevemente, sulla sua trilogia imperniata sul tema delle persone anziane.

(Accolta da applauso, Hush Harth si alza dal suo posto in prima fila della platea, sale sul palco, va al podio, sorride, saluta e ringrazia)

HUSH HARTH   Al botteghino, gli spettatori interessati a esibirsi sul palco nel ruolo di attori dovranno compilare un modulo di partecipazione all'opera teatrale in cartellone, dopodiché saranno invitati a un colloquio con il regista, che indicherà loro il tema, i personaggi da interpretare *a soggetto*, senza però fornire la trama sulla quale erigere la recitazione. Per la formazione del cast, gli spettatori indicheranno al regista il ruolo del personaggio che intendono interpretare; in caso di più candidati ai "tipi fissi", si ricorrerà a un sorteggio e si definirà, infine, la formazione del cast e l'assegnazione delle parti. Il regista informerà che, pur in assenza di un copione o di un canovaccio, gli attori e gli spettatori-attori dovranno mantenere immutato il ruolo del personaggio interpretato, conformandolo al tema e incorporandolo nella trama della vicenda rappresentata e che occorrerà fantasia e spirito di improvvisazione. Il mio modello teatrale pone il pubblico nel ruolo di attore ausiliario. La mia trilogia del "metateatro smirnoviano", costituita da

Consort divorce in court, *Loneliness and emptiness* e *Yesterday Today and Tomorrow*, è incentrata sulla vita degli anziani e si può definire con il motto: «Il teatro sono io che mi rappresento». *Consort divorce in court* si svolge in un tribunale dove una coppia di anziani intende divorziare. Input: «Si riconcilieranno oppure no?». Personaggi: Giudice, Anziano, Anziana, figli/e, nipoti, parenti, amici. Rappresentazione teatrale da fare con la recitazione a soggetto degli attori professionisti di una Compagnia teatrale e degli Spettatori-attori ausiliari. *Loneliness and emptiness*. Muore un coniuge. Input: «Lutto». Personaggi: Vedovo/a, figli/e, nipoti, parenti, amici. Rappresentazione teatrale da fare con la recitazione a soggetto degli attori professionisti di una Compagnia teatrale congiuntamente a degli spettatori-attori ausiliari. *Yesterday Today and Tomorrow*. Un vecchio e una vecchia s'innamorano in una casa di riposo. Input: «I vecchi sono soltanto tristi, angosciati, distaccati, depressi e nostalgici perché rimasti soli, svigoriti, delusi, deficitari, caduchi, malati, non più autonomi e bisognosi di assistenza e conforto e tormentati dalla paura di morire?». Personaggi: Lui/lei e anziani. Rappresentazione teatrale da fare con la recitazione a soggetto degli attori professionisti di una Compagnia teatrale e degli Spettatori-attori ausiliari.

(Applauso del pubblico)

DIRETTORE ARTISTICO	Domande?
CRONISTA TVTT	È fissato un tempo limite alla durata della rappresentazione?
HUSH HARTH	No; saranno gli attori in scena, smettendo di recitare e, eventualmente, il pubblico in sala, con fischi e grida di disapprovazione, a decretarne la fine.
CRONISTA RT 1	Il pubblico può interagire con i personaggi in scena?

HUSH HARTH	Sì, come personaggi coinvolti nella vicenda rappresentata.
CRONISTA RT 1	Nel caso che sul palcoscenico gli Spettatori-attori ausiliari si trovino nella condizione d'*impasse* lo spettacolo sarà annullato?
HUSH HARTH	No, assolutamente; lo spettacolo sarà assicurato dagli attori della compagnia teatrale, pronti a supplirli.
CRONISTA RT 1	Nel caso di disturbo e disapprovazione del pubblico, che si fa?
HUSH HARTH	Soltanto agli attori in scena è dato di decidere se proseguire o interrompere lo spettacolo.

(Salutata da un caloroso applauso, Hush Harth discende il palcoscenico e torna in sala)

DIRETTORE ARTISTICO	La drammaturga francese Eloise Vivien è invitata a parlarci, in maniera concisa, della sua trilogia del "metateatro smirnoviano", incentrata sul tema della violenza maschile contro le donne.

(Accolta da applauso, Eloise Vivien si alza dal suo posto in prima fila della platea, sale sul palco, va al podio, sorride, saluta e ringrazia)

ELOISE VIVIEN	La mia trilogia del *metateatro smirnoviano* tratta il tema della crisi d'amore. Il regista sorteggerà gli spettatori candidatisi allo spettacolo da fare e li animerà per renderli autori, personaggi e attori della messa in scena di sé. In *Si tel est le cas, cela ne fonctionne pas*, durante una cena in un ristorante, Lui maltratta Lei (per svariati motivi), coinvolgendo camerieri/e, clienti/e, sommelier e la direttrice di sala. *Avec amour et haine* si svolge durante un reading di poesie in un auditorium. Il regista invita un massimo di tre coppie di fidanzati presenti in sala a salire sul palco c chiede la loro disponibilità a eseguire alcune sue indicazioni e a rappresentare scene d'amore e d'odio. Ricevuta conferma della loro adesione alla messa in scena del tema da svolgersi, il regista

inviterà i partecipanti dapprima a passeggiare e a restare in silenzio nel buio, soltanto a tratti illuminato, e poi a sedersi, in coppia, su uno dei tre sofà. Ciascuno riceverà dal regista una copia del libro di poesie *Ti odio con amore & ti amo con odio* di Jeph Anelli e l'invito a sceglierne alcune da leggere e commentare. Il regista inviterà, a turno, ogni coppia a rappresentare se stessa con monologhi e dialoghi di amore/odio e, infine, le coppie dovranno sciogliersi, così che i sei personaggi, *liberati* da ogni vincolo sentimentale, saranno invitati dal regista a individuare dei nuovi partner, con cui scambiare affettuosità, indifferenze o invettive. *Le manque d'amour* è ambientato in un salotto di casa. I cambiamenti di luce e di scene segnano il trascorrere del tempo e il disamore fra una coppia di coniugi in età avanzata, divenendo per entrambi un male feroce e insopportabile a cui il marito pone fine sopprimendo la moglie e se stesso a colpi di pistola. Alla fine della propria rappresentazione, le coppie si rivedono in un filmato, analizzano la propria esperienza dolorosa e la difficoltà nel gestire la conflittualità relazionale con il/la partner, allo scopo di esplorare e rielaborare in modo terapeutico il proprio vissuto emotivo e per avviarsi a compiere il *che fare* di sé nella futura vita reale.

DIRETTORE ARTISTICO	Domande?
CRONISTA TVTT	Non stimola gli spettatori-attori in modo che agiscano secondo le sue intenzioni?
ELOISE VIVIEN	L'indirizzo è dettato dal titolo e dai temi, quali il litigio, l'amore, il disamore, l'odio e il femminicidio, da rappresentarsi; il mio compito è trattenere gli spettatori-attori in tale ambito, evitando che non ne fuoriescano.
CRONISTA TVTT	Lei non condiziona mai il processo e il finale della

messa in scena degli spettatori-attori per meglio soddisfare il pubblico in sala?

ELOISE VIVIEN No, mai. Lo staff tecnico teatrale interviene soltanto, se necessario, per eventuali cambiamenti di scena e di luci. Grazie.

(Salutata da un caloroso applauso, Eloise Vivien si accomoda in sala)

DIRETTORE ARTISTICO Invito il regista Iosif Smirnov a presentarci, in modo sintetico, la sua trilogia psicodrammatica.

(Accolto da applauso, Iosif Smirnov si alza dal suo posto in prima fila della platea, sale sul palco, va al podio, sorride, saluta e ringrazia)

MAGĬSTER Non è questa la sede per riferire i motivi che mi indussero a voler fare il sociologo nella vita, ma quando giunsi a Trento per frequentare la Facoltà di Sociologia mi ritrovai, improvvisamente, impaurito, confuso e smarrito, a un trivio: addentrarmi in Via del Niente, nel Sentiero dell'Eccesso o in Via Enzo Spaltro? Prima di decidere quale percorso affrontare, mi soffermai in su quel punto a leggere "La vita contro la morte" di Norman O. Brown: uno dei più interessanti teorici della psicanalisi. Io che scarseggio di memoria, riferirò soltanto di un sunto tratto dalla quarta di copertina del saggio che mi si conficcò nella mente, permanendovi così chiaro e conciso: «Brown riconosce nel concetto freudiano di "repressione" il male di fondo dell'umanità, la causa prima della nevrosi e dell'ostilità alla vita che accompagnano la storia dell'uomo, che si esprimono nella sua cultura e nella sua letteratura, che ne determinano, in fine, la società e il destino stesso». Fu così che bruciai le mie poesie e, intorno al fuoco delle parole in fumo, danzai il labirinto sfrenato del mio inconscio fino a stravolgermi e a crollare. Al risveglio dalla trance dionisiaca, non mi volsi indietro per evitare di farvi ritorno; e, invece di slanciarmi verso il Niente o di percorrere il Sentiero dell'Eccesso che, a dar retta al poeta William Blake, conduce alla Saggezza, volai *giusto* né troppo in basso né troppo in alto, come raccomandato da Dedalo a suo figlio Icaro, e mi ritrovai al seminario di psicodramma, diretto dal prof. Enzo Spaltro, psicologo sociale, che mi guidò nella conoscenza dello psicodramma: un metodo psicoterapeutico di drammatizzazione teatrale, ideato dallo psichiatra Jacob Levi Moreno. A differenza dello psicanalista Freud, di cui fu allievo, lo psichiatra Jacob Levi Moreno invece di dedicarsi all'effettuazione dell'interpretazioni di sogni e delle sedute terapeutiche ad un singolo paziente in uno studio medico, preferì coinvolgere singoli o gruppi di persone nel loro habitat abituale perché rappresentassero in una sorta di teatro della spontaneità e dell'improvvisazione, le proprie esperienze personali; tale metodo di lavoro, definito psicodramma, consente a una persona o a un gruppo di persone, la messa in scena del proprio vissuto. Confesso di aver perfezionato la mia formazione nell'ex *Casa di cura dei disturbi mentali ad alto rischio*, allorché seguii i corsi di educazione permanente impostati sulle ricerche, analisi e proposte alternative di psichiatri, criminologi e sociologi esperti sul tema dell'esclusione sociale e della istituzionalizzazione nei luoghi di reclusione totale, tra i quali, Franco Basaglia, psichiatra, studioso della condizione manicomiale; Alain Brossat, docente, e Nils Christie, criminologo, studiosi del sistema penitenziario; Michel Foucault, studioso della malattia mentale e dei meccanismi di costruzione dei luoghi chiusi deputati al controllo ed alla guarigione della devianza rappresentata dalla follia, Erving Goffman, studioso delle forme di interazione umana, Ahmed Othmani, instancabile esponente per i diritti civili dei detenuti, Philip Zimbardo, docente di Psicologia. La mia trilogia teatrale tratta il tema del disagio psico-fisico di persone ricoverate in strutture chiuse, abbandonate e sole. Essa è composta da *"L'urlo"*, *"Lo specchio di fronte"* e *"L'eco dei soliloqui"*: opere ispirate alla vita di Lino, pittore, e Piero, portiere di notte di un albergo – e della ragazza E*, minorenne, prostituta anoressica di L* e trattate in alcune sedute psicodrammatiche, riprese con un Super 8 mm della Kodak, nell'ambito del seminario di studi sullo psicodramma, sotto la guida dello psicologo Enzo Spaltro, da me coadiuvato in qualità di ego ausiliario, in un salone, al piano terra, della Comune Karl Marx di Trento (l'ex ospedale civile Santa Chiara, trasformato in alloggi per gli studenti di sociologia).

DIRETTORE ARTISTICO   Vada al dunque, invece di tergiversare sui suoi trascorsi universitari.

MAGĬSTER   Il regista spiegherà ai candidati spettatori-attori le storie dei personaggi da interpretare e sceglierà quelli che riterrà più idonei a quel ruolo da mettere in scena. Soltanto nel caso di situazione difficile o di interruzione della rappresentazione, ovvero nel caso che lo spettatori-attore non riesca a improvvisare e non sappia più cosa fare, il regista o un attore nel ruolo di «io ausiliario» potrà inserirsi nella scena, non per supplirlo bensì per riattivarlo tramite una serie di stimoli e azioni inerenti al tema trattato.

DIRETTORE ARTISTICO   Concluda!

MAGĬSTER   Mi affretto. Nell'opera "L'urlo", Lino, un pittore confuso, epilettico, con delirium tremens, allucinazioni, tremori e brividi, dipinge sulle pareti di una camerata i volti agitati, confusi, deliranti, allucinati, angosciati, addolorati, turbati, assenti e fuori di sé dei degenti del manicomio in cui è ricoverato. In *"Di fronte allo specchio"*, E*, nell'apparire allo specchio con i volti di adolescente, adulta e vecchia, rappresenta le sue disgrazie e il timore di morire sola e inferma in una caverna oscura e labirintica. In *"L'eco dei soliloqui"*, Piero, alcolista, e alcune ragazze tossicomani e prostitute, da lui protette, gridano delle parole a caso che poi ognuno sceglie di riversare in forma di eco. Grazie.

ANTEFATTO III

Conferenza stampa di presentazione del70° "Festival internazionale del teatro di Théatropólis"

Tm&vT. Sabato, 18 ottobre Anno del Conto Salato.

DIRETTORE ARTISTICO   Il 70° "Festival internazionale del teatro di Théatropólis" si svolgerà dal 29 giugno al 3 settembre dell'Anno della Formica presso i teatri antichi della Commedia, del Dramma e della Tragedia, situati nel complesso archeologico delle Terme di Théatropólis, le cui le rovine monumentali sono parte integrante del palcoscenico e quindi dello spettacolo stesso. La Giuria – presieduta dal critico teatrale Jacob Baer, e composta da Huan Liù, regista cinese, Lyudmila Petrova, attrice russa, Céline Loulou, scenografa francese, Jake Harris produttore americano, Cristóvão Correia, costumista brasiliano, Akshat Darsha, regista indiano, Stephanos Kouros, attore greco, Antonio Cicalino (critico teatrale di Repubblica, Théatropólis), Ares Merlini (capo redattore cultura tv1, Théatropólis), Andreas Ioannous (commediografo greco), Jane Clark, direttrice del Théatropólis Theatrum e Angela Hirte, Regisseur Populärer Theaterregisseur, Zitadelle – ha selezionato le seguenti terne di nomi e titoli finalisti delle 26 categorie del 70° Premio internazionale "Le Maschere e i Volti": migliore autore di commedia: Giancarlo Loffarelli (per *I Lieder di Schumann*), James Hard (per *Change music!*), Herbert Schwan (per *Irreführendes Geschwätz*); migliore autrice di commedia: Virginie Miraux (per *Est-ce qu'on danse à nouveau?*), Nellie Sharp (per *Come to have dinner?*), Theresa Winde (*per Das ist Leben*); migliore autore di dramma: Wolfgang Furth (per *Nie wieder*), Giancarlo Loffarelli (per *Se ci fosse luce! I misteri del caso Moro*), Samuel Blood (per *I can't stand it anymore*);

migliore autrice di dramma: Majken Lindström (per *Det är sent*), Tilde Knudsen (per *Du eksisterer kun fordi jeg tænker på dig*), Lucia Viglianti e Marina Tufo (per *Gli ultimi di carnevale, ovvero per santità finta in sommo grado*); migliore autore di tragedia: Joseph Ringen (per *Feuerwerk*), Pavel Horak (per *Nevím, kdo už jsem*), Jorge Nunes (per *Você não me ama mais*); migliore autrice di tragedia: Boleslawa Wojcik (per *Maski i twarze*), Ane Rojas (per *El final del escape*), Eirene Kone (per *Thlípsi*); migliore autore di opera prima: Willie Sibley (per *The consolations*), Jeremy Lively (per *Wet with rain*), Fritz Katz (per *Gleichgültigkeit*); migliore autrice di opera prima: Michela Passerotti (per *Le prime prove*), Hilde Weiglin (per *Das dritte Mal*), Caroline Scott (per *In advance*); regia maschile: Giancarlo Loffarelli (per *I Lieder di Schumann*), Enzo Provenzano (per *Esodo 2*), Lavr Isaev (per *Nesmotrya na nedoveriye*); migliore regia femminile: Donatella Contesa (per *Le prime prove*); Lucia Viglianti e Marina Tufo (per *Gli ultimi di carnevale, ovvero per santità finta in sommo grado*), Barbara Amodio (per *Donne sorrisi e crisi*); migliore attore protagonista: Giancarlo Loffarelli (per *I Lieder di Schumann*) Titta Ceccano (per *Macellum*), Riccardo Loccia (per *Le prime prove*); migliore attrice protagonista: migliore attrice: Marina Eianti (per *Etty Hillesum*), Luana Filosini (per *Feuerwerk*); Gemma Marigliani (per *Donne sorrisi e crisi*); migliore attore non protagonista: Federico Ciarlo (per *Etty Hillesum*), Gabriele Montellanico (per *Le prime prove*), Christoph Speer (per *Reue*); migliore attrice non protagonista: Aphia Kouros (per *Thlípsi*); Luigina Ricci (per *Etty Hillesum*); Mélanie Lafleur (per *L'attente*); migliore attore emergente: Archibald Witt; Amos Watt, Hermann Reiss; attrice emergente: Louise Gardner, Luigina Ricci, Muriel Chaix; interprete femminile di monologo: Marina Eianti (per Etty Hillesum), Gemma Marigliani (per *Le prime prove*), Lili Baer (per *Reue*); interprete maschile di monologo: Titta Ceccano (per *Macellum*), Riccardo Loccia (per *Le prime prove*), Stanislaw Wozniak (per *Maski i twarze*); scenografia: Renzo Viglianti (per *Gli ultimi di carnevale, ovvero per santità finta in sommo grado*); Barbara Amodio (per Donne sorrisi e crisi), Mario Tasciotti (per *Se ci fosse luce! I misteri del caso Moro*); costumi: Kerkyra Grammos (per *Thlípsi*), Laura Giusti e Albana Abbenda (per Etty Hillesum), Jadwiga Kowalski (per *Maski i twarze*); musica di scena: Mario de Meo (per *Le prime prove*); Luigi de Meo (per *Est-ce qu'on danse à nouveau?*); Remigio Coco (per *Feuerwerk*); trucco: Gabriella Trani (per *Le prime prove*); Alfred Bruch (per *Mittwochabend*), Ludmila Krawczyk (per *Maski i twarze*); acconciatura: Alessio Di Legge (per *Le prime prove*), Emily Rhodes (per *Come to have dinner?*), Justine Clavel (per *Est-ce qu'on danse à nouveau?*); Tecnico luci: Armando Di Lenola (per Etty Hillesum), Otto Stern (per *Feuerwerk*), Laia Navarro (per *La bofetada*); Fonico: Fabio Di Lenola (per Etty Hillesum), Jules Bacqué (per *Est-ce qu'on danse à nouveau?*), Theodor Gehrig (per *Feuerwerk*). 360 artisti di teatro esprimeranno i vincitori delle 26 sezioni selezionate e delle terne delle opere teatrali della Commedia, del Dramma e della Tragedia da rappresentarsi nell'ambito del 70° Festival internazionale del Teatro di Théatropólis, i cui spettatori, alla fine di ogni spettacolo, muniti di scheda magnetica con codice segreto del teatro e password personale, con un voto da 0 a 10, definiranno i vincitori del Premio "Le Maschere e i

Volti", ciascuno dei quali incasserà la consistente somma di 100.000 di denari e un denario in oro, raffigurante da un lato le tre maschere e dall'altro i tre volti della commedia, del dramma e della tragedia e coniato sul modello della moneta emessa dalla antica Repubblica di Théatropólis, quando, con Massimo Magnifico, raggiunse il suo massimo splendore economico, artistico e culturale. La serata della Cerimonia di consegna dei Premi, condotta dall'attore Massimo Zippi, si terrà alle 20.00 dell'8 settembre dell'Anno della Formica al Teatro delle maschere & e dei volti di Théatropólis e sarà trasmessa in diretta mondovisione su TVTT. Nella medesima serata, a conclusione delle manifestazioni della celebrazione del Centenario del Tm&vT, il Ministro della Cultura e dello Spettacolo di Théatropólis consegnerà una targa con le motivazioni dell'onorificenza a quanti si sono distinti nei rispettivi settori di attività e nella carriera professionale teatrale, conferendo lustro a Théatropólis, mentre il Reggente di Théatropólis consegnerà loro un diploma e una medaglia in oro, appositamente coniata per l'occasione, raffigurante il Tm&vT. Ci è gradito comunicarvi che, lo scorso anno, il 69° Festival ha stabilito il record assoluto di spettatori (137.152, di cui il 70% studenti, in 54 serate), ma non d'incasso, considerato i prezzi bassi praticati (un Biglietto singolo Intero di 80,00 D e Ridotto 40,00 D), confermandosi come l'evento teatrale più partecipato del mondo: dati che confermano la grande valenza educativa e di diffusione della cultura promossa dal Tm&vT; un obiettivo raggiunto con lo sforzo straordinario, le capacità e la dedizione dei dipendenti, delle maestranze, degli artisti, dei collaboratori e di tutti coloro che hanno prodotto e portato in teatro sei produzioni. Il Festival si sta affermando sempre di più nel mondo come un'istituzione culturale leader, con competenze scientifiche organizzative e produttive di altissima qualità. Abbiamo lavorato duramente, siamo soddisfatti della risposta del pubblico e della critica e siamo convinti di poter aprire nuovi percorsi che ci permetteranno di crescere ulteriormente nei prossimi anni.

ANTEFATTO IV

Intervista a Giancarlo Loffarelli, scrittore, commediografo, drammaturgo, regista e attore.

Tm&vT. Sabato, 18 ottobre Anno del Conto Salato.

Foyer antistante la platea teatrale.

CRONISTA TVTT	*Maestro* Loffarelli, Robert Linton, in diretta mondovisione su TV Théatropólis Theatrum. Posso intervistarla?
LOFFARELLI	Sì, certamente.
CRONISTA TVTT	È soddisfatto dell'ammissione in concorso nella terna dei finalisti del 70° "Festival internazionale del teatro di Théatropólis" come migliore autore di commedia e dramma, e come migliore regista e attore protagonista?
LOFFARELLI	In verità, non me l'aspettavo.
CRONISTA TVTT	Un buon risultato ottenuto anche dagli altri componenti della sua Compagnia teatrale, da lei diretta, con la meravigliosa e fantastica Marina Eianti, migliore attrice protagonista e Luigina Ricci, migliore attrice emergente, e con il suo staff tecnico-artistico: Mario Tasciotti per la scenografia, Laura Giusti e Albana Abbenda per i costumi, Armando Di Lenola per le luci e Fabio Di Lenola per l'audio.
LOFFARELLI	Sono contento anche per loro; ma, al momento, non abbiamo ancora vinto niente!

(Iosif Smirnov passa, saluta, abbraccia Loffarelli e si congratula con lui per le *candidature* al 70° "Festival internazionale del teatro di Théatropólis)

CRONISTA TV T3	Iosif Smirnov!
LOFFARELLI	Il poeta Jeph Anelli, appunto.
CRONISTA TV T3	Siete amici?
LOFFARELLI	Amici fraterni! Jeph Anelli principiò, scintillò e animò dentro di me il teatro. Me ne stavo seduto su una panchina con dei miei amici nel Parco dei Cappuccini di Sezze, quando lui si accostò a noi in

modo bizzarro e si mise a parlare di teatro, di Bertolt Brecht, Antonin Artaud, Peter Weiss, della Facoltà di Sociologia di Trento, dello psicodramma di Moreno e del suo professore di psicologia sociale Enzo Spaltro, e, infine, del suo "teatro aperto". Egli, allora, direttore del Centro di Promozione Culturale del Comune di Sezze, organizzava la partecipazione di studenti e docenti del Ginnasio e Liceo Classico "Pacifici e De Magistris" di Sezze ai vari spettacoli teatrali in programma nei più grandi teatri di Roma.

CRONISTA TV T3 — Ricorda il primo spettacolo a cui partecipò come spettatore?

LOFFARELLI — *Enrico IV*, di Luigi Pirandello, con protagonista l'attore Romolo Valli.

CRONISTA TV T3 — Dove?

LOFFARELLI — Al Teatro Eliseo di Roma. Uno spettacolo che, in anni successivi, portai in scena, più volte, con la mia Compagnia teatrale Le Colonne. Con Jeph Anelli/Iosif Smirnov ho condiviso tanto della mia vita teatrale e da cui ho avuto infiniti spunti artistici

CRONISTA TVTT — Maestro Loffarelli, chi ritiene che sia il suo autore di teatro di riferimento?

LOFFARELLI — Čechov. Čechov mi è da guida non soltanto nell'atto dello scrivere, ma in tutta la pratica teatrale; anche quando faccio una regia o interpreto un personaggio, perché penso che la sua leggerezza sia fonte d'ispirazione per tutte le fasi di una messinscena.

CRONISTA TVTT — Che ama di più in Čechov?

LOFFARELLI — La sua straordinaria capacità di lasciare che le cose più importanti non vengano dette ma lasciate emergere tra gli spazi bianchi della pagina. Per me è impossibile leggere Čechov senza commuovermi.

CRITICO CIP/NEWS — Antonio Polselli, critico di CIP/NEWS. Maestro Loffarelli, posso farle un paio di domande?

LOFFARELLI — Sì, prego.

CRITICO CIP/NEWS — Il teatro per Marcel Marceau non era una fuga dalla realtà ma finalmente la possibilità di conoscere se stesso e di realizzarsi? Condivide l'idea dell'attore francese?

LOFFARELLI

Certamente. Prima ancora di Marceau, Shakespeare aveva compreso che il teatro è lo specchio posto dinanzi agli uomini affinché essi possano vedersi e, forse, capirsi.

CRITICO CIP/NEWS

Anche per lei, come affermava Luca Ronconi, «il teatro consiste nello stabilire un rapporto fra le persone attraverso uno scambio fisico di voce, corpo, spazio … un fatto di comunicazione e di conoscenza, non un'espressione di soggettività, che è meglio che rimanga celata»?

LOFFARELLI

Sì. Io ritengo che il soggetto resti sempre un mistero. Non soltanto rispetto agli altri, ma anche rispetto a se stesso. Credo che ognuno di noi altro non sia che il polo di una relazione in cui la relazione stessa istituisce e modifica il nostro essere. Siamo, cioè, essenzialmente segni che rimandano a qualcosa che ho cercato mille volte di capire cosa fosse ma che, sin qui, sento di poter comprendere soltanto come "nulla".

CRONISTA TVTT

Che significato hanno i premi ricevuti per un uomo impegnato nella scrittura teatrale?

LOFFARELLI

Posso dirle quello che significano per me: certamente una soddisfazione che premia anche quella parte più "narcisa", per così dire. Io però ho una mia visione. Mi piace giocare al calcio e non al tennis perché credo nella dimensione collettiva della vita. E il teatro, come il cinema, mi piace perché non lo puoi fare da solo. E, deve credermi, non c'è premio che io abbia ricevuto in cui mi sia sentito unico protagonista di quel premio. Ed ora, scusatemi, ma vado di fretta: ho un appuntamento urgente con la regista Arseniya Rybnikova che mi aspetta al Théâtre de France "Amedeo Giusti" per assistere alla rappresentazione in lingua francese della mia Commedia "Meglio Questa", che lei vorrebbe mettere in scena a "Il Piccolo Teatro" di Moscow, in Russia.

CRONISTA TVTT   Grazie per l'intervista, Maestro Loffarelli.

LOFFARELLI   Non c'è di che.

ANTEFATTO V

In
memoria
di
Riccardo Loccia,
regista e attore teatrale, artista e factotum della comunità maentina

&

ai
miei allievi
del Teatro Laboratorio (TL) e del Teatro Aperto (TA)
di
Maenza

Tm&vT. Tm&vT. Sabato, 18 ottobre Anno del Conto Salato.

Foyer antistante la platea teatrale.

CRONISTA TVTT	Magĭster Iosif Smirnov, sono Robert Linton, siamo in diretta su Canale TV Théatropólis Theatrum, posso intervistarla?
MAGĬSTER	Sì, ma alla velocità del suono.
CRONISTA TVTT	Magĭster, può fornire ai telespettatori Canale TV Théatropólis Theatrum un suo profilo biografico? Grazie.
MAGĬSTER	Sì, certamente. Mi chiamo Giuseppe Anelli, detto *Jeph*, figlio di Evelina Coco e Luigi Anelli. Sono nato a Maenza, in Italia, il 27 maggio 1948, alle ore 09.00 di giovedì, giorno del Corpus Domini, in Vicolo del Portico, 13.
CRONISTA TVTT	Segno zodiacale?
MAGĬSTER	*Gemelli & Topo.*
CRONISTA TVTT	Caratteristiche del *Gemelli*?
MAGĬSTER	Affettuosità, capricciosità, carisma, energia, esuberanza, flessibilità, intelligenza geniale creativa, fantasiosa, immaginativa, intellettualità, irrequietezza, leadership, mutabilità.
CRONISTA TVTT	Caratteristiche del *Topo*?
MAGĬSTER	Abilità, ambizione, astuzia, volontà, intelligenza,

praticità, passionalità, perfezionismo, ribellismo, fascinazione, adattabilità, ostinazione.

CRONISTA TVTT Com'è principiato il suo rapporto con il teatro?

MAGĬSTER Con Teresa Cipriani, mia nonna materna, che seguivo con commozione mentre pregava o allorché, facendomi sedere sulle sue ginocchia, mi diceva di fare finta di suonare il mandolino o la chitarra per accompagnarla nel canto di "Voce 'e notte": una canzone napoletana composta, nel 1903, da Edoardo Nicolardi e da Ernesto De Curtis; e, poi, con mia madre, che non smetteva di raccontarmi degli spettacoli lirici e di balletto a cui aveva assistito al Teatro dell'Opera di Roma, durante il viaggio di nozze.

CRONISTA TVTT Quando è avvenuto il suo primo incontro con il teatro?

MAGĬSTER Quando ero ragazzo, mio padre, autista di autobus per linee extraurbane, mi portava spesso, quasi ogni domenica mattina, al teatro Ambra Jovinelli, costituito da una sala a ferro di cavallo con due gallerie, ubicato nel Rione Esquilino di Roma, in cui si rappresentavano spettacoli di comicità, varietà, cabaret, avanspettacolo e rivista, con numeri di canzonettiste e duettisti, attori comici e macchiettisti, danzatrici, acrobati e trasformisti.

CRONISTA MERCURY Quando iniziò a recitare?

MAGĬSTER Alla scuola dell'infanzia!

CRONISTA T/MAGAZINE Quando si scoprì attore?

MAGĬSTER Alla scuola elementare.

CRONISTA MERCURY E come regista a che età si esibì?

MAGĬSTER Intorno ai nove anni, mi pare, iniziai a improvvisare delle scenette nelle cantine dei miei compagni di scuola Ettore Forcinella, detto *Schiuppitto*, ed Enzo Iagnocco, detto *Pitonto*. Durante il periodo adolescenziale, organizzai, con dei miei coetanei, "Amleto" di William Shakespeare e "La Locandiera" di Carlo Goldoni. Quando m'imbattei nella lettura di "Elogio della follia" di Erasmo da Rotterdam, mi avventurai nel bar Nolfi, stracolmo di avventori avvinazzati, intenti a seguire il Festival della Canzone Italiana, e improvvisai a folleggiare la gioia della pazzia.

CRONISTA MERCURY   Può informarci su qualche vicenda sconosciuta del suo excursus teatrale?

MAGĬSTER   Olympiakópólis. Marathónio Tavérna. Vigilia del referendum abrogativo della legge "Disciplina dei casi di scioglimento del matrimonio" n. *918*/Anno del Crollo della Borsa Valori, tenutosi il 12 e 13 maggio/Anno dell'Insufficienza. Pranzo. Sala piena di clienti, tra cui alcune coppie di teatranti che origliano e commentano, a bassa voce, il mio litigio (in verità, finto) con mia moglie (un'attrice) che, non amandomi più, mi chiede di concederle il divorzio per rifarsi un'altra vita e potersi, eventualmente, risposare. Mentre soffro il suo disamore e la sua decisione di divorziare da me, che io respingo, il sussurrio nella sala si trasforma in un rumoroso dibattito acceso tra i commensali. Alla fine del pranzo, convinto dalle argomentazioni di mia moglie, pur dispiaciuto e in lacrime, le accordo il divorzio. Choróspólis. Domenica, 3 maggio/Anno dell'inflazione galoppante. Sulla Gradinata della Ekklisía tis Parthénou Marías, una coppia di fidanzatini distribuisce un volantino contro l'aborto. Ritiro e leggo il volantino e, poi, insceno la storia di mia figlia, abusata da una gang di bulli davanti al suo ragazzo, immobilizzato. Mi interrogo se è lecito per uno stupratore profanare la castità di una adolescente vergine e se è sacro, a lei e/o a Dio, che ella partorisca l'effetto del concepimento subito dalla terribile violenza dello stupratore. I fidanzatini tacciono, abbassano lo sguardo e, in silenzio, mano nella mano, si allontanano da me e, velocemente, entrano in chiesa. Li seguo e osservo mentre, in ginocchio e con il capo, pregano; e, forse, chissà, se, anche, meditano.

CRONISTA TIME NEWS	Ha qualche rammarico?
MAGĬSTER	Non aver potuto rappresentare, in Piazza del Duomo, a Trento, in Italia, il canovaccio della mia tesi di laurea, già abbozzato su un rotolo di carta igienica.
CRITICO TP	Che le è accaduto per impedirglielo?
MAGĬSTER	L'impossibilità, dopo il trasferimento del prof. Enzo Spaltro dall'Università di Trento, di concordare con un altro docente relatore l'argomento della mia tesi di laurea con il titolo: "Dalla normalità alla follia & dalla follia alla normalità: psicodramma da rappresentarsi con un gruppo di adolescenti reclusi nel manicomio criminale di * e nel riformatorio per corrigendi di **, sotto la guida dello psicodrammatista Jeph Anelli".
CRONISTA MERCURY	Quale è stato l'incontro con un artista di teatro che l'ha emozionata di più?
MAGĬSTER	Trento, 1970. Sala del Museo di Scienze Naturali, ultimo piano del medesimo palazzo che ospitava la Facoltà di Sociologia, in Via Verdi. Sera. Conferenza di presentazione dello spettacolo teatrale *"Morte accidentale di un anarchico"*: opera che segnò il ritorno di Fo alla farsa e all'impegno politico. Eccitati dalla loro presenza, i miei compagni di seminario dello psicodramma mi invitarono a inscenare il mio "blablablà", in grammelot: un linguaggio teatrale che si rifà alle improvvisazioni giullaresche e alla Commedia dell'arte. Alla fine della mia breve esibizione, le due icone del teatro italiano mi applaudirono con entusiasmo; in particolare, Fo mi offrì da bere dell'acqua minerale, si congratulò con me, mi strinse la mano e, sottovoce, in forma privata, mi propose di

	far parte del suo collettivo teatrale "La Comune".
CRITICO TP	Ovviamente, lei accettò.
MAGĬSTER	Restai ammutolito. Lui fu invitato a porsi in cattedra per parlare della sua opera teatrale "*Morte accidentale di un anarchico* mentre io, tremulo di paura, mi scansai e mi misi in disparte; per poi uscire di soppiatto dalla sala e allontanarmi, scendendo di corsa lo scalone e scomparire nelle stradine del centro storico come ombra della fioca luce dei lampioni.
CRONISTA TVTT	Un animatore creativo, un poeta come lei, come avrebbe potuto recitare sempre le stesse cose a ogni replica?
MAGĬSTER	Memorizzare un copione mi restava difficile; già durante le prove sul palco, incapace di concentrarmi e per timore di non ricordare una battuta, l'ansia mi assaliva di colpo e mi paralizzava, mentre il cervello, confuso, m'ingarbugliava le parole e mi mandava in tilt. Peggio che sostenere un esame universitario: poiché, un conto è imparare da un libro i concetti ed esplicitarli, più o meno bene, come studente al professore durante le prove d'esame in un'aula universitaria, e un'altra cosa è sforzarsi, come attore, di memorizzare, parola per parola, un copione da recitare in teatro, davanti a un pubblico che ha pagato per esigere una fruizione artistica fluida, chiara e precisa e senza tentennamenti.
CRONISTA TVTT	Un suo desiderio irrealizzato a cui avrebbe ambito a ogni costo?
MAGĬSTER	Non uno, ma tanti: al pari dei detriti persi dalla cometa periodica del sistema solare formalmente designata come 55P/Tempel-Tuttle che ho osservato con lo sguardo verso la Costellazione di Perseo, sotto quella di Cassiopea, in una notte d'agosto.
CRONISTA MERCURY	Descritta in una sua mirabile poesia omonima, raccolta nella silloge "Finitudini", che termina con i

versi: «Dormo nell'incanto memorabile/di un arcobaleno notturno/tra sciami di meteore in festa. / E sogno desideri a non finire».

MAGĬSTER

«Ti porterò a Broadway!» mi diceva il poeta, drammaturgo e regista italiano Ezio Maria Caserta, impegnato nella ricerca sperimentale e trattando temi politici di attualità con funzione di denuncia nei riguardi delle ingiustizie. Theatre District di New York: Winter Garden Theatre, Elliott Theatre, Casino Theatre, Knickerbocker Theatre! Che sogno! E, invece, lasciai Trento per restare accanto a mio padre, malato di cancro ai polmoni, fino alla sua morte, avvenuta nel luglio del 1974; poi, mi ammalai di tubercolosi. Durante la mia degenza all'Ospedale "Carlo Forlanini" di Roma, dall'aprile al 3 settembre dell'Anno del Declino della Crescita Economica, mi dedicai ai bambini e ai ragazzi ricoverati in sanatorio, come me, drammatizzando le fiabe che loro amavano leggere o sentirsi raccontare; dopodiché decisi di fare animazione teatrale nelle scuole dell'infanzia e primarie, continuando, in ogni caso, a svolgere, nei più disparati contesti e spazi scenici, il "teatro aperto".

CRONISTA TIME NEWS

Ci racconta qualche esperienza teatrale nelle scuole?

MAGĬSTER

Uhm. Ecco, trovato! Una Scuola Elementare di Frosinone. Genitori/Spettatori seduti sulle sedie disposte in forma circolare, con lo spazio scenico al centro dell'aula. Lettura e commento della fiaba "Cappuccetto Rosso" di Charles Perrault. Un alunno si propone per il ruolo di Cappuccetto Rosso. Un'alunna lo osteggia e si propone per il ruolo di Cappuccetto Rosso, adducendo che essendo femmina non può essere interpretata da un maschio. L'alunno s'indispettisce ma poi, dopo un'accesa discussione con la sua antagonista, cede e assume il ruolo di Cacciatore. Sul finire della rappresentazione il Cacciatore non uccide il Lupo, che ha già ingoiato Cappuccetto Rosso e la Nonna. «Spara, uccidi il Lupo e libera dalla sua pancia Cappuccetto Rosso e la Nonna» gli gridano i compagni di classe. Cacciatore: «No!». Un alunno: «Hai paura del Lupo?». Cacciatore: «No, non ho paura del Lupo!». Un altro alunno: «Sii coraggioso. Il Lupo è sazio e dorme profondamente! Uccidi il Lupo con il fucile e tagliagli la pancia gonfia con un coltello. La fiaba va recitata così com'è scritta!». Cacciatore: «Decido io che cosa fare!». Cappuccetto Rosso: «Aiuto mamma, soffoco nella pancia del Lupo!». Una mamma: «Animatore, intervenga, subito, che mia figlia soffre di claustrofobia!». Ecco, inizia il "teatro aperto": tramato e rappresentato da alunni, insegnanti e genitori.

CRONISTA TVTT

Ci riferisce di come, nell'Anno della Contestazione al Sistema, le balenò nella mente l'idea di trasferire fuori dal teatro "The Passion of Christ"?

MAGĬSTER

Mia nonna materna Teresina – fervente cristiana, in odore di santità – si affidò al prete agostiniano Roberto Fastella, chiamato abitualmente padre Fastella, per persuadermi a non interpretare il ruolo di Giuda, traditore di Gesù, nella Sacra Rappresentazione della Passione di Cristo di Sezze. A padre Roberto Fastella, non convinto del *mio* Giuda, balenò l'idea di fare *una cosa del genere* per l'anno successivo a Maenza, paese in cui ero nato e vivevo, e di sostenerlo. Durante l'autunno, mi consegnò il suo testo teatrale "La Passione di Nostro Signore Gesù Cristo", firmato con lo pseudonimo Vico Stella, mi pregò di leggerlo e di aiutarlo a rappresentarlo. Dopo qualche tempo, mentre mia nonna Teresina pregava, (divisi da un lenzuolo a mo' di tenda, dormivamo nella stessa stanza: mi sembrava di trovarmi in scena con il sipario calato), improvvisamente, fui accecato – come già accaduto a Saulo di Tarso mentre si recava a Damasco per organizzarvi la repressione dei cristiani – da un abbaglio, obliquo, inviatomi dagli occhi di Gesù Cristo, raffigurato in un quadro appeso alla parete sopra il letto, e lo udii supplicare, in un flebile lamento, il Padre di salvarlo dall'abbandono e dalla morte. Mi domandai, avvolto nelle tenebre della mia cecità, se non fosse un oltraggio rappresentare a un pubblico, comodamente seduto in poltrona, il dramma del Figlio di Dio. Assicurai a padre Fastella la disponibilità di rappresentare la *sua* Passione, ma diversamente da come si svolgeva a Sezze. Ne discutemmo. Non doveva essere una processione, in cui gli attori, percorrendo le vie, recitavano, in certi punti cruciali, sempre la medesima scena, con il pubblico seduto o in piedi, a fargli da cornice; al contrario, il pubblico doveva stare dentro la passione di Gesù e soffrirne lo strazio. Padre Fastella approvò e concordammo la realizzazione della Passione di Cristo a Maenza.

CRONISTA TVTT Lei crede che Gesù sia Dio o suo Figlio?

MAGĬSTER No; e, purtroppo, non credo neppure alla resurrezione e alla vita eterna.

CRONISTA TVTT Perché "purtroppo"?

MAGĬSTER Perché senza la speranza nella resurrezione e nella vita eterna si sta in uno stato permanente di fragilità e precarietà e si muore afflitti e disperati.

CRONISTA TIME NEWS Magĭster, ci descrive la storia di *Uiti*?

MAGĬSTER *Uiti* è una ragazza, che *si buca* insieme ad altri suoi amici; in cambio di soldi, si lascia intervistare e riprendere da una troupe televisiva. Un'attrice di Teatro Laboratorio, nel ruolo di ego ausiliario, la inscenò nello stile del "teatro aperto" e Uiti comprese i motivi di alcuni suoi comportamenti e rifletté sulla sua visione della vita di adolescente

	prostituta, rovinata dall'abuso di alcol e droga.
CRONISTA MERCURY	Dopo di allora, ha avuto ancora dei contatti con Uiti e i suoi amici?
MAGĬSTER	Sì. Nell'occasione delle presentazioni del mio film per la tv *Uiti,* nell'Anno della Dichiarazione del disarmo delle Armi Nucleari, e del suo libro "I punk della cultura underground di Théatropólis", uscito nell'Anno della Human Immunodeficiency Virus (HIV).
CRONISTA TIME NEWS	*Magĭster,* ha rapporti di amicizia con Uiti?
MAGĬSTER	No, né mi ha voluto incontrare. Ho appreso notizie su di lei soltanto dai giornali, in occasione del cinquantennale dell'uscita del suo libro, divenuto un best seller, e so che, per ridurre l'assuefazione nella terapia sostitutiva della dipendenza da stupefacenti, fa uso del metadone. So che abita a Asylumpólis: rammaricata della morte per droga di molti suoi amici e di essersi prostituita per tutta la vita senza aver potuto, in mancanza di una legge, versarsi i contributi per ottenere il diritto a una pensione.
CRONISTA MERCURY	*Magĭster,* ha nostalgia di qualcuno o di qualcosa che ha smesso di fare?
MAGĬSTER	Ho accumulato un ingente patrimonio di nostalgie. Ah, se avessi continuato a girare il mondo sul carretto trainato dall'asino *Silênos* e a fare l'*Ammaestratore di pulci* con i miei allievi setini Rhea Lenné (Scuola elementare Colli di Suso e Claudio Gneo (Scuola elementare di Via Carizia)!
CRONISTA RT 1	Rimpianti?
MAGĬSTER	Frequenti e disturbanti. Ah, se avessi fatto così invece di cosà!
CRONISTA TIME NEWS	Dispiaceri?
MAGĬSTER	A non finire mai.
CRONISTA MERCURY	Occasioni mancate?
MAGĬSTER	Un'infinità.
CRONISTA T/MAGAZINE	Rimorsi, insoddisfazioni, frustrazioni?

MAGĬSTER	A non finire mai.
CRONISTA TIME NEWS	Opportunità perdute?
MAGĬSTER	Un'infinità.
CRONISTA RT 1	Di che cosa ha paura?
MAGĬSTER	Del timor panico, di subire un accidente cerebrale, di perdere la memoria e la coscienza, e di impazzire.
CRONISTA TVTT	*Magĭster*, le offro tre stelle cadenti per consentirle di realizzare tre suoi desideri; uno dei quali dovrà però rivelarcelo perché possa realizzarli tutti e tre.
MAGĬSTER	Il mio desiderio è che il Tm&vT non diventi un emporio.
CRITICO TP	Che effetto le provoca essere indicato come un autore di opere complesse e difficilmente rappresentabili?
MAGĬSTER	Tale considerazione, mi procura solitudine e dolore e m'impone più impegno, rigore e fatica nell'esprimermi in modo più facilmente comprensibile. Ed ora, basta; ho altro da fare che gonfiarmi di vanità.
CRONISTA TVTT	*Magĭster* può spiegare ai nostri telespettatori le teorie del suo metateatro?
MAGĬSTER	Suggerisco di consultare il libro "Storia del metateatro" di Max Ziegler, Critico del Theatre Magazine di Théatropólis, edito da Scarabocchi, Théatropólis, Anno dell'Insofferenza, ormai introvabile nelle librerie, che vi consiglio di scaricare e leggere online perché vi risulti più esplicativo delle mie solite ingarbugliate esposizioni narrative.
CRONISTA TIME NEWS	In che consiste la differenza tra il "teatro dell'improvvisazione" e il "teatro aperto" di Smirnov?
MAGĬSTER	Il "teatro dell'improvvisazione" si svolge in teatro per l'azione di attori che, durante la recita di un'opera teatrale, variano, inventano e improvvisano il testo. Si tratta di una tecnica recitativa

dell'improvvisa, già nota al filosofo Aristotele e legata principalmente al teatro popolare e condotta agli estremi dal poeta e commediografo latino Titus Maccius Plautus; poi, diventò fondamento della commedia dell'arte, con le recite "a soggetto" e l'uso del canovaccio, che attori professionisti scaltri adottavano soprattutto per interagire con il pubblico; una forma di teatro dove gli attori – a volte, anche fingendo di scordare un testo imparato a memoria – non seguono il copione e inventano il testo estemporaneamente. Il "teatro aperto" di Smirnov, detto anche "theatrum hic et nunc", si svolge dentro e fuori del teatro, in qualunque luogo, per l'azione di uno o più *attori animatori* o *animatori teatranti* che, come e quando gli pare, all'improvviso, qui & ora, coinvolgono e trasformano gli occasionali spettatori in autori, attori e registi di sé. Un attore animatore o animatore teatrante è ovvio che deve conoscere perfettamente la propria arte e l'argomento che tratta; ed è evidente che, se i soggetti coinvolti non interagiscono con lui o tra loro, si ritroverà a recitare un monologo.

CRONISTA TVTT
Lei sostiene che il *teatro della realtà* o *teatro della commedia umana*, supera, in autenticità, vera o falsa o vera-verità o vera falsità, e concretezza, ma anche in immaginazione, in concretezza e autenticità, vera o falsa o vera-verità o vera falsità, il *teatro dell'autore.* Lo conferma e perché?

SMIRNOV
Perché nessun autore è in grado di frullarsi per la mente l'immaginazione, la concretezza e l'autenticità inscenata dalla realtà *fatta di tutto & di tutti,* in una sorta di *"commedia umana"* particolare & generale, personale & collettiva) espressa in forma *comica* (commedia, satira con situazioni divertenti, equivoche, caricaturali con un lieto fine), *farsa* (dall'azione intrecciata, rapida, esagerata e,

spesso, priva di logica sostanziale), *grottesca* (una *mélange* di paradossi e contraddizioni della vita quotidiana, tragici e comici, assurdi e inquietanti), *drammatica* (che tratta temi sulla condizione umana con emozioni intense, conflitti interiori e drammi e tragedie familiari e sociali) *tragicommedia* (rappresentazione della complessità della vita con momenti drammatici e lievi).

CRONISTA TP   Henry Löhr, critico del Theatrical Post. Magĭster Iosif Smirnov il *suo* "teatro aperto" si può definire teatro, inteso nella sua tradizionale definizione e funzione?

MAGĬSTER   Il regista teatrale polacco Jerzy Marian Grotowski, un rivoluzionario nel teatro per averne ripensato il concetto e lo scopo, sosteneva: «Eliminando gradualmente tutto ciò che è superfluo, scopriamo che il teatro può esistere senza trucco, costumi e scenografie appositi, senza uno spazio scenico (il palcoscenico), senza gli effetti luce e suono, etc. Non può esistere senza la relazione dell'attore con lo spettatore una comunione percettiva, diretta. Questa è una verità teoretica, ovviamente. Mette alla prova la nozione di teatro come sintesi di disparate discipline creative: la letteratura, la scultura, la pittura, l'architettura, l'illuminazione, la recitazione…». Insomma, ai fini della comunicazione del messaggio, egli privilegiava un teatro in cui fosse fondamentale il rapporto dell'attore, "nudo e vulnerabile", con lo spettatore. Il *mio* "teatro aperto" si disfa non solo del trucco, dei costumi, delle scenografie, degli effetti luci e suono, ma anche del palcoscenico, dell'autore, del regista, dell'attore e del sistema teatro, con il suo luogo fisico fisso e il suo apparato promozionale, organizzativo, amministrativo e lavorativo. Il *mio* "teatro aperto" non è il *mio* teatro, ma è il teatro di *chi* si fa autore, attore, personaggio, regista e attore interprete di sé, in una rappresentazione di se stesso, che egli svolge, come vuole, dove si trova, rivelando il vero e il falso di sé: ovvero mostrando ciò che egli, in vera verità e in vera falsità, vuole apparire, mostrare, rendere manifesto, confidare, dire di sé, confessare, rivelare, svelare di sé – e chi ne ha più ne metta e così via, eccetera – o desidera essere: ovvero, il teatro delle maschere e dei volti di Sé.

CRONISTA TVTT   *Magĭster*, si vocifera che lei intende surrogare la *finzione* con la finta finzione scenica: insomma, vuol rimuovere dalla scena la maschera del fingimento per rivelare il vero volto della realtà: è così?

MAGĬSTER   Se è così, allora è così; ma se, viceversa, non è così, allora non è così.

PARTE SECONDA
(Fuori rappresentazione)

Tm&vT. Venerdì, 1° novembre Anno del Conto Salato.

PROLOGO I

Lo stato di agitazione sindacale dei dipendenti del Tm&vT.

Théatropólis. Piazzetta delle Chiacchiere.

Sit-in di un gruppo di dipendenti del Teatro delle maschere & dei volti di Théatropólis.

CRONISTA TVTT	Quali, in sintesi, i motivi della protesta dei lavoratori del Tm&vT?
MANIFESTANTE I	Sciopero di protesta contro i provvedimenti emessi dal Consiglio di amministrazione del Tm&vT.
MANIFESTANTE II	Dalla fine dell'ultima stagione teatrale siamo in stato di agitazione per chiedere il ritiro della procedura illegittima di licenziamento collettivo compiuta dalla Direzione del Tm&vT: trattasi di un atto antisindacale di una gravità assoluta. Stiamo difendendo i nostri colleghi in sede legale per ottenere il loro reintegro al lavoro.
CRONISTA TVTT	Chi è stato licenziato e perché?
MANIFESTANTE I	Sono stati licenziati alcuni Apparatori e Servi di scena per aver richiesto, in un'assemblea sindacale dei dipendenti del Tm&vT (tecnici, impiegati e operai), le dimissioni del Consiglio di amministrazione del Tm&vT e proposto e conseguito lo stato di agitazione dei dipendenti del teatro.
MANIFESTANTE II	Per aver rilasciato agli organi di stampa delle interviste con critiche alla gestione di questo teatro e perché si sono opposti alla destrutturazione e al declassamento del Tm&vT, sono stati licenziati, con un teorema falso e disonorevole ordito e montato ad arte teatrale dalla Direzione del Tm&vT, il Responsabile Operativo, il Capo Squadra, un Addetto di sala, un Addetto al controllo delle attività

<table>
<tr><td></td><td>di intrattenimento e spettacolo, il Responsabile del personale della biglietteria e della rendicontazione contabile, il Responsabile al servizio di vigilanza armata e videosorveglianza.</td></tr>
<tr><td>MANIFESTANTE III</td><td>È stato anche nei riguardi del capo elettricista, licenziato pure lui,</td></tr>
<tr><td>MANIFESTANTE I</td><td>La Direzione del Tm&vT, prima di dimettersi, come suo ultimo atto deliberativo, ha deciso di togliere, unilateralmente, i contratti integrativi con ripercussioni sugli stipendi.</td></tr>
<tr><td>CRONISTA TVTT</td><td>Può spiegarlo in modo chiaro e conciso ai nostri telespettatori?</td></tr>
<tr><td>MANIFESTANTE I</td><td>Significa che tutti i dipendenti si sono visti alleggerire lo stipendio mensile di una cifra variabile che va dagli 80 ai 150 D.</td></tr>
<tr><td>MANIFESTANTE II</td><td>Una decisione inaccettabile! Che ci danneggia non poco economicamente.</td></tr>
<tr><td>MANIFESTANTE III</td><td>Sul pagamento degli stipendi arretrati e sulle tredicesime non c'è alcuna certezza.</td></tr>
<tr><td>MANIFESTANTE I</td><td>Si continua a penalizzare una Pianta Organica formata da personale sempre meno numeroso e sempre più precario. Non abbiamo ricevuto nessuna risposta sulle carenze della pianta organica del personale e sulla stabilizzazione dei lavoratori precari, che si trovano nella situazione di perdere il lavoro.</td></tr>
<tr><td>MANIFESTANTE II</td><td>Nei passaggi di proprietà, di ristrutturazione e del taglio dei rami secchi e improduttivi delle aziende, il licenziamento del personale è cosa certa.</td></tr>
<tr><td>MANIFESTANTE III</td><td>Nel corso degli ultimi anni, sono stati ripetutamente denunciate le condizioni di lavoro insostenibili: carichi di lavoro eccessivi; mancanza di chiarezza su ruoli e responsabilità; indicazioni contraddittorie da parte del Consiglio di amministrazione; aggressioni personali; scarso coinvolgimento nei processi decisionali che riguardano i lavoratori e, infine, la</td></tr>
</table>

	gestione inadeguata dei cambiamenti organizzativi.
MANIFESTANTE I	Un'azione sistematica volta a indurre un allontanamento volontario, ovvero a precostituire emarginazione e disfavore rispetto a percorsi di crescita professionale. La pazienza, la speranza, la fiducia sono da tempo allo snervamento e, ormai, al limite della crisi di rottura!

(Giunge un corteo dei manifestanti, seguito dalle forze dell'ordine pubblico e da un gruppo di fotografi, operatori di ripresa, giornalisti e curiosi)

MANIFESTANTI (*in coro*)	Astensione collettiva da lavoro da parte dei lavoratori dipendenti del Tm&vT per tutelare i nostri interessi! Rinviamo lo spettacolo di questa sera! Annulliamo la trilogia di Pirandello! Proclamiamo lo sciopero!

(Alcuni finti giornalisti si frappongono tra le telecamere e i manifestanti, interrompendo l'intervista)

MANIFESTANTE I	Provocatori! Via da qui! Chi vi manda? Chi vi paga? Si fingono disturbatori dei cronisti televisivi per impedirci di rendere noto i motivi della nostra protesta.
MANIFESTANTE II	Un'azione di intralcio, sicuramente commissionata, programmata e studiata a tavolino da qualche personaggio della politica per una messinscena del disordine sociale a discapito dei lavoratori.

(I disturbatori si frappongono tra le telecamere e i manifestanti provocando un parapiglia, interrompendo e impedendo l'intervista. Intervento della polizia che allontana e disperde i disturbatori).

SINDACALISTA	Ribadiamo che il sindacato ha proposto più soluzioni per l'ottimizzazione delle spese del Tm&vT; se dal Gestore e dai rappresentanti delle istituzioni non otterremo garanzie certe sul nostro futuro, proporrò all'assemblea dei dipendenti del Tm&vT di astenersi dal lavoro, individualmente e/o collettivamente, ogni

	qualvolta lo si riterrà necessario e opportuno.
CRONISTA TV T3	Che tipo di astensioni dal lavoro?
MANIFESTANTI (*in coro*)	Ne abbiamo a bizzeffe!
CRONISTA TV T3	Può indicarne qualcuno?
SINDACALISTA	Sciopero bianco, a singhiozzo, a catena, a scacchiera, parziale, selvaggio, di categoria, parziale, a spezzone, a intermittenza, a tratti e non in modo unitario o organico, in maniera non continuata, a intervalli, a volte, di quando in quando, di tanto in tanto, saltuariamente, a tempo determinato e a oltranza, individuale e collettivo, senza preavviso, a sorpresa, all'improvviso, all'istante, in modo lampo, a sprazzi, a flash, di botto, di colpo, inaspettatamente.

(Curiosi e passanti si mostrano alle telecamere, fingendo di interessarsi ai problemi dei dipendenti teatrali)

SINDACALISTA	Innanzitutto, è necessario spiegare che lo sciopero consiste nella sospensione lavorativa da parte dei lavoratori per affermare la propria dignità e i propri diritti. Nello sciopero articolato, vi è un'astensione dal lavoro effettuata in tempi diversi, da diversi gruppi di lavoratori, le cui attività siano interdipendenti nell'organizzazione del lavoro.
CRONISTA TV T3	Può entrare nel dettaglio perché sia chiaro anche ai nostri telespettatori che ci stanno seguendo in diretta televisiva?
SINDACALISTA	Lo *sciopero bianco* avviene quando i lavoratori anziché astenersi dal lavoro applicano alla lettera i regolamenti, causando disagi all'azienda in cui lavorano. Lo *sciopero a singhiozzo* consiste nell'interruzione breve (10 minuti per ogni ora) dell'attività lavorativa, allo scopo di rallentarla senza bloccarla. Lo *sciopero di categoria*, limitato a una determinata categoria di lavoratori (nel teatro: artisti, tecnici, impiegati e operai). Lo *sciopero a catena* colpisce successivamente i vari reparti di un'azienda

(in teatro: l'allestimento, la rappresentazione, il settore tecnico luci e fonico, gli uffici amministrativi, servizio di pulizia, servizio di manutenzione). Lo *sciopero a scacchiera* si verifica allorché alcuni uffici lavorano mentre altri scioperano, e viceversa; ad esempio, un giorno scioperano gli impiegati agli sportelli e un altro giorno gli Inservienti ed il giorno dopo il contrario. Lo scopo dello sciopero a scacchiera è massimizzare i disagi senza che ogni singolo lavoratore debba fare troppe ore di sciopero. Lo *sciopero parziale*, realizzato in determinati settori o durante fasi di lavoro la cui interruzione comporta un notevole ritardo nella ripresa dell'attività lavorativa e anche astensioni che interessino alcune prestazioni (sciopero delle mansioni) o il rifiuto di prolungare l'attività lavorativa (sciopero dello straordinario) o un volontario rallentamento della prestazione (sciopero del rendimento). Lo *sciopero a oltranza, prolungato, a tempo indeterminato*, fino al conseguimento delle richieste avanzate. Lo *sciopero selvaggio* arresta il lavoro senza preavviso in uno o più settori dell'azienda, disorganizzando i servizi e causando disagi agli utenti.

CRONISTA TV T3	È evidente che queste forme di sciopero …

(Interruzione)

SINDACALISTA	Legittime forme articolate di sciopero!
CRONISTA TV T3	… sono volte ad alterare i nessi funzionali che collegano i vari elementi dell'organizzazione dei vari servizi, in modo da produrre il massimo danno per la controparte con la minima perdita di retribuzione per gli scioperanti. Ma sul palcoscenico, durante lo spettacolo, che cosa accadrebbe se si praticasse lo sciopero articolato o parziale?
MANIFESTANTE II	Si determinerebbe la perdita dell'unità temporale e

dell'identità della rappresentazione teatrale: insomma, un caos, il disordine teatrale.

MANIFESTANTE III Se anziché organizzare un picchetto davanti all'ingresso del Tm&vT, i manifestanti attuassero uno sciopero con corteo interno, muovendosi in formazione al suo interno, bloccando i vari reparti che attraversano e, infine, entrando in sala, e salendo sul palcoscenico, interrompendo lo spettacolo e gridando slogan, e rivendicazioni e lamentele?

MANIFESTANTE II Sarebbe un'idea geniale alla Smirnov! Altro che Pirandello! Che fuochi d'artificio con il "teatro aperto" dei dipendenti teatrali se si rappresentassero sulla scena teatrale come autori e interpreti di sé!

PROVOCATORE Gli scioperi sono la causa della crisi politica, sociale ed economica di Théatropólis.

SINDACALISTA Secondo quanto disposto dall'articolo 40 della Costituzione di Théatropólis, lo sciopero costituisce un diritto soggettivo fondamentale e irrinunciabile del prestatore di lavoro.

PROVOCATORE Gli scioperi vanno cassati dall'ordinamento costituzionale.

MANIFESTANTE I Provocatore!

PROVOCATORE I sindacati sono la rovina dei lavoratori e degli imprenditori!

SINDACALISTA L'assenza dell'arbitrato dell'autorità politica nei conflitti di dinamica contrattuale, di strategia imprenditoriale e di politica economica e occupazionale, soprattutto con l'avvento della dittatura che ha istituito il sindacato unico obbligatorio, favorì l'indebolimento del potere di contrattazione dei lavoratori e l'affermazione del potere del padronato. Alla fine della Tirannia, l'art. 1 dei Principi Fondamentali della nuova Costituzione, dichiarando Théatropólis Repubblica democratica fondata sulla cultura, diede impulso a equilibrare, in senso democratico, il rapporto tra

	lavoratori e datori di lavoro; ma è con la legge 20 maggio 1970, n. 300 – meglio conosciuta come Statuto dei Lavoratori – che si legittima il sindacato ad agire direttamente nei confronti dell'imprenditore. Infatti, tra le disposizioni del titolo IV, l'art. 28 rappresenta lo strumento giudiziario volto a reprimere le condotte antisindacali, in quanto impeditive o limitative dell'esercizio dell'attività sindacale o del diritto di sciopero.
PROVOCATORE	Abolire i sindacati e i sindacalisti è l'unico modo per risanare l'economia di Théatropólis!

(Tafferuglio. L'intervista è interrotta. Il Provocatore si allontana dal sit-in senza lasciare la Piazzetta delle Chiacchiere)

CRONISTA RT 1	Radio Théatropólis 1. Salterà la *prima* della nuova Stagione teatrale?
MANIFESTANTE II	Non è escluso! Se è il caso, annulleremo dal programma in cartellone non solo *Sei personaggi in cerca d'autore* ma anche le altre opere della trilogia di Pirandello e gli altri spettacoli in cartellone.
SINDACALISTA	Spetterà all'assemblea dei dipendenti la decisione di proclamare lo sciopero. In ogni caso, saranno garantite le manifestazioni in programma relative alla Celebrazione del Centenario del Teatro delle Maschere & dei volti di Théatropólis, alla Conferenza stampa di presentazione della Stagione Teatrale Anno del Conto Salato/Anno della Ripresa, alla Conferenza stampa di presentazione del 70° "Festival internazionale del teatro di Théatropólis" e all'apertura della Stagione del Centenario del Teatro delle maschere & e dei volti.
MANIFESTANTE III	Che la cerimonia d'apertura della Celebrazione del Centenario del Teatro delle Maschere & dei volti di Théatropólis non si trasformi nell'ennesimo e multiplo sproloquio delle false promesse!

SINDACALISTA	In tale occasione, si potrà verificare se i rappresentanti del governo e dell'amministrazione comunale ci assicureranno il loro impegno concreto nell'attribuire risorse finanziarie più cospicue per il rilancio del Tm&vT, quale simbolo più prestigioso di Théatropólis.
MANIFESTANTE III	Altrimenti!
CRONISTA RT 1	Altrimenti?
MANIFESTANTE III	Non escluderei forme di sciopero cosiddette "anomali", da effettuarsi durante lo spettacolo.
CRONISTA RT 1	Legali?
MANIFESTANTE III	Legittime, almeno in teatro!
CRONISTA RT 1	Tipo?
MANIFESTANTE III	Ce ne sono a iosa! Come lo sciopero *a sorpresa,* a inventiva, all'istante, muto, all'oscuro, all'estremo, a non finire, all'eccesso, a esagerazione.
SINDACALISTA	L'assemblea deciderà ciò che sarà suo compito deliberare.
MANIFESTANTE II	Si va in assemblea!
MANIFESTANTE I	Per proclamare lo sciopero!
CRONISTA TV T3	Certamente, per condizionare, se non a forzare, il Gestore in amministrazione controllata alla risoluzione del faticoso conflitto che si è venuto a determinare.
SINDACALISTA	Ribadiamo che noi dipendenti del Tm&vT, siamo impegnati a sostenere il risanamento dell'oneroso debito del teatro, ma alle condizioni dell'accordo preventivo siglato alla fine dell'ultima Stagione teatrale, altrimenti si rischia di precipitare in un oscuro e tortuoso labirinto senza via d'uscita.

(I dipendenti del Tm&vT, ad esclusione di quelli che stanno effettuando lo sciopero della fame, si recano in teatro per riunirsi in assemblea)

CRONISTA TVTT	Chiudiamo il collegamento dandovi appuntamento con la prima di *Sei personaggi in cerca d'autore* di Luigi Pirandello, che sarà trasmessa in diretta

televisiva, in mondo visione, su TVTT.

PROLOGO II

Assembramento Spettatori davanti al Tm&vT.

Théatropólis. Piazzetta delle Chiacchiere.

Mentre si svolge l'assemblea dei dipendenti Tm&vT gli Spettatori si dispongono nei settori loro riservati.

Un'Inserviente in divisa, munita di cartellino identificativo, distribuisce un opuscolo della Stagione del Centenario del Tm&vT e un volantino sindacale.

INSERVIENTE

(Il suo volto ambiguamente acerbo, maturo e sfatto è, in ogni caso, quello di un'adolescente, con lo sguardo dolce, un lieve rossore sulle gote e una ghirlanda di ciclamini sulla chioma fulva sciolta sui seni)

Così presto, signore Gyrovăgus?

GYROVĂGUS   Le pare?

INSERVIENTE   Non le pare?

(*Distribuisce un opuscolo e un volantino*)

Presumo per evitare la fila o perché è senza biglietto.

GYROVĂGUS   Che biglietto?

(*Si toglie dalle spalle lo zaino e il sacco a pelo*)

INSERVIENTE   Il biglietto d'ingresso al teatro!
GYROVĂGUS

(*Scuote la testa e disegna nell'aria un punto interrogativo con la punta del suo bastone*)

Un biglietto d'ingresso?

INSERVIENTE   Certo che sì!
GYROVĂGUS   E perché?
INSERVIENTE   Perché sì!
GYROVĂGUS   Di là, non era così; almeno, così mi pare.
INSERVIENTE   Di là, dove?
GYROVĂGUS   A Eliopólis.
INSERVIENTE   Per quando le occorre il biglietto?
GYROVĂGUS   Per oggi.
INSERVIENTE   C'è un tutto esaurito al teatro e non si trova un

| | biglietto neanche a pagarlo in moneta d'oro sonante o con un lingotto della zecca della Libera Città-Stato della Repubblica Democratica di Théatropólis . |

GYROVĂGUS   Per assistere allo spettacolo teatrale, si paga?

INSERVIENTE   Sì, che sì!

GYROVĂGUS   Di là, a Eliopólis, non era così.

(Va via)

(L'inserviente continua a distribuire l'opuscolo e il volantino ai passanti)

PASSANTE

(Dà un'occhiata all'opuscolo e legge il volantino)

Signorina, lei è un'attrice?

INSERVIENTE   Svolgo la triplice mansione di Inserviente, Strillone e apprendista Messo.

(Indica il suo cartellino di identificazione, con nome, foto e ruolo professionale)

Nella funzione di apprendista Messo, consegno la posta e porto le ambasciate agli attori e do avviso dell'inizio dello spettacolo; nell'incarico di Inserviente, mi occupo delle pulizie del Tm&vT, il lavoro più umile del teatro che svolgo con dedizione, passione e alta professionalità; nella mansione di Strillone fornisco ad alta voce, fuori dal teatro, informazioni sullo spettacolo del giorno, sulla la disponibilità dei biglietti in vendita e distribuisco il materiale pubblicitario del teatro.

PASSANTE   Ah!

INSERVIENTE   Deluso?

PASSANTE   Ogni lavoro è socialmente utile.

INSERVIENTE   Avrei preferito apparire in scena come autore, personaggio, regista e attrice invece di restare invisibile al pubblico.

PASSANTE   Si percepisce che il teatro è nel suo DNA (DeoxyriboNucleic Acid).

INSERVIENTE	Sì, il teatro è nel mio codice genetico! In verità, sono nata e abito in questo teatro.
PASSANTE	Ma, no?
INSERVIENTE	Sì, invece! E in più…
PASSANTE	… Ne è, anche, proprietaria?
INSERVIENTE	No, no; ma mio padre è stato autore, attore e regista del Tm&vT.
PASSANTE	Uhm? E…
INSERVIENTE	… E anche amante di mia madre. Ssst, si tratta di un segreto di famiglia mai rivelato e che lo si dovrà mantenere per sempre!
PASSANTE	Un impegno particolarmente gravoso.
INSERVIENTE	Un segreto che sta producendo in me e in mia madre una condizione di stress, con il rischio che noi si possa sviluppare dei sintomi ansiosi o depressivi. Anche lei ha un segreto?
PASSANTE	Eh! Ne ho in sovrabbondanza!
INSERVIENTE	Quando conservare un segreto diventa insopportabile, qualcuno cede e decide di confessarlo: magari, all'improvviso, a degli sconosciuti, per smascherarsi dalla messa in scena della propria nullità e mostrare il volto della propria insignificante identità. Qual è il suo segreto?
PASSANTE	Ho tenuto nascosto un segreto a mia moglie; e, in punto di morte, non ho avuto il coraggio di rivelarglielo.
INSERVIENTE	Perché?
PASSANTE	Per evitare di farla soffrire.
INSERVIENTE	C'è qualcosa che, in punto di morte, affligge più del mal di morte?
PASSANTE	Sì; sentirsi riferire, di essere stati traditi dalla persona che si è di più amata nel corso della propria vita.
INSERVIENTE	Avrebbe dovuto confessarle di volerla tradire prima di farlo.
PASSANTE	Mi avrebbe abbandonato.
INSERVIENTE	E avrebbe fatto bene.

PASSANTE	Ma io, per amore, non volevo perderla.
INSERVIENTE	Per amore!?
PASSANTE	Per amore!
INSERVIENTE	E, intanto, la tradiva.
PASSANTE	Sì, perché, per mancanza di desiderio sessuale, seguitava a respingermi e a rifiutarmi.
INSERVIENTE	Avrebbe dovuto dirglielo di volersi soddisfare sessualmente con un'altra donna.
PASSANTE	Non ne ho avuto il coraggio e, forse, mia moglie mi avrebbe consentito di avere un'amante o di frequentare i bordelli.
INSERVIENTE	Invece, il nostro signor passante si è reso infedele, finto, insincero, sleale e traditore di sua moglie, e ora, che è morta, frigna la sua contrizione.
PASSANTE	Le confesso che sono pentito della mia colpa che, sempre più. mi disturba, tormenta e ammala.
INSERVIENTE	A mio padre, per la stessa ragione, sua moglie, invece, gli ha suggerito di farsi un'amante. E mio padre, per averla sempre a sua disposizione, quasi impose ad Auxilium Providentia di assumere mia madre come Portiera & Custode del Tm&vT, di cui era proprietario: ed eccomi qua, a esserci!

(Gli mostra un ritaglio di giornale)

PASSANTE	Lui?
INSERVIENTE	Shhh! Lui, mio padre!
PASSANTE	Lui, il divino del teatro, è tuo padre!?
INSERVIENTE	Shhh!
PASSANTE	Lo ha conosciuto?
INSERVIENTE	No, purtroppo; morì nel periodo in cui mia madre era incinta di me.
PASSANTE	Lei è, dunque, il suo ultimo capolavoro!
INSERVIENTE	Senza che lui, per la sua scomparsa improvvisa, abbia avuto modo di riconoscermi come sua figlia e di attribuirmi il suo nome di famiglia.
PASSANTE	Mi perdoni.

INSERVIENTE Perdonarla, di che? Non mi ha fatto niente di male!
PASSANTE Per il mio eccesso di intrusione nella sua vita privata.
INSERVIENTE Non so neppure io perché le ho confidato di me.
PASSANTE Chi sa, che lei è la figlia di…?
INSERVIENTE Shhh!

(Ripone il ritaglio di giornale con la foto del padre nella tasca alta interna di destra della sua giacca e continua a distribuire il materiale cartaceo ai passanti)

  Nessuno! tranne me, mia madre e la moglie di mio padre.
PASSANTE Ovvio.
INSERVIENTE Come nessuno sa che anch'io, come mio padre, scrivo testi teatrali.
PASSANTE *Wow*!
INSERVIENTE Se ne meraviglia?
PASSANTE No, anzi!
INSERVIENTE E allora perché la sua espressione *Wow*!
PASSANTE *Wow*, per esplicitare il mio entusiasmo all'evidenza che lei non poteva che aver ereditato da *suo* padre, attraverso le cellule riproduttive, il genoma, i geni e il talento della scrittura creativa.
INSERVIENTE Nel mio cervello devo averci messo anche qualche cosa di mia madre e di mio, o no?
PASSANTE Ah, certo! gli intrecci psicofisici, sociali, culturali, emozionali e così via da lei finora esperiti e che svilupperà e varierà finché durerà in svariati sistemi di interiorizzazione, socializzazione e comunicazione di reciprocità e interscambio con una moltitudine di interlocutori. Sono convinto che lei è, e in ogni caso, sarà, in bravura artistica, pari al genio di suo padre.
INSERVIENTE Lei mi immensa d'immenso, come l'immensità s'immensa e immensa d'immenso l'immensità dell'immenso!

(Il Passante ride)

	Si fa beffe di me per il mio farfuglio?
PASSANTE	No, altro che! Anzi!
INSERVIENTE	E, dunque, che cosa mi rappresenta, che io non ne interpreto il significato?
PASSANTE	Una risata esagerata e roboante non comunica certo sarcasmo o isteria! Non le sembra? Si è trattato di una risata liberatoria d'apprezzamento e d'entusiasmo di saperla creativa, come suo padre, l'illustre genio …
INSERVIENTE	Shhh!
PASSANTE	… e capace con la sua fantasia di dare senso al nonsense. Quando si è originato il lei l'ispirazione della scrittura teatrale?
INSERVIENTE	Nel wc del Tm&vT!
PASSANTE	Fiuuu!
INSERVIENTE	Dal cielo, un fascio di luce solare irruppe nel wc, mi accecò e trafisse il cuore; ed io rapita in estasi udii una voce potente sopra di me, come di tromba: «Scrivi dunque le cose che hai visto, quelle che sono e quelle che accadranno dopo» (Parola di Dio. *Apocalisse* di Giovanni 1,10).
PASSANTE	E?
INSERVIENTE	E?
PASSANTE	Ancora, ancora, ancora!
INSERVIENTE	E, allora, io tremai dalla paura e svenni.
PASSANTE	Ancora!
INSERVIENTE	Udii:

(Finge di non ricordare il passo dell'evangelista Gv. 1,5, per rendere più febbrile l'ascolto del Passante)

	«… la luce splende nelle tenebre, ma le tenebre non l'hanno accolta».
PASSANTE	Lei è la luce che illumina le tenebre!
INSERVIENTE	Io?
PASSANTE	Lei, la illuminata dalla luce di Dio!
INSERVIENTE	Che significa ciò?

PASSANTE	La luce significa la verità assoluta e la conoscenza contrapposte alle tenebre dell'ignoranza. E poi? Si sveli! Mi riveli!
INSERVIENTE	La voce volò nella luce di un fulmine, fremé e si spense.
PASSANTE	Ancora! Ancora! Ancora!
INSERVIENTE	Allora volsi il mio volto nell'abisso e, oltre la morte e gli inferi, m'apparve il nulla.
PASSANTE	Il nulla?
INSERVIENTE	Il nulla! Il nulla che è nulla!
PASSANTE	Che creatività? In che momento e dove nascono le sue opere?
INSERVIENTE	Dal wc del Tm&vT; quando vomito nel wc del teatro il mio veleno, le mie illusioni, la mia disperazione.
PASSANTE	In teatro! Nel wc del Tm&vT! Che fervida immaginazione!
INSERVIENTE	Traggo ispirazione, soprattutto, dal crogiolo della mia solitudine, dalla mia insoddisfazione, dalla mia alienazione, quando me ne sto sola in ombra, in disparte.

(Nella fila del Settore Studenti, giunge un gruppo di allievi del Conservatorio "Gioacchino Rossini").

Teatro chiuso!

(*Distribuisce l'opuscolo e il volantino*)

PROFESSORESSA	Che cos'è?
INSERVIENTE	Un volantino informativo sull'assemblea sindacale dei dipendenti del Tm&vT in corso di svolgimento nella sala de teatro dei lavoratori del Tm&vT in stato di agitazione e un opuscolo della Stagione del Centenario del Tm&vT.
MUSĬCUS	Prof, che si fa? Si va in giro?
PROFESSORESSA	Si fa la fila!
MUSĬCUS	No, la fila no! Scusi, signorina Inserviente, quanto dura la Cerimonia d'apertura della Stagione del

	Centenario del Teatro delle maschere & e dei volti?
INSERVIENTE	Un'ora.
MUSĬCUS	E lo spettacolo teatrale?
INSERVIENTE	$2^h13'38''$ circa.
MUSĬCUS	Tempo comprensivo anche dell'intervallo?
INSERVIENTE	Sì.
MUSĬCUS	Uffa, che noia l'attesa!
PROFESSORESSA	Pazienza!
INSERVIENTE	Profittino di dare almeno una sbirciata al materiale che vi ho consegnato, così non si annoieranno.
PROFESSORESSA	Scusi, signorina Inserviente, ma che succede di così grave per indurre i dipendenti a indire un'assemblea sindacale a ridosso della celebrazione del Centenario del Tm&vT e della *prima* che inaugura la Stagione Teatrale?
INSERVIENTE	Per svariati motivi, tra cui la richiesta di pagamento degli stipendi arretrati e il reintegro dei dipendenti licenziati senza giusta causa.
PROFESSORESSA	Può spiegare ai miei studenti il licenziamento per giusta causa e senza giusta causa?
INSERVIENTE	Prego, al vostro servizio!
MUSĬCUS	Prof, non è materia che ci interessa; noi siamo studenti di musica e non lavoratori di teatro.
PROFESSORESSA	Chi più sa più può! In futuro, suonando nell'Orchestra del Teatro alla Scala di Milano o nell'Orchestra del Teatro dell'Opera di Théatropólis, potreste trovarvi, in futuro, nella stessa situazione degli artisti del Tm&vT.
MUSĬCUS	Prof, io preferirei suonare nella Wiener Philharmoniker o con i Berliner Philharmoniker!
PROFESSORESSA	Ragazzi, prestate attenzione!
INSERVIENTE	La Legge di Théatropólis vieta il licenziamento che non sia fondato su valide ragioni. Ad esempio, il datore di lavoro non può licenziare un lavoratore per capriccio o perché gli è divenuto sgradito o antipatico. Il licenziamento si attua per giusta causa

e senza giusta causa. Il licenziamento per giusta causa avviene: per motivi disciplinari gravi (con immediata rottura del rapporto di lavoro e senza preavviso) oppure quando il lavoratore è ritenuto dall'azienda: incapace a svolgere le mansioni assegnatigli; colpevole d'improduttività, di gravi violazioni nello svolgimento degli incarichi conferitigli o nel caso in cui l'azienda sia in crisi o che le sia necessario massimizzare i profitti.

PROFESSORESSA
Tutto chiaro?

MUSĬCUS
Prof, m'immagino che, in futuro, molti della nostra classe si troveranno in simili situazioni, soprattutto per incapacità a svolgere le mansioni assegnatigli o perché colpevoli d'improduttività: ovvero, per assenteismo alle prove d'orchestra e ai concerti.

PROFESSORESSA
Serietà, e niente bullismo. Domande? No? Prego.

INSERVIENTE
Il licenziamento senza giusta causa o motivo può essere di tipo disciplinare o discriminatorio. In tali casi, il lavoratore deve comunicare al datore di lavoro, entro sessanta giorni dal licenziamento, la sua intenzione di contestare il licenziamento senza giusta causa ed entro 180 giorni deve presentare il ricordo presso la cancelleria del tribunale. Qualora fosse verificata dal giudice l'insussistenza dei motivi disciplinari indicati dal datore di lavoro come causa del licenziamento, il lavoratore ha diritto al reintegro sul posto di lavoro e a un'indennità pari alle mensilità intercorse tra il licenziamento e il reintegro. Nel caso di licenziamento discriminatorio, quando il datore di lavoro avesse torto, il dipendente ha diritto al reintegro nel posto di lavoro e a un'indennità pari alle mensilità dovute e non percepite. Scusatemi, se vi ho tediato e assonnato.

MUSĬCUS
Prof, e ora che si fa?

PROFESSORESSA
Niente sconcerti, calori, smanie, fregole, agitazioni, frenesie, entusiasmi, euforie, eccessi,

	scombussolamenti, sconvolgimenti, confusioni, turbamenti, scompigli, disordini, smarrimenti, follie, sballi, caos!
INSERVIENTE	Professoressa di lettere, con certezza!
MUSĬCUS	Come ha fatto a indovinarlo?
INSERVIENTE	Perché solo un professore di lettere può ritrovarsi quei sinonimi nella mente e sfuriarli in un baleno.
MUSĬCUS	Prof, che si fa?
PROFESSORESSA	Suonate!

(I giovani studenti di musica tirano fuori dalle custodie i loro strumenti musicali e suonano)
la ouverture de "La Gazza ladra" di Gioacchino Rossini)

Un'anziana signora si dispone alla fine della fila del Settore Anziani e Disabili.

ANZIANA	Un secolo di teatro!
INSERVIENTE	Un'eternità!

(Distribuisce l'opuscolo e il volantino)

ANZIANA	In verità, un secolo non è un'eternità.
INSERVIENTE	Che cos'è un secolo rispetto al tempo di durata dell'eternità?
ANZIANA	Niente; quasi niente!
INSERVIENTE	Niente, quasi niente, dunque? Che idea! Che idea, scoccata, scaturita e scintillata dal quasi niente per un quasi niente!

(Prende un taccuino con lapis dal taschino della giacca)

ANZIANA	Cosa fa?
INSERVIENTE	Prendo nota e archivio che un secolo non è un'eternità e che non è neppure quasi un'eternità.
ANZIANA	Un secolo non è quasi un'eternità, ma meno di un quasi di eternità.
INSERVIENTE	?
ANZIANA	Calcoli! Si ingegni!
INSERVIENTE	Non so ingegnarmi per fare calcoli.
ANZIANA	Un secolo è pari a un tempo senza fine?

INSERVIENTE	No, che no! Ma neppure mi risolve che un secolo non è quasi un'eternità.
ANZIANA	Tracci una linea su una pagina del taccuino.
INSERVIENTE	Fatto!
ANZIANA	Ora valuti se ritiene di poter considerare che la linea è un insieme, ordinato di punti e che ha la sola dimensione della lunghezza. Per semplificare, deduca e risponda: vero o falso.
INSERVIENTE	Vero.
ANZIANA	Suddivida la linea in dieci segmenti uguali, e li numeri da zero a dieci: da 0 a 1, primo segmento, da 1 a 2, secondo segmento, da 2 a 3, terzo segmento, e così di seguito.
INSERVIENTE	Fatto!
ANZIANA	È vero o falso che, se il segmento da zero a 1 è formato da x punti, ogni altro segmento sarà formato da x punti?
INSERVIENTE	Vero.
ANZIANA	Vero, nel senso che è vero che è vero, o che è vero che è falso?
INSERVIENTE	È vero che è vero e è vero che non è falso.
ANZIANA	Ora segni i segmenti con delle lettere dell'alfabeto in minuscolo e seguite da una parentesi tonda di chiusura e da una virgola.
INSERVIENTE	a), b), c), d), e), f), g), h), i), l).
ANZIANA	La lettera a) è più vicina a b) o a l)?
INSERVIENTE	A b)!
ANZIANA	La lettera i) è più vicina a b) o a l)?
INSERVIENTE	A l)!
ANZIANA	Ora poniamo che ogni segmento contenga un secolo e che la linea misuri complessivamente dieci secoli. Ora poniamo che il punto zero sia l'inizio del tempo e che il punto 10 sia la fine del tempo. Qual è il tempo che è il tempo eterno, che è il tempo quasi eterno e il tempo che è il meno eterno?
INSERVIENTE	Ingegnoso! Il tempo eterno coincide con il punto 10;

	il tempo quasi eterno coincide con il punto 9,99; il tempo che è il meno eterno coincide con il numero 0,01.
ANZIANA	E dunque?
INSERVIENTE	Deduzione: il tempo di un secolo non è della grandezza del tempo eterno, non è della grandezza del tempo quasi eterno ed è un tempo minore del tempo quasi eterno. E, dunque, un secolo non è né eterno né quasi eterno.
ANZIANA	E come doversi e volersi dimostrare un secolo non è quasi un'eternità, ma meno di un quasi di eternità e, in ogni caso, un tempo maggiore di un tempo zero. Un secolo è più un quasi di tempo zero che tempo eterno: soprattutto se si considera che il tempo eterno sta oltre il punto 10; al contrario, più il punto, 0,01 converge verso il punto zero, fin quasi da sembrare di raggiungerlo e di sovrapporglisi, e più il tempo si fa meno eterno.
INSERVIENTE	Il tempo, che sta sul punto zero e che va in avanti verso destra da zero a dieci e prosegue nel tempo interminabile del tempo dell'eternità, va anche, indietro verso sinistra, da zero a meno di zero e prosegue nel tempo interminabile del medesimo tempo dell'eternità o di un tempo diverso e contrapposto al tempo dell'eternità?
ANZIANA	Teatro!
INSERVIENTE	Che cosa c'era prima del tempo zero? Un tempo meno (negativo?) contrapposto a un tempo più (positivo)? Il tempo *meno* e il tempo *più* scorrono in direzioni opposte? E, ancora, all'infinito del tempo meno che cosa c'è? Il tempo del caos, il tempo del vuoto, il tempo del nulla, il caos, il vuoto, il nulla, il non esserci, il non tempo? E, ancora, all'infinito del tempo più che cosa c'è? Il tempo del caos, il tempo del vuoto, il tempo del nulla, il caos, il vuoto, il nulla, il non esserci, il non tempo?

ANZIANA	Teatrale!
INSERVIENTE	Il non-tempo-più sta alla fine del tempo negativo e si tocca, o quasi, là dove cessa il suo corso il tempo positivo, per scoccare-scintillare-originare il tempo-ancora e così ancora e ancora per sempre il sempre eterno?
ANZIANA	Teatralità!
INSERVIENTE	E il nulla è il vuoto o è nel vuoto? E il vuoto è il nulla o è nel nulla? E il caos è il nulla o è nel nulla?
ANZIANA	Teatro!
INSERVIENTE	E il nulla è il caos, è nel caos o è fuori dal caos? E il vuoto è il caos, è nel caos o è fuori dal caos? E il caos è il vuoto, è nel vuoto o è fuori dal vuoto?
ANZIANA	Teatrale!
INSERVIENTE	Il tempo prima del tempo zero è il tempo del non tempo? Il tempo nel tempo zero o è il tempo dell'inizio che inizia il tempo? L'assenza del tempo è il tempo che è stato, che non è mai stato, che non è più o che non sarà mai?
ANZIANA	Teatralità!
INSERVIENTE	Ma di quanto tempo è costituita l'eternità? L'eternità è un tempo senza limite? Dura per sempre? Dura sempre? È senza fine, inesauribile, eterno, il tempo? Si potrà mai misurare la spazialità dell'eternità e calcolarne il tempo di durata?

(Finito di appuntare le sue interrogazioni, ripone lapis e taccuino nel taschino della giacca)

ANZIANA	Teatro, teatrale, teatralità del nullificante teatrare!

Settore fila Abbonati.

ABBONATA	Teatro ancora chiuso? È mai possibile una cosa del genere?
INSERVIENTE	Assemblea sindacale!

(Distribuisce l'opuscolo e il volantino)

ABBONATA   Un'assemblea sindacale alla prima della Stagione del Centenario del Teatro delle maschere & e dei volti   è davvero inverosimile! La Proprietà non avrebbe dovuto concedere ai suoi dipendenti l'uso della sala per l'assemblea! La Proprietà del teatro avrebbe dovuto impedire l'assemblea dei suoi dipendenti!

INSERVIENTE   Prego, legga e si chiarirà.

(Le consegna un libricino)

ABBONATA   Chiarirmi che cosa? Mi chiarisca lei, con chiarezza, il che cosa dovrei chiarirmi!

(Leggendo)

«Legge n. 300 del 1970. Statuto dei lavoratori, contenente "norme sulla tutela della libertà e dignità dei lavoratori, della libertà sindacale e dell'attività sindacale nei luoghi di lavoro…"».

(Restituisce, con gesto stizzoso, il libricino all'Inserviente)

A che mi serve? Mi è inutile! Io sono abbonata. Ho pagato il mio abbonamento, ho il diritto di entrare in teatro, ho il diritto di accomodarmi alla mia poltrona in Platea e ho il diritto di assistere agli spettacoli in programma.

INSERVIENTE   I suoi diritti? Lei, UNA , ha i suoi diritti e ne reclama il rispetto e, altrettanto, fanno i teatranti; or, dunque, evviva i diritti degli spettatori e abbasso i diritti di chi fa lo spettacolo?

ABBONATA   Il fatto è che, all'inaugurazione del suo centenario, il Tm&vT è chiuso! Che vergogna! Che indecenza!

INSERVIENTE

(Distribuisce l'opuscolo e il volantino)

Prego!

ABBONATO (*leggendo*)	Teatro chiuso per assemblea sindacale: mi pare una cosa assurda!
INSERVIENTE	È cosa assurda un'assemblea sindacale?
ABBONATO	È cosa assurda svolgere un'assemblea sindacale in orario di servizio al pubblico e...
INSERVIENTE	E?
ABBONATO	E con il pubblico che non può ritirare presso il botteghino del teatro gli abbonamenti e i biglietti.
INSERVIENTE	E?
ABBONATO	Con il rischio di non poter partecipare alla Cerimonia d'apertura alla Stagione del Centenario del Teatro delle maschere & e dei volti .
INSERVIENTE	E?
ABBONATO	Con il rischio che lo spettacolo inizi prima ancora dell'ingresso in sala della gran parte del pubblico, costretto ancora in coda alla fila.
INSERVIENTE	E?
ABBONATO	Premesso che il dramma non presenta atti e scene e, dunque, neppure pause, chissà se sarà consentito ai forzati ritardatari spettatori di entrare in Sala?
INSERVIENTE	Sempre che si trovi un accordo tra i dipendenti e il Gestore del teatro! Oppure ...
ABBONATO	Oppure?
INSERVIENTE	Diversamente, si proclamerà lo sciopero!
ABBONATO	Sciopero?
INSERVIENTE	Sciopero!
ABBONATO	Mi pare una cosa ...
INSERVIENTE	Strana? Insolita?
ABBONATO	Assurda!
INSERVIENTE	Che cosa non è assurdo nell'assurdità dell'esistenza?
ABBONATO	Assurdo, assurdo!
INSERVIENTE	Che cosa non è assurdo nell'assurdità del teatro, che rappresenta l'assurdità dell'esistenza?
ABBONATO	In verità, un teatro chiuso, che non rappresenta, che teatro è se non un teatro dell'assurdo?
INSERVIENTE	

(Prende un cellulare dalla tasca della giacca, consulta Google, digita Teatro dell'assurdo, legge un annuncio pubblicitario e poi la scheda di Wikipedia)

«Abram Saperstein, in altre parole Albert Bruce Sabin, famoso per aver sviluppato il vaccino contro la poliomielite, che non ha voluto brevettare per farne dono a tutti i bambini del mondo. Mi do voce di Wikipedia, l'enciclopedia libera che libera la cultura. Le caratteristiche peculiari del teatro dell'assurdo sono il deliberato abbandono di un costrutto drammaturgico razionale e il rifiuto del linguaggio logico-consequenziale. La struttura tradizionale (trama di eventi, concatenazione, scioglimento) è rigettata e sostituita da un'alogica successione di eventi, legati fra loro da una labile ed effimera, traccia (uno stato d'animo o un'emozione), apparentemente senza alcun significato». E, allora, fai quel che puoi per regalare la cultura all'umanità, dona il tuo 5×1000 a Wikipedia Italia. Scrivi 94039910156. Le è chiaro?

ABBONATO   Mi è più oscuro dell'oracolo della Sibilla cumana.

INSERVIENTE   Il teatro dell'assurdo si caratterizza per dialoghi senza senso, ripetitivi e serrati, capaci di suscitare a volte il sorriso nonostante il senso tragico del dramma che stanno vivendo i personaggi.

ABBONATO   Uhm!

INSERVIENTE   Si tratta di rappresentazioni con dialoghi ripetitivi e senza alcun fondamento logico che avvengono, almeno in apparenza, in modo casuale, perché è richiesto allo spettatore di dare un significato a ciò che accade sul palcoscenico.

ABBONATO   Mah! Il teatro dell'assurdo mi pare più complicato del "teatro nel teatro" di Pirandello.

INSERVIENTE

(Scrivendo sul taccuino)

Per chiarirsi, le consiglio di leggere: *Aspettando Godot*, capolavoro del drammaturgo irlandese Samuel Beckett, che argomenta la vita tra immobilità e nonsenso; *Il rinoceronte*, un'opera teatrale composta dal drammaturgo francese Eugène Ionesco che tratta di quando il conformismo diventa una malattia bestiale; *Tres sombreros de copa* commedia dello spagnolo Miguel Mihura che rappresenta l'assurdo tra Guerra Civile e Dittatura; *Tango*, del drammaturgo polacco Sławomir Mrożek, che descrive una società governata da valori superficiali; *L'accusatore pubblico* di Fritz Hochwälder, un'opera sulle atrocità del passato che rimandano all'assurdità del presente.

(Strappa il fogliettino dal taccuino, con gli appunti appena scritti, e lo consegna al suo interlocutore)

ABBONATO

(Legge e commenta)

Per la mia ignoranza e la mia semplicità, mi ci vorrebbe un'interprete per spiegarmi siffatti enigmatici oracoli degli autori teatranti.

(Giungono professori e allievi dell'Accademia Nazionale d'Arte Drammatica di Théatropólis)

ALLIEVO ANAD   Professore, il teatro è chiuso!
PROFESSORE   Teatro chiuso?
INSERVIENTE   Per una straordinaria riunione sindacale di massima urgenza.

(Distribuisce l'opuscolo e il volantino)

PROFESSORE   Geniale!
ALLIEVA ANAD   Geniale?
PROFESSORE   Alla Pirandello!
ALLIEVO ANAD   Alla Pirandello?

PROFESSORE

Alla Pirandello! Il Regista si è inventato di far trovare agli spettatori il teatro chiuso con lo svolgimento dell'Assemblea dei dipendenti del teatro per la risoluzione di un conflitto tra Proprietà & Salariati per fare "teatro nel teatro" fuori dal teatro, prima ancora di farlo entrare nel teatro ad assistere a una commedia in cui si fa il "teatro nel teatro".

ALLIEVA ANAD

Prof, che si fa?

INSERVIENTE

Si fa teatro, in ogni caso!

ALLIEVA ANAD

Si fa teatro, in ogni caso, chi?

INSERVIENTE

Voi!

ALLIEVA ANAD

Noi?

INSERVIENTE

Sì, che sì!

ALLIEVA ANAD

E che cosa rappresentiamo, noi, che siamo soltanto agli inizi del Primo anno dei corsi di Recitazione, senza aver ancora mai interpretato neppure il ruolo di comparsa in un'opera teatrale?

INSERVIENTE

Fantasia! Fate teatro a *casaccio*, così come viene-viene.

ALLIEVO ANAD

Fremo di inscenarmi! Professore, può suggerirci una tipologia di personaggi da rappresentare?

PROFESSORE

Ogni personaggio è in sé un universo, immenso e sconosciuto e pure intrecciato ad altri universi, affini, simili e differenti, dal carattere enigmatico, mutevole, capriccioso, incerto, insicuro, socievole, arioso, chiuso, introverso, timido, difficile, complesso, cattivo, buono, collerico, furioso, inquieto, calmo; per interpretarlo al meglio, occorre conoscerne l'età, il sesso, la vita personale, l'ambiente e il periodo storico, economico, politico, sociale e culturale in cui è vissuto).

ALLIEVA ANAD

A chi ispirarci?

INSERVIENTE

A Pirandello! Prendete spunto dal suo "teatro nel teatro" e mentre lo recitate uscite dai suoi personaggi e interpretate ciò che di voi stessi vi passa per la mente.

ALLIEVA ANAD	Pirandello? Pirandello alla Pirandello!
INSERVIENTE	Una trovata, così geniale, che sarebbe piaciuta anche all'artefice dei «drammi da fare».
ALLIEVA ANAD	Rappresentarci come Autori, Personaggi, Registi e Attori di noi stessi, considerata la nostra inesperienza teatrale, è troppo complicato!
ALLIEVO ANAD	

(All'Inserviente)

Creare dal niente è difficile! Si potrebbe scegliere tra i personaggi da interpretare i nostri insegnanti?

PROFESSORE	Non mi coinvolgete nelle ire dei miei colleghi; vi consiglio, quindi, di evitate di rappresentarli e di ridicolizzarli: me compreso!
INSERVIENTE	Sì, che sì!
ALLIEVO ANAD	Ne conosciamo pregi e difetti e, dunque, come potremmo non rappresentarli al meglio?
ALLIEVA ANAD	In che modo però?
ALLIEVO ANAD	Burlarli, per così come sono nella loro autenticità scolastica.
ALLIEVA ANAD	E se i nostri professori si mostrassero insoddisfatti di apparire così come sembrano a noi, anziché da come si ritengono?
ALLIEVO ANAD	Nel mostrare i loro pregi, i professori potrebbero anche sentirsi affettuosamente considerati e gratificati; ma nel rappresentarne, con sarcasmo o satira, i difetti, t'immagini come reagirebbero agli scherni dei colleghi e degli studenti?
ALLIEVA ANAD	Evitiamo il rischio di incorrere in una bocciatura nella loro materia d'insegnamento, per vendetta!
ALLIEVA ANAD	

(All'Inserviente)

Niente teatro sui nostri insegnanti!

INSERVIENTE	Perché non rappresentate voi stessi?
ALLIEVO ANAD	Noi?
INSERVIENTE	Sì, che sì! Che ciascuno sia esclusivamente autore,

	personaggio, attore, regista e spettatore di sé.
ALLIEVA ANAD	Evitiamo di sputtanarci.
ALLIEVO ANAD	E, allora, che fare?
ALLIEVA ANAD	Fare di non fare! E cioè fare niente.
ALLIEVO ANAD	Niente. Già. E allora rappresentiamo il *Niente*!
ALLIEVA ANAD	Come?
ALLIEVO ANAD	Senza fare niente.
ALLIEVA ANAD	Cioè?
ALLIEVO ANAD	Rappresentiamo il *Niente*, nel teatro del niente, senza fare niente!
PROFESSORE	Sia dunque il *Niente*!

(Alcuni anziani signori si dispongono in coda alla fila del Settore Anziani e Disabili)

SIGNORA	Che succede?
INSERVIENTE	Assemblea sindacale dei dipendenti del teatro!

(Distribuisce l'opuscolo e il volantino)

SIGNORE	
SIGNORA	Un operatore del ticket office ci ha raccomandato di presentarci a ritirare il biglietto, già prenotato e prepagato, in anticipo sull'orario di apertura del teatro! Situazione difficile, a quanto pare.
INSERVIENTE	Se non saranno fornite sufficienti garanzie sul pagamento degli stipendi arretrati, sulle ferie bloccate e sul reintegro dei dipendenti del teatro licenziati, si sciopererà.
SIGNORA	Uhm! Si rischia di restare fuori dal Tm&vT!
SIGNORE	Come tutti noi, qui in fila, nella speranza che a fine assemblea i dipendenti decidano di non dichiarare lo sciopero e che lo spettacolo si rappresenti.
SIGNORA	Che crudeltà!
INSERVIENTE	

(Prende il cellulare dalla tasca della giacca, consulta Google, digita Teatro della crudeltà, legge un annuncio pubblicitario e poi la scheda di Wikipedia)

«Libera la cultura. Dona il tuo 5×1000 a Wikipedia

Italia. Scrivi 94039910156. Il teatro della crudeltà è una forma di teatro ideata da Antonin Artaud nei primi trent'anni del Novecento. Per crudeltà non intendeva sadismo, o causare dolore, ma lo stimolo al sacrificio di qualunque elemento non concordante al fine della rappresentazione. Artaud spingeva per un teatro integrale che comprendesse e mettesse sullo stesso piano tutte le forme di linguaggio, fondendo gesto, movimento, luce e parola ... «Il teatro è prima di tutto rituale e magico» scriveva Artaud, «non è una rappresentazione. È la vita stessa in ciò che ha d'irrappresentabile».

(A una donna)

Anche lei in fila per ritirare i biglietti?

UNA DONNA — No, no!

INSERVIENTE — Meno male! Così evita di fare la fila anche al botteghino.

UNA DONNA — Ho scelto il sistema di rinnovo automatico del mio abbonamento per la Stagione Teatrale e per il 70° "Festival internazionale del teatro di Théatropólis", senza il rischio di annullo e senza sprecare tempo e fatica a fare la fila davanti al botteghino. Tale possibilità fa sì che si possa, annualmente, tramite una banca, di cui si è clienti, accreditare al Tm&vT il pagamento automatico dell'abbonamento, che permane garantito finché non si decide di annullarlo. Previdenza è provvidenza!

INSERVIENTE

(A una Giovinetta, appena giunta)

Teatro chiuso per assemblea! In fila per ritirare i biglietti?

GIOVINETTA — Sì, certo.

SIGNORA — E si presenta proprio oggi e a quest'ora?

GIOVINETTA — In anticipo, no?

INSERVIENTE	Piuttosto in ritardo.
GIOVINETTA	In ritardo?
INSERVIENTE	In ritardo!
GIOVINETTA	Ma se mancano ancora tre ore all'inizio dello spettacolo!
INSERVIENTE	Non è mai stata presente alla Prima di uno spettacolo teatrale?
GIOVINETTA	È la prima della mia Prima alla Prima!
INSERVIENTE	E anche la *prima* della sua mancata *prima* alla *prima*.
GIOVINETTA	Perché?
INSERVIENTE	Perché le sarà difficile procurarsi un biglietto per oggi, dato che c'è il tutto esaurito.
INSERVIENTE	Per trovare un biglietto, invece di presentarsi all'ultimo momento, avrebbe dovuto prenotarsi in tempo.
BAGARINO	

(Si avvicina, fingendo di telefonare)

> Pronto? Ciao! Come? Non potete più venire? Oh, mi dispiace. Macché rimborso! Nessun problema! Certo! Di sicuro, qualcuno che ne è sprovvisto li acquisterà. Non preoccuparti. A che prezzo li ho pagati? Un biglietto da ottanta D è stato rivenduto da un Bagarino a 400 D! Un abbraccio.

GIOVINETTA	Scusi, signore! In genere, non m'impiccio degli affari degli estranei, ma non ho potuto sottrarmi all'ascolto dalla sua conversazione telefonica, a voce alta, e …
BAGARINO	Non s'imbarazzi; ormai, si sa, la difficoltà e, anzi, l'impossibilità di poter acquistare, come da tradizione, i biglietti al botteghino del teatro.
GIOVINETTA	Non ho esperienza di cose teatrali; ma è che sono stata invogliata dalla pubblicità sulla rappresentazione del dramma in scena questa sera e, in particolare, avvinta dalla figura della Madre «… atterrita e schiacciata da un peso intollerabile di

vergogna e d'avvilimento» così come presentata da Pirandello e a me simile nella maschera della *Mater dolorosa e lacrimosa*.

BAGARINO Con l'avvento dell'elettronica, dell'informatica e soprattutto del progressivo sviluppo d'internet è prassi che per spettacoli teatrali di rilievo, i biglietti, posti in prevendita, in breve tempo, non sono più disponibili ai botteghini e neppure al sito online convenzionato con il teatro, poiché acquistati in blocco e rivenduti a prezzo maggiorato da società finanziarie, specializzate nel *business secondary ticketing online*.

INSERVIENTE Tale pratica è illegale!

BAGARINO Nelle società a economia prevalentemente liberista, si considera tale prassi una semplice applicazione del principio della libertà di mercato.

INSERVIENTE I prezzi dei biglietti dei grandi spettacoli sono rivenduti su piattaforme digitali raggiungendo cifre mostruose e alimentando un mercato nero che danneggia gli spettatori. Ma, presto, a Théatropólis, dopo le polemiche e le proteste degli spettatori e dei dipendenti dei teatri rivolte alle direzioni teatrali e al governo, la situazione cambierà, schifoso strozzino di bagarino.

BAGARINO

(Si indispettisce e inveisce contro di lei)

Inserviente, non si permetta di giudicarmi male. Io sono un onesto acquirente che, a causa dei motivi da lei poc'anzi espressi, è stato costretto ad acquistare dei biglietti a prezzo maggiorato a un bagarino per conto di alcuni miei amici di fuori che, per un funesto contrattempo, non potranno assistere allo spettacolo teatrale di questa sera e che, io, mi vedo costretto a rivenderli al medesimo prezzo che li ho pagati per non rimetterci dei soldi. In ogni caso, una

	sentenza della Cassazione sostiene che il fenomeno del bagarinaggio non è illegale: salvo che, i biglietti venduti non abbiano provenienza illecita.
INSERVIENTE	Il bagarinaggio non costituisce di per sé reato ma la Legge vieta la rivendita dei biglietti per i soggetti non autorizzati e sanziona i bagarini con multe da 10.000 a 60.000 D.
BAGARINO	Le ripeto che io non sono un bagarino.
INSERVIENTE	Stronzo profittatore, conosco gli imbroglioni della sua risma. Alla Cerimonia d'apertura della Stagione del Centenario del Tm&vT chiederemo al Ministro C & S quali interventi legislativi intenderà porre all'approvazione del Governo e, nel frattempo, quali provvedimenti adottare per perseguire i software utilizzati per acquisti seriali, che non lasciano alcuna speranza al grande pubblico di poter usufruire a un prezzo congruo i biglietti per gli spettacoli artistici, in generale e, in particolare, per il teatro. Se lei non è un Bagarino, la polizia lo verificherà.

(Finge di telefonare alla polizia. Il Bagarino si allontana, seguito dalla Giovinetta)

GIOVINETTA	Signore, è mia intenzione acquistare un biglietto, possibilmente allo stesso prezzo di quello emesso dal ticket office del teatro.
BAGARINO	S'intende di affari!
GIOVINETTA	A ognuno il proprio tornaconto.
BAGARINO	Ho pagato i biglietti a un prezzo maggiorato e, dunque, non posso svenderli per rimetterci i soldi.
GIOVINETTA	Se non li venderà, perderà di più.
BAGARINO	Potrei anche venderli a un prezzo superiore a quello di acquisto maggiorato.

(Mentre mostra la Pianta del Tm&vT, indicando i posti in vendita, si avvicina l'Inserviente)

Platea, fila R, ultima fila di destra, poltrone numero 2 e numero 4, a 120,00 D cadauna; oppure, Platea,

	fila H, ottava fila di sinistra, poltrone numero 5 e numero 7, a 150,00 D cadauna.
GIOVINETTA	Troppo caro!
INSERVIENTE	Le norme di Théatropólis sullo spettacolo limitano l'acquisto di un massimo di due biglietti a persona e se lei sta tentando di piazzarne quattro, significa che sta compiendo un reato.
GIOVINETTA	No, grazie dell'offerta, un prezzo troppo speculativo; rinuncio e vado via.
BAGARINO	Gli affari sono affari!
GIOVINETTA	Dice il proverbio del Saggio: «Chi troppo vuole, nulla stringe».
BAGARINO	In un altro proverbio, il Saggio afferma: «Chi può e non vuole, nulla gode».
GIOVINETTA	Il Saggio sostiene anche: «Rinuncia a volere ciò che non puoi avere».

(In fondo alla fila del Settore Associazioni sociali, culturali e del tempo libero)

ANIMATORE	Salve, che sta accadendo?
INSERVIENTE	Teatro chiuso per una riunione sindacale!

(Distribuisce l'opuscolo e il volantino)

ANIMATRICE	È ovvio che si tratti della messa in opera di una provocazione!
UN AVVOCATO	Ahi! Ahi! Ahi! Un'assemblea sindacale che si svolge a ridosso della Celebrazione di un Centenario e di una Prima in apertura di Stagione Teatrale è una sciagura!
ANIMATORE	Sciagura?
UN AVVOCATO	Sciagura! Significa che il teatro, al 99,99%, resterà chiuso.
ANIMATRICE	Al 99,99%?
UN AVVOCATO	Al 99,99%!
ANIMATRICE	Mi scusi; ma, lei, come fa a predirlo?
UN AVVOCATO	Per esperienza professionale.
ANIMATRICE	Lei fa il sindacalista?

UN AVVOCATO	No, di professione sono un avvocato specializzato in diritto del lavoro.
ANIMATRICE	Ma, a suo parere, è legale svolgere un'assemblea sindacale durante l'orario di lavoro?
UN AVVOCATO	L'assemblea sindacale è un diritto disciplinato dallo Statuto dei lavoratori, Legge 300/1970, la quale, all'art. 20, prevede il diritto dei lavoratori a riunirsi nel luogo ove prestano la loro opera, per trattare un ordine del giorno prestabilito e vertente su materie d'interesse sindacale e del lavoro, e può svolgere in orario di lavoro e non lavorativo.
ANIMATORE	Quanto tempo massimo può durare un'assemblea in orario di lavoro?
UN AVVOCATO	L'art. 20 Legge 300/1970 prevede che ogni lavoratore abbia diritto a un plafond di dieci ore annue retribuite per partecipare alle assemblee che siano indette nell'unità produttiva alla quale appartiene, e l'assemblea può svolgersi in una durata massima di due ore.
ANIMATRICE	Ha avuto un invito personale?
UN AVVOCATO	No, no! Sono riuscito ad acquistare un biglietto, di terza balconata, sul sito ttt.theatre.th. .

(Mostra il biglietto)

	Stampato in casa!
TALUNI	Aprite il teatro! Il tempo di durata dell'assemblea è scaduto! Teatro! Teatro! Concludete l'assemblea! Quanto tempo dobbiamo ancora aspettare per entrare in teatro? Aprite, devo ritirare l'abbonamento al botteghino! Anch'io! Ed io il biglietto! Che non si perda altro tempo!

(Fischi, insulti)

(Un cordone di sicurezza presidiata dalla Polizia, in assetto antisommossa, si dispone strategicamente nello spiazzo antistante il teatro. Intanto, giungono autorità istituzionali e ospiti del teatro, attesi dalla folla spazientita in un clima poco festoso)

TALUNI

Aprite il teatro! Aprite il teatro! Il tempo di durata dell'assemblea è scaduto! Teatro! Teatro! Teatro! Terminate l'assemblea! Quanto tempo dobbiamo ancora aspettare per entrare in teatro? Aprite, devo ritirare l'abbonamento al botteghino! Anch'io! Ed io il biglietto! Che non si perda altro tempo!

INSERVIENTE

Questo è teatro! Questo è il teatro!

(L'Uscere apre i portoni del teatro)

TALUNI

(*Applaudendo*, *fischiando*, *insultando* e ridendo)

Bravo! Bravo! Bravo!

PROLOGO III

Ingresso e assembramento degli spettatori nella sala della biglietteria del Tm&vT.

{Gli annunci dall'Altoparlante si sovrappongono alle conversazioni degli spettatori}

Annuncio altoparlante

Prima dell'inizio dello spettacolo verranno date, tramite altoparlante, indicazioni al pubblico. L'annuncio sarà dato ogni dieci minuti, dall'inizio d'ingresso fino a dieci minuti prima dell'inizio dell'evento. Il personale del teatro in servizio, dotato di divisa e del tesserino di riconoscimento, è intento a garantire il regolare espletamento dei servizi di biglietteria (rilascio e vidimazione dei biglietti e degli abbonamenti), della distribuzione di materiale informativo della Stagione del Centenario del Tm&vT (celebrazione, attività culturali e teatrali), della gestione del guardaroba e dell'assistenza agli spettatori per l'accesso in sala e al posto riservato. Ore 21.00, inizio spettacolo.

AVVENTORE

Un biglietto di platea per *Sei personaggi in cerca d'autore*.

TICKET SELLER

Non disponibile.

AVVENTORE

Neppure in Balconata?

TICKET SELLER

Neanche.

AVVENTORE

Alle 09.00 del 10 settembre è cominciata la prevendita dei biglietti per *Sei personaggi in cerca d'autore* e alle 09,05 non c'era più nemmeno un ticket disponibile on line. Non le sembra strano che i posti spariscano in pochi minuti?

TICKET SELLER

Quando si tratta della Prima di uno spettacolo, succede sempre; figuriamoci con Pirandello. Qui al Botteghino del teatro è accaduta la stessa cosa.

AVVENTORE

Alle 09,09, l'allarme *sold out* non si rivela reale: i biglietti rispuntano su un sito a prezzi rincarati a dismisura.

TICKET SELLER

Capita, ogni tanto.

AVVENTORE

Accade così per ogni spettacolo.

TICKET SELLER

È il cyber bagarinaggio, signore.

AVVENTORE

Una truffa, uno scandalo!

TICKET SELLER

Non si può chiamare truffa; non ancora, per lo meno, ma di certo è un mercato consolidato, parallelo a quello autorizzato.

Annuncio altoparlante

Si prega di favorire il regolare svolgimento del servizio di biglietteria.

Informiamo che questa sera il botteghino svolgerà soltanto il servizio di distribuzione dei biglietti e degli abbonamenti già prenotati. Avviso ai clienti per prenotazione e acquisto biglietto. È possibile prenotare il proprio posto telefonicamente o via mail negli orari sopra indicati e ritirare i biglietti entro mezz'ora prima dell'inizio dello spettacolo, pena la decadenza della prenotazione. Le prenotazioni lasciate in segreteria telefonica non sono ritenute valide. Le prenotazioni per e-mail sono da ritenersi valide soltanto dopo risposta di conferma. In caso di mancata risposta, consigliamo di mettersi in contatto telefonicamente.

AVVENTORE	Niente Pirandello, dunque?
TICKET SELLER	C'è il tutto esaurito per la trilogia del "teatro nel teatro" di Pirandello; salvo che lei non voglia abbonarsi.
AVVENTORE	Abbonamento?
TICKET SELLER	Con l'abbonamento si risparmia, è ovvio.
AVVENTORE	Non posso permettermi di acquistare un abbonamento per l'intera Stagione Teatrale.
TICKET SELLER	Può, in ogni caso, scegliere la forma di abbonamento più adatta alle sue possibilità economiche.
AVVENTORE	Le sembro povero?
TICKET SELLER	Almeno, in apparenza, mi pare di sì.
AVVENTORE	Per come le appaio, le sembra che io lo sia.
TICKET SELLER	Così, almeno, mi pare.
AVVENTORE	Si è ciò che si appare?
TICKET SELLER	Non necessariamente; ma se lei, signore, asserisce di non potersi permettere di acquistare un abbonamento per l'intera Stagione Teatrale, allora ne deduco che è povero.
AVVENTORE	L'indisponibilità di soldi da spendere per il teatro rappresenta per lei un parametro di misurazione per definire la povertà?
TICKET SELLER	Sì; e per la soglia di miseria assoluta, tenendo conto anche di altri fattori: come il nucleo, il reddito e la spesa famigliare per la minima qualità di vita. Io, signore, la percepisco senza famiglia, senza lavoro e senza pensione.
AVVENTORE	La sua percezione di me corrisponde al 100% di ciò che io mi sembro.
TICKET SELLER	Oh, mi dispiace!

AVVENTORE	Grazie.
TICKET SELLER	Arrivederci.
AVVENTORE	Chissà!

L'acquisto di biglietti e abbonamenti è effettuabile tramite biglietteria on line e telefono con carte di credito, oppure al botteghino, o nei punti vendita convenzionati, in contanti, bancomat o carta di credito. I biglietti acquistati possono essere annullati e sostituiti, ma non si possono utilizzare in date e orari diversi da quelli indicati. I biglietti acquistati non sono rimborsabili.

BAGARINO — Platea, fila R, ultima fila di destra, poltrone numero 2 e numero 4 a 300,00 D cadauna. Oppure, Platea, fila H, ottava fila di sinistra, poltrone numero 5 e numero 7 a 400,00 D cadauna.

AVVENTORE — Ahimè, io vivo in povertà!

BAGARINO — Idem e, dunque, mi è impossibile fare sconti e regali!

Annuncio altoparlante — Per usufruire delle varie riduzioni, al momento dell'acquisto è obbligatorio presentare la tessera della realtà convenzionata unitamente ad un documento d'identità. Le riduzioni non sono cumulabili. Il biglietto è valido esclusivamente per la data e lo spettacolo indicati sul biglietto stesso. Per ottenere l'accesso in sala, il biglietto deve essere conservato integro in tutte le sue parti.

BAGARINO

(avvicinandosi a una donna)

Platea, fila R, ultima fila di destra, poltrona numero 2 e numero 4 a 300,00 D cadauna. Oppure, Platea, fila H, ottava fila di sinistra, poltrona numero 5 e numero sette a 400,00 D cadauna.

AVVENTRICE — Mi pare un prezzo eccessivo.

BAGARINO — 300,00 D per una poltrona in Platea alla Prima di Pirandello sono un prezzo conveniente.

AVVENTRICE — Conveniente per il Bagarino, non certo per il suo cliente.

BAGARINO — O così o così.

AVVENTRICE — Se non abbassa il prezzo, non se ne fa nulla.

BAGARINO — 500 D per due poltrone.

AVVENTRICE — Sono sola. 150,00 D per la poltrona n. 2.

BAGARINO — A più tardi.

AVVENTRICE   Ancora un poco di pazienza e acquisterò sottocosto un suo biglietto.

BAGARINO   Non s'illuda.

Annuncio altoparlante   Il biglietto non usufruito non sarà rimborsato né potrà essere utilizzato per altre rappresentazioni. I biglietti con riduzione sono strettamente personali e non sono cedibili. Il biglietto deve essere esibito in caso di controllo e conservato fino all'uscita della sala al termine dello spettacolo. L'ingresso in sala è vietato a spettacolo iniziato ed è consentito soltanto dopo l'intervallo, qualora previsto. È vietato fumare, usare il cellulare, fotografare e video-audio-registrare lo spettacolo e introdurre in sala oggetti che potrebbero recare danno alle persone o alle cose.

COMPRATORE   A che prezzo vende i biglietti di Platea?

BAGARINO

(Mostrando la Pianta del Tm&vT e indicando le posizioni delle poltrone in Platea)

        Platea, fila R, ultima fila di destra, poltrone numero 2 e numero 4 a 300,00 D cadauna. Oppure, Platea, fila H, ottava fila di sinistra, poltrone numero cinque e numero sette a 400,00 D.

COMPRATORE   Prezzo eccessivo.

BAGARINO   Lo acquisti o se ne pentirà.

(All'arrivo del Cronista di tv T3 e il Bagarino si allontana e si confonde con il pubblico)

CRONISTA TV T3   Onorevole, non le sembra immorale il mercato del secondary ticketing?

ONOREVOLE   Disonesto e corrotto. Mercato che comunque procede nell'ambito della legalità. Legali sono i software che in pochi secondi fanno incetta di migliaia di biglietti dai canali di vendita ufficiali per rivenderli a prezzi folli. Siti legali che propongono i ticket a tariffe folli, senza verifiche né filtri.

CRONISTA TV T3   L'Associazione Consumatori ha presentato questa estate un ricorso contro il caso del concerto rock dei "Thunder Rumbles" allo Stadio della Musica, accusando le società che rivendono i biglietti on line di truffa aggravata ai danni dello Stato di Théatropólis (poiché non versano l'imposta sulla transazione).

Annuncio altoparlante	Eventuali spostamenti o sostituzioni di spettacoli o degli attori in cartellone, saranno preventivamente comunicati dalla Direzione del Teatro sul nostro sito internet.

CRONISTA TV T3

La Procura di Théatropólis ha accolto il ricorso sui rincari selvaggi dei biglietti della "Agency of ticket for shows" (acquistati e rilanciati con tempi e modi più aggressivi del solito) e ha costretto le società che se li sono accaparrati a interrompere immediatamente la vendita, pena una multa di 1000 D su ogni ticket distribuito. Nel mirino della battaglia legale sono finite varie società, tra cui la "Event Company", la più grande organizzazione di spettacoli al mondo che vende milioni di biglietti e incassa miliardi di denari.

ONOREVOLE

Ovviamente la soluzione definitiva al bagarinaggio spetta alla politica; ad ogni modo, anche gli organizzatori di eventi culturali dovranno abbassare i prezzi e fare dei controlli severi per ridurre al minimo la rivendita gonfiata, mentre gli spettatori devono rifiutarsi di pagare cifre folli quando il costo del biglietto supera i 100 D.

Annuncio altoparlante — Il Cliente potrà essere rimborsato entro, e non oltre, le due settimane dall'annullamento dello spettacolo, presentando il biglietto al botteghino del Teatro o nei punti di vendita convenzionati con il teatro.

ONOREVOLE

Contro il secondary ticketing organizzerò una conferenza per la moralizzazione della filiera del teatro, con la partecipazione di membri del Governo e del Parlamento, della Società degli artisti, manager, produttori e promoter (SAMPPT) della Società dei Consumatori (SC), della Società degli autori e editori (SAET) di e l'Autorità amministrativa indipendente (AAIT), garante della concorrenza e del mercato. Tuttavia, qualcosa si muove. All'attivo ci sono denunce ed esposti e una sentenza del

Tribunale di Théatropólis e anche una legge pronta, da attuare, perché i biglietti siano venduti a prezzi di mercato.

Annuncio altoparlante

Per il rimborso dei biglietti acquistati tramite internet o tramite call-center telefonici, è necessario prendere contatto con il servizio clienti del rivenditore internet o del call-center telefonico, tramite cui sono stati acquistati i biglietti, per sapere come ottenere il rimborso.

CRONISTA TV T3

Non è il caso di porre fuorilegge i software che fanno caccia grossa di ticket e bagarinaggio on line per far risparmiare denari al popolo dei fans?

ONOREVOLE

Occorre cambiare le regole per garantire la massima trasparenza nella vendita dei biglietti, che dovranno essere nominali e tracciabili. I siti web che usano i programmi che si accaparrano i biglietti senza rispettare le regole dovranno essere oscurati.

Annuncio altoparlante

Avvertenze per i Clienti abbonati. L'abbonato potrà richiedere il cambio della recita del proprio turno non telefonicamente, ma recandosi presso il botteghino del Teatro oppure inviando un'e-mail all'indirizzo abbonati@Teatromascherevolti.tp o un fax al numero 01.81.36.45, indicando il proprio cognome, il proprio turno di abbonamento, il relativo posto e la data in cui vorrebbe assistere allo spettacolo per cui ha richiesto il cambio recita. La Direzione farà in modo di assegnare il posto richiesto e disponibile per la data indicata dall'abbonato.

CRONISTA TV T3

Signor Direttore artistico, TV T3, mi permette di rivolgerle alcune domande?

DIRETTORE ARTISTICO

Prego, ma rapidamente, vado di fretta.

CRONISTA TV T3

Il giorno sabato 27 settembre dell'Anno della Peste a Théatropólis s'inaugurava il Teatro Ausel, diventando, in un secolo, uno dei più importanti teatri del mondo con rappresentazioni di numerosi capolavori. Le domando: con quanto anticipo si lavora su una stagione teatrale?

DIRETTORE ARTISTICO

Si comincia tre anni prima.

CRONISTA TV T3

Chi è che decide le opere da rappresentare?

DIRETTORE ARTISTICO

Dal direttore artistico, dopo aver recepito i suggerimenti provenienti da istituzioni pubbliche, enti vari, sponsor, associazioni, scuole; ma la programmazione della stagione è definita con i

162 dipendenti (artisti, tecnici, direttori di scena, amministrativi, maestranze,)" che lavorano al Teatro delle maschere & e dei volti .

Annuncio altoparlante

Avvertenze per i Clienti abbonati. Agli abbonati della stagione precedente è riservato il diritto di prelazione del proprio posto entro i termini indicati sui dépliant informativi del Teatro.

CRONISTA TV T3

In genere, come si decidono gli spettacoli da inserire in calendario?

DIRETTORE ARTISTICO

La programmazione è punto di partenza fondamentale per tutta l'attività di un'amministrazione teatrale. Tale attività consiste nel processo di analisi e valutazione, nel rispetto delle compatibilità economico-finanziarie, della possibile evoluzione della gestione dell'ente e si conclude con la formalizzazione delle decisioni politiche e gestionali che danno contenuto ai piani e programmi futuri. All'interno di tale programmazione particolare significatività assume la programmazione degli investimenti. Nella relazione si presentano le scelte programmatorie triennali d'investimento da fare.

Annuncio altoparlante

Per la riconferma del proprio posto è necessario presentare l'abbonamento della passata stagione. In caso di smarrimento del tagliando d'abbonamento, è opportuno presentarsi con originale o fotocopia di un documento d'identità del titolare dell'abbonamento. Gli abbonamenti non confermati entro i termini previsti saranno messi in vendita.

CRONISTA TV T3

Riempie di più il teatro, il grande nome dell'attore, del regista o il testo di un famoso autore?

DIRETTORE ARTISTICO

Sicuramente l'autore. Chi va a teatro è più per emozionarsi che per ammirare un divo o una diva o il famoso e di moda regista

Annuncio altoparlante

Avvertenze per i Clienti abbonati. Per usufruire delle riduzioni previste dal regolamento del teatro, è obbligatorio presentare un documento che attesti la validità della riduzione prima dell'emissione dell'abbonamento.

CRONISTA TV T3

Quali sono gli spettacoli di maggior successo?

DIRETTORE ARTISTICO — I classici, sempre moderni; ma abbiamo puntato anche sulla sperimentazione e l'innovazione per migliore la qualità degli spettacoli e coinvolgere di più i giovani al teatro.

Annuncio altoparlante — Gli abbonamenti stampati non potranno essere sostituiti né rimborsati. Gli abbonamenti con riduzione sono strettamente personali e non sono cedibili. La riduzione deve essere comunicata al personale di cassa prima dell'emissione dell'abbonamento. Una volta emesso non sarà possibile ottenere annullamenti o rimborsi.

CRONISTA TV T3 — Qual è stato lo spettacolo di maggiore successo da quando dirige il "Teatro delle maschere & dei volti"?

DIRETTORE ARTISTICO — "La persecuzione e l'assassinio di Jean-Paul Marat, rappresentati dai filodrammatici di Charenton, sotto la guida del Marchese De Sade", scritto da Peter Weiss, scrittore e drammaturgo tedesco, diretto da Iosif Smirnov.

Annuncio altoparlante — Avvertenze per i Clienti abbonati. In caso di furto/smarrimento, l'abbonato è tenuto a comunicarlo tempestivamente alla Direzione del Teatro che potrà richiedere una fotocopia della denuncia effettuata alle autorità competenti.

CRONISTA TV T3 — Ci può fornire i dati delle presenze e dell'incasso di tale spettacolo?

DIRETTORE ARTISTICO — 94.500 spettatori paganti, di cui 42.310 studenti, in 135 giorni, con una media di n. 700 spettatori e D 54,00 a recita, per un incasso totale di 5.103.00 D.

Annuncio altoparlante — L'abbonato potrà ad accedere alla sala nel proprio turno di abbonamento, presentando un'autodichiarazione di smarrimento, approvata dalla Direzione del Teatro, in cui dovrà indicare il proprio nome e cognome, il turno di abbonamento, le date delle repliche e il posto relativo.

CRONISTA TV T3 — La scorsa stagione ha proposto un cartellone che ha ottenuto un grande successo, soprattutto con le commedie di Aristofane: *Lysistrata*, imperniato sullo sciopero sessuale delle donne, e le *Donne al parlamento*, su un utopico governo delle donne, mentre la prossima è dedicata al "teatro nel teatro": un programma di opere classiche e contemporanee molto differenti: ce ne spiega il motivo?

Annuncio altoparlante	Avvertenze per i Clienti abbonati. Il pagamento potrà essere fatto in contanti, bancomat, tramite assegno (con esibizione di un documento d'identità valido) e tramite bonifico bancario e carta di credito.

DIRETTORE ARTISTICO È una scelta artistica dettata, soprattutto, dal desiderio di offrire sempre un cartellone stimolante, perfezionando, se e quando è possibile, la qualità artistico-produttiva dei progetti e degli artisti, esprimendo la capacità di innovarsi con audaci proposte sperimentali di opere e di uso di tecniche, senza chiudersi nella stessa tipologia di spettacolo, ma anche, dovuta alla necessita di potenziare il sistema teatrale e culturale per affrontare e risolvere nel modo migliore la crisi finanziaria del nostro teatro e di quella economica e sociale di Théatropólis.

Annuncio altoparlante Le prenotazioni telefoniche saranno valide per un tempo massimo di settantadue ore, dopodiché saranno automaticamente cancellate.

CRONISTA TV T3 Investire sulla cultura, dunque, per fare i conti con il debito pubblico e risanare i bilanci disastrati dei teatri di Théatropólis?

DIRETTORE ARTISTICO Ne sono sicuro e spero proprio di sì.

CRONISTA TV T3 Grazie.

DIRETTORE ARTISTICO Di nulla.

PROLOGO IV

Atrio prospiciente la platea del teatro con il pubblico che si intrattiene a conversare più o meno sul più e sul meno del più e del meno.

(Entrano delle persone camminando in fila per quattro con il passo uniforme e cadenzato, tipico dei soldati)

USCERE

(In servizio, dotato di divisa e del tesserino di riconoscimento)

Prego, sono l'Uscere del teatro. Lor signore & signori chi sono?

(Gli viene mostrato un pass)

Ah, sì, benvenuti al Tm&vT! Che puntualità!

(Fa cenno a una Maschera di avvicinarsi)

La Maschera, che si occupa dell'accoglienza del pubblico, accompagnerà lor signore & signori in Balconata I al posto riservato. Auguro loro signore & signori un buon spettacolo.

(Il gruppo s'incammina e sale su per un'ampia scala, mentre alcuni spettatori si accostano all'Uscere)

UNO (*dell'atrio*)	Signor Uscere, che facce! Chi sono quelli là?
USCERE	Sono dei detenuti minori del Riformatorio Giudiziario, accompagnati, sotto il controllo delle guardie carcerarie, da un assistente sociale.
UNA (*dell'atrio*)	Adolescenti devianti!
UN ALTRO (*dell'atrio*)	Ragazzi delinquenti!
USCERE	In attesa di primo giudizio, imputati a regime chiuso e dimittendi a regime aperto.
UN'ALTRA (*dell'atrio*)	Cioè?
USCERE	Il regime chiuso è riservato ai detenuti di primo grado.
UN'ALTRA (*dell'atrio*)	Ossia?
USCERE	Imputati reclusi considerati estremamente pericolosi, con forti limitazioni di libertà.

UNO (*dell'atrio*)	E, allora, se sono pericolosi, perché se ne stanno in libertà, anziché in carcere?
USCERE	Stia tranquillo, sono sotto sorveglianza, nella condizione di non nuocere, e noi in sicurezza. L'articolo 36 della Costituzione di Théatropólis che prevede che il carcere deve avere una funzione di rieducazione del condannato per la sua riabilitazione sociale. Non si può mica castigare per una vita intera un ragazzo che ha commesso un *reato di poco conto*?
UNA (*dell'atrio*)	Un *reato* non è mai di *poco conto*, poiché trattasi di un *crimine* che va punito come si merita!
USCERE	Infatti, l'ordinamento di Théatropólis prevede specifici meccanismi per valutare l'entità di un reato, fondati sulla sua rilevanza, lieve o grave, se merita una contravvenzione o l'internamento, o se il reo è socialmente pericoloso o un criminale abituale. In sostanza, un conto è rubare individualmente per mangiare e un'altra questione è agire in una banda armata per svaligiare una banca.
UN'ALTRA (*dell'atrio*)	Chi sono gli altri che stanno nel regime aperto? Ex carcerati?
USCERE	Il regime aperto è la fase di carcerazione per detenuti a media e bassa pericolosità. Quei ragazzi sono dei dimittendi che hanno svolto corsi educativi e formativi per il loro recupero, riabilitazione e inserimento professionale nella società.
UNA (*dell'atrio*)	Come fa a sapere tutte queste cose sui ragazzi delinquenti?
USCERE	Perché, in carcere, questi ragazzi, sventurati nella vita, frequentano un laboratorio teatrale diretto dal regista Iosif Smirnov, che offre loro l'occasione di respirare la libertà e l'aria sociale, ovvero di poter incontrare parenti, amici e sconosciuti e, altresì, acculturarsi e professionalizzarsi in qualche mestiere teatrale. Ragazzi devianti che scontano la pena riabilitandosi, ma, per delittuosità, non sono

	certamente paragonabili ad altri criminali, come gli evasori fiscali, i trafficanti di droga, i riciclatori di denaro di provenienza illecita o i malfattori del falso in bilancio e truffa e quelli che commettono omicidi.
UN'ALTRA (*dell'atrio*)	Lei ritiene che sia possibile che il carcere possa rieducare, riabilitare e favorire il reinserimento sociale di un criminale?
USCERE	Nel passato, durante la Tirannide, le carceri, organizzate in modo inadeguato, affollate e totalizzanti, favorivano la perpetuazione del crimine piuttosto che la rieducazione dei reclusi che, oggi, con il regime democratico, partecipano a progetti di reinserimento attraverso il sostegno psicologico, i percorsi personalizzati, l'istruzione e la formazione professionale, il contatto con la comunità esterna.
UN'ALTRA (*dell'atrio*)	Come la frequentazione del Teatro delle maschere & dei volti.
USCERE	Precisamente, con il loro inserimento lavorativo nei vari servizi sociali o con un permesso premio culturale per assistere al debutto dei filodrammatici del Riformatorio Giudiziario.
Annuncio altoparlante	Avviso ai Clienti abbonati. I Clienti che desiderano fare reclami o proporre suggerimenti sono pregati di inviarli tramite posta elettronica abbonati@teatThéatropólisscherevolti.tp o un fax al numero 01.81.36.45 o tramite lettera consegnata presso i nostri uffici.
Annuncio altoparlante	Il rinnovo automatico può essere facilmente annullato in qualunque momento e fino a sette giorni prima della fine dell'attuale periodo di abbonamento.
Annuncio altoparlante	Per cancellare il rinnovo bastano pochi passaggi: vai sul tuo Theatreship e quindi su "I miei dati", clicca poi su "Abbonamento" e quindi su "Modifica".
Annuncio altoparlante	Il cliente che compilerà correttamente la procedura, riceverà un'e-mail di conferma. In alternativa potrà scriverci per lettera, fax o e-mail.
Annuncio altoparlante	Pur annullato, il rinnovo automatico dell'abbonamento Special può essere riattivato nella sezione "I miei dati Theatreship" – "Abbonamento" del profilo del cliente.

(Entrano nel foyer delle persone camminando in fila per tre con il passo uniforme e cadenzato tipico dei soldati)

USCERE	Prego, sono l'Uscere del teatro. Lor signore & signori chi sono?

(Gli viene mostrato un pass)

Ah, sì, benvenuti al Tm&vT! Che puntualità!

(Fa cenno a una Maschera di avvicinarsi)

La Maschera, che si occupa dell'accoglienza del pubblico, accompagnerà lor signore & signori in Balconata I al posto riservato. Auguro loro un buon spettacolo.

(Il gruppo s'incammina e sale su per un'ampia scala)

UNO (*dell'atrio*)	Signor Uscere, che brutte facce! Chi sono quelli là?
USCERE	Sono dei detenuti dell'Istituto Penitenziario accompagnati, sotto il controllo delle guardie carcerarie, da un assistente sociale.
UNO (*dell'atrio*)	Criminali!
UNA (*dell'atrio*)	Delittuosi!
USCERE	In attesa di scontare la pena.
UNO (*dell'atrio*)	E che ci fanno qui, in teatro?
	Sono in permesso premio culturale per assistere al debutto dei filodrammatici dell'Istituto Penitenziario.

Annuncio altoparlante	Modalità di abbonamento singolo. Opzione 1: Trilogia Luigi Pirandello (periodo: novembre-dicembre), Balconata D 50, Platea D 100. Opzione 2: Trilogia Husch Harth (gennaio-febbraio), Balconata D 40, Platea D 80. Opzione 3: Trilogia Eloise Vivien (marzo-aprile), Balconata D 30, Platea D 60. Opzione 4: Trilogia Iosif Smirnov (maggio), Balconata D 20, Platea D 40.
Annuncio altoparlante	Modalità di abbonamento plurimo. Opzione 5: Pirandello, Harth, Vivien e Anelli, Bt 140 *D*, Pt 280 *D*. Opzione 6: Pirandello, Harth e Vivien, Bt 120 *D*, Pt 240 *D*. Opzione 7: Pirandello, Harth e Smirnov: Bt D 110, Pt D 220. Opzione 8: Pirandello, Vivien e Smirnov: Bt D 100, Pt D 200.
Annuncio altoparlante	Opzione 9: Harth, Vivien e Smirnov: Bt D 90, Pt D 180. Opzione 10: Pirandello e Harth: Bt *D* 90, Pt *D* 180. Opzione 11: Pirandello e Vivien: Bt *D* 80, Pt *D* 160. Opzione 12: Pirandello e Smirnov: Bt *D* 70, Pt *D* 140.
Annuncio altoparlante	Opzione 13: Harth e Vivien, Bt *D* 70, Pt *D* 140. Opzione 14: Harth e Smirnov,

Bt *D* 60, Pt *D* 120. Opzione 15: Vivien e Smirnov: Bt *D* 50, Pt *D* 100.

(Entrano nel foyer delle persone; camminano a corta distanza, quasi ammucchiate e dondolanti, in stato confusionale e con lo sguardo abbassato)

USCERE

Prego, sono l'Uscere del teatro. Lor signore & signori chi sono?

(Gli viene mostrato un pass)

Ah, sì, benvenuti al Tm&vT! Che puntualità!

(Fa cenno a una Maschera di avvicinarsi)

La Maschera, che si occupa dell'accoglienza del pubblico, accompagnerà lor signore & signori in Balconata I al posto riservato. Auguro loro un buon spettacolo.

(Il gruppo s'incammina e sale su per un'ampia scala)

UNO (*dell'atrio*)

Signor Uscere, che strane facce! Chi sono quelli là?

USCERE

Sono dei degenti della Comunità Terapeutica Riabilitativa Psichiatrica e della Casa di Cura dei Disturbi Mentali ad Alto Rischio di Asylumpólis, accompagnati da un'équipe di psichiatri, psicologi, medici, educatori e infermieri.

UNO (*dell'atrio*)

Dissennati!

UNA (*dell'atrio*)

Pazzi!

USCERE

In cura.

UNO (*dell'atrio*)

E che ci fanno qui, in teatro?

USCERE

Sono in permesso premio culturale per assistere al debutto dei filodrammatici della Comunità terapeutica riabilitativa psichiatrica e della Casa di cura dei disturbi mentali ad alto rischio di Asylumpólis.

Annuncio altoparlante

Informazioni. infoTm&vT*tp; call center: 0180 5927634. Ufficio Promozione abbonamento: 0180 5927643; botteghino: 0180 5927346.
Campagna abbonamenti: dal lunedì al sabato dalle 9:30 alle 12:30 e dalle 16:30

alle 19:30.
È possibile prenotare o acquistare i biglietti e abbonamenti a prezzo intero o usufruendo delle riduzioni per giovani under-26 e anziani over-65.
I biglietti e gli abbonamenti in riduzione devono essere ritirati presso il botteghino del Teatro, previa presentazione di un documento d'identità valido.

(Entrano nel frattempo altri ospiti del Regista accolti dall'Uscere che li fa accompagnare dalla Maschera alle balconate II e III)

Annuncio Altoparlante

Si avvisa che, a causa del prolungamento dell'assemblea dei dipendenti del Tm&vT, il pubblico della platea è pregato di permanere nel foyer; sarà avvertito quando potrà accomodarsi in sala.

PROLOGO V

Assemblea dei dipendenti del Tm&vT.

Tm&vT. I dipendenti del Tm&vT sono sparsi qua e là sul palcoscenico e in sala.

ATTREZZISTA	«Un ultimo sforzo di pazienza e ogni cosa si risolverà» ha dichiarato il dottor Lucio Sirio, Presidente della Banca della Cultura, che coordina la *Cordata* "Save the Tm&vT". Io non sopporto più la pazienza!
COSTUMISTA	La riunione in corso nella sede dalla Banca della Cultura darà esiti positivi.
CONTABILE	Ma chi, tra i soci della *Cordata* "Save the Tm&vT", investirà i suoi soldi nella convinzione di poter risanarne i debiti dell'ATm&vT spa e pensare di migliorare la qualità della produzione e dell'offerta teatrale, in modo da ricavarne un buon introito finanziario?
IMPIEGATA	Le nostre richieste sui temi dell'organizzazione del lavoro in alcuni settori sono rimaste inascoltate.
TRUCCATRICE	Sebbene a conoscenza delle criticità, ripetutamente segnalate dai lavoratori ai tavoli sindacali, l'azienda non ha mai manifestato concretamente la volontà di dare risposte risolutive.
IMPIEGATO	Nonostante gli innumerevoli incontri sindacali, i suggerimenti di risoluzione della crisi del Tm&vT avanzati dai dipendenti non sono stati accolti dal Gestore in amministrazione controllata.
COSTUMISTA	Il contratto è scaduto da nove anni e il Gestore non intende rinegoziarlo.
APPARATRICE	La strategia che in questi mesi ha fatto prevalere l'azienda è stata quella indirizzata alla riduzione degli orari contrattuali individuali e di conseguenza alla riduzione del salario; tali questioni, associate a un notevole peggioramento delle condizioni di lavoro, stanno determinando un inasprimento del conflitto tra sindacati e azienda.

RAGIONIERE	Nonostante le lettere di diffida e le denunce all'autorità giudiziaria, l'azienda continua a pagarci gli stipendi in ritardo e non proporzionati alla quantità del tempo di lavoro e alla qualità delle mansioni svolte.
SCENOGRAFA	Stipendi insufficienti ad assicurarci un minimo di qualità della vita accettabile con dignità.
UN'ALTRA IMPIEGATA	Il liberismo è la causa primaria della recessione attuale. La responsabilità dei deficit dei teatri non sono le maestranze ma la mala gestione della classe dirigente teatrale: spesso, collocata per raccomandazione del potere politico – solitamente corrotto e corruttore più che per merito curricula – che si attribuisce retribuzioni altissime e compie spese folli.
CASSIERA	Questo teatro è il nostro Golgota. Siamo condannati alla crocifissione. Il denaro dei banchieri e del clan degli imprenditori capitalisti della massimizzazione del profitto, dovrebbero impiccarsi all'albero del male o lanciarsi nel vuoto dalla Torre della Borsa per averci illuso e tradito. Non consentiremo ai mercanti d'affari di crocifiggerci e di seppellirci in questo Calvario!
UN ALTRO IMPIEGATO	Da alcune autorevoli personalità, che rispetto e apprezzo per il loro valore artistico, perché conoscono il sistema-teatro, mi sarei aspettato meno menefreghismo e meno interventi critici sterili.
RAGIONIERE	Gli artisti dello spettacolo dell'*Età d'Oro* di Théatropólis, che hanno beneficiato dei finanziamenti statali, producendo opere di grande valore culturale per il Paese – cosa che ha aumentato la popolarità e il loro lustro personale, di cui, tuttora, godono – avrebbero dovuto solidarizzare con i colleghi dell'*Età della Crisi* e impegnarsi con le istituzioni per toglierli dalla merda.
PARRUCCHIERA	Io dico che stiamo discutendo sul nulla di fatto.

FACTOTUM	Dichiariamo lo sciopero!
COSTUMISTA	Riflettiamo!
PARRUCCHIERA	Ancora?
COSTUMISTA	Ancora!
TRUCCATRICE	Il tempo è scaduto: procediamo!
MASCHERA	Sì, sì, giusto; votiamo!
PARRUCCHIERA	Sì, votiamo!
IMPIEGATO	Al voto la sorte del teatro!
MASCHERA	Rispetto dei diritti!
IMPIEGATA	No allo sfruttamento!
COSTUMISTA	Ho condiviso le forme di protesta che abbiamo messo in atto finora; ma, per non aggravare ancor di più la crisi finanziaria dell'ATm&vT spa, sconsiglierei qualsiasi forma di astensione dal lavoro.
SIPARISTA	In effetti, c'è il pericolo che possa determinarsi il *teatricidio* del Tm&vT.
SARTA	Teatricidio?
USCERE	Teatricidio! Il sacro dio Teatro ucciso dai Teatranti! Che battuta teatrale geniale!
FACTOTUM	Si tratta di pretendere il rispetto dall'ATm&vT spa e la tutela del diritto di lavoro. Dichiariamo lo sciopero!
COSTUMISTA	Che tipo di sciopero?
FACTOTUM	Uno qualsiasi, a inventiva.
COSTUMISTA	È *legale* siffatto sciopero?
FACTOTUM	Se si fa a inventiva sensata e non a *vanvera*, ovvero con un senso accentuato di sconsideratezza e sciatteria e in conformità allo Statuto dei Lavoratori e al Contratto di lavoro nazionale e aziendale, allora è legittimo.
COSTUMISTA	Sì, sì, ma qui, siamo di parte senza controparte, e ce la cantiamo e suoniamo come ci pare! Proporrei un arbitro imparziale a dirigere la nostra assemblea!
SIPARISTA	D'accordo, e per essere precisi, giusti e imparziali, affiancato magari anche un paio di Guardalinee, dal Quarto Uomo e dagli addetti al Video-Assistant

	Referee (VAR), come nello sport del calcio!
COSTUMISTA	Perché, no? Un Prefetto nel ruolo di Giudice, affiancato, alla bisogna, da un Pubblico Ministero, da un Avvocato Difensore e da un Questore per l'Ordine Pubblico in un'Aula di Tribunale.
SARTA	Ma suvvia, qui non si fa la Giustizia ma la nostra Assemblea!
ADDETTO STAMPA	Sì, però, è vero che dobbiamo agire nei limiti della legge e, dunque, potremmo affidare l'arbitraggio dell'assemblea a qualcuno di noi che rappresenti con imparzialità la Legge!
PARRUCCHIERA	Ma non siamo mica in un tribunale? Qui, in teatro, noi dipendenti del teatro non si fa teatro ma assemblea!
SINDACALISTA	Qualcuno si sente di poter assumere il ruolo di Prefetto, di Giureconsulto e Questore?
SIPARISTA	Questo è mestiere da attori!
SINDACALISTA	Signor Siparista, faccia da Capocomico e assegni le parti!
SIPARISTA	Se è così che si fa , allora mi assumo l'onere di fare il Capocomico della compagnia degli assembleari e verifichiamo subito se c'è qualcuno disponibile a fare il Prefetto, il Giureconsulto e il Questore.
SINDACALISTA	Può indicarne qualcuno?
SIPARISTA	Ne abbiamo in abbondanza, in gran quantità, a sfascio! Chi si propone?
TRUCCATRICE	Non ci faccia litigare e azzuffare tra di noi, signor Siparista-Capocomico, nel dover sceglierci i Personaggi da interpretare! Decida lei che è il *dominus gregis*, il capocomico responsabile della scelta del copione da inscenare, dell'ingaggio degli attori, dell'assegnazione dei ruoli dei Personaggi da recitare e della messa in scena.
SIPARISTA	Lei, signora, farà la Prefetta, lei signorina attrice farà la Giureconsulta, lei signor attore farà il Questore e, voialtri, gli agenti di polizia, addetti all'Ordine

	Pubblico.
SINDACALISTA	Lor signore e signori sanno di Legge, di Diritto del lavoro e del Testo Unico della Pubblica Sicurezza?
TRUCCATRICE	Ci dia il copione da inscenare e noi faremo la nostra parte.
SIPARISTA	In effetti, senza il copione come si fa a inscenare la Prefetta, la Giureconsulta, il Questore e gli Agenti di polizia addetti all'Ordine pubblico?
SINDACALISTA	Ma qui non c'è alcun copione da inscenare!
TRUCCATRICE	Ci dia almeno la traccia da seguire!
SINDACALISTA	C'è qualcuno che vuole fare la parte della Prefetta, della Giureconsulta, del Questore e degli Agenti di polizia addetti all'Ordine Pubblico?

(Dalla platea, alcuni dipendenti del Tm&vT alzano la mano)

BIGLIETTAIA	Io mi proporrei come Prefetta!
USCERE	Senti, senti, una Bigliettaia nel ruolo di Sua Eccellenza, la signora Prefetta!
SINDACALISTA	C'è nessun altro che si candida al ruolo di Prefetta? No? Il ruolo di Prefetta è aggiudicato alla signora Bigliettaia.
USCERE	Stiamo a vedere che cosa ne verrà.
SINDACALISTA	Procediamo con la Giureconsulta.
FATTORINA	Eccomi, pronto, son qua.
USCERE	Senti, senti, una Fattorina nel ruolo di Giureconsulta!
SINDACALISTA	Nessun'altro vuol fare la parte della Giureconsulta? No? A lei, signorina Fattorina, il ruolo di Giureconsulta.
USCERE	Stiamo a vedere che cosa ne verrà.
SINDACALISTA	Procediamo con il Questore.
AUTISTA	Se non c'è nessun altro, mi candido a fare il Questore.
USCERE	Senti, senti, un Autista nel ruolo di Questore!
SINDACALISTA	Nessun'altro vuol fare la parte del Questore? No? A lei, signor Autista la parte del Questore.
USCERE	Stiamo a vedere che cosa ne verrà.

SINDACALISTA	E per gli Agenti di polizia? Ne occorrono, almeno, un paio.
FACCHINO	Eccoci!
USCERE	Un Facchino e un Camionista per il ruolo di Agenti di polizia, così energumeni, va fin troppo bene!
SINDACALISTA	Qualcun altro si candida al ruolo di Agente di polizia? No? Allora, a lor signori, Facchino e Camionista, va la parte di Agenti di polizia.
USCERE	Stiamo a vedere che cosa ne verrà.
SINDACALISTA	Da questo momento in poi, qua in teatro, Lor signore Bigliettaia e Fattorina, e Lor signori, Autista, Facchino e Camionista, si mettano e restino nei panni dei personaggi che hanno deciso di essere.
PREFETTA	Signor Capocomico dobbiamo salire sul palcoscenico per fare la parte?
SIPARISTA	Ma no, ma no! Meglio che se ne stiano in poltrona, in platea. Siamo in assemblea, mica alla messinscena?
SINDACALISTA	Se il signor Capocomico me lo consente, vorrei suggerire agli interpreti dei personaggi funzionari dello Stato di attenersi, scrupolosamente, all'interpretazione dei ruoli loro assegnati.
SIPARISTA	Se lo consenta.
SINDACALISTA	Lei, signora Prefetta, è il rappresentante del governo che, tra le molteplici funzioni governative, svolge attività di mediazione nelle vertenze di lavoro e di garanzia dei servizi pubblici essenziali. Lei, signora Giureconsulta, è un'esperta del diritto che fornisce pareri su questioni legali. Lei, signor Questore, è un funzionario del Ministero dell'Interno preposto ai servizi di polizia e comanda i suoi Agenti che rappresentano le forze dell'ordine pubblico. Mettiamoci alla prova e si continui l'Assemblea, dal punto in cui il Factotum propone di dichiarare lo sciopero!
COSTUMISTA	Che tipo di sciopero?

FACTOTUM	Uno qualsiasi, a soggetto! Che ognuno del Tm&vT si inventi e faccia lo sciopero per conto proprio, come e quando gli pare e come viene, viene.
COSTUMISTA	È *legale* siffatto sciopero?
SINDACALISTA	In stato di agitazione sindacale, come previsto dallo Statuto dei Lavoratori e dal Contratto di lavoro, ogni lavoratore – in conformità all'art. 6, comma 3 della Legge n. 306/Anno dell'Alto Tasso di Disoccupazione, può decidere per proprio conto di «riservarsi di prevedere la possibilità d'interrompere la propria prestazione lavorativa come e quando gli pare».
FACTOTUM	Fantastico!
COSTUMISTA GIURECONSULTA	Senza preventiva comunicazione al datore di lavoro?

{N.B. *Durante lo spettacolo la Giureconsulta interverrà alzandosi dalla poltrona n. 2, fila L di destra della platea*}

	Secondo alcuni studiosi di giurisprudenza, il preavviso non è un requisito generale di legittimità dello sciopero. Alcune sentenze ritengono illegittimi gli scioperi attuati senza preavviso: la comunicazione preventiva al datore di lavoro qualifica con certezza l'assenza dal lavoro e consente di valutarla correttamente per, eventualmente, giustificarla.
SINDACALISTA	Eccellenza, lei signora Prefetta che è esperto oltre che di leggi anche di circolari governative, può esprimersi per ampliare la nostra conoscenza sull'argomento?
PREFETTA	Lo sciopero non deve mai ledere gli altrui diritti, garantiti dalla Costituzione o previsti dalla legge. Quindi gli scioperanti non devono pregiudicare la produttività dell'azienda, né comportare la distruzione (anche parziale) o una duratura inutilizzabilità degli impianti, mettendo in pericolo

la loro integrità. Le organizzazioni sindacali possono proclamare lo sciopero, ma devono darne comunicazione scritta con indicazione della data, delle regole, della durata e della motivazione al datore di lavoro e all'autorità amministrativa, titolare del potere di precettazione che, a sua volta, è tenuta a trasmetterla alla Commissione di garanzia. Tra la proclamazione e l'effettuazione dello sciopero deve intercorrere un intervallo minimo di dieci giorni.

SINDACALISTA

Però, mi scusi, Eccellenza, per precisare, sa, e non far torto al buon senso dei cavilli della Legge del Diritto, il preavviso è necessario solo quando, in considerazione di particolari esigenze dell'impresa, la sua mancanza può determinare situazioni di pericolo o di danno, che qui non si ravvisa.

FACTOTUM

Suvvia, mica stiamo in una fabbrica di ordigni esplosivi e incendiari! Qui, in teatro, nel regno della libertà, la legge che impera è fare teatro a ogni costo, costi quel che costi! Su, su, procediamo sulla motivazione dello sciopero e sul tipo di sciopero da effettuare. Io formulerei questa proposta da mettere ai voti: L'Assemblea dei Dipendenti del Tm&vT proclama lo sciopero individuale e collettivo per i seguenti motivi: 1) i contributi assegnati dal Ministero della Cultura e dello Spettacolo della Libera Città-Stato della Repubblica Democratica di Théatropólis e non erogati al Tm&vT, stanno arrecando un disastro irreparabile per il Tm&vT e per i suoi dipendenti; 2) il Gestore in amministrazione controllata del Tm&vT: a) non ha attuato l'accordo preventivo siglato alla fine dell'ultima Stagione teatrale; b) non ha dichiarato l'annullamento dell'ipotesi della procedura fallimentare e la messa in liquidazione dell'Azienda Tm&vT spa; c) non ha reintegrato al lavoro i colleghi licenziati senza giusta causa; d) non ha adottato alcuna proposta dei dipendenti del Tm&vT nel piano di rilancio aziendale: lasciando inalterate le sue decisioni del ricorso per diciotto mesi alla cassa integrazione e non adottando il dimezzamento degli esuberi e le misure di incentivazione per il personale che non potrà essere reinserito; 3) la *Cordata* "Save the Tm&vT" non ha rilevato l'Azienda Tm&vT spa.

SINDACALISTA   L'Assemblea voti per alzata di mano. Favorevoli? Contrari? Astenuti? Con Deliberazione n. 1 del 1° novembre Anno del Conto Salato, l'Assemblea dei dipendenti del Tm&vT, a maggioranza approva la proposta del signor Factotum, di proclamare lo sciopero individuale e collettivo, con quattro voti contrari e cinque astensioni.

QUESTORE   No, no, finzione, finzione, perché il teatro è finzione e la finzione è teatro e legge del teatro.

UNA (*della balconata III*)   Non sa il signor Questore che con Smirnov in teatro anziché la finzione si fa la finzione della finzione?

QUESTORE   Ovvero?

UNA (*della balconata III*)   Ovverosia, la finta finzione, la realtà, la realtà per davvero.

QUESTORE   Mah, al solito, qua al Tm&vT, ognuno si fa le legge per sé come gli pare e stiamo a vedere che ne avverrà.

USCERE   Attenzione, signore & signori. Chi è di scena?

UNA (*della balconata III*)   La proclamazione dello sciopero individuale e collettivo dei dipendenti del Tm&vT.

DIRETTORE DI SCENA   Fino a quando?

FACTOTUM   Fino a quando!

SINDACALISTA   Ed ora si definisca il tipo di sciopero.

FACTOTUM   Propongo di proclamare lo sciopero a inventiva da inscenare a soggetto durante la rappresentazione di *Sei personaggi in cerca d'autore* di Luigi Pirandello.

COSTUMISTA   Se qualcuno vuole giocare allo sfascio, sta commettendo un madornale errore.

FACTOTUM   Propongo che si voti la mia proposta.

SINDACALISTA — L'Assemblea voti, per alzata di mano. Favorevoli? Contrari? Astenuti? Con Deliberazione n. 2 del 1° novembre Anno del Conto Salato, su proposta del signor Factotum, l'Assemblea dei dipendenti del Tm&vT, a maggioranza, con sette voti contrari e due astensioni, approva lo *sciopero a inventiva*, da inscenare a soggetto, ognuno come e quando si pare, durante la rappresentazione di *Sei personaggi in cerca d'autore* di Luigi Pirandello.

QUESTORE — No, no, finzione, finzione, perché il teatro è finzione e la finzione è teatro e legge del teatro.

USCERE — Non sa il signor Questore che con Smirnov in teatro anziché la finzione si fa la finzione della finzione?

QUESTORE — Ovvero?

USCERE — Ovverosia, la finta finzione, la realtà, la realtà per davvero.

QUESTORE — Mah, al solito, qua al Tm&vT, ognuno si fa le legge per sé come gli pare e stiamo a vedere che ne avverrà.

USCERE — Attenzione, signore & signori. Chi è di scena?

SINDACALISTA — La proclamazione dello sciopero a inventiva individuale e collettivo dei dipendenti del Tm&vT.

DIRETTORE DI SCENA — Fino a quando?

SINDACALISTA — Fino a quando! L'Assemblea è sciolta.

PROLOGO VI

Ingresso in sala del pubblico.

Annuncio altoparlante Il pubblico della platea è invitato a fare l'ingresso in sala e ad accomodarsi in poltrona.
L'ingresso in sala degli spettatori è soggetto alle verifiche del personale del Tm&vT e delle forze di sicurezza.
Il divieto di fumare è esteso a tutte le aree del teatro.
È vietato introdurre in sala oggetti che potrebbero recare danno alle persone o alle cose.
Durante lo spettacolo, per non provocare distrazione e disturbo agli attori e ai filodrammatici, si pregadi restare seduti alle poltrone e di non vociferare e provocare rumori: come i segnali acustici di orologi digitali, cercapersone, cellulari.
Durante lo spettacolo è vietato fotografare, filmare o registrare la rappresentazione. Si raccomanda di tenere spenti i telefoni cellulari. All'interno del Tm&vT è vietato fumare.
S'informa che nel Tm&vT è installato un sistema di videosorveglianza, costituito di telecamere digitali per la visualizzazione delle attività illecite, connesse alla rete telematica della Polizia di Stato.
L'intero sistema è gestito nel pieno rispetto della legge sulla privacy: l'accesso è consentito esclusivamente ai responsabili del trattamento dati del Tm&vT e della Polizia di Stato.
La Direzione non risponde di eventuali furti, smarrimento o danneggiamento di oggetti personali del Cliente.

(Entrano in sala il Regista, il Direttore di scena, accolti dal Direttore di sala che li saluta cordialmente)

MAGĬSTER

Direttore di sala, gli ospiti di Asylumpólis sono stati assegnati ai posti delle balconate come le ho raccomandato di fare?

DIRETTORE DI SALA

(*Aprendo e sfogliando un block-notes*)

DIRETTORE DI SALA

Dunque, in balconata I abbiamo gli ospiti della Comunità terapeutica riabilitativa psichiatrica e della Casa di cura dei disturbi mentali ad alto rischio di Asylumpólis, accompagnati da un'équipe di psichiatri, psicologi, medici, educatori e infermieri), i detenuti dell'Istituto Penitenziario, i detenuti minori del Riformatorio Giudiziario con l'assistente sociale e un paio di guardie carcerarie; in balconata II stanno i filodrammatici della Casa di Riposo Quiete & Serenità, i filodrammatici dell'*Hospitium degli Erranti*, i migranti del Centro di Permanenza Temporanea, i cantori del Coro di Musicoterapia Contemplativa della Comunità di Accoglienza Residenziale "Adoremus Vitae", i filodrammatici resilienti della Residenza sanitaria assistenziale (sigla RSA) di Asylumpólis e, in balconata III, i professori e gli studenti del Conservatorio "Gioacchino Rossini", dell'Accademia Nazionale d'Arte Drammatica, del Ginnasio Liceo "Marcus Tullius Cicero" e del Collegio degli Orfanelli di Théatropólis. Se vuole, posso precisarle anche i posti occupati dai familiari degli ospiti di Asylumpólis.

MAGĬSTER — Basta così!

DIRETTORE DI SALA — Eh, quando si è in ritardo e non si ha il dono della brevità e della sintesi espositiva, il senso del dovere professionale si spinge da sé, per effetto del difetto della forma mentis, all'eccesso, finendo nel cesso.

MAGĬSTER — Si risparmi lo sforzo di affaticarmi e di farmi arrabbiare.

DIRETTORE DI SALA — Se non sono indiscreto, perché mai?

MAGĬSTER — Perché non è così che si ingiunge agli ospiti di accomodarsi qua e là in poltrona per assistere in libertà alla prova dell'aria all'aperto. Qua non si assiste ma si fa la prova della libertà all'aria aperta.

DIRETTORE DI SALA — Così è strutturato l'interno del teatro: lassù, i Loggioni, o Balconate, o Gallerie, o Piccionaie; laggiù, la Platea, o Parterre, o sala; quassù, il Palcoscenico o Palco. E dentro questo spazio che ci contiene, si sta, ognuno, posizionato sopra o sotto, di là o di qua, lassù o quassù, laggiù o quaggiù, vicino o lontano, di lato o al centro.

MAGĬSTER — Non è per la legge fisica, per i principi della geometria, che si sta posizionati sopra o sotto, di là o di qua, lassù o quassù, laggiù o quaggiù, vicino o lontano, di lato o al centro, ma perché il Direttore di sala ha orchestrato la collocazione degli ospiti di Asylumpólis difformemente da quanto predisposto dall'Autore nella traccia del copione del teatro da fare.

DIRETTORE DI SALA — Signore, se mi ritiene l'artefice che ha pianificato il perfezionamento della divisione tra il sopra & il sotto, il lassù e il quaggiù, il di là e il di qua, per stravolgere la traccia del copione dell'Autore con l'intenzione di disubbidire al comando del regista, fa torto alla mia coscienza che mi ha indaffarato di dubbi e, infine, indicato d'agire in conformità alla legge, al diritto, alle regole, alle norme giuridiche che disciplinano l'Ordine Pubblico, il Controllo, la Sicurezza e la Normalità sociale.

MAGĬSTER — E le pare che tali *regole* siano *normali*? Questa non è la legge del teatro e qui si fa la legge del teatro.

DIRETTORE DI SALA — Il Legislatore ha certamente legiferato, emanato e promulgato le leggi e le leggine e istituito carceri e manicomi per una ragione di necessità e utilità sociale! Se io non avessi ottemperato, con severa assunzione di responsabilità e con l'ossequioso dovere di eseguirle in modo conforme, avrei commesso un reato, compiuto intenzionalmente e, di conseguenza, sarei stato giudicato e condannato dalla Legge con la pena pecuniaria (non possiedo neanche un centesimo di denaro) e la reclusione nell'Istituto Penitenziario da dove provengo; insomma, un giro da punto e capo: da alfa a omega e da omega a alfa, da Asylumpólis a Théatropólis, e da Théatropólis a Asylumpólis.

MAGĬSTER — Qua, però, in teatro, noi si fa il punto e a capo per consentire agli appartati, ai rinchiusi, ai segregati di Asylumpólis di fare una prova di libertà all'aria aperta; e, qua, si onora e rispetta la dignità della persona: diritto fondamentale e valore in sé non vanificabile, annullabile da nessuna Legge, Diritto, Regola, Norma e Disposizione di carattere giuridico, morale, etico, sociale e culturale e così via; e chi più ne sa più ne informi. Perché il teatro è libertà, benessere e bellessere fisico mentale e sociale e dignità e non un carcere un manicomio o un lager. E la legge del teatro non scinde *quelli di là*, di Asylumpólis,

(indicando gli ospiti delle balconate)

da *questi di qua*, di Théatropólis,

(indicando gli ospiti della platea)

ma collega, riconnette, associa e mette in relazione chi sta sopra & chi sta sotto, i rinchiusi & i liberi, gli *out* & gli *in*, i *dentro* & i *fuori*, i *normali* & gli *anormali*, i *deviati* & i *conformi*, i *regolari* e gli sregolati, i corretti e gli scorretti, i pazzi e gli assennati e così via e chi più ne sa più ne informi. Se il teatro, la cultura, non terrà conto di Beccaria, Moreno, Basaglia e Smirnov allora i carcerati e i malati con disturbi psichici, ritenuti irrecuperabili e pericolosi, resteranno a mai fine rinchiusi nelle istituzioni totali.

DIRETTORE DI SCENA   Le regole totalizzanti annullano l'identità e la dignità delle persone.

UNO (*della platea*)   Oh, senti, senti! Che frase ad effetto!

DIRETTORE DI SCENA   Come insegna il Magĭster, la teatroterapia costituisce un esercizio di libertà, responsabilità e autonomia per gli strambi e i reclusi e ne agevola il reinserimento nella società.

MAGĬSTER

(Si accomoda sulla poltrona n. 1 della prima fila A di sinistra)

Per piacere, faccia dare un po' di luce.

DIRETTORE DI SALA   Subito.

(Si reca a dar l'ordine e poco dopo la sala s'illumina d'una fioca luce bianca)

(Il sipario si alza e dalla porta del palcoscenico entrano, alla spicciolata, gli attori e i filodrammatici di Asylumpólis. Scambio di saluti tra loro e con il Regista, il Direttore-Capocomico e il Direttore di scena e il Direttore di sala)

MAGĬSTER

Direttore di scena, rammenti ai filodrammatici le regole da rispettare durante la prova.

DIRETTORE DI SCENA

Sissignore! I filodrammatici sono pregati si arrivare poco prima dell'orario d'inizio delle prove, in modo da dedicarsi agli esercizi gestuali, vocali e di concentrazione per perfezionare la loro prestazione sul palcoscenico e, anche, per scambiare qualche parola con gli attori, il Direttore di scena e il Direttore-Capocomico. Sappiano che a pochi giorni dal debutto le prove s'intensificheranno e se ci si troverà in ritardo sulla preparazione stiano certi di dover fare, necessariamente e obbligatoriamente, gli straordinari!

MAGĬSTER

Oggi si va in prova senza copione; ognuno si cali nel personaggio dandogli adeguata postura, gestualità e intonazione. Si inizi!

DIRETTORE DI SCENA

(salendo sul palcoscenico)

Lor signore e signori filodrammatici sono palesemente emozionati e nervosi; si rilassino e concentrino sulla parte da fare, senza distrarsi. Niente panico! Stiano tranquilli; ci guiderà, coi suoi preziosi consigli, il signor Capocomico! Stiamo alla prima prova senza copione, e non al debutto! Si presti attenzione all'azione scenica, alle battute degli altri attori e, in caso di perdita di memoria, ai suggerimenti del Suggeritore. Durante la recita, si raccomanda di preservare il Capocomico dalle crisi isteriche.

MAGĬSTER

Su, su, lor signore e signori filodrammatici di Asylumpólis, cominciamo con le prove di *Èdipo re* di Sofocle.

DIRETTORE DI SCENA

(guardando in giù in platea, rivolgendosi al Regista)

	Che cosa? Che c'entra *Èdipo re* di Sofocle con le prove del secondo atto della commedia *Il giuoco delle parti* di Pirandello? *Magĭster*, non mi aveva avvisato di questo cambiamento di programma.
MAGĬSTER	Una sorpresa, per celebrare il centenario del Tm&vT e del tipo di metateatro a cui mi sono ispirato.
UN ATTORE	E noi artisti della Compagnia degli instabili che si fa?
MAGĬSTER	Lor signore e signori sono di scena con la prova di *Èdipo re*?
UN ATTORE	Nossignore.
MAGĬSTER	E allora si levino! Scendano giù in platea, si siedano distendendosi in poltrona qua e là a far da pubblico.

(Il comando del Regista è eseguito malvolentieri)

UNO (*della platea*)	Pirandello! Pirandello! Pirandello!
MAGĬSTER	Suggeritore, lei vada in buca. E voialtri filodrammatici si presentino al pubblico e poi comincino subito la prova di *Èdipo re* di Sofocle.
PRESIDENTE CAA	

(facendosi avanti verso il proscenio)

Salve! Salute! Sono il Presidente della Circoscrizione Amministrativa di Asylumpólis, dove la libertà di cui ognuno gode è la libertà che ciascuno riceve dagli altri e concede agli altri, dove ognuno è libero della libertà propria e di quella di ciascun altro, dove la libertà di ognuno è la libertà di ciascun altro, perché ciascuno liberi ognuno e ognuno liberi ciascuno per la libertà propria di ognuno e di ciascun altro. Mi è gradito esprimervi il mio più cordiale ringraziamento al Magĭster Iosif Smirnov per aver costituito e invitato i Filodrammatici resilienti di Asylumpólis ad esibirsi in questo magico e celeberrimo Teatro delle Maschere & dei Volti di Théatropólis, con *Èdipo re* di Sofocle e *Sei personaggi in cerca d'autore* di Pirandello. Nel 1946, riferendosi all'ospedale in cui operavano gli psichiatri britannici di Northfield (Inghilterra) al fine di trasformare la rigida organizzazione gerarchica delle istituzioni totali, Thomas Main, coniò l'espressione *comunità terapeutica*. Nel 1952, lo psichiatra Maxwell Jones, creò, in Inghilterra, la prima comunità terapeutica con l'obiettivo di far partecipare i pazienti nella gestione dell'istituzione psichiatrica in cui erano ospitati. Ad Asylumpólis, noi facciamo così. Ad Asylumpólis abbiamo chiuso il Manicomio, l'Ospedale Psichiatrico Giudiziario, la Clinica Neurologica (CN), la Casa di Cura dei Disturbi Mentali ad Alto Rischio (CCDMAR), la Residenza per l'Esecuzione delle Misure di Sicurezza (REMS) e organizzato una rete di servizi nella comunità, capaci di promuovere percorsi individuali e collettivi di salute e di emancipazione sociale. Stiamo determinando il passaggio da una psichiatria fondata sull'esclusione e l'internamento a una pratica di lavoro di salute mentale nella comunità fondata sull'inclusione e la restituzione e costruzione di diritti per le persone affette da disturbo mentali. Ad Asylumpólis, noi facciamo così. Al Centro terapeutico riabilitativo psichiatrico di Asylumpólis, si sta sviluppando l'idea di rifiutare la istituzionalizzazione come unico metodo di cura e di recupero del malato psichiatrico. Il rapporto paritario con gli operatori sanitari consente ai malati di partecipare al lavoro e alle attività della comunità, di rendersi responsabili e di decidere sulle questioni che li riguardano. I principi fondamentali della Comunità terapeutica riabilitativa psichiatrica di Asylumpólis sono basati sui rapporti di democrazia, tolleranza, confronto, senso comunitario per favorire la comunicazione, facilitare la partecipazione di tutti i membri e offrire la condivisione degli obiettivi sia da parte degli operatori e sia degli ospiti. Ad Asylumpólis, noi facciamo così. E, così, è. Accogliete e accettate i Filodrammatici resilienti di Asylumpólis, esordienti nell'arte teatrale. e che il risultato della messa in scena vi sia di gradimento. Essi, in qualità anche di spettatori, saranno in scena e in platea e sulle balconate, in un libero via vai di spostamenti e sconfinamenti di entrate e uscite tra il *chiuso* e il *dischiuso* per mettersi in relazione con voi.

(Si tira indietro dal proscenio)

ALCUNI (*della balconata II*)   Tiziano! Tiziano! Tiziano!
TIZIANO

(facendosi avanti verso il proscenio)

Ciao! Sono un filodrammatico dell'Hospitium *degli Erranti*, dove mi chiamano Tiziano, il sensuale, perché ho posto l'immagine del quadro della *Venere di Urbino* sopra il letto in cui dormo. Il Corso di teatroterapia, diretto da Iosif Smirnov, mi ha consentito di mettere in scena i miei disagi, di superarli e di ritrovare un equilibrio interiore, trasformando il mio malessere in benessere e bellessere psicofisico, offrendomi l'opportunità di migliorare le condizioni e la qualità della mia vita.

(Si tira indietro dal proscenio)

ALCUNI (*della balconata I*)   Pericle! Pericle! Pericle!
PERICLE

(facendosi avanti verso il proscenio)

Io, detto il Pericle di Asylumpólis, degente del CTRP. Lei mi amava. Io la amavo. Ci siamo sposati.

Lei era felice e anch'io. Questo è il Codice civile di Théatropólis.

(Mostra al pubblico un librone e poi lo sfoglia e legge)

«Libro Terzo. Delle persone e della famiglia. Titolo I. Del matrimonio. Capo II. Dei diritti e dei doveri che nascono dal matrimonio. Art. 4. Diritti e doveri reciproci dei coniugi. Dal matrimonio deriva l'obbligo reciproco alla fedeltà». Io la amavo, sempre di più e lei mi amava sempre di meno, fino a non amarmi più. Ho patito le sue menzogne, la sua slealtà, i suoi tradimenti. Mi sono disperato. Mi sono esaurito Mi sono ammalato. Si sentenziò che il crimine fu commesso per infermità mentale. Io uccisi mia moglie in un momento di alterazione della mia mente, ma nella condizione di capacità d'intendere e di volere. Fui internato in più svariate strutture sanitarie di accoglienza (manicomio criminale, ospedale psichiatrico giudiziario, casa di cura dei disturbi mentali ad alto rischio, residenza per l'esecuzione della misura di sicurezza sanitaria), per gli autori di reato affetti da disturbi mentali. In siffatte istituzioni totali, di segregazione e violenza, più assurde dell'assurdità io, il malato di mente, spoliato della mia identità, senza diritti e ruolo sociale, privato della libertà e di pormi in relazione con il *fuori*, ero divenuto una cosa, un niente. Ora, qui, nel Centro terapeutico riabilitativo psichiatrico di Asylumpólis, noi malati mentali, protagonisti del nostro processo di cura e riabilitazione, facciamo in modo di sanarci e di liberarci dalla follia. Qui, ad Asylumpólis, si è costituita un'alleanza tra il singolo paziente e lo staff degli operatori. Qui, ad Asylumpólis, ognuno di noi, medico o paziente, si comporta in conformità alle regole che noi stessi abbiamo discusso e deliberato per favorirci, gli uni con gli altri, insieme. Il Centro terapeutico riabilitativo psichiatrico di Asylumpólis è accogliente e dignitosa. Qui, ad Asylumpólis, non si bada al reato commesso ma alla cura delle nostre malattie psichiche e il personale addetto alla cura della nostra pazzia, che si basa sulla libertà e sulla responsabilità e sulla compartecipazione del paziente, è costituito da infermieri, educatori, assistenti sociali, operatori sociosanitari, psicologi e psichiatri molto affettuosi e professionali. Qui, ad Asylumpólis, noi facciamo così. Il mio desiderio è rendermi socialmente utile: soprattutto, dedicandomi a lenire il dolore di chi soffre il disamore e che richiede comprensione, affetto e conforto.

(Si tira indietro dal proscenio)

ALCUNI (*della balconata I*)   De Sade! De Sade! De Sade!
CLEÉMENT MAUDIT

(facendosi avanti verso il proscenio)

Clément Mauduit, detto il marchese De Sade, arrestato per abusi sessuali, e ora filodrammatico dell'Istituto Penitenziario di Asylumpólis. Vi voglio leggere una lettera di un detenuto, cui stato emanato un provvedimento di espulsione forzata, con accompagnamento coatto nel suo paese di origine e il divieto di fare ritorno a Théatropólis. «Mi chiamo Ayo, rifugiato, clandestino, senza permesso di soggiorno, dapprima accolto nel *Centre d'accueil temporaire* ora, in carcere, presso l'Istituto Penitenziario di Asylumpólis: arrestato per violenza a Pubblico Ufficiale durante una manifestazione di protesta inscenata davanti al Palazzo del Governo contro il gesto terroristico di alcuni esaltati fascisti che hanno sparato su dei migranti inermi. Qui in carcere, tra i detenuti autoctoni e immigrati stranieri richiedenti asilo politico, prevale la discriminazione sociale e personale, per motivi di razza, di religione, di etnia e di appartenenza sociale. Se sarò rimpatriato, subirò violenze, torture e la condanna a morte. Fate qualcosa per me, non abbandonatemi!».

(Si tira indietro dal proscenio)

ALCUNI (*della balconata I*)   Eunuchus! Eunuchus! Eunuchus!
EUNUCHUS

(facendosi avanti verso il proscenio)

Mi chiamano *Eunuchus*, affetto da *disturbo di sadismo sessuale*, perché, ispirandomi all'omonima commedia di Publio Terenzio Afro, mi finsi evirato per stare con una ragazza di cui ero invaghito e che violentai. Qui, nel Centro terapeutico riabilitativo psichiatrico, impegnata ad affermare il diritto alla salute mentale, noi ricoverati ci educhiamo alla fiducia, ad agire apertamente, a parlare dei nostri problemi e delle nostre angosce, a coinvolgerci come membri attivi e responsabili della comunità per produrre il nostro benessere e il nostro bellessere. Qui, ad Asylumpólis, noi facciamo così e è così che è.

(Si tira indietro dal proscenio)

ALCUNI (*della balconata I*)   Duša! Duša! Duša!
DUŠA

(facendosi avanti verso il proscenio)

Sono Duša Żywia. Al Riformatorio Giudiziario di Asylumpólis, non ci sono telecamere di sorveglianza e le porte delle camere sono aperte e i detenuti possono entrare e uscire a loro piacimento, anche di notte. Di giorno, accompagnati dai nostri educatori, usciamo fuori dal nostro presidio carcerario per praticare le più svariate attività del tempo libero e sportivo con i volontari di associazioni sociali e culturali che operano a favore dei ragazzi delinquenti, già definiti deviati sociali minorenni. Qui, al RG di Asylumpólis, ognuno vuole godersi la libertà e la felicità e vivere come gli piace, nel rispetto della libertà e della felicità degli altri e senza infastidire nessuno o nuocere a qualcuno. Stiamo prendendo confidenza con la libertà e suoniamo, cantiamo, balliamo, leggiamo, studiamo, ci formiamo nei laboratori d'arte e mestieri, acquisiamo competenze e abilità, con la speranza che, quando usciremo dal chiuso, potremo ritornare a inserirci nella società, senza nuocere a nessuno.

(Si tira indietro dal proscenio)

ALCUNI (*della balconata I*) Volo! Volo! Libero! Libero! Vita! Vita!
VOLO LIBERO

(facendosi avanti verso il proscenio)

Sono Volo Libero. Qui, al Riformatorio Giudiziario di Asylumpólis, nessuno più tenta di suicidarsi. Un giorno, sarò libero. Mi manca la libertà. Io voglio uscire dal carcere e vivere libero dove il cielo è immenso e l'aria è frizzante, lieve e profumata.

(*Si tira indietro dal proscenio*)

ALCUNI (*della balconata II*) Mambo! Mambo! Mambo!

(facendosi avanti verso il proscenio)

MAMBO Ciao. Sono Silvana, detta Mambo. Potrà accaderci dimenticare la parte da recitare e, forsanche, di interpretare noi stessi o di fuoriuscire di senno; ma, il Suggeritore, in un lampo, saprà rimetterci nel ruolo del personaggio da rappresentare e suggerire le battute del copione. Siamo grati al nostro psicodrammatista e maestro di teatro Iosif Smirnov sia per il suo impegno a modificare dal *"di dentro"* con la sua critica il sistema di reclusione e i procedimenti dei trattamenti sanitari e sia per aver orchestrato e liberato con la psicoterapia teatrale, i malati, i reclusi, gli emarginati, i diversi, i segregati, i socialmente inutili e gli esclusi, dalle istituzioni totali. Un ringraziamento al Direttore Artistico del Teatro delle maschere & dei volti di Théatropólis per l'accoglienza dei filodrammatici e degli altri ospiti di Asylumpólis. Esprimiamo i nostri più fervidi auguri di buon lavoro e di successo al Gestore per il Centenario del Tm&vT. Al pubblico, chiediamo cordialità e indulgenza per la rappresentazione della tragedia di *Èdipo re* (di Sofocle), sotto la guida del Magĭster Iosif Smirnov. Alla fine dello spettacolo, fischiateci o applauditeci, così verificheremo se è il caso di continuare a fare i filodrammatici e, per qualcuno di noi, di poter aspirare a diventare in futuro un attore professionista di successo! Grazie.

{Buio}

PROLOGO VII

*Èdipo re (*di Sofocle)

VOCE FUORI SCENA

Cento anni orsono, il "Teatro Ausel", oggi Teatro delle Maschere & dei volti, dedicò la sua Prima Stagione teatrale alla tragedia greca, con opere di Euripide (480-406 a. T.), Eschilo (525-456 a. T.), Sofocle (497-406 a. T.). In Euripide (480-406 a. T.) l'uomo è vinto dalla passione e dal male, a cui egli non sa contrapporsi. In Sofocle (497-406 a. T.) l'uomo, nella sua grandezza o nelle sue miserie, è sopraffatto da un destino che ha già deciso per lui. In Eschilo (525-456 a. T.) prevale lo sconforto spirituale dell'uomo dal destino infelice, senza speranza e soggetto alle forze del fato e della giustizia divina.

(Pausa)

Max Ziegler, Critico del Theatre Magazine di Théatropólis, nel suo saggio *Storia del metateatro,* edito da Scarabocchi, Théatropólis, Anno dell'Insofferenza, narra che, durante una scena dell'ultima replica di *Èdipo re* di Sofocle, una donna irrompe in sala e s'inscena. Da tale vicenda, che sconcertò gli attori e il pubblico, Iosif Smirnov prese lo spunto per dare allo Spettatore la facoltà, durante lo spettacolo, di inscenarsi sia interagendo con l'Attore o sostituendolo nella recitazione sia come autore, personaggio, regista e attore di sé.

(Pausa)

Piazza dinanzi alla reggia di Èdipo.

Il popolo di Tebe – una moltitudine di persone, bambini, giovani, vegliardi – si aduna dinanzi alla reggia protendendo rami avvolti in bende di lana e supplica Èdipo di salvarlo dalla carestia e dalla peste.

ÈDIPO

Creonte all'are pitiche mandai d'Apollo, a chiedere che debba io fare o dire a salvazion di Tebe.

(Un'intrusa, trasandata, sudata, spettinata, entra in sala e, respirando con affanno, attraversa il corridoio centrale fra le poltrone disposte ai suoi lati, inseguita dall'Uscere)

UN'INTRUSA

Re Èdipo è il colpevole della pestilenza che tormenta Tebe!

(L'Uscere riesce ad afferrare la donna, ma non a chiuderle la bocca per zittirla, poiché nel sentirsela mordere lancia un grido di dolore)

USCERE

Maledetta vipera!

(Molla la presa, consentendo alla donna di svincolarsi dal suo abbraccio e di salire sul palco)

ÈDIPO

E già, se al tempo commisuro il giorno, m'angustia

il suo ritardo: ché già troppo più che non si convenga,
e ch'io pensassi, resta lontano.

DIRETTORE DI SCENA

(Dal retroscena)

Che fai, disgraziata, rovini la scena! Via dal
palcoscenico, pazza!

UN'INTRUSA Pazza sì, per colpa di Èdipo!

(Il pubblico, sorpreso, si agita)

SUGGERITORE

(dalla buca, a Èdipo)

Quando ei sarà giunto, ben perfido sarei, se non
compiessi tutto, quale pur sia, del Nume il cenno.

DIRETTORE DI SCENA Primo Attore, che ti succede?

SUGGERITORE Quando ei sarà giunto, ben perfido sarei, se…

DIRETTORE DI SCENA Primo Attore, non lasciarti distrarre dalla pazza!

UNA (*della platea*) Che succede?

UNO (*della platea*) Basta con questa farsa!

UN'ALTRA (*della platea*) Via l'intrusa dal palcoscenico! Buttatela fuori dalla
sala del teatro!

UN ALTRO (*della platea*) Si riprenda lo spettacolo!

UN'INTRUSA Ti anticipo, Èdipo, che l'oracolo di Delfi, rivelerà a
Creonte, da cui sarai informato al suo ritorno, che la
città è contaminata a causa dell'uccisione del re di
Tebe Laio, il tuo predecessore, e che finché il
regicidio resterà impunito la peste non cesserà.

DIRETTORE DI SCENA Che?

UN'INTRUSA La peste cesserà quando l'assassino sarà identificato
ed esiliato. Se la peste non cesserà presto, il popolo
di Tebe si estinguerà!

ÈDIPO Sospetto che Creonte e Tiresia abbiano ordito un
piano per detronizzarmi.

UN'INTRUSA Tu, Èdipo, devi conoscere l'orrenda verità sul tuo
passato.

ÈDIPO	Che verità? Che passato?
UN'INTRUSA	La storia di Èdipo.
ÈDIPO	Che storia?
UN'INTRUSA	Èdipo è il figlio del re di Tebe e di sua moglie Giocasta.
ÈDIPO	Falsità!
SACERDOTE	Falsità! Falsità!
PUBBLICO	Falsità! Falsità! Falsità!
UN'INTRUSA	Verità! Dopo il concepimento di Èdipo, un oracolo rivela al re di Tebe Laio che il neonato figlio è destinato a ucciderlo e a giacere con sua madre Giocasta.

(Il pubblico reagisce contro l'Intrusa con parole aspre)

ÈDIPO	Falsità!
SACERDOTE	Falsità! Falsità!
CORO	Falsità! Falsità! Falsità!
UN'INTRUSA	Verità! Re Laio ordina a un servo di uccidere il neonato. Infanticidio!
ÈDIPO	Falsità!
SACERDOTE	Falsità! Falsità!
CORO	Falsità! Falsità! Falsità!
UN'INTRUSA	Verità! Il servo, impietosito, affida il neonato a un pastore che, a sua volta, lo cede al re di Corinto, Polibo, e a sua moglie Peribea, che non potevano avere figli.

(Il pubblico reagisce contro l'Intrusa con parole offensive)

ÈDIPO	Falsità!
SACERDOTE	Falsità! Falsità!
CORO	Falsità! Falsità! Falsità!
UNA (*della platea*)	Che tragedia di re Èdipo è questa che si narra invece di rappresentarsi?
UN'INTRUSA	Ascoltate il resto del preambolo che introduce la rappresentazione della tragedia di *Èdipo re*.
UNO (*della platea*)	Basta con il teatrino della farsa nel teatro della

tragedia!

UN'INTRUSA   Quando un oracolo ripete la predizione fatta in precedenza a Laio, Èdipo non volendo uccidere Polibo, che crede suo padre, e giacere con Peribea, che crede sua madre, lascia Corinto e sulla strada per Tebe, incontra Laio e in una disputa, lo uccide.

(Il pubblico reagisce contro l'Intrusa con parole violente)

CORO   La prima profezia si è avverata.

UN'INTRUSA   Giunto a Tebe, la Sfinge, un mostro con la testa di donna e il corpo di leone che esige in tributo la vita dei giovani tebani che non sanno rispondere ai suoi indovinelli. Èdipo sfida e risolve il quesito della Sfinge che, sconfitta, si getta dalla rupe da cui dominava Tebe e muore, dopodiché sposa la regina, Giocasta.

(Il pubblico si arrabbia contro l'Intrusa)

CORO   Anche la seconda profezia si è avverata.

UN'INTRUSA   Èdipo tu hai ucciso re Laio, tuo padre e sposato tua madre, Giocasta!

(Il pubblico si inferocisce contro l'Intrusa)

Che la peste cessi e che Creonte, fratello di Giocasta, sia eletto re di Tebe! E ora, così, come enunciato dall'oracolo di Delfi e dal vecchio indovino cieco Tiresia, che accada ciò che deve adempiersi.

ÈDIPO   Che deve compiersi?

UN'INTRUSA   Giocasta, tua madre e sposa, s'impiccherà e tu, Èdipo, figlio e sposo di Giocasta, ti trafiggerai gli occhi con la fibbia della sua veste!

ÈDIPO

(Il pubblico quasi tumultua contro l'Intrusa)

CORO   Giocasta si è impiccata e Èdipo si è accecato.

Responsabile delle colpe di Èdipo è il fato, che non consente né all'uomo né alle divinità di farsi il destino come gli pare.

UN'INTRUSA   Così come non è dato di salvarsi dalla pestilenza di Tebe.

(Il pubblico tumultua contro l'Intrusa)

DIRETTORE DI SCENA   Poliziotti, accorrete e arrestate l'Intrusa!

(Alcuni poliziotti salgono sul palcoscenico)

UN'INTRUSA   Nessuno osi avvicinarsi a me o morirà del tremendo male di cui sono affetta! Presto, tu,

(indicando il Direttore di Scena)

e tu,

(indicando il Suggeritore)

e tu,

(indicando l'Uscere)

e voi altri, in sala, clienti del bordello di *Dame Luxure*.

(indicando alcuni spettatori in sala)

morirete, a causa del mio male.

DIRETTORE DI SCENA

(Dal retroscena)

Maledetta, mi ha trasmesso la sifilide! Morirò!

SUGGERITORE   La puttana mi sta scavando la fossa!

USCERE   Maledetta vipera!

UNA MOGLIE

(In platea, al Marito seduto al suo fianco)

	Non è che mi hai infettata di sifilide per colpa di quella prostituta che frequenti, abitualmente, *Au bordel de Madame Lust?*
UN MARITO (*alla moglie*)	Taci!
UN FIGLIO	Papà!
UN PADRE	Non preoccuparti, figliolo. Non ti accadrà niente. Andrà tutto bene.
UN FIGLIO	Mamma!
UNA MADRE (*al marito*)	Assassino, hai portato nostro casto figlio a fare la sua prima esperienza con quella puttana del bordello di *Dame Luxure.*

(In platea, parapiglia e ceffoni fra gli spettatori; si elevano litigi, confessioni, accuse, grida, urla)

UNA MOGLIE (*al marito*)	Al bordello di *Dame Luxure?* Che perversione malsana! Che tu sia maledetto per l'eternità, se mi ammalerò di sifilide e morirò.
UNA FIDANZATA	Mi hai infettata?
UN FIDANZATO	No!
UNA FIDANZATA	Giuramelo!
UN FIDANZATO	Te lo giuro!
UN PADRE	Spergiuro! Hai infranto la purezza di mia figlia prima del matrimonio! Mascalzone!
UNA MADRE	Che disonore!
UN PADRE	Ti strangolo!
UNA FIDANZATA	No, papà, io lo amo!
UN PADRE	Difendi il tuo untore, il tuo assassino? Deve morire!
SUGGERITORE	Poliziotti, arrestate la puttana! Sta spaventando gli attori e il pubblico!
DIRETTORE DI SCENA	Trovarobe, a me la maschera della vergogna, presto! Calate la tela! Maledetta, mi ha trasmesso la sifilide! Un medico che mi salvi o io muoio!
UN'INTRUSA	Non si tratta di sifilide ma della malasorte che ha funestato Tebe.
UNA (*della platea*)	Che sventura? Che disgrazia? Che sciagura? La carestia, la fame?
UN'INTRUSA	La peste che, durante la prima rappresentazione

stagionale di *Èdipo re*, fuoriuscita dalla tragedia di Sofocle, ha fatto il suo ingresso sul palcoscenico dell'Ausel, infettando dapprima gli attori e poi, diffondendosi in sala, il pubblico.

ÈDIPO   Falsità!

SACERDOTE   Falsità!

CORO   Falsità! Falsità!

UNO *(della platea)*   Falsità! Falsità! Falsità!

UN'INTRUSA   Falsità? Realtà! realtà! Alla fine dello spettacolo, mia madre entrò nel camerino del Primo Attore, per congratularsi con lui, Èdipo che, senza esitare, con impeto, le infilzò la lingua infetta della pestilenza di Tebe nella bocca e la contagiò.

ÈDIPO   Falsità!

UN'INTRUSA   Mia madre respirò male, si ammalò e, nel giro di qualche giorno, dopo atroci sofferenze, spirò.

ÈDIPO   Falsità!

UN'INTRUSA   Falsità? Realtà! realtà! Presto, vi accadrà quel che, inesorabilmente, di funesto, dovrà, ineluttabilmente, accadere.

ÈDIPO   Falsità!

SACERDOTE   Falsità!

CORO   Falsità! Falsità!

PUBBLICO   Falsità! Falsità! Falsità!

UN'INTRUSA   Ma che falsità! Realtà, realtà, realtà! Più gridate e più la peste di Tebe si spande, infetta e uccide. Guardate! Èdipo, il Sacerdote e le vecchie tebane del coro si accasciano; respirano a fatica, tossiscono, tremano, sudano, sono febbricitanti e, ormai, in morte.

DIRETTORE DI SCENA   Tirate le corde! Calate la tela! Sipario!

(Il Sipario si abbassa ma resta sospeso a mezz'aria)

SIPARISTA

(Dal retroscena)

	Direttore di scena, più di così il sipario non cala!
USCERE	Un medico, presto, subito!
SUGGERITORE	Qui si muore a perdifiato,
DIRETTORE DI SCENA	Si muore a più non posso!
MEDICO *(dalla platea)*	Sono il dottor Maurizio Alberti, medico chirurgo, infettivologo, virologo, epidemiologo, specialista in igiene e sanità pubblica. Poliziotti, trattenete la donna sul palcoscenico! Voglio interrogarla per diagnosticare la sua malattia.

(Si alza dalla poltrona e va sul palco)

DIRETTORE DI SCENA	Dottore, non è che la puttana del bordello di *Dame Luxure* ci ha contagiato, qua, in teatro?
MEDICO	Direttore di scena, si calmi, e la smetta di adirarsi e gridare come un indemoniato, terrorizzando gli attori e il pubblico!
SUGGERITORE	Silenzio! Attenzione! Parla il medico tuttologo! Ascoltiamolo!
MEDICO	Calma, non fatevi vincere dal panico.
SUGGERITORE	Niente panico, silenzio!
MEDICO	Mi sia consentito rivolgere delle domande alla signora sulla malattia che avrebbe ucciso la madre e di cui lei stessa è malata.

(Alla prostituta, afferrata per le braccia e controllata dalle guardie)

	Mi parli dei sintomi della malattia di sua madre.
UN'INTRUSA	Raffreddore, febbre elevata, tosse, catarro, difficoltà nella respirazione,
SUGGERITORE	Gli stessi sintomi manifestati dal Primo Attore e dalla Prima Attrice nelle ultime rappresentazioni di *Edipo Re*!
MEDICO	Di che colore?
UN'INTRUSA	Marrone.
UNA MOGLIE	

(in platea, al marito)

Lo stesso che sputi tu, quando fumi e tossisci!

UN MARITO E tu che non guarisci mai dal raffreddore e che passi le giornate a soffiarti il naso con i fazzoletti?

SUGGERITORE Negli ultimi giorni si sono ammalati anche un Apparatore e un Servo di Scena: avevano la febbre, tossivano e respiravano a malapena.

MEDICO Soffriva di altro sua madre?

UN'INTRUSA Di tachicardia, e sudava con brividi.

MEDICO Durante la malattia, sua madre ha continuato a lavorare al bordello?

UN'INTRUSA Soltanto agli inizi; poi, con la febbre, la tosse e il dolore acuto toracico è dovuta, forzatamente, restare in casa.

MEDICO Chi l'ha assistita?

UN'INTRUSA Io.

MEDICO Chi l'ha visitata?

UN'INTRUSA Il medico del bordello.

MEDICO Che le ha diagnosticato?

UN'INTRUSA Non la sifilide, ma l'influenza stagionale.

MEDICO Mangiava?

UN'INTRUSA Poco e poi niente più: diceva di aver perso l'appetito.

MEDICO Quanto tempo è stata ammalata?

UN'INTRUSA Una settimana, all'incirca.

MEDICO Ha ricevuto in casa qualcuno durante la malattia?

UN'INTRUSA Un paio di colleghe del mestiere e alcuni clienti abituali.

MEDICO Signore e signori, questa malattia infettiva è per la morte e di sicuro si sta diffondendo rapidamente a Théatropólis e ad Asylumpólis.

UN MARITO

(in preda al panico)

Dottor infettivologo, a me, presto, un vaccino! Son qua, in platea, poltrona 17, fila M, sul lato sinistro, che lei, dal palcoscenico, vede davanti a sé sulla destra!

UN FIGLIO (*in preda al panico*) Dottor epidemiologo, son qua, in platea, poltrona 12, fila Q, sul lato destro, che lei dal palcoscenico vede davanti a sé a sinistra, a me un vaccino, presto, subito, prima che la puttana del bordello mi contagi!

UN FIDANZATO — A me, son qua, virologo, poltrona 1, fila R sul lato sinistro, che lei, dal palcoscenico, vede davanti a sé sulla destra, un vaccino, presto, subito!

MEDICO — Per difendervi dal contagio. copritevi la bocca e il naso con un foulard, restate possibilmente in casa, lavatevi spesso le mani, proteggetevi dagli starnuti, non vi baciate, evitate, insomma, di ammalarvi della peste di Tebe, e che vi vada bene!

(Scende dal palco ed esce dalla sala del teatro)

UNO *(della platea)* — Via, via, lasciatemi passare o qua m'infetto! Non voglio ammalarmi né morire di peste tebana!

(Il pubblico, in fretta e furia, lascia il teatro)

DIRETTORE DI SCENA — Trovarobe, a me la maschera per celare la vergogna dal mio volto!

(Entra in palcoscenico con il volto mascherato)

Primo Attore e Prima Attrice, alzatevi, lo spettacolo è finito. Lasciate la scena! Sergio Pampino, Carlotta Verdini, che vi salta in mente di fare i morti! Su, su! Soccorso! Aiuto, aiuto! Accorrete medici, infermieri, portantini!

SUGGERITORE — Sono morti?

DIRETTORE DI SCENA — Morti, mi pare.

SUGGERITORE — Morti per finta o per finta finzione?

DIRETTORE DI SCENA — Morti per finta e per finta finzione: per quel che ne capisco di morti, morti per finzione o per finta finzione, se sono morti per finzione, allora non sono morti per finta finzione, ma se sono morti per finta finzione allora non sono morti per finzione!

SUGGERITORE — Ti sembrano più vivi o più morti?

DIRETTORE DI SCENA   Suggeritore, lei che, a forza di suggerire le battute agli attori, sta diventando esperto in materia di falsità e di verità, di finzione e realtà, esca dalla fossa e venga sulla scena a verificare se gli interpreti, distesi, inermi, senza battere ciglio, sono più vivi o più morti, dato che io non m'intendo né di morti-morti, né di morti-vivi, né di vivi-vivi, né di vivi-morti.

SUGGERITORE

(Esce dalla buca e sale sul palco; s'approssima agli interpreti e inginocchia)

USCERE   Suggeritore, che fa?

SUGGERITORE   Constato la cessazione del respiro e dell'attività cardiaca e neuro-muscolare di Edipo, del Sacerdote e delle vecchie tebane del coro.

USCERE   Che sta suggerendo agli interpreti della tragedia? Di fare la parte dei vivi o dei morti?

SUGGERITORE   Non è l'ora!

USCERE   Che ora?

SUGGERITORE   L'ora di fare la parte; qua o si è vivi o si è morti.

USCERE   Per finta finzione o per finzione?

SUGGERITORE   Per finta finzione!

USCERE   E per finta finzione sono veramente vivi o veramente morti?

DIRETTORE DI SCENA   Sono morti?

SUGGERITORE   Morti; almeno, così mi pare.

DIRETTORE DI SCENA   Morti per finta o per finta finzione?

SUGGERITORE   Morti per finta finzione, al 100%, come è vero che ognuno è per la morte e che morirà ineluttabilmente.

UNO (*della platea*)   Finzione! Finzione! Non gli si creda! Fanno i morti ma soni vivi!

UNA (*della platea*)   Finzione? Realtà! realtà! I morti fanno i morti perché sono veramente morti!

UNO (*della platea*)   No! Finzione! Finzione! Finzione!

UNA (*della platea*)   Ma che finzione! Realtà, realtà, realtà!

UN'INTRUSA   Ecco, si entra in scena da vivi per uscirne da morti, senza ricavarne gloria.

(Sogghigna)

	Siete tutti contagiati di peste! Morirete tutti di peste!
UN ALTRO (*della platea*)	La untrice è rea confessa! Arrestatela!
DIRETTORE DI SCENA	Pestifera, sciagurata, untrice, ti strangolo!

(S'avventa sulla prostituta, afferrandole e stringendole il collo per strozzarla, mentre lei si difende smanacciandolo e graffiandolo)

SUGGERITORE	Poliziotti, intervenite, il Direttore di scena è impazzito!
UNO (*della platea*)	Finzione! Finzione! Non le si creda!
UNA (*della platea*)	Finzione? Realtà! realtà! La puttana traballa come una marionetta!
UN ALTRO (*della platea*)	No! Finzione! Finzione! Finzione!
UN'ALTRA (*della platea*)	Ma che finzione! Realtà, realtà, realtà! Il viso del direttore di scena è una maschera di sangue!
UNO (*della platea*)	Finzione! Finzione! Non le si creda!
UNA (*della platea*)	Finzione? Realtà! realtà!

(I poliziotti s'avventano sul Direttore di scena, lo afferrano e distaccano dalla prostituta che, ormai priva di sensi, s'accascia sul pavimento)

Accorrono dei servi di scena che tentano di calmare il Direttore di scena e di convincerlo a seguirli dietro le quinte)

UNO (*della platea*)	Finzione!
UNA (*della platea*)	Realtà!

(I poliziotti ammanettano la untrice e, fermandosi a metà del palcoscenico, s'inchinano per ricevere l'applauso del pubblico, che gli giunge fragoroso con grida di evviva)

PUBBLICO	Bravi! Avete evitato un femminicidio! Bravi, avete arrestato una super contagiante! Consegnate la untrice alla Giustizia! Signori Giudici processate e condannate per direttissima, qui e subito, la terrorista! Ergastolo a vita alla untrice! A morte la super untrice!

(I poliziotti lasciano il palcoscenico stringendo a braccetto la untrice e si soffermano sul primo scalino per ricevere altri applausi dal pubblico in segno di gratitudine)

UN'INTRUSA	Vado a morire!
UNO (*della platea*)	Muori presto, altrove!
UN'INTRUSA	Signore e signori del pubblico in sala, che vi si sta insinuando nella mente? Quale idea vi sfiora? Che pensiero volete scacciare? Che, forse: «M'infetterò anch'io? Di che? Chi è l'intruso malefico? Perché è comparso? È pericoloso? È contagioso? Posso contrarre l'infezione? Come si trasmette l'intruso? Sono a rischio d'infezione? Posso prevenirla, evitarla?». Oppure: «Sono infettato anch'io? Che sintomi strani devo attendermi? Mi ammalerò? Posso disporre di un vaccino efficace e sicuro per evitare di infettarmi? Non guarirò? Morirò?». Preoccupatevi, perché anche voialtri, tutti, nessuno escluso, siete infettati di peste e in morte.
UNA (*della platea*)	Falsità!
UN'INTRUSA	Falsità? Realtà! La scienza medica non avrà tempo e modo di capire, curare e guarire il male di cui noi, qua in teatro, nessuno escluso, è infetto; e, per finta finzione, come è vero che la verità è vera, è sicuro che della peste di Tebe si muore. Io mi congedo ed esco di scena. A presto, all'inferno, signore e signori!

(Il pubblico resta impietrito dallo sguardo malefico della untrice che scoppiando in una stridula risata, si libera dalla stretta dei poliziotti precipitandosi poi giù per la scaletta e senza voltarsi e fermarsi attraversa di corda il corridoio di sinistra e scompare dalla sala sghignazzando)

SUGGERITORE	Soffoco, muoio!
DIRETTORE DI SCENA	Non respiro più, muoio!
USCERE	Mi manca l'aria, muoio!
UNO (*della platea*)	Finzione! Finzione! Non gli si creda!
UNA (*della platea*)	Finzione? Realtà! realtà!

PROLOGO VIII

Buio sul palcoscenico. Luci accese sulla ribalta e in sala. Due scalette, una a destra e l'altra a sinistra, pongono in comunicazione la platea con il palcoscenico

UNA (*della balconata III, posto unico, Poltrona n. 12, Fila B sul lato destro*)

Ehi, comincia o no lo spettacolo?

UNO (*della balconata III, Poltrona n. 7, Fila A, sul lato sinistro*)

Si suoni il gong!

UN'ALTRA (*della balconata III, posto unico, Poltrona n. 30, Fila B, sul lato centrale destro*)

Si alzi il sipario!

UN ALTRO (*della balconata III, Poltrona n. 33, Fila A, sul lato centrale sinistro*)

Fuori! Fuori! Fuori!

CRONISTA TVTT

(In piedi, davanti a una telecamera, nell'angolo della scaletta di sinistra che mette in comunicazione la sala con il palcoscenico)

Alle riprese televisive per la telediffusione in diretta mondovisione della *prima* del Centenario del Teatro delle maschere & e dei volti di Théatropólis, il nostro Canale TV Théatropólis Theatrum (TVTT) ha riservato un imponente impianto tecnico con 18 radiomicrofoni per performer teatrali, 12 telecamere in alta definizione, di cui 3 per riprese esterne, 36 microfoni posizionati in palcoscenico. L'intera squadra di ripresa è composta di trentasei persone tra giornalisti, cameramen, microfonisti, tecnici audio e video di Canale TVTT.

VOCE FUORI SCENA

Per parafrasare e riadattare a stralcio in sunto del saggio *Opera aperta*, l'accademico, semiologo, filosofo e scrittore Umberto Eco, qui si riferirà alla maniera di Smirnov, così come viene, che «l'opera d'arte diviene una realtà di fatto e coincide con l'opera ordinatrice dell'autore. Questi, in una poetica dell'*opera in movimento*, può benissimo produrre in vista di un invito alla libertà interpretativa, alla felice indeterminazione degli esiti, alla discontinua imprevedibilità delle scelte sottratte alla necessità, ma questa *possibilità* cui l'opera si *apre* è tale in un *campo* di relazioni. L'opera in movimento, insomma, è possibilità di una molteplicità di interventi personali ma non è un invito amorfo dell'intervento indiscriminato: è l'invito non necessario né univoco all'intervento orientato, ad inserirci liberamente in un mondo che tuttavia è sempre voluto dall'autore. L'autore offre insomma al fruitore un'opera *da finire*: non sa esattamente in qual modo l'opera potrà essere portata a termine, ma sa che l'opera portata a termine sarò pur sempre la *sua* opera, non un'altra, e che alla fine del dialogo interpretativo si sarà concretata una forma che è la *sua* forma, anche se organizzata da un altro in un modo che egli non poteva completamente prevedere: poiché egli in sostanza aveva proposto delle possibilità già razionalmente organizzate, orientate e dotate di esigenze organiche di sviluppo».

UNA (*della balconata II, posto unico Poltrona n. 2, Fila C, sul lato destro*)

Ma qui si fa saggistica, anziché teatro!

UNO (*della balconata II, Poltrona n. 5, Fila B sul lato sinistro*)

Si comincia o no lo spettacolo?

UN'ALTRA (*della balconata II, Poltrona n. 24, Fila A, sul lato centrale destro*)

Si suonino i campanellini!

UN ALTRO (*della balconata II, Poltrona n. 23, Fila A, sul lato centrale sinistro*)

Si alzi il sipario!

VOCE FUORI SCENA

Si dirà ancora con Umberto Eco: «Il dizionario, che ci presenta migliaia di parole con le quali siamo liberi di comporre poemi e trattati fisici, lettere anonime o elenchi di generi alimentari, è molto "aperto" a qualsiasi ricomposizione del materiale che esibisce, ma non è un'opera. L'apertura e la dinamicità di un'opera consistono invece nel rendersi disponibile a varie integrazioni, concreti complementi produttivi, incanalandoli a priori nel gioco di una vitalità strutturale che l'opera possiede anche se non è finita, e che appare valida anche in vista di esiti diversi e molteplici».

UNA (*della balconata I, posto unico Poltrona n. 10, Fila D, sul lato destro*)

Si cominci!

UNO (*della balconata I, Poltrona n. 11, Fila C, sul lato sinistro*)

Teatro! Teatro! Teatro!

UN'ALTRA (*della balconata I, Poltrona n. 24, Fila B, sul lato centrale destro*)

Si suoni la campanella!

UN ALTRO (*della balconata I,* Poltrona n. 21, Fila A, sul lato centrale sinistro)

Si alzi il Sipario!

UNA (*della Platea, Poltrona n. 2, Fila R sul lato destro*)

Dopo la lettura dell'Antefatto e la farsa di Smirnov *inscenata* nella tragedia di *Èdipo re* di Sofocle, ora ci toccherà di tediarci anche con il prologo della commedia metateatrale da fare, perché noi s'intenda in anticipo quel che dovrà intendersi con la fantasia, l'immaginazione, la finzione e la credulità.

UNO (*della Platea, Poltrona n. 1, Fila P sul lato sinistro*)

Si spengano le luci!

UN'ALTRA (*della Platea, Poltrona n. 18, Fila N, sul lato destro*)

Si alzi il sipario!

UN ALTRO (*della Platea, Poltrona n. 15, Fila L sul lato sinistro*)

Si dia inizio allo spettacolo!

VOCE FUORI SCENA   Il Tm&vT non è responsabile di eventuali incidenti né delle conseguenze giuridiche che dovessero verificarsi in teatro a causa degli interventi degli spettatori, nella fattispecie, autori, personaggi, attori e registi di Sé.

(Le luci scompaiono nelle tenebre. Il brusio della sala cala si affievolisce e tace)

{Suona il gong. Buio in sala e luci alla ribalta}

VOCE (*dalla sala*)

(presumibilmente del regista e attore Gigi Proietti o di un suo imitatore dicitore della sua frase:)

Viva il teatro, dove tutto è finto e niente è falso!

(Da un lato del sipario entra un attore e va a porsi al centro della ribalta, davanti alla buca del suggeritore)

UN ATTORE	Signore e signori…
UNA (*della balconata III*)	Bravo!
UN ATTORE	Grazie!
UNO (*della balconata III*)	Prego!
UNA (*della balconata II*)	Shhh!
UN ATTORE	Pubblico del Tm&vT…
UNA (*della balconata III*)	Bravo!
UN ATTORE	Grazie!
UNO (*della balconata III*)	Prego!
UNO (*della balconata II*)	Shhh!

UNA (*della balconata III*)	Bravo!
UN ATTORE	Grazie!
UNO (*della balconata III*)	Prego!
UN'ALTRA (*della balconata II*)	Shhh!
UNA (*della platea*)	Che si fa? Petrolini, invece che Pirandello!
UNO (*della platea*)	E no, eh! Ehilà, lassù, in III Balconata, non v'agitate!
UNA (*della balconata III*)	Quassù, noi si sta come nel titolo della Scena XI dell'Atto IV de *Le nozze di Figaro* di Wolfgang Amadeus Mozart.
UNO (*della platea*)	Vale a dire?
UNA (*della balconata III*)	«Tutto è tranquillo e placido».
UN ALTRO (*della balconata II*)	Sc!
UN ATTORE	Signore & signori, come vi è noto, il metateatro smirnoviano, …
UNO (*della platea*)	Una farsa, altro che commedia nella tragicommedia!
UN'ALTRO (*della platea*)	Grottesco!
UNA (*della platea*)	È una follia, un teatricidio!
UNO (*della balconata III*)	Idiota! Falla finita!
UNA (*della platea*)	Abbasso Smirnov, falsario di Pirandello!
UNO (*della platea*)	Il regista Iosif Smirnov è un pianificatore, un orchestratore, un animatore di scemenze teatrali! Un untore di virus neuro empatici, invasivi e mutanti in sé, creati ad arte per stimolare il pubblico a inscenarsi dentro l'azione teatrale in corso d'opera.
UNA (*della balconata III*)	Il teatro alla Smirnov si rivela come degradazione del "teatro nel teatro" di Pirandello! Una messinscena per trasformare una tragicommedia eccelsa in uno spettacolo di merda, sviluppato al massimo del suo tonante disordine diarroico!
UNA (*della platea*)	Inizia la pagliacciata!
UNO (*della platea*)	Chissà quanto durerà e con quale esodo!
UNO (*della balconata III*)	Falla finita! Rompi senza sosta!
UN'ALTRA (*della platea*)	Una farsa nella farsa!

UN ALTRO (*della platea*)   Qui si vuole imporre la sovranità assoluta del Pubblico e l'annullamento dell'opera dell'Autore, degli Attori e del Regista!

UNA (*della platea*)   "Waouh!" Si inscena la farsa del falsario teatrale Iosif Smirnov! Che spettacolo!

UNO (*della platea*)   Sarà il caos, la rovina del teatro! Per Smirnov sarà un fiasco totale, un insuccesso, uno smacco, una sconfitta!

UN ATTORE   Suvvia, stiamo a vedere che cosa ne avverrà.

(Esce)

(Buio e lampi di luce a intermittenza)

(In sala è diffusa una musica)

UNO (*della balconata I*)   Können Sie bitte die Musik ausmachen?

UNA (*della balconata II*)   Éteins la musique!

UNA (*della balconata III*)   Spegnete la musica! Il primo tempo della Sinfonia n. 5 in Do Diesis Minore di Mahler pare una Marcia Funebre!

(Fischi e cori di disturbo; poi si fa silenzio. Ancora musica di Gustav Mahler)

Che cosa c'entra l'Adagietto, Sehr langsam, Symphony No? 5 in C Sharp minor, di Gustav Mahler, con Pirandello al Tm&vT? Non siamo mica al cinema, alla sequenza d'apertura o all'epilogo del film "Morte a Venezia" del regista Luchino Visconti!

UNO (*dalla platea*)   Infatti, siamo ancora fuori dallo spettacolo e L'*Adagietto* dalla Quinta Sinfonia di Gustav Mahler è visione del silenzio nell'attesa della parola e dell'immagine teatrale e, infine, della fine, della morte.

UNA (*della platea*)

(Alzandosi in piedi dalla poltrona e rivolgendosi verso la III balconata)

Un asino chiamato a giudicare chi cantasse meglio,
scelse il cucù invece dell'usignolo!

UN ALTRO (*della balconata III*) Oh, a cervellona, zitta, invece di ragliare!

(Imita il verso caratteristico del raglio dell'asino, alternando toni acuti e bassi in modo discordante)

Hi oh, ih oh! Hi oh, ih oh! Hi oh, ih oh!

UN ALTRO (*della platea*) Silenzio, smettetela di ragliare stupidi asini!

UN'ALTRA (*della platea*) Stupidi asini! Ih oh, ih oh! Ih oh, ih oh! Ih oh, ih oh!

UN'ALTRA (*della II balconata*) Zitti! Siamo in teatro! Non siamo allo stadio!

UNO (*della balconata I*) Alé, oh-oh, alé, oh-oh! Alé, oh-oh, alé, oh-oh! Alé, oh-oh, alé, oh-oh!

UN ALTRO (*della balconata II*) Meno chiasso! Meno chiasso! Meno chiasso!

UNO (*della III balconata*) Più rumore! Più rumore! Più rumore!

UNA (*della platea*) Smettetela di disturbare!

UN'ALTRA (*della II balconata*) Si suoni la campana!

UNO (*della balconata II*) Si alzi il sipario!

UNO (*della balconata II*) Sc! Silenzio, silenzio!

(UNA della platea II, stizzita, canta l'aria "Der hölle rache" del "Flauto magico" di Johannes Chrysostomus Wolfgangus Theophilus Mozart)

(Alla fine dell'esecuzione, applauso scrosciante di tutto il pubblico)

UNO (*della balconata III*) Che arie che si dà! Si crede grande come la soprana Luciana Serra! Musici! Ouverture finale del *Guglielmo Tell* di Rossini! Tromba!

(Gli studenti musicisti eseguono a voce e battendo i piedi e le mani la musica dell'ouverture)

(Alla fine dell'esecuzione, i giovani musicisti ricevono l'applauso del pubblico delle balconate)

UNA (*della balconata II*) Suonate il gong!

UNO (*della balconata II*) Si alzi il sipario!

UN'ALTRA (*della platea*) Spegnete le luci in sala!

UNO (*della balconata III*) Accendete le tenebre con i fulmini!

(Frastuono, baraonda, applausi, fischi, risate, sbraiti)

UNA (*della platea*) Shhh! Silenzio!

UNO (*della platea*)	Non siamo a scuola!
UNA (*della balconata III*)	Il teatro è scuola!
UNA (*della platea*)	Imbecilli!
UNA (*della III balconata*)	Se nel teatro nel teatro non si fa il teatro nel teatro, che teatro è il teatro nel teatro?
UNO (*della platea*)	Da questo tipo di teatrare l'imbecillità non se ne ricava niente di socialmente e culturalmente utile.
UNA (*della balconata II*)	Smettetela!
UNO (*della III balconata*)	Trambusto!
UNO (*della platea*)	Professori, fate tacere i vostri studenti!
UNA (*della balconata I*)	Vietato imporre! Proibito costringere!
ALCUNI (*della balconata I*)	Minore ordine e più disordine! W il disordine! Caos! Più caos! W il caos! W il Teatro aperto!
ALCUNI (*della platea*)	Fatela finita! Basta con la confusione! Si ponga fine al disordine e si ripristini l'ordine! Gong! Gong! Gong! Si alzi il sipario! Silenzio, silenzio!

(Il pubblico, piano piano, zittisce)

{Buio}

PARTE TERZA

TEATRO DELLE MASCHERE & DEI VOLTI DI THÉATROPÓLIS

LA STAGIONE DEL CENTENARIO
ANNO DEL CONTO SALATO/ANNO DELLA RIPRESA

Sei personaggi in cerca d'autore

di
Luigi Pirandello

Produzione & Rappresentazione
della
Compagnia teatrale degli instabili

Regia
Iosif Smirnov

Théatropólis, 1-24 novembre Anno del Conto Salato

I PERSONAGGI DELLA COMMEDIA DA FARE

Il padre
La madre
La figliastra
Il figlio
Il giovinetto
La bambina
(questi ultimi due non parlano)
(Poi, evocata) Madama Pace

GLI ATTORI DELLA COMPAGNIA

Il direttore-capocomico
La prima attrice
Il primo attore
La seconda donna
L'attrice giovane
L'attor giovane
Altri attori e attrici
Il direttore di scena
Il suggeritore
Il trovarobe
Il macchinista
Il segretario del capocomico
L'uscere del teatro
Apparatori e servi di scena

Il Teatro del Teatro a Théatropolis

EPISODIO I

{Scena a susseguirsi in rapida successione}

I campanelli del teatro avvisano che la rappresentazione comincia.

Cabina regia, rialzata al livello dell'ultima linea di sedute a fondo sala.

{N.B. Il fonico, il tecnico luci e il facente funzione di capo elettricista interverranno dalla cabina di regia}

(Lampi di luce)

Luce in sala.

Troveranno gli spettatori, entrando nella sala del teatro, alzato il sipario, e il palcoscenico com'è di giorno, senza quinte né scena, quasi al bujo e vuoto, perché abbiano fin da principio l'impressione d'uno spettacolo non preparato. Due scalette, una a destra e l'altra a sinistra, metteranno in comunicazione il palcoscenico con la sala. Sul palcoscenico il cupolino del suggeritore, messo da parte, a canto alla buca. Dall'altra parte, sul davanti, un tavolino e una poltrona con spalliera voltata verso il pubblico, per il Direttore-Capocomico. Altri due tavolini, uno più grande, uno più piccolo, con parecchie sedie attorno, messi lì sul davanti per averli pronti, a un bisogno, per la prova. Altre sedie, qua e lì: a destra e a sinistra, per gli Attori; e un pianoforte in fondo, da un lato, quasi nascosto.

Annuncio (*dalla cabina di regia*)

> Si comunica che, durante la rappresentazione di *Sei personaggi in cerca d'autore* di Luigi Pirandello, ai sensi della Deliberazione dell'Assemblea n. 2 del 1° novembre Anno del Conto Salato, i dipendenti del Tm&vT (tecnici, impiegati e operai) effettueranno, come e quando gli pare, lo sciopero a inventiva. *E stiamo a vedere che ne avverrà.*

PUBBLICO (*della platea*) Vergogna! Vergogna! Vergogna!

(Gazzarra del pubblico pagante)

Annuncio (*dalla cabina di regia*)

> Gentile pubblico, si dà comunicato emesso dalla Compagnia teatrale degli instabili: Visto il contratto di Rappresentazione Teatrale tra il Teatro delle maschere e dei volti, con sede legale in Piazzetta delle Chiacchiere, 1, Théatropólis, legalmente rappresentata dal Gestore in amministrazione controllata, qui di seguito denominato Committente, e Compagnia teatrale degli instabili, con sede legale in Via dei Vaniloqui, 13, Théatropólis, legalmente rappresentata dal titolare Iosif Smirnov, qui di seguito denominato Produttore/Fornitore; considerato che si è convenuto di stipulare tra le parti quanto segue: 1) il Produttore/fornitore si impegna ad effettuare n. 52 rappresentazioni complessive della trilogia pirandelliana *Sei personaggi in cerca d'autore, Ciascuno a suo modo* e *Questa sera si recita a soggetto* di Luigi Pirandello dal 1 Novembre al 31 Dicembre Anno del Conto Salato; 2) che il Tm&vT s'impegna a corrispondere al Produttore/Fornitore della trilogia di Pirandello la somma di 270.000 Denari (Duecentosettantamila Denari) con

le seguenti scadenze: comma 1, 50.000 Denari entro il 31 ottobre Anno Salato; comma 2, 50.000 Denari alla fine della fase della rappresentazione della tragicommedia *Sei personaggi in cerca d'autore*; comma 3, il saldo a 60 giorni dalla fine della rappresentazione della   trilogia del teatro nel teatro di Pirandello. Detta somma complessiva di 200.000 Denari, comprende anche il pagamento dei diritti d'autore e la retribuzione ed i relativi oneri fiscali e previdenziali degli Artisti dello spettacolo, sollevando il Tm&vT da ogni responsabilità in merito. Saranno a carico del Tm&vT tutte le altre spere relative alla funzionalità della buona riuscita dello spettacolo, tra cui il personale necessario alla realizzazione dello spettacolo (elettricisti, fonici, macchinisti, apparatori) Clausole: il contratto è dichiarato nullo allorché si ravvisi la non applicazione di uno dei punti sopra indicati e la sua non approvazione e sottoscrizione. Competente della controversia sorta tra le parti è il foro di Théatropólis, Libera Città-Stato della Repubblica Democratica di Théatropólis . Pur considerato che il Tm&vT non ha ottemperato finora al punto 2) comma 1, ma tenuto in conto   l'eccezionalità della Prima del Centenario del Tm&vT, il titolare della Compagnia farà tutto il possibile per convincere gli Artisti, in stato di agitazione per i ritardati pagamenti dello stipendio,   a rappresentare, comunque, la tragicommedia *Sei personaggi in cerca d'autore*.

Gentile pubblico, si dà comunicato emesso dagli Artisti della Compagnia teatrale degli instabili: Visto il contratto stipulato tra il datore di lavoro, nella fattispecie il titolare della Compagnia, e gli Artisti della Compagnia per la costituzione di un rapporto di lavoro subordinato, in cui il primo è tenuto a corrispondere al secondo una retribuzione e il secondo è tenuto a rendere una prestazione subordinata in favore del primo; considerato che il datore di lavoro non ha ottemperato alle disposizioni del contratto e, in particolare, non ha provveduto al pagamento degli stipendi arretrati. Competente della controversia sorta tra le parti è il foro di Théatropólis, Libera Città-Stato della Repubblica Democratica di Théatropólis . Tuttavia, considerata l'eccezionalità della Prima del Centenario del Tm&vT, gli Artisti della Compagnia rappresenteranno la tragicommedia *Sei personaggi in cerca d'autore* di Luigi Pirandello ma interrompendone l'azione con pause individuali e/o d'insieme, a intervalli più o meno brevi.

PUBBLICO (*della platea*)	Manicomio! Manicomio! Manicomio!
VOCE (dal retroscena)	Il contratto va rispettato e *stiamo a vedere che ne avverrà*.

(Gazzarra del pubblico pagante)

Spenti i lumi nella sala, si vedrà entrare dalla porta del palcoscenico il macchinista in camiciotto turchino e sacca appesa alla cintola; prendere da un angolo in fondo alcuni assi d'attrezzatura; disporli sul davanti e mettersi in ginocchio e inchiodarli. Alle martellate accorrerà dalla porta dei camerini il Direttore di scena.

Il direttore di scena	*Oh! Che fai?*
MACCHINISTA	Chi è là? Fermati e fatti riconoscere.
UNO (*della balconata III*)	Evviva il teatro!
PRESBITERO	

{N.B. Il Presbitero, in balconata II, interverrà alzandosi dalla poltrona n. 17, fila C, lato centrale}

	Ora e sempre, nei secoli dei secoli! Amen!
MACCHINISTA	Mi pare, senza neppure dovermelo immaginare, che tu non goda del beneficio dell'uso della ragione.
DIRETTORE DI SCENA	Ah, sì?
MACCHINISTA	Perché non ti pare di sembrarti fuori di senno?
DIRETTORE DI SCENA	Mi fai torto a maltrattarmi!
MACCHINISTA	Che dovrei dire di un intruso che ha finto di non aver letto i segnali di divieto d'accesso agli estranei, là, dietro la porta del palcoscenico.
DIRETTORE DI SCENA	

(Va a vedere, e legge a voce alta)

«Non oltrepassare il limite tra la realtà e la finzione!». «Divieto d'accesso alle persone non autorizzate!». «Vietato l'ingresso ai non addetti alla scena teatrale!». «Ingresso al palcoscenico vietato, interdetto, proibito, impedito, precluso e negato agli estranei!». «Alt!». «Stop! «Limite invalicabile!». «Vietato fumare!». Pare di essere a una festa di punti esclamativi! Perché mai? Siamo in teatro, mica in una zona militare sottoposta a rigide misure di sicurezza o davanti a un recinto elettrificato di filo spinato di un lager nazista o di un manicomio criminale!

MACCHINISTA	Per mettere in sicurezza la scena e proteggere gli attori dalle intrusioni degli spettatori, incompetenti e falsamente esigenti che, invece di applaudire, fingono di non aver gradito lo spettacolo e, fischiando e insultando, salgono sul palcoscenico per malmenarli, senza dargli neppure il tempo di fuggire per ripararsi nei camerini.
DIRETTORE DI SCENA	Almeno in teatro, sarebbe da sancire la regola: «Vietato vietare!».
MACCHINISTA	Infatti, nella messa in scena non c'è alcun divieto di vietare, ma fuori della scena non è consentito di non

	proibire il proibito. E ora se ne vada, e mi lasci al mio lavoro!
DIRETTORE DI SCENA	Che fa, mi comanda?
MACCHINISTA	Non la comando, ma la invito a lasciare la scena che tra un po' arriva il Direttore di scena e non voglio avere guai per causa di un intruso.
DIRETTORE DI SCENA	Ma sono io il Direttore di scena!
MACCHINISTA	scusami, dato che ...
DIRETTORE DI SCENA	Non dartene pena. E, tu, chi sei?
MACCHINISTA	Un disoccupato.
DIRETTORE DI SCENA	E che fai qui?
MACCHINISTA	Sostituisco il Macchinista che s'è messo in sciopero per tutto il tempo della prova.
DIRETTORE DI SCENA	E può farlo?
MACCHINISTA	Se l'ha fatto, significa che può farlo altrimenti non l'avrebbe fatto.
DIRETTORE DI SCENA	E, lei, può fare il sostituto del Macchinista titolare?
MACCHINISTA	Se sto qua, certo che sì!
DIRETTORE DI SCENA	Secondo quale criterio?
MACCHINISTA	In base all'articolo 27 del Decreto legislativo n.819/Anno del Risparmio, parte della riforma del lavoro conosciuta con il nome di "Assunzione per supplenza temporanea del titolare, assente dal posto di lavoro per permesso, congedo, malattia, ferie e per motivi di particolare necessità e urgenza" che, come precisato dalla circolare n. 99 del 18 dicembre dell'Anno della Parsimonia emanata del Ministero del Lavoro e delle Politiche Sociali, recita: "... i disoccupati iscritti al Centro del Pubblico Impiego nelle Categorie Protette possono essere assunti con chiamata immediata per tutto il periodo lasciato vacante dal titolare del posto di lavoro".
DIRETTORE DI SCENA	Contento?
MACCHINISTA	Meglio che niente! Anche se mi trovo, ormai da tanto tempo, alla mia età, né giovane né vecchio, in una condizione lavorativa di precariato permanente,

costretto spesso a lavorare in nero.

DIRETTORE DI SCENA Oh, ti capisco e compatisco! Come si fa a vivere in una condizione lavorativa caratterizzata da incertezza, instabilità o provvisorietà?

MACCHINISTA Eh, già! È così che va. Ma, ora, sono qua. Punto e a capo.

DIRETTORE DI SCENA Che fai, in ginocchio?

MACCHINISTA Inchiodo!

DIRETTORE DI SCENA Per passatempo?

MACCHINISTA Ti pare?

DIRETTORE DI SCENA Dio, come inchiodi! Una volta, di mestiere, facevi il falegname?

MACCHINISTA Sì, proprio come il Padre Putativo del Figlio di Dio. È per questo motivo che Smirnov, nella rappresentazione della Passione di Cristo al teatro della Casa di Riposo Quiete & Serenità di Asylumpólis, mi ha dato la parte dell'inchiodatore del Figlio di Dio sulla croce.

DIRETTORE DI SCENA Da falegname a inchiodatore di Cristo sulla croce: davvero, un salto di qualità!

MACCHINISTA Ed ora eccomi qui a fare il Macchinista del Tm&vT.

DIRETTORE DI SCENA Da inchiodatore di Cristo sulla croce a Macchinista del Tm&vT: davvero, un ulteriore salto di qualità! Bravo! Congratulazioni. E ora che stai facendo?

MACCHINISTA Inchiodo alcuni assi d'attrezzatura, così come sta scritto sul copione. Ed ora, togli di torno o t'inchiodo!

DIRETTORE DI SCENA

(Incrocia due assi e vi si distende sopra)

E, allora, inchiodami, che è giunta l'ora e l'anima mia è triste fino alla morte.

MACCHINISTA Chi credi di essere?

DIRETTORE DI SCENA E tu chi pensi che io sia?

MACCHINISTA Un povero cristo che si crede Gesù.

DIRETTORE DI SCENA L'anima mia è turbata. Inchiodami alla croce!

MACCHINISTA	Perché, proprio io?
DIRETTORE DI SCENA	Perché tu, in questo tetro calvario, hai i chiodi, il martello e gli assi per crocefiggermi.
MACCHINISTA	Gesù, Gesù, ma perché vuoi immolarti?
DIRETTORE DI SCENA	Per *Sacrificio*.
MACCHINISTA	Quale sacrificio?
DIRETTORE DI SCENA	Il sacrificio supremo.
MACCHINISTA	La tua vita?
DIRETTORE DI SCENA	Non esitare!
MACCHINISTA	Ma è un sacrificio penoso, cruento!
DIRETTORE DI SCENA	Quello che deve essere fatto, sia fatto, al più presto, per fare la volontà del Padre mio, che è nell'alto dei cieli.
MACCHINISTA	Cristo, pietà. Perché vuoi fare di me, un innocente, il tuo crocifissore?
DIRETTORE DI SCENA	Per la tua salvezza.
MACCHINISTA	Si è fuori tempo; l'ora terza è, già, scoccata.
DIRETTORE DI SCENA	E, allora, inchiodami e crocifiggimi all'ora sesta, per Dio!
MACCHINISTA	Per Dio? Ti riferisce al Dio che si è finto sordo al grido disperato sulla croce del Figlio? Il Dio che non ha salvato il Figlio dall'agonia della croce? Il Dio che ha sacrificato la fede del Figlio in Lui? Il Dio che ci dimenticato e abbandona nelle sofferenze e nelle ingiustizie? Il Dio che ci illude e rende infelici? Se ti riferisce a un Dio del genere, allora io, per Dio, non inchiodo!
DIRETTORE DI SCENA	
(Prega e frigna)	
	Confesso di aver peccato in pensieri, parole e omissioni, per mia colpa, per mia colpa, per mia colpa. Kyrie, elèison. Christe, elèison. Kyrie, elèison.
MACCHINISTA	E via, via, smettila di affliggermi, che io provo! Non ho tempo da perdere con un invadente, fuori di sé. Perché mi tormenti?

DIRETTORE DI SCENA — Per implicarti nella responsabilità di farmi fuoriuscire da una intrigata situazione penosa e dannosa.

MACCHINISTA — Intricarmi nei tuoi disturbi mentali, mentre provo a fare il mio mestiere? Nossignore!

(Guarda l'orologio)

Levati di qui. A momenti sarà qui il Direttore di scena!

DIRETTORE DI SCENA — Ma sono io, lui! Te lo sei dimenticato?

MACCHINISTA — Dimenticato che?

DIRETTORE DI SCENA — Che io sono il Direttore di scena.

MACCHINISTA — Ah! Scusami, purtroppo sono affetto da amnesia strana.

DIRETTORE DI SCENA — Ossia?

MACCHINISTA — Approssimata, imprecisa, vaga; talvolta, ricordo gli eventi più recenti ma non ricordo nulla del mio passato remoto e, viceversa, cert'altre volte, ricordo gli eventi del mio passato remoto ma non ricordo nulla dei ricordi più recenti.

DIRETTORE DI SCENA — E ora ti ricordi che io sono il Direttore di scena? Ah, dunque, tu saresti il Direttore di scena?

DIRETTORE DI SCENA — Non è che io sarei lui; è che io sono lui, dato che io, ora e qui, faccio il Direttore di scena.

MACCHINISTA — Tu sei lui e viceversa: è come al *giuoco delle parti*.

DIRETTORE DI SCENA — Infatti.

MACCHINISTA — E al *giuoco delle parti*, tu, Direttore di scena sostituto, fai la parte del Direttore di scena titolare.

DIRETTORE DI SCENA — Giustappunto.

MACCHINISTA — E, ovviamente, al *giuoco delle parti*, il Direttore di scena titolare farà la parte del Direttore di scena sostituto.

DIRETTORE DI SCENA — Oh, no che no!

MACCHINISTA — E perché no?

DIRETTORE DI SCENA — Perché non siamo mica al *gioco di ruolo* dello psicodramma di Moreno!

MACCHINISTA   Ah, no? E, allora, a che gioco si gioca?

DIRETTORE DI SCENA   Al *giuoco delle parti* di Pirandello.

MACCHINISTA   Non t'intendo?

DIRETTORE DI SCENA   Io impersono il direttore di scena, ma il direttore di scena non impersona me.

MACCHINISTA   Ancora non t'intendo? Fatti intendere.

DIRETTORE DI SCENA   Prestami attenzione, ascoltami. È la prima volta che fai la prova di un'opera teatrale?

MACCHINISTA   In vero, devo ancora farla.

DIRETTORE DI SCENA   Ti senti pronto?

MACCHINISTA   Uhm, ne dubito.

DIRETTORE DI SCENA   Se pensi di non farcela, non ce la farai; al contrario, se, invece, pensi di farcela, ce la farai. Cominciamo, per gioco, a fare una prova del secondo atto della commedia *Il gioco delle parti*! Attenzione. Concentrati. Tranquillo. Attenzione, signore & signori. Chi è di scena?

DIRETTORE DI SCENA   Ma scusa, ma quali signori, se ci sono soltanto io?

MACCHINISTA   Così si usa in teatro. E, in ogni caso, tu non sei qua a colloquiare con me? Perché, se non mi vedi significa che io sono invisibile o tu, invece, pazzo; ma, se così non è, allora io sono il Direttore di scena e tu il Macchinista. Riprendiamo. Su si comincia.

DIRETTORE DI SCENA   «Attenzione, signori. Chi è di scena?».

MACCHINISTA   «Attenzione, signori. Chi è di scena?».

DIRETTORE DI SCENA   Ma no, ma no, non fare *burletta*! qui siamo a prima della prova! Si capisce che sei un debuttante. «Attenzione, signori. Chi è di scena?» è il segnale dato dal Direttore di scena per invitare gli attori a presentarsi in palcoscenico per l'inizio dello spettacolo. Alla mia domanda: «*Oh! Che fai?*», tu mi risponderai: «*Che faccio? Inchiodo*». Chiaro?

MACCHINISTA   Chiarissimo.

Il direttore di scena   *Oh! Che fai?*

Il macchinista   *Che faccio? Inchiodo.*

DIRETTORE DI SCENA   Ma no, ma no, non così, ma con tempo ed effetto

	giusto: « *Che faccio? Inchiodo*?». Così, chiaro?
MACCHINISTA	Chiarissimo.
DIRETTORE DI SCENA	Su, ricominciamo da zero. Attenzione, signori. Chi è di scena?
MACCHINISTA	Il Macchinista e il Direttore di scena.
Il direttore di scena	*Oh! Che fai?*
Il macchinista	*Che faccio? Inchiodo.*
Il direttore di scena	*A quest'ora?*

(Guarderà l'orologio)

	Sono già le dieci e trenta. A momenti sarà qui il Direttore per la prova.
Il macchinista	*Ma dico, dovrò avere anch'io il mio tempo per lavorare!*
Il direttore di scena	*L'avrai, ma non ora.*
Il macchinista	*E quando?*
Il direttore di scena	*Quando non sarà più l'ora della prova. Su, su, portati via tutto, e lasciami disporre la scena per il secondo atto della commedia Il Giuoco delle parti.*

(Il Macchinista sbuffando, borbottando, raccatterà gli assi e andrà via)

{Buio}

EPISODIO II

{Scena a susseguirsi in rapida successione}

I campanelli del teatro avvisano che la rappresentazione ricomincia.

(Lampi di luce)

(Fischi sonori del pubblico pagante)

Spenti i lumi della sala, si fa luce sul palcoscenico.

Intanto, dalla porta del palcoscenico cominceranno a venire gli attori della Compagnia, uomini e donne, prima uno, poi un altro, poi due insieme, a piacere: nove o dieci, quanti si suppone che debbano prender parte alle prove della commedia di Pirandello "Il giuoco delle parti", segnata all'ordine del giorno. Entreranno, saluteranno il Direttore di scena e si saluteranno tra loro augurandosi il buon giorno. Alcuni si avvieranno ai loro camerini; altri, fra cui il Suggeritore che avrà il copione arrotolato sotto il braccio, si fermeranno sul palcoscenico in attesa del Direttore per cominciar la prova, e intanto, o seduti a crocchio, o in piedi, scambieranno tra loro qualche parola; e chi accenderà una sigaretta, chi si lamenterà della parte che gli è stata assegnata, chi leggerà forte ai compagni qualche notizia in un giornaletto teatrale. Sarà bene che tanto le Attrici quanto gli Attori siano vestiti d'abiti piuttosto chiari e gai, e che questa prima scena a soggetto abbia, nella sua naturalezza, molta vivacità. A un certo punto, uno dei comici potrà sedere al pianoforte e attaccare un ballabile; i più giovani tra gli Attori e le Attrici si metteranno a ballare.

Il direttore di scena

(battendo le mani per richiamarli alla disciplina)

Via, smettetela! Ecco il signor Direttore!

(Il suono e la danza cesseranno d'un tratto. Gli Attori si volteranno a guardare verso la sala del teatro, dalla cui porta si vedrà entrare il Direttore-Capocomico, il quale, col cappello duro in capo, il bastone sotto il braccio e un grosso sigaro in bocca, seguito dall'Uscere, attraverserà il corridojo tra le poltrone e, salutato dai comici, salirà per una delle due scalette sul palcoscenico. Il Segretario gli porgerà la posta: qualche giornale, un copione sottofascia)

SEGRETARIO Signor Direttore-Capocomico, i miei ossequi e buongiorno.

DIRETTORE-CAPOCOMICO Buongiorno.

SEGRETARIO cose buone & belle, benessere & serenità, e successo & gloria al signor Direttore-Capocomico.

DIRETTORE-CAPOCOMICO Ma che le viene in mente di accogliermi con un bouquet d'auguri!

SEGRETARIO E perché no, signore?

DIRETTORE-CAPOCOMICO Perché a teatro, non si augura altro che merda,

	merda, merda. Più merda sulla piazza antistante il teatro, più cavalli, più carrozze, più persone, più incasso, più spettacolo di successo, più fortuna, più benessere, più bellessere, più gloria.
SEGRETARIO	Superstizione, ignoranza, irrazionalità, niente di vero, falsità.
DIRETTORE-CAPOCOMICO	«Merda, merda, merda»: formula magica usata per scaramanzia, scongiuro, per allontanare la iettatura e il malocchio e per propiziarsi la fortuna! E, ora, riavvolga l'accaduto, faccia il punto e vada a capo. Su ricominci, e riprincipi l'inizio accogliendomi con l'espressione del rito: «Merda, merda, merda al teatro, all'Autore, ai Personaggi dell'opera, al Regista e al Direttore-Capocomico».
SEGRETARIO	Devo proprio farlo?
DIRETTORE-CAPOCOMICO	Così si fa il rito per annullare il suo infausto malaugurio. Su, si sbrighi, lo faccia per un auspicio di fortuna: che le costa?
SEGRETARIO	«Merda, merda, merda al teatro, all'Autore, ai Personaggi dell'opera, al Regista, al Direttore-Capocomico e, tanto per abbondare, anche al Direttore di scena, agli Attori, al Suggeritore e al Pubblico in sala». Così mi ha comandato e così ho fatto.
DIRETTORE-CAPOCOMICO	Bene; e, ora, stiamo a vedere che cosa avverrà. M scusi, lei chi è?
SEGRETARIO	Sono il suo nuovo Segretario, appena nominato per chiamata diretta dal Regista Iosif Smirnov.
DIRETTORE-CAPOCOMICO	Ma io ho già un Segretario!
SEGRETARIO	Non più!
DIRETTORE-CAPOCOMICO	Ah, sì? E perché? Il Regista l'ha licenziato?
SEGRETARIO	Agendo in conformità sia alle pertinenti disposizioni dello Statuto dei Lavoratori – art. 6, comma 3 della Legge n. 306/Anno dell'Alto Tasso di Disoccupazione, che recita: «Per inadempimento del contratto di lavoro da parte del datore di lavoro, è

data al lavoratore la facoltà d'interrompere, la propria prestazione lavorativa come e quando gli pare» – sia al Contratto di lavoro stipulato con il titolare della Compagnia teatrale degli instabili, il Segretario, in stato di agitazione sindacale, ha temporaneamente anticipato l'appuntamento con la prova del secondo atto della commedia *Il giuoco delle parti*, per dare forma, nel retroscena, alla commedia della finzione dell'astensione dal lavoro fintantoché gli toccherà di fare la parte del Segretario.

DIRETTORE-CAPOCOMICO Senza avvertirmi?

SEGRETARIO All'improvviso.

DIRETTORE-CAPOCOMICO Interruzione temporanea.

SEGRETARIO Una pausa, più o meno breve.

DIRETTORE-CAPOCOMICO Ahimè! E può farlo?

SEGRETARIO Se l'ha fatto, l'avrà fatto a regola d'arte.

DIRETTORE-CAPOCOMICO Ma scusi, lei, che è nuovo di qui, come fa a sapere che il Direttore Capocomico non ha più un Segretario?

SEGRETARIO Signore, sto chattando su Facebook Messenger dal cellulare con il Regista.

(Porge il cellulare)

DIRETTORE-CAPOCOMICO

(Fa per leggere sul cellulare)

Uhm, non si legge un accidente!

SEGRETARIO Vede sfocato?

DIRETTORE-CAPOCOMICO Eh, già! Ultimamente ho accusato dei fastidi visivi

SEGRETARIO Beh, sì, a partire da una certa età, si diventa tutti presbiti. Direi che, in questi casi, le converrà prenotare una visita oculistica, signore.

DIRETTORE-CAPOCOMICO Eh, già! Eh, già! Mi fa la cortesia di leggere il messaggio del Regista?

(Porge il cellulare)

SEGRETARIO   Sissignore, subito.

(Legge il messaggio sul cellulare)

«Gentile Direttore-Capocomico, *Vista* la legge 9 settembre/Anno dell'Apprensione, n. 126, come modificata e integrata dalla legge 11 luglio/ Anno del Riflusso, n. 81, (in seguito indicata come legge n.180/Anno della Formica) "Garanzia ed espletamento dei servi pubblici essenziali in caso di sciopero", art. 18, comma 27, lettera *h*, [*omissis*] Ministero della Cultura e dello Spettacolo, bla, bla, bla, custodia del patrimonio artistico, archeologico e monumentale [*omissis*], spettacoli dal vivo (concerti, rappresentazioni teatrali, etc.). [*omissis*] nel ruolo di Segretario…. bla, bla, bla, …proviene dalla Casa di Cura dei Disturbi Mentali ad Alto Rischio di Asylumpólis; *Viste* le deliberazioni dell'Assemblea dei dipendenti del Tm&vT n. 1/Anno del Conto Salato e n. 2/Anno del Conto Salato; *Visto* l'articolo 27 del Decreto legislativo n.819/Anno del Risparmio, parte della riforma del lavoro conosciuta con il nome di "Assunzione per supplenza temporanea del titolare, assente dal posto di lavoro per permesso, congedo, malattia, ferie, sciopero e per i più svariati motivi personali di particolare necessità e urgenza" che, come precisato dalla circolare n. 99 del 18 dicembre dell'Anno della Parsimonia emanata del Ministero del Lavoro e delle Politiche Sociali, recita: "… i disoccupati iscritti al Centro del Pubblico Impiego nelle Categorie Protette possono essere assunti con chiamata immediata per tutto il periodo lasciato vacante dal titolare del posto di lavoro"»; *Visto* il contratto di lavoro regolare sottoscritto tra le parti, in allegato; supplisca il Segretario con il filodrammatico R. M. Cordialmente, Iosif Smirnov».

DIRETTORE-CAPOCOMICO	Voce pulita ed elegante, corretta pronuncia della *s*, della *c*, della *r* e della *z*.
SEGRETARIO	Merito del Corso di dizione e di recitazione al Piccolo Teatro di Asylumpólis, sotto la guida del Magĭster.
DIRETTORE-CAPOCOMICO	Saprà farmi da Segretario?
SEGRETARIO	Non si preoccupi, signor Direttore-Capocomico, se lei m'insegnerà il mestiere potrà contare su di me a occhi chiusi e vedrà che, se lei mi comanderà a bacchetta, io la servirò a dovere.
DIRETTORE-CAPOCOMICO	Ha già fatto un'esperienza di lavoro come Segretario?
SEGRETARIO	No, mai, signore.
DIRETTORE-CAPOCOMICO	M'immagino che sarà contento di lavorare qua?
SEGRETARIO	Meglio che niente, dato che mi trovo, ormai da tanto tempo, alla mia età, né giovane né vecchio, in una condizione lavorativa di precariato permanente e costretto, spesso, a lavorare in nero.
DIRETTORE-CAPOCOMICO	Oh, la capisco e compatisco! Come si fa a vivere in una condizione lavorativa caratterizzata da incertezza, instabilità o provvisorietà?
SEGRETARIO	Eh, già! Ma, ora, sono qua. Punto e a capo.
DIRETTORE-CAPOCOMICO	Bene, allora, benvenuto nel mondo del teatro, Segretario. La metto subito alla prova e stiamo a vedere che ne avverrà. Però si tolga il *papillon* di seta viola.
SEGRETARIO	Non è di suo gusto? Le pare un modello sfarzoso e non intonato all'abito che indosso?
DIRETTORE-CAPOCOMICO	Il color viola sa di Passione, di Quaresima, di danza macabra, di Medioevo, e sta a significare: sospensione delle manifestazioni teatrali, mancato guadagno, chiusura dei teatri.
SEGRETARIO	Superstizione.
DIRETTORE-CAPOCOMICO	Scaramanzia: meglio tutelarsi che nuocersi.

(Il segretario si toglie il papillon mettendoselo in una tasca interna della giacca)

	No, no, per carità, non la poggi sulla posta! Che porta male! Se la infili nella tasca interna della giacca! Grazie. Su, cominciamo. Pronto?
SEGRETARIO	Sissignore.
Il capocomico	*Lettere?*
Il segretario	*Nessuna. La posta è tutta qui.*
DIRETTORE-CAPOCOMICO	

{N.B. Anche se non segnalato nel testo, il Direttore-Capocomico siederà e si alzerà dalla poltrona come e quando gli pare}

(Sedendo sulla poltrona, dà una rapida occhiata ai titoli e alle fotografie della prima pagina del Théatropólis Theater News)

SEGRETARIO	Buone notizie, signor Direttore-Capocomico?
DIRETTORE-CAPOCOMICO	Noto, con piacere, che il *Théatropólis Theater News* ha dato molto risalto alla Stagione del Centenario del Teatro delle maschere & e dei volti. Guardi che titolo a nove colonne e le foto e il manifesto!
SEGRETARIO	

(Adocchiando gli occhielli, i titoli, i sottotitoli e i sommari di alcuni giornali finanziari)

	Presumo che il signor Direttore-Capocomico non abbia dato neppure un'occhiata di sbieco alle prime pagine dei quotidiani finanziari ed economici di oggi.
DIRETTORE-CAPOCOMICO	Infatti! Sono giornali che presentano il testo degli articoli scritti con caratteri di stampa di dimensioni così minuscoli che per leggerli ci vorrebbe la lente d'ingrandimento o gli occhi capaci di zoomare. Intanto, Segretario, faccia la prova di lettura di qualche titolo di giornale.
SEGRETARIO	Subito! *Financial World Journal*: «Crisi a Piazza Affari». *Théatropólis Post*: «*World Investment Bank in bilico*». *Business News*: «*Banca del Credito in vendita*». *Economic Express*: «*Banca del Risparmio in cerca di soldi*».
DIRETTORE-CAPOCOMICO	Accidenti! Che recitano i sottotitoli e gli occhielli?
SEGRETARIO	Luce ancora scarsa, signor Commendatore!
DIRETTORE-CAPOCOMICO	Aguzzi la vista! Si sforzi!

SEGRETARIO   *Théatropólis News:* «World Investment Bank sotto tutela fallimentare. Con un punteggio complessivo di 108 punti e con il maggiore indice di solidità patrimoniale, la *World Investment Bank* era considerata la più affidabile e più sicura tra le banche di Théatropólis!».

DIRETTORE-CAPOCOMICO (fra sé e sé) Maledizione!

PRESBITERO   Signor Capocomico, sono il presbitero Angelus Servidei, compositore e direttore del Coro di Musicoterapia Contemplativa della Comunità di Accoglienza Residenziale "Adoremus Vitae" di Asylumpólis, costituita da persone di diverse fedi religiose e ideologiche sopravvissute al tentativo di suicidio. Permette?

DIRETTORE-CAPOCOMICO Si permetta, si permetta tutto, meno che il suicidio.

PRESBITERO   Posso intromettermi?

DIRETTORE-CAPOCOMICO S'intrometta, s'infili, s'inframmetta, s'ingerisca, s'impicci, s'immischi, s'inserisca, s'introduca, si metta dentro la questione.

PRESBITERO   Non per farmi gli affari di chi si mette in affari per fare gli affari, ma ecco, talvolta, gli investitori fanno buoni affari e altre volte, invece, quando la Borsa scende, finiscono in malora.

SEGRETARIO   Affari buoni, signor Direttore-Capocomico?

DIRETTORE-CAPOCOMICO (Alzandosi di scatto) Di che s'impiccia?

SEGRETARIO   Signor Direttore-Capocomico, ha perso qualcosa in borsa?

DIRETTORE-CAPOCOMICO Non insista a tediarmi con i suoi malevoli ghiribizzi.

SEGRETARIO   Mi dispiace.

DIRETTORE-CAPOCOMICO La prego di non intromettersi nei miei affari!

SEGRETARIO   Guai? Rovine?

DIRETTORE-CAPOCOMICO Ma, insomma, la smetta di starmi addosso a martoriarmi.

SEGRETARIO   Mi sa che, quando gli affari vanno bene il Direttore-Capocomico ride, beve champagne e fa ridere; quando, invece, vanno male, il Direttore-

Capocomico piange, non fa più ridere e beve lacrime amare.

DIRETTORE-CAPOCOMICO E non mi usi dell'ironia, signor Segretario indisponente: la fiducia gentile che le sto concedendo non vada oltre i limiti della correttezza del comportamento che il mio ruolo le impone di rispettare.

SEGRETARIO Signore, sono sinceramente dispiaciuto, mortificato. Non mi ripeterò più in tal senso né mi permetterò mai di rivolgermi a lei con arroganza, sfacciataggine, superbia, insolenza e offesa; e stia pur certo che, per il tempo breve che mi sarà dato di svolgere le mie funzioni di Segretario, la servirò con umiltà, efficienza ed efficacia.

DIRETTORE-CAPOCOMICO

(Porgendogli il copione sottofascia e i giornali)

Porti in camerino. Si precipiti a leggere per intero gli articoli sulla crisi finanziaria e mi riferisca nel più breve tempo possibile.

SEGRETARIO Sarà fatto al più presto e, anzi, quasi subito, e si dovesse rendere necessario, leggerò anche a lume di candela.

DIRETTORE-CAPOCOMICO Su via, si affretti, che qua si deve recuperare il tempo perduto!

SEGRETARIO Sissignore!

DIRETTORE-CAPOCOMICO Si sbrighi però, anziché sprecare il tempo che, di certo, per ognuno di noi è a scadenza e non eterno.

SEGRETARIO «Vado subito e farò subito!»

DIRETTORE-CAPOCOMICO Torni a informarmi in un momento di pausa della prova.

SEGRETARIO (uscendo) Sissignore!

DIRETTORE DI SCENA (andando incontro al Direttore-Capocomico) Buon giorno, signore.

DIRETTORE-CAPOCOMICO Buon giorno anche a lei. Ma, scusi, lei, chi è?

DIRETTORE DI SCENA Sono il suo nuovo Direttore di scena.

DIRETTORE-CAPOCOMICO Ma io ho già un Direttore di scena!

DIRETTORE DI SCENA Non più.

DIRETTORE-CAPOCOMICO   Ah, sì? E perché? Il Regista l'ha licenziato?

DIRETTORE DI SCENA   Agendo in conformità sia alle pertinenti disposizioni dello Statuto dei Lavoratori – art. 6, comma 3 della Legge n. 306/Anno dell'Alto Tasso di Disoccupazione, che recita: «Per inadempimento del contratto di lavoro da parte del datore di lavoro, è data al lavoratore la facoltà d'interrompere, la propria prestazione lavorativa come e quando gli pare» – sia al Contratto di lavoro stipulato con il titolare della Compagnia teatrale degli instabili, il Direttore di scena, in stato di agitazione sindacale, ha temporaneamente anticipato l'appuntamento con la prova del secondo atto della commedia *Il giuoco delle parti*, per dare forma, nel retroscena, alla commedia della finzione dell'astensione dal lavoro fintantoché gli toccherà di fare la parte del Direttore di scena.

DIRETTORE-CAPOCOMICO   Senza avvertirmi?

DIRETTORE DI SCENA   All'improvviso.

DIRETTORE-CAPOCOMICO   Interruzione temporanea.

DIRETTORE DI SCENA   Una pausa, più o meno breve.

DIRETTORE-CAPOCOMICO   Ahimè! E può farlo?

DIRETTORE DI SCENA   Se l'ha fatto, l'avrà fatto a regola d'arte.

DIRETTORE-CAPOCOMICO   Ma scusi, lei, che è nuovo di qui, come fa a sapere che il Direttore-Capocomico non ha più un Direttore di scena?

DIRETTORE DI SCENA   Signore, sto chattando su Facebook Messenger dal cellulare con il Regista.

(Porge il cellulare)

DIRETTORE-CAPOCOMICO   (Legge il messaggio sul cellulare) «Gentile Direttore-Capocomico, supplisca il Direttore di scena [*omissis*], con filodrammatico L. T. della Comunità Terapeutica Riabilitativa Psichiatrica di Asylumpólis. Bla, bla, bla, per particolare necessità e urgenza, [*omissis*], posto vagante, [*omissis*], assenza temporanea [*omissis*], Cordialmente, Iosif Smirnov». Bene. Benvenuto nel mondo del teatro, signor Direttore di scena. La metto subito alla prova e stiamo a vedere che ne avverrà. Pronto?

DIRETTORE DI SCENA   Sissignore. Grazie.

DIRETTORE-CAPOCOMICO   Ha mai fatto il Direttore di scena?

DIRETTORE DI SCENA   No, mai! Io, in verità, sono un ex pazzo; ma, se m'insegnerà a farlo, la servirò al meglio.

DIRETTORE-CAPOCOMICO   Contento di lavorare qua?

DIRETTORE DI SCENA   Meglio il Tm&vT che il manicomio.

DIRETTORE-CAPOCOMICO   Oh, la capisco e compatisco! Ma, ora, che è qua, la metto subito alla prova e stiamo a vedere che ne avverrà. Intanto, faccia smettere questa baldoria sul palcoscenico.

DIRETTORE DI SCENA   Eh, sì, in effetti, gli attori si sono messi in scena, con eccessiva libertà, a suonare, cantare, ballare e fare baldoria: neanche fosse carnevale, anziché la vigilia della festa dei defunti. E si divertono anche a giocare a poker, ai dadi e a scacchi.

DIRETTORE-CAPOCOMICO   Manca solo che si mettano a giocare a nascondino. Su, su, li faccia smettere, che cominciamo.

DIRETTORE DI SCENA (battendo le mani)   Lor signore & signori, la smettano di divertirsi e si preparino a soffrire.

UN ATTORE   Ancora un attimo, signor Direttore di scena.

DIRETTORE DI SCENA   Ancora?

UN ATTORE   Le scommesse per la sfida finale del torneo del gioco degli scacchi sono ancora in corso.

DIRETTORE DI SCENA   Fatela finita!

UN ATTORE   Piazzi la scommessa, signor Direttore-Capocomico!

DIRETTORE-CAPOCOMICO   Io non gioco, mai.

UN ATTORE   Chi non gioca mai, non vince mai!

DIRETTORE-CAPOCOMICO   E neppure perde mai!

UN ATTORE   Da questo momento, non si scommette più. L'Attore Giovane e l'Attrice Giovane sono dati entrambi perdenti e vincenti uno su due.

DIRETTORE DI SCENA   Come funziona?

UN ATTORE

Il gioco degli scacchi si disputerà *a tempo*, come si usa fare nei tornei importanti, usando un orologio doppio, munito di due pulsanti. Ognuno dei due giocatori, eseguita la mossa, attiva l'orologio, arrestando il proprio e mettendo in moto quello dell'avversario. Vedrà e capirà, dato che non è stupido. Signore e signori, i concorrenti si sfideranno con l'obiettivo di darsi scacco matto in venti mosse, senza eliminare, dalla scacchiera, alcun pezzo dell'avversario. Si registri e proietti sul video-fondale del palcoscenico la partita di scacchi.

UN ATTORE

Prego, signori scacchisti.

(Mostra ai concorrenti una moneta bifronte, raffigurante una maschera e un volto nelle opposte facciate)

L'ATTORE GIOVANE

A me il Volto!

L'ATTRICE GIOVANE

A me la Maschera!

UN ATTORE

(Lancia in aria la moneta che cade sul pavimento)

Il Bianco al Volto e il Nero alla Maschera. Muove il Bianco. Si inizi.

(Inizia il gioco, con Un Attore che pronuncia a voce alta le mosse degli scacchisti)

1. e2	e3	c7	c6
2. d2	d4	g7	g6
3. c2	c4	d7	d5
4. c4	c5	e7	e6
5. f2	f4	f7	f5
6. g2	g3	b7	b5
7. h2	h4	d8	a5
8. c1	d2	a5	d8
9. d2	c3	a7	a6
10. d1	d2	g8	e7
11. c3	a5	d8	d7
12. g1	f3	h7	h5
13. f3	e5	d7	a7
14. b1	c3	h8	h6
15. c3	e2	f8	g7
16. e2	g1	g7	f8
17. g1	h3	c8	b7
18. h3	g5	b7	c8
19. g5	f7	h6	h7

20. f7   d6

(Il gioco termina)

L'ATTORE GIOVANE	Scacco Matto!
L'ATTRICE GIOVANE	Complimenti!
DIRETTORE-CAPOCOMICO	(Al Direttore di scena) Per piacere, dia l'ordine di illuminare il palcoscenico d'una viva luce bianca in tutto il lato destro, dove stanno gli Attori.
Il direttore di scena	*Subito.*

(Si reca a dar l'ordine)

DIRETTORE-CAPOCOMICO	(*Batte le mani*) Su, su, cominciamo. Manca qualcuno?
DIRETTORE DI SCENA	Manca il Suggeritore.
UN ATTORE	Signor Capocomico non ricorda lei, che pure ha una memoria al fosforo, che il Suggeritore è stato licenziato?
DIRETTORE-CAPOCOMICO	Ah, sì? E per quale motivo?
UN ATTORE	Per aver rilasciato agli organi di stampa delle interviste con critiche alla gestione del Tm&vT.
DIRETTORE-CAPOCOMICO	Direttore di scena, ha provveduto a sostituire il Suggeritore?
DIRETTORE DI SCENA	Signore, è Smirnov che scrittura gli attori e il personale della compagnia, mica io!
SUGGERITORE	Eccomi! Eccomi!
DIRETTORE-CAPOCOMICO	(guardando in basso verso la platea) E lei chi è?
SUGGERITORE	Il nuovo Suggeritore.
DIRETTORE-CAPOCOMICO	Ma io ho già un Suggeritore!
SUGGERITORE	Non più.
DIRETTORE-CAPOCOMICO	Ah, sì? E perché? Il Regista l'ha licenziato?
SUGGERITORE	Agendo in conformità sia alle pertinenti disposizioni dello Statuto dei Lavoratori – art. 6, comma 3 della Legge n. 306/Anno dell'Alto Tasso di Disoccupazione, che recita: «Per inadempimento del contratto di lavoro da parte del datore di lavoro, è data al lavoratore la facoltà d'interrompere, la propria prestazione lavorativa come e quando gli

pare» – sia al Contratto di lavoro stipulato con il titolare della Compagnia teatrale degli instabili, il Suggeritore, in stato di agitazione sindacale, ha temporaneamente anticipato l'appuntamento con la prova del secondo atto della commedia *Il giuoco delle parti*, per dare forma, nel retroscena, alla commedia della finzione dell'astensione dal lavoro fintantoché gli toccherà di fare la parte del Suggeritore.

DIRETTORE-CAPOCOMICO Senza avvertirmi?

SUGGERITORE All'improvviso.

DIRETTORE-CAPOCOMICO Interruzione temporanea.

SUGGERITORE Una pausa, più o meno breve.

DIRETTORE-CAPOCOMICO Ahimè! E può farlo?

SUGGERITORE Se l'ha fatto, l'avrà fatto a regola d'arte.

DIRETTORE-CAPOCOMICO Ma scusi, lei, che è nuovo di qui, come fa a sapere che il Direttore-Capocomico non ha più un Suggeritore?

SUGGERITORE Signore, sto chattando su Facebook Messenger dal cellulare con il Regista.

DIRETTORE-CAPOCOMICO Mi fa la cortesia di leggere il messaggio del Regista?

SUGGERITORE Sissignore, subito.

(Legge sul cellulare)

«Gentile Direttore, supplisca il Suggeritore con filodrammatico F. R. di Asylumpólis. [*omissis*], posto vagante, [*omissis*], assenza temporanea, [*omissis*], chiamata diretta, lavoro intermittente. Cordialmente, Iosif Smirnov». Verificato. Tutto a posto!

DIRETTORE-CAPOCOMICO Però, legge molto bene. Voce chiara e comprensibile, bella e incantevole, senza difetti di pronuncia.

SUGGERITORE Merito del Corso di dizione e di recitazione al Piccolo Teatro di Asylumpólis, sotto la guida del Magĭster.

DIRETTORE-CAPOCOMICO Benvenuto nel mondo del teatro, signor Suggeritore.

La metto subito alla prova e stiamo a vedere che ne avverrà. Pronto?

SUGGERITORE Sissignore. Grazie.

DIRETTORE-CAPOCOMICO Ha mai fatto il Suggeritore?

SUGGERITORE No, mai, ma, se m'insegnerà a farlo, la servirò al meglio.

DIRETTORE-CAPOCOMICO Contento di lavorare qua?

SUGGERITORE All'occorrenza, meglio un lavoro intermittente che la disoccupazione. Ed eccomi pronto alla prova, con la speranza di fare il mestiere di Suggeritore invece che il dattilografo stenografo intermittente.

DIRETTORE-CAPOCOMICO Ed è certamente questo che si auspica Smirnov.

SUGGERITORE Lei, signor Capocomico, è un indovino!

DIRETTORE-CAPOCOMICO *Mah! Dopo tutto, stiamo a vedere che cosa ne nasce.*

(Il palcoscenico è ora illuminato in tutto il lato destro, dove staranno gli Attori, d'una viva luce bianca, mentre, sul lato sinistro)

Ha il copione con sé?

SUGGERITORE Sissignore.

DIRETTORE-CAPOCOMICO Faccia attenzione a non farselo cadere; e, se dovesse accadere, lo riprenda subito e lo sbatta per tre volte sul palco nell'esatto punto in cui è caduto. Chiaro?

SUGGERITORE Sissignore. Ma scusi, perché è da fare così?

DIRETTORE-CAPOCOMICO Altrimenti lo spettacolo va male; e, se va male, si va in malora; e, se si va in malora, non si fa più; e, se non si fa più, si fallisce; e, se si fallisce, si muore.

SUGGERITORE Superstizione.

DIRETTORE-CAPOCOMICO Scaramanzia: meglio tutelarsi che nuocersi.

(Entra il Direttore di scena)

Su, cominciamo. Suggeritore, vada nella buca, accenda la lampadina e stenda avanti a sé il copione.

SUGGERITORE Quale buca?

DIRETTORE-CAPOCOMICO Là, in quell'apertura praticata al centro ribalta; vi s'infili, si copra con il cupolino, o gobbo, segua il copione e suggerisca le battute agli attori.

SUGGERITORE	Ma non potrei suggerire dalla porta del palcoscenico?
DIRETTORE DI SCENA	Signor Suggeritore, che le viene in mente di darsi dei contrordini?
SUGGERITORE	Mi scusi, e lei chi è?
DIRETTORE DI SCENA	Sono il Direttore di scena.
SUGGERITORE	E cioè?
DIRETTORE DI SCENA	Sono il responsabile dell'allestimento dello spettacolo. Qui, è il signor Direttore-Capocomico, che ordina, comanda e dirige!
SUGGERITORE	Sissignore; sa, per non soffocare in quella *fossa*!
DIRETTORE DI SCENA	Buca e non fossa!
SUGGERITORE	Potrei suggerire anche da dietro le quinte, rimanendo seduto oppure muovendomi dietro la scenografia per seguire gli spostamenti degli attori.
DIRETTORE DI SCENA	È una proposta che può essere accolta favorevolmente dal signor Direttore Capocomico! Perciò, vada in buca.
SUGGERITORE	Signor Direttore-Capocomico, ma io soffro di claustrofobia!
DIRETTORE-CAPOCOMICO	E, allora, si drammatizzi! Se non ci riesce, provi con lo psicodramma o con una terapia d'urto.
SUGGERITORE	Lei non conosce la sensazione di soffocamento e il panico improvviso!
DIRETTORE-CAPOCOMICO	Adotti una strategia di svisamento; si rilassi, faccia qualche esercizio di respirazione e yoga, se vuole gestire l'ansia correlata alla situazione che ritiene claustrofobica. Superi la prova e si meriti il posto di Suggeritore al Tm&vT. Per il momento, si metta in disparte, là, in fondo, e si eserciti con il copione.
SUGGERITORE	Sissignore.

(Buio improvviso sul palcoscenico)

DIRETTORE DI SCENA	Ehilà, dico a loro della cabina regia, laggiù, in fondo alla platea, che succede?
FONICO (*cabina regia*)	Blackout!

DIRETTORE DI SCENA	Che cosa?
FONICO	Interruzione elettrica.
DIRETTORE DI SCENA	Perché non c'è luce! Un guasto?
FONICO	Verifico, subito! Nessun guasto!
DIRETTORE DI SCENA	Un sabotaggio?
FF CAPO ELETTRICISTA	Forse. Verifico.
GIURECONSULTA	Il sabotaggio, compiuto allo scopo di impedire o di turbare il normale svolgimento del lavoro all'interno di un'azienda, come atto di rappresaglia contro il datore di lavoro è un reato penalmente perseguibile. Costituzionalmente legittime sono le norme penali che prevedono i reati di sabotaggio e di boicottaggio.
FONICO	Nessun sabotaggio!
DIRETTORE DI SCENA	Il fornitore ha staccato la corrente perché il Gestore non ha pagato la bolletta?
FONICO	Verifico, subito! Verifica non effettuabile per chiusura ufficio amministrativo.
DIRETTORE DI SCENA	Si rivolga al capo elettricista.
FONICO	Il capo elettricista manca, signore.
	Si è dato malato?
FONICO	No, è stato licenziato.
DIRETTORE DI SCENA	Perché?
FONICO	Perché si è opposto alla destrutturazione e al declassamento del Tm&vT.
DIRETTORE DI SCENA	C'è almeno un elettricista che è al lavoro?
FONICO	C'è il facente funzione di capo elettricista.
	Lo interpelli.
FONICO	Lo faccio subito. Il signor il facente funzione di capo elettricista è pregato di dare la luce sul palcoscenico.

(Le luci si accendono e spengono)

DIRETTORE DI SCENA	Che sta succedendo?
FONICO	Tilt! Interruzione elettrica temporanea effettuata dal il facente funzione di capo elettricista, allo scopo di rallentare la rappresentazione teatrale senza

	bloccarla.
FF CAPO ELETTRICISTA	Comunico che i lavoratori del settore tecnico luci hanno terminato il loro *Lightning strike*, sciopero lampo, sciopero fulmineo, alla velocità della luce: che è pari a 299 792 458 m /s.
DIRETTORE DI SCENA	Ah, sì? E il facente funzione di capo elettricista conosce anche la velocità del suono?
FF CAPO ELETTRICISTA	A questa domanda, sentiamo se il Fonico sa rispondere.
DIRETTORE DI SCENA	Si fa il quiz show anziché Pirandello!
FONICO	Nell'aria, la velocità del suono è di 331 m/s a 0 °C.
DIRETTORE DI SCENA	Tra la luce e il suono chi si propaga con più velocità?
FF CAPO ELETTRICISTA	La luce, è evidente!
DIRETTORE DI SCENA	E, allora, si sbrighi alla velocità della luce, non a quella del ritardato suono della sua voce a illuminarci il buio!
FF CAPO ELETTRICISTA	Che fa, offende?
DIRETTORE DI SCENA	Che? Non la sento!
FONICO	È sordo il Direttore di scena?
DIRETTORE DI SCENA	Che? Non la sento!

(Le luci si accendono sul palcoscenico e si spengono in sala)

Il capocomico	*Manca qualcuno?*
Il direttore di scena	*Manca la Prima Attrice.*
Il capocomico	*Al solito*!

(Guarderà l'orologio)

Siamo già in ritardo di dieci minuti. La segni, mi faccia il piacere. Così imparerà a venire puntuale alla prova.

(Non avrà finito la reprensione, che dal fondo della sala si udrà la voce della Prima Attrice)

La prima attrice	*No, no, per carità! Eccomi! Eccomi!*

(*È tutta vestita di bianco, con un cappellone spavaldo in capo e un grazioso cagnolino tra le braccia; correrà attraverso il corridojo delle poltrone e salirà in gran fretta una delle scalette*)

Il capocomico	*Lei ha giurato di farsi sempre aspettare.*
La prima attrice	*Mi scusi. Ho cercato tanto una automobile per fare a tempo! Ma vedo che non avete ancora cominciato. E io non sono subito di scena.*
La prima attrice (Al Direttore di scena)	*Per piacere, me lo chiuda nel camerino.*

(Il Direttore di scena prende in consegna il cagnolino ed esce)

Il capocomico (borbottando) *Anche il cagnolino! Come se fossimo pochi i cani qua.*

(Batterà di nuovo le mani e si rivolgerà al Suggeritore:)

Suggeritore, se ha finito di allenarsi, vada a infilarsi nella buca. Le rammento che nel teatro, il Suggeritore deve "suggerire" le battute agli attori, con un volume di voce né troppo alta, per non essere udito dagli spettatori, né troppo bassa, per non farsi sentire dagli

SUGGERITORE Sissignore.

Il capocomico *Su, su, il secondo atto del Giuoco delle parti.*

(Sedendo sulla poltrona:)

Attenzione, signori. Chi è di scena?

SUGGERITORE La lampadina!

DIRETTORE-CAPOCOMICO Su, su, dia luce al copione e si cominci.

SUGGERITORE Riprovo.

DIRETTORE DI SCENA Che c'è?

SUGGERITORE La lampadina permane spenta.

DIRETTORE DI SCENA Accenda l'interruttore.

SUGGERITORE Fatto. Non succede niente. È molto probabile che si tratti di una lampadina bruciata.

DIRETTORE DI SCENA Usi una torcia elettrica!

SUGGERITORE Ahimè, pare che la luce preferisca starsene nelle tenebre; è molto probabile che la torcia abbia le pile scariche.

DIRETTORE DI SCENA Accenda un candelotto!

SUGGERITORE: Non ne vedo nemmeno l'ombra di un moccolo; e, ahimè, purtroppo, io, oltre che di claustrofobia, soffro anche di acluofobia.

DIRETTORE DI SCENA: Suggeritore, sospetto che lei stia effettuando uno sciopero *strano*.

SUGGERITORE: E perché mai, considerato che non sono certamente io che mi sto astenendo dal lavoro o rifiutando di collaborare?

DIRETTORE DI SCENA: Allo scopo di impedire l'inizio della prova del secondo atto della commedia *Il giuoco delle parti* di Pirandello.

SUGGERITORE: Con un contratto di lavoro *a supplenza*? Oh, no, signore, che le viene in mente?

UNA (*della balconata I*): Suggeritore, non si umili! Onori la sua dignità, signor detenuto del Riformatorio Giudiziario!

DIRETTORE-CAPOCOMICO: (Al Direttore di scena che sta rientrando) Per cortesia, chiami il Trovarobe.

DIRETTORE DI SCENA: Trovarobe!

TROVAROBE (*dal retroscena*): Fuori servizio! Per sciopero a intermittenza, in conformità alle Deliberazioni dell'Assemblea dei dipendenti del Tm&vT n. 1/Anno del Conto Salato e n. 2/Anno del Conto Salato.

DIRETTORE-CAPOCOMICO: Dato che si trova tra il di qua e il di là del palcoscenico, Direttore di scena si procuri una torcia, o una candela, per far luce al Suggeritore che non riesce a leggere il copione.

DIRETTORE DI SCENA: Ma signore, io sono di scena per segnare su un foglio di carta le sue disposizioni per l'approntamento della sala.

DIRETTORE-CAPOCOMICO: Eh, già!

SUGGERITORE: Signor Direttore-Capocomico, come devo regolarmi?

DIRETTORE-CAPOCOMICO: Si sregoli, si metta all'opera!

SUGGERITORE: Signore, anziché starmene nelle tenebre della fossa a marcire al freddo, tra la polvere, che mi dà allergia e fa starnutire, con il suo permesso, andrei a tentare di trovare un qualche moccolo o candelotto o cero, per farmi luce.

DIRETTORE-CAPOCOMICO Ma lei deve leggere nel copione la didascalia e poi dare le battute agli attori smemorati in scena!

SUGGERITORE E che vedo da leggere nel copione, senza luce?

DIRETTORE-CAPOCOMICO Eh, già! Vada, ma si sbrighi, che siamo in ritardo di troppo sulla prova da fare.

SUGGERITORE Agli ordini, signore. Vado, allora, a cercare una candela o un'accidenti qualsiasi di luce: non si sa mai che io perda la memoria proprio nel momento che dovrò sopperire all'inciampo di qualche attore smemorato.

DIRETTORE-CAPOCOMICO Svelto, che qua si deve fare la prova e non la pausa!

SUGERITORE Che Giove la fulmini con le sue saette se non sarò veloce come la luce!

DIRETTORE-CAPOCOMICO Taccia! Vuole ridurmi in fumo, cenere e polvere?

SUGGERITORE Cenere da cenere in polvere, da polvere in pulviscolo, da pulviscolo in molecola, da molecola in atomo, da atomo in protone, neutrone ed elettrone; e chi più ne sa più ne informi.

DIRETTORE-CAPOCOMICO Via, via, la smetta di fare il monologo lugubre o finirà di affossarsi da solo nella buca.

SUGGERITORE Vado e torno in un baleno.

(Esce)

DIRETTORE-CAPOCOMICO Non ci sarebbe bisogno del Suggeritore se certuni attori avessero la capacità di ricordare per imparare a memoria la parte del copione da recitare, e si risparmierebbe sulla spesa del bilancio del teatro, al minimo sindacale, quarantacinque denari lordi al giorno.

DIRETTORE DI SCENA Parli del diavolo ed ecco che subito appare.

(Entra il Primo Attore, aggirandosi come uno spettro per il palcoscenico)

L'ATTRICE GIOVANE Da come s'aggira, con un libricino tra le mani dietro la schiena, parrebbe uno svaporato con la testa tra le

	nuvole.
UN'ATTRICE	Un filosofo?
L'ATTRICE GIOVANE	Un ozioso perditempo dedito a discorsi e a ragionamenti inutili, piuttosto che un retorico dell'arte della dialettica.
L'ATTORE GIOVANE	Mi pare più un poeta in pena anziché un fumoso e svanito filosofo.
UN ALTRO ATTORE	A me, invece, pare confuso, assente, vuoto.
DIRETTORE DI SCENA	In vero, è un fuoriuscito di senno della Comunità terapeutica riabilitativa psichiatrica di Asylumpólis.
L'ATTRICE GIOVANE	Ma no? Un pazzo?
UN'ATTRICE	Di che ti meravigli? A contarli, ci sono più pazzi al Tm&vT che al manicomio di Asylumpólis; con la differenza che qua si è più pazzi di quelli di là.
L'ATTRICE GIOVANE	Ma chi è?
UN'ATTRICE	Il Primo Attore.

(Rivolgendosi al Direttore-Capocomico)

L'ATTRICE GIOVANE	Signore, come si fa a dare a un pazzo il ruolo di Primo Attore?
DIRETTORE-CAPOCOMICO	(alzandosi di scatto dalla poltrona) Una pazzia di Smirnov, che lo ha addestrato al manicomio e fatto entrare nella Compagnia teatrale degli instabili al posto dell'ex Primo Attore, deceduto per infarto sulla scena mentre interpretava la morte per dolore di Re Lear.
L'ATTRICE GIOVANE (al Direttore-Capocomico)	E lei, signore, che è il Secondo Attore della Compagnia, non se ne è dispiaciuto?
DIRETTORE-CAPOCOMICO	Altroché! Ma Smirnov è il titolare della Compagnia teatrale degli instabili! Lui l'ha costituita! Lui la dirige! Lui si è assunto il carico dell'impresa! Lui è il responsabile, in proprio, verso gli artisti, i tecnici gli impiegati e gli operai della compagnia e verso la proprietà del Tm&vT, con cui ha firmato un contratto triennale di produzione, allestimento e rappresentazione teatrale.
L'ATTRICE GIOVANE	Per quale ragione Smirnov non fa lui il Direttore-

	Capocomico nella prova del secondo atto della commedia *Il giuoco delle parti*?
DIRETTORE-CAPOCOMICO	Mi creda, Dio mi sconfessi e Giove fulmini il Suggeritore se dico il falso, la ragione è che Smirnov è talmente smemorato che non ricorda neppure una battuta dei personaggi delle opere teatrali che dirige!
L'ATTRICE GIOVANE	Però Smirnov ha assegnato la parte di Direttore-Capocomico a lei, anziché al Primo Attore.
DIRETTORE-CAPOCOMICO	Solo perché il Primo Attore dimentica la parte e non replica prontamente alle battute degli attori.
L'ATTRICE GIOVANE	Com'è impazzito il Primo Attore?
DIRETTORE-CAPOCOMICO	Lasciandosi influenzare dalle teorie di Konstantin Sergeevič Stanislavskij e di Luigi Pirandello. Stanislavskij suggerisce all'attore di appropriarsi del personaggio, di assomigliargli e di mettersi al suo posto: nel senso di comportarsi come se fosse lui stesso il personaggio; e, per meglio conformarsi al personaggio e per interpretarlo più adeguatamente, l'attore ne deve improvvisare i pensieri e i comportamenti anche in situazioni extra-sceniche. Pirandello, intendendo il "tradimento" che un testo subisce nel momento in cui viene rappresentato, soleva ripetere ai suoi attori: «Bisogna sentire interiormente, bisogna immedesimarsi con il personaggio» per poi convincersi, nella doppia veste di Autore e Regista, che il teatro «non è una forma d'arte ma una degradazione dell'opera pensata, progettata e scritta dall'autore».

(Intanto, per una delle due scalette fanno ingresso sul palcoscenico degli attori)

PRMO ATTORE (Ai nuovi arrivati)	E voi, chi siete?
DIRETTORE-CAPOCOMICO	La compagnia degli attori.
AMLETO PRIMO ATTORE	«Fanfara per l'arrivo degli attori! Salute a voi, Signori miei. Benvenuti a Elsinor. Qua la mano».
POLONIUS DIRETTORE-CAPOCOMICO	«Siamo i più bravi attori del mondo per la tragedia, la commedia, il dramma storico, il dramma

pastorale, il comico-pastorale, lo storico-pastorale, il tragico storico, il tragico-comico-storico-pastorale, il teatro indefinibile o il poema pigliatutto. Seneca non è troppo grave né Plauto leggero per questa gente. Fren di regole o in totale licenza, sono imbattibili».

DIRETTORE DI SCENA (Al capocomico, sottovoce) Asylumpólis è una gabbia quasi aperta per far uscire i matti, ma Elsinor è una gabbia da chiudere per non far uscire i matti.

HAMLET PRIMO ATTORE «Benvenuti, maestri, benvenuti tutti. Sono lieto di vedervi sani. Fate vedere chi siete! Un pezzo pieno di passione, suvvia!».

FIRST PLAY DIRETTORE-CAPOCOMICO «Che pezzo volete, mio signore?».

HAMLET PRIMO ATTORE «Puoi mettere su *L'assassinio di Gonzago*?».

FIRST PLAY DIRETTORE-CAPOCOMICO «Sì, mio signore».

DIRETTORE DI SCENA (Al capocomico, sottovoce) Ma qui si fa la Scena II dell'Atto Terzo di Amleto anziché la prova del secondo atto della commedia *Il giuoco delle parti*!

DIRETTORE-CAPOCOMICO (Al Direttore di scena, sottovoce) Sì, sì, stiamo al giuoco. *E stiamo a vedere che cosa ne avverrà.*

HAMLET PRIMO ATTORE (Colto da un lampo di genio) «E se si trattasse di ficcarci dentro una dozzina di righe scritte da me per l'occasione, te la sentiresti d'impararle?».

FIRST PLAY CAPOCOMICO «Sì, certo».

PRIMO ATTORE HAMLET Benissimo. Il mio intento è quello di mettere in scena l'assassinio del re Amleto, mio padre, così da osservare le reazioni del re Claudio, suo fratello, il suo assassino, mio zio, sposo di mia madre, e poterlo così smascherare davanti a tutti.

DIRETTORE DI SCENA (Al capocomico, sottovoce) Ma il Primo Attore fa Amleto per finzione o per pazzia?

DIRETTORE-CAPOCOMICO Questo è il problema; benché si sappia che l'attore e il personaggio non siano identificabili, lui però è esclusivamente, allo stesso, tempo, Amleto attore e Amleto personaggio. Uno in duo e duo in uno, uno con duo e duo con uno, uno per duo e duo per uno!

DIRETTORE DI SCENA (Al Primo Attore) Principe, mi s'intrica la mente ragionando su una serie di dubbio maligni: il Primo Attore è o non è Amleto? Amleto è il Primo Attore o il Primo Attore è Amleto?

PRIMO ATTORE HAMLET Ebbene, io sono in spirito, anima, corpo, voce e gestualità unicamente e singolarmente Amleto. Non tiriamola alla lunga e facciamola finita. Trombe! Marcia danese! Entrino in scena il Re, la Regina, Ofelia, Polonio, Rosencrantz, Gildenstern, gentiluomini di corte e le guardie con le torce.

DIRETTORE DI SCENA (Al Direttore-Capocomico, sottovoce) Ma io non vedo entrare nessuno! Non è che i personaggi dati in entrata va a finire che sono invisibili?

DIRETTORE-CAPOCOMICO Fantasmi o reali, fingiamo, fingiamo di vederli.

PRIMO ATTORE HAMLET Su con il prologo.

DIRETTORE-CAPOCOMICO «Alla vostra clemenza ossequienti, raccomandiamo il dramma e la fatica da noi compiuta. Siateci indulgenti».

(Si fa buio)

DIRETTORE DI SCENA Facente funzione di capo elettricista, che sta succedendo?

FF CAPO ELETTRICISTA (Fuori scena) Interruzione elettrica per *sciopero a inventiva*, in tal caso *a intermittenza*, degli elettricisti, ai sensi della Deliberazione n. 2 del 1° novembre Anno del Conto Salato dell'Assemblea dei dipendenti del Tm&vT.

QUESTORE

{N.B. Durante lo spettacolo il Questore interverrà dalla platea}

No, no, finzione, finzione, perché il teatro è finzione e la finzione è teatro e legge del teatro.

USCERE

{N.B. Durante lo spettacolo l'Uscere interverrà dalla platea}

Non sa il signor Questore che con Smirnov in teatro anziché la finzione si fa la finzione della finzione?

QUESTORE	Ovvero?
USCERE	Ovverosia, la finta finzione, la realtà, la realtà per davvero.
QUESTORE	Mah, al solito, qua al Tm&vT, ognuno si fa le legge per sé come gli pare e stiamo a vedere che ne avverrà.
USCERE	Attenzione, signori. Chi è di scena?
FF CAPO ELETTRICISTA	Lo sciopero a intermittenza degli elettricisti e il buio.
DIRETTORE DI SCENA	Fino a quando?
FF CAPO ELETTRICISTA	Fino a quando!
DIRETTORE DI SCENA	Una pausa, signore?
DIRETTORE-CAPOCOMICO	Pausa, pausa!
DIRETTORE DI SCENA	Non si butti giù, non si demoralizzi, non si coraggi. Si tiri su, si rialzi, si sollevi, vada in camerino, si riposi, si rilassi.
DIRETTORE-CAPOCOMICO	Non posso né voglio abbandonare la scena. Mi lasci star solo! Vada a cercare il mio Segretario e gli dica di servirmi una tisana di malva.
DIRETTORE DI SCENA	Subito; intanto, chiuda gli occhi, respiri profondamente, liberi la mente da ogni pensiero fastidioso, stia tranquillo, calmo così, si rilassi.

(Esce)

(Gazzarra del pubblico pagante della platea)

{Buio}

EPISODIO III

{Scena a susseguirsi in rapida successione}

I campanelli del teatro avvisano che la rappresentazione ricomincia.

(Lampi di luce)

(Fischi sonori del pubblico pagante)

FF CAPO ELETTRICISTA

(Fuori scena)

Comunico che i lavoratori del settore tecnico luci hanno terminato il loro *Lightning strike.*

Spenti i lumi della sala, si fa luce sul palcoscenico.

(Entra il Segretario con un vassoio e un fascio di giornali sottobraccio)

SEGRETARIO	Signore?
DIRETTORE-CAPOCOMICO	(Di soprassalto) Uhm!
SEGRETARIO	Sono io, il suo Segretario, signore.
DIRETTORE-CAPOCOMICO	Che spavento! Che incubo! Meno male che m'ha svegliato!
SEGRETARIO	Meglio così, meglio così. La tisana di malva, per servirla signor Capocomico.
DIRETTORE-CAPOCOMICO	Grazie.
SEGRETARIO	Come sta?
DIRETTORE-CAPOCOMICO	(Sorseggiando la tisana) Sto male. Soffro di angoscia al risveglio: un disturbo fastidioso di agitazione e preoccupazione che mi prende allorché mi accingo a dover affrontare la realtà.
SEGRETARIO	Eh, già, l'interruzione della prova degli attori, l'eccessivo carico di responsabilità di Direttore-Capocomico, 1 sospensione e l'annullamento della prova del secondo atto del Giuoco delle parti, l'economia, la finanza, la borsa.

(Il Direttore restituisce la tazza al Segretario)

SEGRETARIO

(Posando il vassoio su un tavolino)

	Commendatore, agli ordini!
DIRETTORE-CAPOCOMICO	*Deadlock*! *Stalemate*!
SEGRETARIO	Che cosa?
DIRETTORE-CAPOCOMICO	Situazione di stallo. Punto morto.
SEGRETARIO	Signore, mi consenta, sul punto morto, d'informarla sulla crisi a Piazza Affari. Ecco,

(mostrando il *Financial World Journal*)

	la *World Investment Bank*.
DIRETTORE-CAPOCOMICO	Cosa?
SEGRETARIO	La *World Investment Bank*, invece d'invertire il suo movimento dal punto morto in cui si trovava, ora…
DIRETTORE-CAPOCOMICO	Non racconti, legga, a voce alta!
SEGRETARIO (Apre e sfoglia il *Financial World Journal*)	«La *World Investment Bank*, una delle più grandi, importanti e spregiudicate banche d'affari di Théatropólis, è entrata ufficialmente sotto tutela fallimentare».
DIRETTORE-CAPOCOMICO	Ahimè, addio ai miei soldi e a me! Continui a leggere!
SEGRETARIO	«A differenza delle banche commerciali, che raccolgono il risparmio dei privati e concedono prestiti, la *World Investment Bank* – come le altre banche d'affari – faceva soprattutto consulenza ad altre società, le aiutava nel collocamento di azioni o di obbligazioni in borsa e investiva il proprio denaro e il denaro altrui».
DIRETTORE-CAPOCOMICO	In sostanza o, meglio, in soldoni?
SEGRETARIO	«Piazza Affari (il principale indice della borsa di Théatropólis) ha perso più di 549 punti, il crollo più alto di sempre».
DIRETTORE-CAPOCOMICO	Non dovevo fidarmi di quell'avido sgranocchiatore!
SEGRETARIO	Signor Commendatore a chi si riferisce?
DIRETTORE-CAPOCOMICO	

(Sbuffa)

	Al signor Scrounger – sia maledetto! – l'amministratore delegato della *World Investment Bank*.
SEGRETARIO	Non si lasci prendere dal panico, però; altrimenti, rischia una crisi isterica.
DIRETTORE-CAPOCOMICO	Me lo sento: siamo a un punto morto: la crisi porterà al fallimento la *World Investment Bank*.
SEGRETARIO	La colpa è però pure legata alle politiche monetarie della Banca centrale di Théatropólis e alla deregolamentazione finanziaria che i più, e fanno male, ignorano. A tal proposito, se mi permette, avrei da esprimerle la mia opinione.
DIRETTORE-CAPOCOMICO	Il suo parere? Se lei è convinto di reputarsi un esperto finanziario di fama, allora s'ingegni a stimare se ci sarà un crollo finanziario a Théatropólis e, anche nel mondo, entro la fine dell'anno.
SEGRETARIO	M'immagino che, molto presto, la crisi raggiungerà proporzioni globali; e non solo per i suoi effetti materiali.
DIRETTORE-CAPOCOMICO	In una battuta, fra una interpretazione e considerazione soggettiva, ecco che lei, passando dall'opinione all'immaginazione, mi diventa un mago della politica monetaria e un teorico di politica di deregolamentazione finanziaria.
SEGRETARIO	Sempre se me lo consente, signor Commendatore, a mio giudizio, ci troviamo nella posizione del punto morto del pistone del motore allorché, non potendo più procedere nella direzione che stava seguendo, inverte il suo movimento in maniera definitiva e radicale.
DIRETTORE-CAPOCOMICO	Prosegua nella lettura, e scorra velocemente il giornale soltanto con l'obiettivo di occuparmi di cercare i titoli sul Tm&vT. Degli articoli, se ne occupi lei e me ne riferisca nei tempi morti di lavorazione, se ritiene che mia sia utile riceverne informazione.

SEGRETARIO	Mi premurerò di leggere con cura gli occhielli, che introducono l'argomento del titolo, e i sommari che, invece, riassumono i contenuti dell'articolo di giornale. «I mercati azionari di tutto il mondo stanno subendo una flessione così rapida che è difficile star dietro alle cifre; li si prevede, in breve tempo, in calo di almeno 75-95%. Il commercio mondiale si sta contraendo drammaticamente. I più stimati esperti finanziari avvertono che la maggior parte delle banche del mondo sono in bancarotta e che ci stiamo avviando sull'orlo di una grande crisi economica e finanziaria. Ci sono più aree problematiche al mondo che situazioni stabili. Stiamo andando verso una storica distruzione della ricchezza. Théatrópólis, che sta vivendo al di sopra dei propri mezzi, è il paese più indebitato del mondo e non è in grado di rimborsare i propri debiti».
DIRETTORE-CAPOCOMICO	Finito di leggere? Che dichiarano gli esperti finanziari?
SEGRETARIO	Affermano e suggeriscono cose diverse e, in genere, sbagliano le loro previsioni.
DIRETTORE-CAPOCOMICO	E dunque, Signor Segretario, lei che è un inventore di teorie, che sta avvertendo che accadrà?
SEGRETARIO	Si potrebbe fare di più e meglio per non peggiorare la situazione.
DIRETTORE-CAPOCOMICO	Come pensa che sarà possibile, e come, impedire la catastrofe finanziaria? Lo sapremo presto?
SEGRETARIO	Si dovrà passare dalla regolamentazione strutturale alla regolamentazione prudenziale. Se ad ogni distribuzione di rischio si fa corrispondere una richiesta di capitale, utilizzando i coefficienti di capitale – e non vincoli e divieti – si potrà tutelare, congiuntamente, l'efficienza e la stabilità bancaria e finanziaria, con benefici riflessi sull'economia reale.
DIRETTORE-CAPOCOMICO	Si tratta di una deviazione finanziaria apprezzabile?
SEGRETARIO	Pregevole, appunto, e così rilevante da produrre dei

mutamenti notevoli, se non addirittura una mutazione letale nel DNA culturale, sociale e politico delle civiltà, così come si sono evolute e determinate finora.

PRESBITERO | Signor Capocomico, posso intervenire sulla crisi finanziaria?

DIRETTORE-CAPOCOMICO | Ma sì, ma sì, faccia pure lei il suo intervento che, a forza di teatrare alla Smirnov, si commedia più la baldoria del pubblico che la tragicommedia di Pirandello.

PRESBITERO | Grazie della sua generosa disponibilità, signore.

SEGRETARIO | Prego, canti pure, se le è più conso, *a cappella*, la sua monodia liturgica. Che sussurra lo Spirito Santo all'orecchio del Capocomico perché egli si adoperi per scongiurare il crac dell'intero sistema finanziario mondiale?

DIRETTORE-CAPOCOMICO | Signor Segretario, si risparmi di fare il cantore gregoriano e, se proprio vuole darsi da fare in modo utile, si prediliga di non cantar messa per crocefiggermi e si privilegi di fare musica con le monete sonanti.

SEGRETARIO | Lei, che pare un'autorità morale, che ricette miracolose propone in riferimento ai principi etici?

PRESBITERO | Dio comanda di non rubare e di non desiderare la roba d'altri. La bontà, la carità, la misericordia, la solidarietà e di porre le regole per frenare gli eccessi della finanza. I mercati devono essere efficaci e giusti nell'interesse del bene comune. Le banche devono ridurre i loro profitti e trasformarsi da usurai a solidali, fornendo prestiti al tasso di interesse, su per giù, intorno a quasi lo 0,0%?

SEGRETARIO | Una conversione!

DIRETTORE-CAPOCOMICO | Un'illusione!

DIRETTORE DI SCENA | Mah! Signor Capocomico, si ricomincia a provare?

DIRETTORE-CAPOCOMICO | No, no, la prego, Direttore di scena; sono spossato!

SEGRETARIO | Riprenda fiato, signor Commendatore; non si agiti e stia calmo.

DIRETTORE-CAPOCOMICO Stare calmo, io? Come potrei? In questa situazione? Si metta nei miei panni!

SEGRETARIO Come potrei io, un ricoverato nella Casa di cura dei disturbi mentali ad alto rischio che fa il filodrammatico interpretando il personaggio del Segretario di un Capocomico – potermi permettere di mettermi nei suoi panni? No, no, per finta finzione, signor Commendatore, continui pure a fare lei il personaggio di sé, il Capocomico.

DIRETTORE-CAPOCOMICO Insisto: si metta nei miei panni!

SEGRETARIO Ma io non so farlo!

DIRETTORE-CAPOCOMICO Se lo immagini! Finga, simuli di essere un disastrato economico, come me! Suvvia, si metta alla prova, improvvisi!

SEGRETARIO Se mi permette qualche domanda sulla sua vita privata, potrei dirle, in base alle sue risposte, che cosa farei se io fossi al suo posto.

DIRETTORE-CAPOCOMICO Non ho maschere dietro cui nascondermi. Dica pure.

SEGRETARIO Insomma, il legame tra crisi economica e suicidi è innegabile e non va sottovalutato: soprattutto, in concomitanza con altri fattori aggravanti: come la perdita di stabilità e di prospettiva futura, l'idea di non poter più mantenere se stessi, i propri familiari o i dipendenti della propria azienda. Lei signore, è a rischio suicidio; e, per quel che contano le cronache e i dati dell'Istituto di Statistica Nazionale di Théatropólis, se io mi mettessi nei suoi panni, deciderei, così come fanno quasi tutti che si trovano in difficoltà economica, di togliermi la vita.

DIRETTORE-CAPOCOMICO Per mettersi *davvero* nei miei panni avrebbe dovuto pensare non a suo modo, che mi vuole morto, ma a modo mio, che mi voglio vivo. E ora mi lasci riposare o le capiterà di finir morto per mia incapacità di intendere e di volere.

SEGRETARIO Non si agiti. Stia tranquillo. Si sieda, si distenda sulla poltrona, chiuda gli occhi, si rilassi, si svuoti, si riposi sugli allori, dorma in santa pace, come di morte eterna, si annulli.

(Il capocomico si appisola, mentre il Segretario esce)

{Buio}

EPISODIO IV

{Scena a susseguirsi in rapida successione}

I campanelli del teatro avvisano che la rappresentazione ricomincia.

(Lampi di luce)

(Fischi sonori del pubblico pagante)

Spenti i lumi della sala, si fa luce sul palcoscenico.

(Il Capocomico sta appisolato sulla poltrona)

(Entra il Direttore di scena)

DIRETTORE DI SCENA	Signore, dorme?
DIRETTORE-CAPOCOMICO (Di soprassalto)	Chi è?
DIRETTORE DI SCENA	Sono io, il Direttore di scena.
DIRETTORE-CAPOCOMICO	Su, su cominciamo. Faccia rientrare gli attori.
DIRETTORE DI SCENA	Subito.

(Va nel retroscena)

Attenzione, signore & signori, si comincia. Tutti in scena.

(Dalla porta del palcoscenico entrano in silenzio gli attori e le attrici della Compagnia per prender parte alle prove della commedia di Pirandello "Il giuoco delle parti", segnata all'ordine del giorno)

DIRETTORE-CAPOCOMICO (Al Direttore di scena) Manca qualcuno?

DIRETTORE DI SCENA Il Suggeritore.

SUGGERITORE Eccomi, eccomi.

DIRETTORE-CAPOCOMICO Suggeritore, in buca!

SUGGERITORE Agli ordini, per servirla con i ceri presi in prestito nella Chiesa della Pietà, dove si fanno i funerali agli artisti, per farmi luce in caso di sciopero a intermittenza degli elettricisti.

DIRETTORE-CAPOCOMICO (battendo le mani) *Attenzione, attenzione! Attacchiamo!*

Il Suggeritore   *Scusi, signor Direttore, permette che mi ripari nel cupolino? Tira una cert'aria!*

Il capocomico   *Ma sì, faccia, faccia! Su, su, il secondo atto del Giuoco delle parti. Attenzione, signori. Chi è di*

	scena?
DIRETTORE DI SCENA	Il Primo Attore.

(Al primo Attore)

	Cominci.
PRIMO ATTORE	Ma scusi, …
DIRETTORE-CAPOCOMICO	Stop! Alt! Ma che ha?
PRIMO ATTORE	Non so come, da qualche tempo, la mia memoria resta confusa o trattenuta nell'oblio.
DIRETTORE-CAPOCOMICO	Suggeritore, dia l'imbeccata al Primo Attore.
SUGGERITORE	Ma scusi, mi devo mettere proprio…
PRIMO ATTORE	C'è qualcosa di strano nella mia mente che m'ingarbuglia i pensieri e blocca la fuoriuscita del testo imparato a memoria.
DIRETTORE-CAPOCOMICO	In effetti, mi pare più strambo del solito. Si curi e potenzi le sue capacità di ricordare.
PRIMO ATTORE	Mi prendo da subito un periodo di riposo e lo farò, così certuni attori e talune attrici la smetteranno di beffarmi.
I filodrammatici resilienti	Burlarmi, canzonarmi, deridermi, schernirmi.
DIRETTORE-CAPOCOMICO	No, non subito, per pietà!
PRIMO ATTORE	Il dado è tratto: il congedo malattia per salute mentale è in atto! Detto e fatto. Vado via! Via, via, via, via!

(Esce)

DIRETTORE-CAPOCOMICO	(alzandosi di scatto dalla poltrona) *Che cosa*?
DIRETTORE DI SCENA	Si calmi, si calmi, signor Direttore-Capocomico!
DIRETTORE-CAPOCOMICO	*Ma è ridicolo, scusi!*
DIRETTORE DI SCENA	È ridicolo, sì, sì! La situazione è buffa, comica, da ridere: se non fosse che la pazzia del Primo Attore è grave e seria. Ma non si abbatta, non si avvilisca, non si deprima, signore. Si riprenda, coraggio, buonumore, ricominci.
DIRETTORE-CAPOCOMICO	Sì, sì. Su, su, il secondo atto del *Giuoco delle parti*.

(*Sedendo sulla poltrona:*) Attenzione, signori. Chi è di scena?

UN ATTORE	Nessuno.
DIRETTORE-CAPOCOMICO	Come nessuno?
UN ATTORE	Si comunica che, sul farsi dell'istante, agendo in conformità sia alle pertinenti disposizioni dello Statuto dei Lavoratori – art. 6, comma 3 della Legge n. 306/Anno dell'Alto Tasso di Disoccupazione, che recita: «Per inadempimento del contratto di lavoro da parte del datore di lavoro, è data al lavoratore la facoltà d'interrompere, la propria prestazione lavorativa come e quando gli pare» – sia al Contratto di lavoro stipulato con il titolare della Compagnia teatrale degli instabili, gli attori, in stato di agitazione sindacale, intendono *dribblare*, temporaneamente, la prova del secondo atto della commedia *Il giuoco delle parti*, per dare forma, nel retroscena, alla commedia della finzione dell'astensione dal lavoro.
DIRETTORE-CAPOCOMICO	*Che cosa*?
UN ATTORE	Il dado è tratto, il *dribbling* è in atto!
QUESTORE	No, no, finzione, finzione, perché il teatro è finzione e la finzione è teatro e legge del teatro.
USCERE	Non sa il signor Questore che con Smirnov in teatro anziché la finzione si fa la finzione della finzione?
QUESTORE	Ovvero?
USCERE	Ovverosia, la finta finzione, la realtà, la realtà per davvero.
QUESTORE	Mah, al solito, qua al Tm&vT, ognuno si fa le legge per sé come gli pare e stiamo a vedere che ne avverrà.
USCERE	Attenzione, signori. Chi è di scena?
UN ATTORE	Lo sciopero degli attori del secondo atto della prova del Giuoco delle parti per inadempimento del contratto di lavoro da parte del datore di lavoro
DIRETTORE DI SCENA	Fino a quando?
UN ATTORE	Fino a quando!
DIRETTORE-CAPOCOMICO	Assurdo!
DIRETTORE DI SCENA	Bislacco!

DIRETTORE-CAPOCOMICO	(balzando in piedi sulle furie) Non si fa così!
UN ALTRO ATTORE	Si fa così!
DIRETTORE DI SCENA	Non si fa così!
DIRETTORE-CAPOCOMICO	Bizzarro!
DIRETTORE DI SCENA	Paradossale!
DIRETTORE-CAPOCOMICO	Non si fa lo sciopero contro Pirandello, il pubblico pagante e gli ospiti. Non si fa così, non si fa così.
UN ATTORE	Faccia pure la sua aspra, dura e forte reprensione, che sarà musica soave all'ascolto degli attori: pari all'applauso caloroso del pubblico.
DIRETTORE-CAPOCOMICO	Strambo!
DIRETTORE DI SCENA	Strampalato!
UN ATTORE	Andiamo via.
UN ALTRO ATTORE	Sì, via, via dal teatro!
UN'ATTRICE	Io me ne vado nel mio camerino.
UN'ALTRA ATTRICE	Ma no, ma no, restiamo a controllare la scena, da dietro le quinte e stiano vedere che ne avverrà della commedia metateatrale da fare.
DIRETTORE-CAPOCOMICO	Strano!
DIRETTORE DI SCENA	Stravagante!
DIRETTORE-CAPOCOMICO	Kafkiano!
DIRETTORE DI SCENA	Pirandelliano!
DIRETTORE-CAPOCOMICO	Smirnoviano!

(Gli attori lasciano il palcoscenico e vanno a collocarsi dietro le quinte)

Non si fa così, non si fa così!

(Si alza di scatto dalla poltrona e va dietro le quinte, seguito dal Direttore di scena, e sbotta contro gli attori in sciopero oracoli rabbiosi a non finire)

DIRETTORE DI SCENA   Si calmi, si calmi!
DIRETTORE-CAPOCOMICO

(Rientrando con il Direttore di scena, va qua e là, avanti e indietro per il palcoscenico)

Eh, no, così non va; non si fa così!

(Da dietro le quinte giungono i fischi sonori degli attori della Compagnia)

Stop. Sto male. Il mio cervello è in tilt per un umorale disturbo d'ansia. Si sospenda la prova della mattinata; la si riprenderà stasera: no, anzi, l'annulli.

DIRETTORE DI SCENA (A voce alta) Avviso per gli attori, in sciopero: la prova del secondo atto della commedia *Il giuoco delle parti* è annullata. Fatto, signor Direttore-Capocomico.

(Da dietro le quinte giungono i fischi sonori degli attori della Compagnia)

(Gazzarra dalla platea del pubblico pagante)

DIRETTORE DI SCENA Signore, è stravolto e in fremito; si accomodi in poltrona, signore.

(Il Capocomico affonda nella poltrona)

Chiuda gli occhi, respiri profondamente, liberi la mente da ogni pensiero fastidioso, stia tranquillo, calmo così, si rilassi. Signore, si sente male? Un medico, subito!

MEDICO (*dalla sala*) Mi precipito!

(*Attraversa il corridoio laterale della platea, sale sul palcoscenico e visita il Capocomico*)

Uhm! In camerino, in camerino, presto, subito! Si chiami un'ambulanza!

DIRETTORE DI SCENA Servi di scena qui, accorrete con una barella. Il capocomico sembra impazzito. Si fa la pausa. Una pausa per valutare le condizioni di salute del Capocomico.

(*Escono tutti*)

{Buio}

EPISODIO V

{Scena a susseguirsi in rapida successione}

I campanelli del teatro avvisano che la rappresentazione ricomincia.

(Lampi di luce)

(Entrano in sala il Direttore di scena e l'Uscere avviandosi verso il palcoscenico)

Si fa luce in sala.

(Fischi sonori del pubblico pagante)

USCERE — Che fine brutta ha fatto il Commendatore!

DIRETTORE DI SCENA — Eh, già, purtroppo. Quella discussione accesa con il Regista, che gli grida: «Dimissioni irrevocabili? Ma neanche per sogno! Torni indietro nella sua decisione, le disdica, le annulli!».

USCERE — E, timidamente, il signor Direttore-Capocomico che gli risponde: «Non si può revocare l'irrevocabile».

DIRETTORE DI SCENA — E il Regista, su tutte le furie, che replica: «Ah, no? Invece, sì! Io gliela revoco la sua irrevocabilità!».

USCERE — Che pena mi ha fatto il signor Direttore-Capocomico!

DIRETTORE DI SCENA — Crisi di nervosismo e, subito, il ricovero ad Asylumpólis.

USCERE — Nonostante le tisane di malva che gli serviva il Segretario e gli esercizi antistress raccomandatigli dal signor Direttore di scena che invitata il signor Direttore-Capocomico di chiudere gli occhi, respirare profondamente, liberare la mente da ogni pensiero fastidioso, stare tranquillo, calmarsi e rilassarsi.

DIRETTORE DI SCENA — Chi se lo sarebbe aspettato? Io, no.

USCERE — Io, neppure.

DIRETTORE DI SCENA — Mah, morto un capocomico, se ne fa subito un altro.

USCERE — Ma, come, è già morto?

DIRETTORE DI SCENA — Chi?

USCERE — Ma come, chi? Il signor Direttore-Capocomico, no?

DIRETTORE DI SCENA — E che ne so io?

USCERE	Ma se ha poc'anzi detto che «morto un capocomico, se ne fa subito un altro»? Vuole negarlo?
DIRETTORE DI SCENA	No, no; è come dire che una volta morto un papa, si fa subito un altro papa.
DIRETTORE DI SCENA	Ma no, no, non così; non ha inteso quel che intendevo farle intendere.
USCERE	Non ho inteso quel che vuole farmi intendere. Si espliciti e mi significhi.
DIRETTORE DI SCENA	Intendo farle intendere che tutti possono essere sostituiti, anche le persone importanti, come il Direttore-Capocomico e il papa, e che nessuno è indispensabile. Chiaro?
USCERE	Chiarissimo. Ma, all'inizio, non poteva esprimersi in modo così semplice invece che difficile, col risultato di confondermi e di complicarmi?
DIRETTORE DI SCENA	Per dirla con le parole di Bertolt Brecht: «È la semplicità che è difficile a farsi».
USCERE	In effetti, è, almeno così mi pare, più facile complicarsi che semplificarsi e, viceversa, è più difficile semplificarsi che complicarsi.
DIRETTORE DI SCENA	Eh, già! Su, su, smettiamola di chiacchierare che mi tocca dare seguito alle direttive del regista per sostituire il signor Direttore-Capocomico.

(Giungono sotto la ribalta, e si fermano davanti alla buca del Suggeritore)

	Il capocomico dei filodrammatici resilienti della Residenza Sanitaria Assistenziale di Asylumpólis è in sala?
CAPOCOMICO RSA	Sissignore, per servirla.
DIRETTORE DI SCENA	Il regista mi ha comandato di affidarle l'incarico di sostituire il Direttore-Capocomico per dirigere la commedia metateatrale da fare. Se la sente di accettare?
CAPOCOMICO RSA	Altroché! Senza dubbio, Certamente.
DIRETTORE DI SCENA	Che entusiasmo! Sicuro di riuscirci?
CAPOCOMICO RSA	Certo che sì! E poi, se lei, signor Direttore di scena,

alla bisogna, mi coadiuverà, dirigerò la commedia metateatrale da fare nel migliore dei modi.

(Nel retroscena, gli attori della Compagnia battono ritmicamente i piedi sul pavimento)

DIRETTORE DI SCENA   Quand'è così, salga con me sul palcoscenico.

Spenti i lumi della sala, si fa luce sul palcoscenico.

(L'Uscere se ne torna indietro verso il fondo della sala mentre il Direttore di scena e il Capocomico RSA vanno sul palco ricevendo gli applausi dei filodrammatici resilienti di Asylumpólis)

Allora, benvenuto nel mondo del teatro, signor Capocomico.

CAPOCOMICO RSA   Merda, merda e merda e *stiamo a vedere che cosa ne avverrà*. Su, su, cominciamo. E il copione?

DIRETTORE DI SCENA   Che copione?

CAPOCOMICO RSA   Il copione della commedia metateatrale da fare.

DIRETTORE DI SCENA   Ma io non ho nessun copione!

CAPOCOMICO RSA   Senza copione che dirigo?

DIRETTORE DI SCENA   Già! Come fa?

CAPOCOMICO RSA   Conosce almeno il titolo della commedia metateatrale da fare, così che se ne possa fare una copia stampandola da internet?

DIRETTORE DI SCENA   E che ne so, io?

CAPOCOMICO RSA   Mi scusi, ma lei sta scherzando?

DIRETTORE DI SCENA   No, che dice mai, signore!

CAPOCOMICO RSA   Mi prende per i fondelli?

DIRETTORE DI SCENA   No, no, che dice mai, signore!

CAPOCOMICO RSA   Mi prende in giro, mi raggira?

DIRETTORE DI SCENA   No, no, no, che dice mai, signore!

CAPOCOMICO RSA   Se m'incarica di dirigere la commedia metateatrale da fare senza averne il copione e senza neppure conoscerne il titolo per farne una copia stampandola da internet, allora è segno che m'abbindola. Io devo fare la parte del Capocomico che dirige la commedia metateatrale da fare, ma se non c'è la commedia metateatrale da fare che commedia metateatrale da fare posso dirigere? Qui, mi si manca di rispetto, mi

	si offende, mi si sdegna la dignità!
DIRETTORE DI SCENA	Già, ma io non ho ricevuto nessuna commedia metateatrale da fare da parte del Regista. E poi, mi scusi, a rifletterci sopra: ma se la commedia metateatrale è da fare significa che non c'è e se non c'è allora è ovvio che è da fare.
CAPOCOMICO RSA	Il suo ragionamento fila che è una bellezza.
Una filodrammatica resiliente	Deduzione consequenziale razionale e conclusione logica.

(Dal retroscena, gli attori ridono divertiti)

DIRETTORE DI SCENA	Piangano, invece di ridere e di fare commenti sarcastici, che il Tm&vT è prossimo al fallimento e alla liquidazione per diventare un mega centro commerciale e lor signore & signori perderanno il posto di lavoro se non si metteranno dietro i banchi a far di conto alla clientela o a sistemare le merci negli scaffali.

(Dal retroscena, gli attori offendono il Direttore di scena)

CAPOCOMICO RSA

{N.B. Anche se non segnalato nel testo, il Direttore-Capocomico siederà e si alzerà dalla poltrona come e quando gli pare}

(Sedendo sulla poltrona)

	Attenzione, signore & signori. Chi è di scena?
DIRETTORE DI SCENA	L'assenza!
CAPOCOMICO RSA	E perché?
DIRETTORE DI SCENA	Per la mancanza degli attori.

(Nel retroscena, gli attori della Compagnia battono ritmicamente i piedi sul pavimento)

DIRETTORE DI SCENA	O, là, dietro le quinte, si fa rumore anziché teatro?
UN ATTORE	Perpetuiamo nel retroscena la commedia della finzione dell'astensione *a singhiozzo* dal lavoro degli Attori finché il titolare della Compagnia non ci pagherà gli stipendi arretrati. Punto e basta. Punto e

ritorni a capo se vuole riprincipiare la commedia metateatrale da fare.

{N.B. Gli attori e le attrici non in scena interverranno sempre da dietro le quinte}

DIRETTORE DI SCENA	E lor signore & signori si autosospendono dall'effettuazione delle mansioni per le quali percepiscono uno stipendio?
UN ATTORE	Ma quale stipendio, se il Gestore del Tm&vT non ha ancora provveduto a versare alla Compagnia, il primo bonifico del 30% dell'importo stabilito dal contratto di rappresentazione teatrale?
DIRETTORE DI SCENA	Ancora?
UN ATTORE	Ancora!
UN ATTRICE	Si faccia quel che ha da fare e torneremo in scena.
CAPOCOMICO RSA	Se è così che si fa, allora non si fa che così!
DIRETTORE DI SCENA	E allora che si fa?
PUBBLICO (*della platea*)	Pirandello! Pirandello! Pirandello!
DIRETTORE DI SCENA	Deadlock! Stalemate! Situazione di stallo. Punto morto.
CAPOCOMICO RSA	Che cosa?
DIRETTORE DI SCENA	A mio giudizio, ci troviamo nella posizione del punto morto del pistone del motore allorché, non potendo più procedere nella direzione che stava seguendo, inverte il suo movimento in maniera definitiva e radicale.
CAPOCOMICO RSA	Mi espliciti con semplicità quel che intende farmi intendere.
DIRETTORE DI SCENA	Presti ascolto con attenzione alle domande e alle risposte del dialogo. Attenzione, lor signore & signori artisti. Gli Attori del secondo atto della commedia *Il giuoco delle parti*, intendono riprendere la prova?
UN ATTORE	Nossignore!
DIRETTORE DI SCENA	E perché no?
UN ATTORE	Perché il Direttore-Capocomico l'ha sospesa e poi annullata.

DIRETTORE DI SCENA	L'ha fatto per l'impossibilità di svolgerla a causa dell'interruzione della prova da parte degli Attori.
UN ATTORE	Non avrebbe dovuto farlo.
DIRETTORE DI SCENA	Ah, no?
UN ATTORE	Nossignore.
DIRETTORE DI SCENA	E che avrebbe dovuto fare, il signor Direttore-Capocomico?
UN ATTORE	Riprendere la prova alla fine della nostra autosospensione.
DIRETTORE DI SCENA	E quando?
UN ATTORE	Quando!
CAPOCOMICO RSA	Assunto il potere conferitomi dal Regista, io Capocomico revoco, all'istante, la sospensione e l'annullamento della prova del secondo atto della commedia *Il giuoco delle parti*.
UN ATTORE	E chi se ne frega! Perpetuiamo nel retroscena la commedia della finzione dell'astensione *a singhiozzo* dal lavoro degli Attori finché il titolare della Compagnia non ci pagherà gli stipendi arretrati. Punto e basta.

(Applauso unanime degli attori)

CAPOCOMICO RSA	Prendo atto della decisione dagli attori della prova del secondo atto della commedia *Il giuoco delle parti*. Gli attori interpreti dei *Sei personaggi in cerca d'autore*, se non sono morti per finzione, intendono rappresentare la tragicommedia di Pirandello?
UN'ATTRICE	Perpetuiamo nel retroscena la commedia della finzione dell'astensione *a singhiozzo* dal lavoro degli Attori finché il titolare della Compagnia non ci pagherà gli stipendi arretrati. Punto e basta.
CAPOCOMICO RSA	Prendo atto della decisione dagli attori interpreti dei *Sei personaggi in cerca d'autore*.

(Applauso unanime degli attori)

USCERE	Scusi, Capocomico.
CAPOCOMICO RSA	Che altro c'è?
USCERE	Sto chattando su Facebook Messenger dal cellulare con il Regista.

(Leggendo sul cellulare)

«Per il conseguimento dei propri scopi, nel periodo dell'interruzione della rappresentazione teatrale, il Pubblico creerà, per gioco & passatempo, la commedia metateatrale unica, irripetibile e, insomma, non replicabile, che gli pare, e la rappresenterà, potendo e volendo, avvalendosi delle tecniche interpretative della *résis* (recitazione monologica di un personaggio), della *stichomuthìa* (scambio di battute di un solo verso tra i personaggi), della *monodìa* (canto "a solo" di un attore) e del dialogo».

PUBBLICO (*della platea*) Pirandello! Pirandello! Pirandello!

CAPOCOMICO RSA E come fa il pubblico a principiare la commedia metateatrale da fare?

USCERE (leggendo sul cellulare) «Con un colpo di genio, nel caso che non sia dotato di illuminazione, intuizione, ispirazione o guizzo, il pubblico, prendendo spunto dalla *traccia del copione metateatrale* di Smirnov ha la facoltà di inventare e inscenare gli scopi del proprio agire come gli pare».

CAPOCOMICO RSA E come fa il pubblico a prendere visione dalla *traccia del copione metateatrale* di Smirnov?

USCERE (leggendo sul cellulare) «Con la fantasia del poeta».

CAPOCOMICO RSA Allora, dubito che il pubblico sappia inventare la commedia metateatrale da fare.

USCERE (leggendo sul cellulare) «Fintanto che permane l'astensione dal lavoro degli Attori, il pubblico, nel ruolo di Autore, Personaggio, Attore e Regista, potrà fare la propria commedia e anche, volendo e sapendo farlo, inframmezzarla, a ruota libera, senza usare i freni, senza controllo, senza timori né ritegno, in *Sei personaggi in cerca d'autore* per il conseguimento dei propri scopi e *stiamo a vedere che cosa ne avverrà*». Finisco di leggere l'ultimo sms di Smirnov: «Durante lo svolgimento della commedia, potrebbero, eventualmente, verificarsi tra attori e attori, attori e spettatori, e spettatori e spettatori, delle ostilità e baruffe, più o meno, violente, a parole e con scontri fisici, di cui ognuno è da ritenersi, civilmente e penalmente, responsabile».

CAPOCOMICO RSA	Signore & signori, poiché la vita si consuma in un niente e se ne va in morte e dato che non abbiamo ulteriore tempo da perdere e da sprecare, che la commedia metateatrale da fare, che è, ancora, tutta da fare, incominci, e stiamo a vedere che cosa succederà.
Una filodrammatica CRA	Ehi, lassù, Capocomico, eccomi.
CAPOCOMICO RSA	Chi è?
Una filodrammatica CRA	Una filodrammatica della Casa di Riposo Anziani Quiete & Serenità di Asylumpólis.
CAPOCOMICO RSA	Che cosa vuole?
Una filodrammatica CRA	Sono qua per la commedia metateatrale da fare.
CAPOCOMICO RSA	Qui è ancora tutto da inventare e non so davvero come possa principiarsi la commedia metateatrale da fare!
Una filodrammatica CRA	Prenda spunto dalla traccia del copione metateatrale di Smirnov, adoperi la mente, concepisca la commedia metateatrale da fare con l'inventiva della fantasia e immagini che cosa ne avverrà.
CAPOCOMICO RSA	E come si fa, se non è dotati di qualche illuminazione, intuizione, ispirazione, guizzo?
Una filodrammatica CRA	S'ingegni, s'ingegni, e vedrà che, con un lampo di genio, principierà la commedia nuova da fare e dar vita a dei personaggi in cerca d'un palcoscenico per inscenarsi!
CAPOCOMICO RSA	Ma io non sono un autore!

Una filodrammatica CRA	Ma, come, lei non è un autore?
CAPOCOMICO RSA	Eh, no!
Una filodrammatica CRA	Ma se lei non è un autore, allora non potrà neppure scrivere la commedia da fare; e se non c'è la commedia non la si potrà neanche rappresentare; e se non la si potrà rappresentare, allora il Capocomico non potrà nemmeno dirigerla.
CAPOCOMICO RSA	Eh, già! E chissà se mi sarà dato di avere un'altra occasione per fare la mia fortuna
Una filodrammatica CRA	*Non se ne dia pena,* signora, perché se mi permette, le proporrei di rappresentare, sotto la sua guida, un monologo che potrebbe consentirle di diventare il nuovo Direttore-Capocomico della Compagnia teatrale degli instabili a tempo indeterminato!
CAPOCOMICO RSA	Che monologo?
Una filodrammatica CRA	Il monologo di una denuncia.
CAPOCOMICO RSA	Che denuncia?
Una filodrammatica CRA	La denuncia che so io, ma che a narrarla perde di impatto e che, per riceverne empatia, sarebbe meglio invece rappresentare.
CAPOCOMICO RSA	Non starà mica scherzando?
Una filodrammatica CRA	Nossignore, sarà l'inizio della commedia metateatrale da fare e potrà essere la sua fortuna.
CAPOCOMICO RSA	Chi è l'autore del monologo?
Una filodrammatica CRA	Non c'è nessun autore, signore?
CAPOCOMICO RSA	Vuol darmi da credere che il monologo non ha un autore?
Una filodrammatica CRA	Il monologo si è scritto da sé.
CAPOCOMICO RSA	E su, su, mi faccia la cortesia di dargli una sbirciata al copione del monologo che si è scritto da sé.
Una filodrammatica CRA	Ma io non ho nessun copione!
CAPOCOMICO RSA	Non ha un copione?
Una filodrammatica CRA	Il copione è in me e io lo reciterò a soggetto.
CAPOCOMICO RSA	Mi scusi, ma senza copione, come faccio io a dirigere il monologo per principiare la commedia metateatrale da fare?

Una filodrammatica CRA	Già! Come fa? E chissà se le sarà dato di avere un'altra occasione per fare la sua fortuna?
CAPOCOMICO RSA	A meno che il monologo non s'inframmezzi nella tragicommedia di Pirandello.
Una filodrammatica CRA	Ma signore, non è necessario dato che, come dettato da Smirnov, chiunque può inscenarsi nel ruolo di Autore e Personaggio di Sé per fare la commedia metateatrale da fare.
CAPOCOMICO RSA	Eh, sì, certo! Beh, quand'è così mi faccia il piacere di salire sul palcoscenico; a meno che non voglia inscenarsi in platea o in balconata.
Una filodrammatica CRA	No, no, salgo subito.

(Va sul palcoscenico)

Una filodrammatica CRA	Creda, signore, che sono veramente un personaggio interessante per la sua fortuna!
Qualcuno degli attori	

(Da dietro le quinte, *fra i vivaci commenti e le risate degli altri*)

	Oh, senti, senti! Personaggio!
Una filodrammatica CRA	Ma via! Silenzio! Facciano l'autosospensione muta, anziché farla da protagonisti come rumoristi!

(Gli Attori scoppiano a ridere, come per una burla)

Una filodrammatica CRA	*Non è lecito farsi beffe così.*

(Al Capocomico)

	Personaggio, signore. Personaggio vero, vivo e reale, fecondato e partorito dalla realtà vera, viva e reale e non concepito per Partenogenesi dalla fantasia di un Autore.
Qualcuno degli attori	

(Da dietro le quinte, *fra i vivaci commenti e le risate degli altri*)

Oh, senti, senti! Partenogenesi!

CAPOCOMICO RSA   Faccia la cortesia di spiegare, in modo chiaro, conciso e lieve, il concetto *Partenogenesi* perché sia inteso da certuni rumoristi, che si celano in una sorta di autosospensione, finta, che stanno là dietro la porta del palcoscenico a spiare, a origliare, sempre pronti a inscenarsi per fare i protagonisti della commedia metateatrale da fare.

Una filodrammatica CRA   Il termine è usato nel linguaggio metateatrale di Smirnov per significare il concepimento dell'opera dell'Autore ottenuta per miracolo di qualche santo, o per la grazia ricevuta dalla provvidenza, oppure indotta artificiosamente da stimoli fisici, chimici o meccanici, o psichici del cervello o, invece, per dirla con Pirandello, cito a memoria,

(fa il segno delle virgolette basse con l'indice e il medio delle dita di ambo le mani)

dalla «illuminazione spontanea della fantasia».

Gli attori e le attrici (ridendo e applaudendo) Bene! Brava! Benissimo!

CAPOCOMICO RSA (*irato*)   *Silenzio! Si credono forse in un caffè-concerto?*

(Alla filodrammatica)

Su, su, s'insceni, che siamo impazienti di vederla all'opera.

(Sedendo sulla poltrona)

Attenzione, signore & signori. Chi è di scena?

MONICA   Una filodrammatica della Casa di Riposo Anziani Quiete & Serenità di Asylumpólis.

I filodrammatici CRA   Monica! Monica! Monica!
MONICA

(Si fa avanti verso il proscenio, rivolgendosi al pubblico)

Mi chiamo Monica, detta la clarissa, filodrammatica della Casa di Riposo per Anziani Quiete & Serenità di Asylumpólis.

(Additando qualcuno in platea)

	Perché siete così cattivi con noi anziani? Invece di assisterci e curarci, nei momenti di bisogno ci trascurate, maltrattate e costringete a stare zitti e seduti sulle carrozzine o sulle sedie. Spesso, a causa delle nostre abituali incontinenze, ci punite chiudendoci nelle camere, legandoci ai letti, impedendoci di dormire con i rumori, forti e improvvisi, registrati e inviati tramite altoparlanti, lasciandoci a digiuno e senza bere acqua o altre bevande. Alle nostre invocazioni di pietà, vi mostrate indifferenti o ci rispondete con delle smorfie, deridendoci o prendendoci a schiaffi e pugni.
UNO (*della balconata I*)	Oh, malmenate gli aguzzini! Massacrateli! Trucidateli! Sterminateli!
DIRETTORE CRA (*in platea*)	Sono il Direttore della Casa di Riposo per Anziani Quiete & Serenità di Asylumpólis. Se il Capocomico mi permette, vorrei intervenire.
CAPOCOMICO RSA	Qui si sta in libertà. Ne ha la facoltà.
DIRETTORE CRA	Signora Monica, come si permette di rivolgere calunniose denunzie al personale della nostra struttura, che ha ricevuto sempre numerose e positive valutazioni da parte dei vostri familiari che vengono a visitarvi? Lei ci vuole male e profitta dell'opportunità di fare la filodrammatica per metterci in cattiva luce.
MONICA	Io non voglio né fare né ricevere male.
DIRETTORE CRA	Apriremo un'indagine interna e si scoprirà l'infondatezza delle sue denigrazioni nei nostri confronti.
MONICA	Abbiamo preparato con i nostri legali, una denuncia per maltrattamenti aggravati, sequestro di persona e lesioni colpose e, in ogni caso, la Procura della

	Repubblica verificherà e attesterà la verità e, quando vi sarà notificato l'avviso di garanzia, siatene certi, nessuno di voi si salverà dal carcere.
DIRETTORE CRA	Ah, sì? Non si tratta mica di una messa in scena dello psicodrammatista Iosif Smirnov, per soddisfare il vostro desiderio di farvi personaggi di un dramma da fare?
GIP *(in platea)*	Che intuizione, signor Direttore Sanitario!
DIRETTORE CRA *(volgendo lo sguardo al suo lato destro)* E lei chi è?
GIP	Il giudice per le indagini preliminari o GIP.
DIRETTORE CRA	E a che si deve il suo intervento?
GIP	A garanzia della legalità delle procedure nella fase delle indagini preliminari.
DIRETTORE CRA	Come si può denunciare, senza avere delle prove concrete? Il caso, montato a scopi terapeutici – ne sono sicuro – è inconsistente e, anzi, inesistente. Il Pubblico Ministero riterrà che non si debba proseguire con il giudizio e presenterà al giudice la richiesta di archiviazione.
MONICA	Il fatto è che il fatto è stato fatto.
DIRETTORE CRA	Se risulterà che il fatto non sussiste, presenterò una controquerela per calunnia contro di voi.
MONICA	Abbiamo registrato, con i cellulari, di nascosto, gli atteggiamenti del personale: connotati, in più svariati casi, da sgarbi, noncuranze e svariate violenze fisiche e psicologiche. Mettete in conto che, in esecuzione di un'ordinanza del gip, vi sarà presto notificata, sarete licenziati e incarcerati.
DIRETTORE CRA	Vergognatevi! Ci difenderemo dalle vostre finzioni teatrali.
MONICA	Lasciate vivere l'anziano dove abita, nel proprio contesto sociale, e se sono soli e, forzatamente, ospiti in una casa di riposo, trattateli con rispetto, amicizia e affetto.

(Applauso di tutto il pubblico)

Gli attori   Bene! Brava! Benissimo!

(La filodrammatica della CRA scende dal palco e va a sedersi in platea)

CAPOCOMICO RSA (Alzandosi dalla poltrona) Prendiamoci una pausa per ingegnarci a fare la commedia metateatrale da fare. A pochissimo.

(Escono tutti)

{Buio}

EPISODIO VI

{Scena a susseguirsi in rapida successione}

I campanelli del teatro avvisano che la rappresentazione ricomincia.

(Lampi di luce)

(Fischi sonori del pubblico pagante)

Spenti i lumi della sala, si fa luce sul palcoscenico.

(Entra in sala l'Uscere e si avvia verso il palcoscenico)

USCERE — Ohilà! C'è nessuno? Ehi, lassù, dietro le quinte

(Entra il Direttore di scena)

DIRETTORE DI SCENA — Chi è? Che c'è?

USCERE — Scusi signor Direttore di scena, c'è un biglietto per il Capocomico.

DIRETTORE DI SCENA — Da parte di chi?

USCERE — Del Regista.

DIRETTORE DI SCENA — Venga su.

USCERE — Purtroppo, la sciatica non mi consente di salire sul palcoscenico per consegnarglielo.

DIRETTORE DI SCENA — Non si preoccupi. Si approssimi alla ribalta.

(Si curva in avanti e, prende il biglietto e si rialza)

Ah, ecco il Capocomico!

(Entra il Capocomico)

Signore, un biglietto per lei.

DIRETTORE-CAPOCOMICO — Da parte di chi?

DIRETTORE DI SCENA — Del Regista.

DIRETTORE-CAPOCOMICO (leggendo a voce alta) «Gentile Capocomico, bla, bla, bla … *Vista* la legge [*omissis*], spettacoli dal vivo (concerti, rappresentazioni teatrali, etc.); [*omissis*];*Vista* [*omissis*];*Visto* [*omissis*]; *Visto* bla, bla, bla,; *si dà atto* che i Filodrammatici resilienti della Residenza sanitaria assistenziale (sigla RSA) di Asylumpólis

…bla, bla, bla, per massima urgenza, [*omissis*], posti vaganti, [*omissis*], assenza temporanea, [*omissis*], fare da comparsa, da pubblico e, se è il caso, anche, …bla, bla, bla. Cordialmente, Iosif Smirnov».

(Guardando in basso verso la platea)

Bene. Un caloroso saluto di benvenuto nel mondo del teatro ai filodrammatici resilienti della RSA di Asylumpólis.

Un filodrammatico resiliente (dalla platea) Grazie e merda, merda, merda.

CAPOCOMICO RSA Nell'attesa del rientro alla prova degli attori, così per gioco, i filodrammatici resilienti della RSA se la sentirebbero di provare il secondo atto del *Giuoco delle parti*?

(Da dietro le quinte giungono i fischi sonori degli attori della Compagnia)

Un filodrammatico resiliente Sé è per gioco, più veloci d'un fulmine,

(I filodrammatici salgono per la scaletta di destra)

già siamo sul palcoscenico per servirla signore.

DIRETTORE DI SCENA Qualcuno di loro può spiegare il concetto di *resilienza,* così si impara ciò che si ignora?

Un filodrammatico resiliente (*dalla platea*) In psicologia, la resilienza è un concetto che indica la capacità di fare fronte in maniera positiva ad eventi traumatici, di riorganizzare positivamente la propria vita dinanzi alle difficoltà, di ricostruirsi restando sensibili alle opportunità positive che la vita offre, senza alienare la propria identità.

CAPOCOMICO RSA Lor signore & signore filodrammatici resilienti della RSA conoscono il secondo atto della commedia *Il giuoco delle parti*?

Un filodrammatico resiliente La trama, signore; ma non il testo a memoria.

(Da dietro le quinte giungono le risate degli attori della Compagnia)

241

CAPOCOMICO RSA	Direttore di scena!

(Entra il Direttore di scena)

	Dia un copione ai Filodrammatici resilienti della RSA di Asylumpólis, per un *provino* e *stiamo a vedere che cosa ne nasce.*
DIRETTORE DI SCENA	Signore, non ce n'è neppure uno in giro, che oggi si fa la prova senza copione.
CAPOCOMICO RSA	Eh, già! Chiami il Suggeritore!
DIRETTORE DI SCENA	Suggeritore! Suggeritore, in buca!
SUGGERITORE (Dal retroscena)	Signorsì. Subito. Arrivo, entro in scena, eccomi, eccomi, son già qua. Agli ordini, per servirla.
CAPOCOMICO RSA (sedendo sulla poltrona)	Suggeritore, si rintani nella buca, così si eserciterà e abituerà a non aver più paura del chiuso!
SUGGERITORE	Sissignore! Lo faccio subito!
CAPOCOMICO RSA	Suggeritore, su, su, all'opera! Non si distragga e non inciampi! Dunque, vediamo…Tagliamo qualche battuta, inutile... togliamo la descrizione degli arredi e incominciamo con il Primo Attore. Attenzione, signore & signori. Chi è di scena? Manca qualcuno?
DIRETTORE DI SCENA	Manca il Primo Attore.
CAPOCOMICO RSA	E com'è?
UN ATTORE	Se n'è tornato in manicomio e l'hanno rinchiuso!

(Da dietro le quinte, giungono le risate degli attori della Compagnia)

CAPOCOMICO RSA	Silenzio! I Filodrammatici resilienti della RSA di Asylumpólis mi prestino ascolto e facciano il provino degli Attori che ridono. Suggeritore, ripeta la didascalia.
SUGGERITORE	Gli Attori si metteranno a ridere e a far commenti tra loro ironicamente.

(I filodrammatici ridono e fanno dei commenti ironici)

CAPOCOMICO RSA	Non così si ride e si commenta ironicamente.

(Da dietro le quinte giungono le risate e i commenti ironici degli attori della Compagnia)

	Sentito come ridono gli Attori della Compagnia? Provino ad imitarli! Facciano la loro parte.
Un filodrammatico resiliente	Ma, signore, gli attori giocano a farsi beffe di noialtri filodrammatici.
	E loro filodrammatici della RSA stiano al gioco delle parti e facciano l'imitazione degli attori.

(I filodrammatici imitano gli attori)

CAPOCOMICO RSA (alzandosi dalla poltrona)	No, no, no, no; non è così che si ride e si commenta ironicamente nel *Giuoco delle parti*.
Un filodrammatico resiliente	Signore, ci provi ancora; assimileranno la parte e poi, stiamo a vedere che alla fine del gioco delle parti ci loderà.
CAPOCOMICO RSA	Andiamo avanti; lei, filodrammatico, per cortesia, mi fa la parte del Primo Attore?
Un filodrammatico resiliente	Sissignore.
CAPOCOMICO RSA	Suggeritore, dia l'imbeccata della didascalia.
SUGGERITORE	E allora il Capocomico alzandosi dalla poltrona e venendo presso il Primo Attore, griderà:
CAPOCOMICO RSA	*Lei è la ragione, e sua moglie l'istinto: in un giuoco di parti assegnate, per cui lei che rappresenta la sua parte è volutamente il fantoccio di se stesso.*
SUGGERITORE	Signore, ha saltato una battuta.
CAPOCOMICO RSA	Sì, che lo so; è per far più presto: stiamo facendo il provino con i filodrammatici resilienti e non la prova con gli Attori! Su, su, andiamo avanti.

(*Al Primo Attore*)

Ha capito?

Il primo attore (*aprendo le braccia*)	Io no!
Il capocomico (tornandosene al suo posto)	E io nemmeno! Andiamo avanti, e lei, Suggeritore, mi segua col copione.
SUGGERITORE	Sissignore, se mi farà intendere quel che è da intendersi.

(Da dietro le quinte giungono le risate degli attori)

(I filodrammatici imitano gli Attori che, sentendosi presi in giro, inveiscono contro di loro)

CAPOCOMICO RSA — Silenzio! Primo Attore, mi raccomando, si metta di tre quarti.

Un filodrammatico resiliente — Non la intendo, signore.

(Da dietro le quinte giungono le risate degli attori della Compagnia)

CAPOCOMICO RSA — Si metta in posizione intermedia tra la faccia e il profilo.

Un filodrammatico resiliente — Così?

CAPOCOMICO RSA — No, così.

Un filodrammatico resiliente — E perché così e non così?

CAPOCOMICO RSA — *Perché, se no, tra le astruserie del dialogo e lei che non si farà sentire dal pubblico, addio ogni cosa.* Suggeritore, suggerisca al filodrammatico le battute del Primo Attore. E lei, signor filodrammatico, ora nella parte di Primo Attore, ripeta tale e quale le battute del Suggeritore, rivolgendosi al Capocomico.

SUGGERITORE (al Primo Attore) *Ma è ridicolo, scusi!*

Primo Attore (al Capocomico) *Ma è ridicolo, scusi!*

(Da dietro le quinte giungono i fischi sonori degli attori della Compagnia)

CAPOCOMICO RSA — *Ridicolo! Ridicolo!* Sabotaggio! Gli attori disturbano per intralciare che la prova dei filodrammatici resilienti abbia successo! Non così, non così! Così non va, non va! Una pausa! Una pausa! Il provino della prova del secondo atto della commedia *Il giuoco delle parti* è terminato.

(Applausi ironici degli attori della Compagnia)

Lor signore & signori resilienti si mettano *in libertà*.

Un filodrammatico resiliente — Ma come, di già? Ci ha fatto apparire soltanto per una toccata e fuga!

CAPOCOMICO RSA — Si accontentino, meglio una fugace apparizione che niente; intanto, vadano in platea e si esercitino a far

	da pubblico.
Un filodrammatico resiliente	Signore, ma pubblico di che, per chi e perché, se non si fa lo spettacolo?
CAPOCOMICO RSA	Eh, già! Mah!

(I filodrammatici, rammaricati, scendono in platea)

DIRETTORE DI SCENA	E ora che si fa?
CAPOCOMICO RSA	Suvvia, non mi spazientisca ancor di più o mi fa venire una crisi di nervi! Su, su, si procede con i *Sei personaggi in cerca d'autore* di Luigi Pirandello.

(Da dietro le quinte e dalla platea giungono i fischi sonori degli attori della Compagnia)

(*Sedendo sulla poltrona*)

	Attenzione, signori. Chi è di scena?
USCERE	Scusi, signor Commendatore.
CAPOCOMICO RSA (rivolgendosi in fondo:)	Chi è là?
USCERE	Gli attori che interpretano i *Sei personaggi in cerca d'autore* di Pirandello.
CAPOCOMICO RSA	Giacché li ha visti presentarsi in sala sempre con il volto celato dalle maschere, come fa a esserne certo?
USCERE	Sono riconoscibili dai capelli, dagli occhi, dalle narici, dalla bocca, dalla voce e dalla postura.
CAPOCOMICO RSA	Che cosa vogliono?
ATTORE (*il padre*)	Avvertirla che, in conformità alla Deliberazione n. 1/Anno del Conto Salato e alla Deliberazione n. 2/Anno del Conto Salato dell'Assemblea dei dipendenti del Tm&vT, noi attori interpreti dei *Sei personaggi in cerca d'autore*, si fa lo sciopero *a inventiva*.
UNA (*della platea*)	Che modo di comportarsi!
UNO (*della platea*)	Inaccettabile! Così, si snatura, altera e falsifica Pirandello!
CAPOCOMICO RSA	Suvvia, contegno, non si scherzi con, su e per Pirandello!
ATTORE (*il padre*)	Qua, noi, si fa sul serio!

Il capocomico	Che cosa vogliono?
Il padre	

(facendosi avanti, seguito dagli altri, fino a una delle due scalette)

Siamo qua in cerca d'un autore.

Il capocomico (fra stordito e irato) *D'un autore? Che autore?*

Il padre *D'uno qualunque, signore.*

Il capocomico *Ma qui non c'è nessun autore, perché non abbiamo in prova nessuna commedia nuova.*

La Figliastra (con gaja vivacità, salendo di furia la scaletta)

Tanto meglio, tanto meglio, allora, signore! Potremmo esser noi la loro commedia nuova.

Il capocomico (balzando in piedi sulle furie) *Ridicolo! Ridicolo! Lor signori vogliono scherzare?*

(Gli interpreti dei sei personaggi, uno dietro l'altro, salgono sul palco)

ATTRICE *(la figliastra)*	Signore, le portiamo un dramma, assai doloroso, così potrà smetterla di lamentarsi che «*dalla Francia non ci viene più una buona commedia, e ci siamo ridotti a mettere in scena commedie di Pirandello, che chi l'intende è bravo, fatte apposta di maniera che né attori né critici né pubblico ne restino mai contenti*».
CAPOCOMICO RSA	Un nuovo dramma?
ATTORE *(il figlio)*	Sissignore. Il dramma degli attori che interpretano i personaggi in cerca d'autore di Pirandello. Noi attori, personaggi veri, vivi, reali, concreti, autentici, creati dalla realtà della finzione teatrale e non dallo spirito di un Autore. Un esempio di originalità, in vero.
CAPOCOMICO RSA	*Ma mi facciano il piacere d'andare via, che non abbiamo tempo da perdere coi pazzi!*
ATTRICE *(la figliastra)*	Faremo i pazzi per davvero, senza finzione, se non ci consentirà di recitare il nostro dramma, assai doloroso.
DIRETTORE DI SCENA	Oh, senti, senti! Vanità, vanità di apparire

personaggi di sé per incensarsi e glorificarsi. Di questo passo, con gli attori che vogliono inscenarsi come personaggi di sé, stiamo a vedere cosa ne avverrà del teatro!

ATTRICE (*la madre*) Per pietà, signor Capocomico, ci consenta di rappresentarci.

CAPOCOMICO RSA Ma, no, ma no, non si può mettere in scena il loro dramma al posto della tragicommedia di Pirandello.

ATTORE (*il figlio*) Che colpa ne abbiamo noi se a Pirandello non è venuta la fantasia d'inserire, qua e là, di tanto in tanto, tra le righe scritte del testo *Sei personaggi in cerca d'autore*, l'improvvisazione teatrale dell'attore, per dargli modo di fare teatro nel teatro.

CAPOCOMICO RSA E perché avrebbe dovuto farlo?

ATTORE (*il figlio*) Per consentir loro di rappresentarsi come autori, personaggi, attori e registi di se stessi!

CAPOCOMICO RSA A qual fine?

ATTORE (*il figlio*) Per acquistare fama universale e gloria eterna propria nel mondo del teatro.

CAPOCOMICO RSA Eh già! Ma non si può mica fare diversamente da come sta scritto nell'opera di Pirandello?

ATTORE (*il figlio*) Perché no?

CAPOCOMICO RSA Per una questione di deontologia teatrale. Gli attori in scena devono rappresentare esclusivamente i personaggi e recitare quello che sta scritto nel testo dell'Autore e non se stessi. Via! Via! Non si può annullare la tragicommedia di Pirandello con la farsa della loro tragedia! Qua, sul palcoscenico, finché mi tocca fare il Capocomico, non si fa nulla senza la mia autorizzazione; pertanto, sgombrino!

ATTORE (*il padre*) La sua decisione è irrevocabile?

CAPOCOMICO RSA Sissignore.

ATTORE (*il padre*) In tal caso, invece del dramma, ci toccherà fare la tragedia degli interpreti dei *Sei personaggi in cerca d'autore*.

(Rivolgendosi agli altri attori)

Quand'è così, si fa il suicidio teatrale.

CAPOCOMICO RSA   Ma neppure per finta!

ATTORE (*il padre*)   Invece, sì, per davvero!

(Un coro di suoni prolungati e lamentosi simili al ronzio di api orfane, si eleva, come in una tragedia greca, dalle bocche dei sei personaggi che aspirano al suicidio)

CAPOCOMICO RSA   Non ne hanno motivo!

ATTORE (*il figlio*)   Invece, sì, per colpa di Pirandello, che non ha avuto la fantasia d'immetterci come personaggi nella sua tragicommedia!

ATTORE (*il padre*)   Ma sì, ma sì, siam pronti alla morte, per la gloria!

CAPOCOMICO RSA   Sappiano che qui al Tm&vT vige la regola di non poter teatrare alcunché sul palcoscenico senza l'autorizzazione del signor Capocomico o, in sua vece, del Direttore di scena?

DIRETTORE DI SCENA   Signor Capocomico, se è per la gloria, li autorizzi al suicidio in scena.

CAPOCOMICO RSA   Non si può, e se non si può, non si può fare.

ATTORE (*il padre*)   Da questo momento, per protesta e ripicca noi attori interpreti dei *Sei personaggi in cerca d'autore* proclamiamo lo *sciopero a inventiva* e rimuoviamo dalla carica di suprema autorità del palcoscenico il Capocomico RSA per non aver consentito la rappresentazione teatrale del nostro suicidio davanti al pubblico.

QUESTORE   No, no, finzione, finzione, perché il teatro è finzione e la finzione è teatro e legge del teatro.

USCERE   Non sa il signor Questore che con Smirnov in teatro anziché la finzione si fa la finzione della finzione?

QUESTORE   Ovvero?

USCERE   Ovverosia, la finta finzione, la realtà, la realtà per davvero.

QUESTORE   Mah, al solito, qua al Tm&vT, ognuno si fa le legge per sé come gli pare e stiamo a vedere che ne avverrà.

CAPOCOMICO RSA   Attenzione, signore & signori. Chi è di scena?

ATTORE (*il padre*)   Lo sciopero a inventiva degli attori interpreti dei *Sei personaggi in cerca d'autore* e la rimozione del Capocomico RSA dalla carica di suprema autorità del palcoscenico.

DIRETTORE DI SCENA   Fino a quando?

ATTORE (*il padre*)   Fino a quando!

CAPOCOMICO RSA   Fino a mai fine! Post-scriptum e Nota Bene: Le mie dimissioni da Capocomico sono irrevocabili. Vado a comunicarlo al Regista.

(Esce)

USCERE   Attenzione, signore & signori. Chi è di scena?

ATTORE (*il padre*)   La tragedia degli attori interpreti dei *Sei personaggi in cerca d'autore*.

DIRETTORE DI SCENA   Fino a quando?

ATTORE (*il padre*)   Fino al suicidio.

(Ai membri della Confraternita)

Su, su, si dia inizio al coro tragico!

(Un coro di suoni prolungati e lamentosi simili al ronzio di api orfane, si eleva dalle balconate, come in una tragedia greca, dalle bocche degli studenti, aizzando gli attori aspiranti al suicidio a compiere l'atto finale della loro rappresentazione)

DIRETTORE DI SCENA   Quand'è così, che gli attori interpreti dei *Sei personaggi in cerca d'autore* facciano pure la loro tragedia. Tecnico luci, buio, buio, buio!

(Si fa subito buio e poco dopo si sente sparare)

Sono morti! Tutti, meno che la madre!

(In mezzo alla scena, compare la Madre che avvolge a sé, con pietà, il Giovinetto e la Bambina , mentre, ai suoi piedi, stanno distesi il Padre, la Figliastra e il Figlio)

QUESTORE   No, no, finzione, finzione, perché il teatro è finzione e la finzione è teatro e legge del teatro.

USCERE   Non sa il signor Questore che con Smirnov in teatro anziché la finzione si fa la finzione della finzione?

QUESTORE	Ovvero?
USCERE	Ovverosia, la finta finzione, la realtà, la realtà per davvero.
QUESTORE	Mah, al solito, qua al Tm&vT, ognuno si fa le legge per sé come gli pare e stiamo a vedere che ne avverrà.

{Buio}

EPISODIO VII

{Scena a susseguirsi in rapida successione}

I campanelli del teatro avvisano che la rappresentazione ricomincia.

(Lampi di luce)

(Fischi sonori del pubblico pagante)

Spenti i lumi della sala, si fa luce sul palcoscenico.

(Entrano in scena il Primo Attore e l'Attrice Giovane)

PRIMO ATTORE

Nello svolgimento della rappresentazione è fondamentale per l'attore la conoscenza delle proprietà del personaggio che interpreta e di impersonarlo dentro e fuori la scena. Togliersi i panni di dosso ed indossare i vestiti di un personaggio da recitare non deve significare per un attore restarne impigliato anche fuori dalla scena, perché così, come fa il Primo Attore, che, se sta così dentro nel personaggio Amleto, si sprofonda in un buco nero da cui non si esce più.

L'ATTRICE GIOVANE

Non è che il Primo Attore, come Amleto, fa il pazzo per finta?

PRIMO ATTORE

Il Primo Attore più fa l'Amleto e più intuisce e intende Amleto. Più si conforma ad Amleto e più è Amleto. Più si identifica con Amleto e più è Amleto. Più impersona Amleto e più è Amleto. E nella finzione della scena così come nella realtà, il Primo Attore è Amleto ambiguo, complesso, misterioso, folle, inafferrabile, indecifrabile, sfuggente. E allorché si sente osservato, fa il monologo, come nell'atto terzo, scena prima, dell'opera teatrale Amleto, di William Shakespeare. Ma silenzio, ora! Eccomi Amleto. «Essere, o non essere: questo è il problema. È forse più nobile soffrire, nell'intimo del proprio spirito, le pietre e i dardi scagliati dall'oltraggiosa fortuna, o impugnare le armi, invece,

contro il mare delle afflizioni e, combattendo contro di esse metter loro una fine? Morire, dormire, null'altro; e dire che con quel sonno poniamo termine alle angosce del cuore e ai mille affanni naturali di cui è erede la carne.... è una conclusione da essere avidamente desiderata. Morire, ... dormire, ... dormire! forse sognare...; ah, ecco il punto; perocché quali sogni possono sopravvenire in quel sonno di morte, allorché reciso abbiamo il filo di questo mondo? Ecco quello che ci trattiene, ed è ciò che rende l'infortunio sì lungo: perocché chi vorrebbe altrimenti sopportare i flagelli del tempo, gli oltraggi degli oppressori, le contumelie dei superbi, le angosce dell'amore disprezzato, le cabale della legge, l'insolenza dei governanti, e i vilipendi che il merito paziente soffre dall'abbietta ignoranza, quando un ferro gli basterebbe per darsi quiete? Chi vorrebbe sopportare questi fardelli, e gemere, e affannarsi, trascinando un'inferma vita, se non fosse il timore di qualche cosa al di là della tomba, di quel paese ignoto, da cui nessun viaggiatore ritorna, che turba la volontà, e fa preferirci i mali che abbiamo, piuttosto che affrontarne altri che ci sono sconosciuti? Così la coscienza ci rende tutti codardi, e il colore ingenito della risoluzione rimane offuscato dalla pallida ombra del pensiero, così le imprese di maggior polso e momento si sviano dal loro corso naturale, e perdono il nome di azioni».
« – Pace ora! La bella Ofelia – ».

(Rivolgendosi all'Attrice Giovane)

«Ninfa, nelle tue orazioni siano ricordati tutti i miei peccati».

L'ATTRICE GIOVANE *OFELIA*   «Mio buon signore, com'è stata vostra grazia in tutti questi giorni?».

PRIMO ATTORE *AMLETO* «Ti ringrazio umilmente, bene, bene, bene».

L'ATTRICE GIOVANE *OFELIA* «Mio signore, ho dei vostri ricordi che da molto tempo desideravo restituirvi. Vi prego adesso di riprenderli».

PRIMO ATTORE *AMLETO* «No, io no. Non ti ho mai dato niente».

L'ATTRICE GIOVANE *OFELIA* «Mio onorato signore, sapete benissimo d'avermeli dati, e con essi parole composte di sospiri così dolci che li arricchivano di più. Il loro profumo è andato, riprendeteveli, perché per un animo nobile i doni ricchi si impoveriscono quando il donatore si mostra scortese».

PRIMO ATTORE *AMLETO* «Ha, ha, sei onesta?».

L'ATTRICE GIOVANE *OFELIA* «Mio signore?».

PRIMO ATTORE *AMLETO* «Sei bella?».

L'ATTRICE GIOVANE *OFELIA* «Cosa vuol dire vossignoria?».

PRIMO ATTORE *AMLETO* «Che, se sei onesta e bella, la tua onestà non dovrebbe accettar discorso con la tua bellezza».

L'ATTRICE GIOVANE *OFELIA* «La bellezza, mio signore, potrebbe mai avere miglior commercio che con l'onestà?».

PRIMO ATTORE *AMLETO* «Sì, veramente, perché il potere della bellezza trasformerà al più presto l'onestà in ruffiana, di quanto la forza dell'onestà possa tradurre la bellezza a sua somiglianza. Questo una volta era un paradosso, ma ora i tempi lo dimostrano. Ti ho amata una volta».

L'ATTRICE GIOVANE *OFELIA* «Invero, mio signore, me lo avete fatto credere».

PRIMO ATTORE *AMLETO* «Non avresti dovuto darmi credito, poiché la virtù non può inserirsi nel nostro vecchio ceppo, senza perderne il profumo. Non ti ho amata».

L'ATTRICE GIOVANE *OFELIA* «Tanto più fui raggirata».

PRIMO ATTORE *AMLETO* «Vattene in un convento. Perché vorresti mettere al mondo dei peccatori? Io stesso sono più o meno onesto, eppure potrei accusarmi di tali cose, che sarebbe stato meglio che mia madre non m'avesse concepito. Sono pieno di orgoglio, vendicativo, ambizioso, con più peccati pronti ai miei ordini che pensieri in cui metterli, immaginazione per plasmarli o tempo per metterli in atto. Che dovrebbe fare gente come me che striscia fra terra e cielo? Siamo tutti dei furfanti matricolati, non fidarti di nessuno di noi. Prendi la tua via per il convento».

(Esce)

L'ATTRICE GIOVANE *OFELIA*   Oh, Amleto, Amleto, Amleto!

(Esce)

{Buio}

EPISODIO VIII

{Scena a susseguirsi in rapida successione}

I campanelli del teatro avvisano che la rappresentazione ricomincia.

(Lampi di luce)

(Fischi sonori del pubblico pagante)

Spenti i lumi della sala, si fa luce sul palcoscenico.

(Entra in sala l'Uscere e si avvia verso il palcoscenico)

USCERE   Ohilà! C'è nessuno? Ehi, lassù, dietro le quinte

(Entra il Direttore di scena)

DIRETTORE DI SCENA   Chi è? Che c'è?
USCERE   Scusi signor Direttore di scena, c'è un sms per lei.
DIRETTORE DI SCENA   Da parte di chi?
USCERE   Del Regista.
DIRETTORE DI SCENA   Venga su.
USCERE   Purtroppo, la sciatica non mi consente di salire sul palcoscenico per consegnarglielo.
DIRETTORE DI SCENA   Non si preoccupi. Si approssimi alla ribalta.

(Si curva in avanti, prende il cellulare dell'Uscere e legge)

«Gentile Direttore, improvvisi un assolo dialogico per determinare l'interazione tra palcoscenico e sala e tra attore e pubblico. Cordialmente, Iosif Smirnov».

(Restituisce il cellulare all'Uscere e si drizza)

Siamo a un punto morto. Deadlock! Stalemate! Situazione di stallo.
USCERE   In altre parole?
DIRETTORE DI SCENA   È la posizione in cui si viene a trovare il pistone di un motore quando, non potendo più procedere nella direzione che stava seguendo, inverte il suo movimento.

USCERE	Il pistone di un motore?
DIRETTORE DI SCENA	L'azione scenica! In sostanza: ci troviamo fermi in un punto morto. Su, diamo azione ai comandi del Regista. Si ricomincia. Attenzione, signore & signori. Chi è di scena? Uscere sta venendo qualcuno?
USCERE	Nossignore.

(Contrariato e spazientito)

DIRETTORE DI SCENA	Alla malora tutti, meno che Pirandello e il pubblico! E lei vada in fondo alla sala, che mi sta dando di volta il cervello e non vorrei farle del male con la mia pazzia allo stato nascente.
USCERE	Come comanda, signore; obbedisco e mi metto, subito, al riparo dalla sua pazzia e me ne starò all'imbocco della porta della sala, pronto a intervenire soltanto in caso di emergenza per soccorrerla. Si rassicuri e si fidi di me.
DIRETTORE DI SCENA	Su, si ricomincia. Uscere, manca qualcuno?
USCERE (rientrando in scena)	Mancano tutti, fuorché il Direttore di scena e l'Uscere.
DIRETTORE DI SCENA	*Lei dunque è di scena?*
USCERE	Io, nossignore.
DIRETTORE DI SCENA	Le pare ch'io mi trovi in stato di emergenza per pazzia?
USCERE	Nossignore!
DIRETTORE DI SCENA	Meno male! E, allora, mi tocca fare l'assolo dialogico, impersonando i vari personaggi della commedia metateatrale da fare.

(Fingendo di dialogare con l'Uscere)

Ci sono qua certi signori che chiedono di me?

(Si volterà stupito a guardare dal palcoscenico giù nella sala)

Ma io qua provo! E sapete bene che durante la prova non deve passar nessuno!

(rivolgendosi in fondo)

Chi sono lor signori? Che cosa vogliono?

(Finge, fra stordito e irato, di dialogare con un personaggio)

Che autore? D'uno qualunque?

UNO (*della platea*) Ma a chi si rivolge, il Capocomico?

UNA (*della platea*) Dialoga con i personaggi della commedia metateatrale da fare.

UNO (*della platea*) (al Direttore di scena) Signore, le pare di percepire parvenze?

DIRETTORE DI SCENA Non si è avveduto che mi tocca fingere di fare la scena da solo con dei personaggi invisibili? Ed ora, se ne stia zitto, laggiù, in platea, o mi rovina il monologo dialogico.

(Finge di dialogare con un personaggio)

UN ATTORE (fra i vivaci commenti e le risate degli altri) *Oh, senti, senti!*

DIRETTORE DI SCENA Già, ma se non c'è l'autore!
Tranne che non voglio esserlo io?
Lor signori vogliono scherzare?
Mi portate un dramma che potrebbe essere la mia fortuna?
Ma mi facciano il piacere d'andar via, che non abbiamo tempo da perdere coi pazzi!

UNO (*della platea*) Cos'è questa idiozia di fingere di ascoltare battute senza suono pronunciate dall'immagine della sua allucinazione?

(Il Direttore di scena, s'interrompe, per mancanza d'improvvisazione)

USCERE Come fa il Capocomico, così esasperato e stressato, a recitare le estenuanti recite a soggetto per far fronte alle molteplici variazioni intrigate dal regista allo scopo di determinare l'interazione tra il palcoscenico e la sala e tra l'attore e il pubblico?

UNO (*della platea*) Ah, non se ne può più!

PUBBLICO (*della platea*) Inaccettabile!   Inammissibile!   Indecente!

Indecoroso!   Intollerabile!   Scandaloso!
Ignominioso!

(Fischi, urla, proteste, contestazioni, gestacci degli spettatori di platea che e si dirigono minacciosi verso il palcoscenico)

USCERE   Signor Direttore di scena, fugga o rischia di finire linciato.
DIRETTORE DI SCENA   Pausa, pausa e stiamo a vedere che cosa ne avverrà.

(Esce)

{Buio}

EPISODIO IX

{Scena a susseguirsi in rapida successione}

I campanelli del teatro avvisano che la rappresentazione ricomincia.

(Lampi di luce)

PUBBLICO *(della platea)* Pirandello! Pirandello! Pirandello!

(Fischi sonori del pubblico pagante)

Spenti i lumi della sala, si fa luce sul palcoscenico.

DIRETTORE DI SCENA

(Entra, rivolgendosi in fondo alla sala)

Ohé, signor Uscere?

USCERE

(L'Uscere del teatro attraversa il corridoio fra le poltrone, e si avvia verso il palcoscenico)

	Che c'è, signore?
DIRETTORE DI SCENA	Non c'è nessuno che chiede di me?
USCERE	Nossignore. Perché?
DIRETTORE DI SCENA	Per la commedia metateatrale da fare.
USCERE	Uhm, sarà difficile a farsi la commedia che ha da fare.
DIRETTORE DI SCENA	E perché mai?
USCERE	Perché il pubblico non ce l'ha in mente; e l'astensione dal lavoro degli Attori, che pare a mai fine, non ci consentirà in tempi brevi di teatrare Pirandello, così come ci viene reclamato dal pubblico pagante.
PUBBLICO *(della platea)*	Pirandello! Pirandello! Pirandello!

(Dal retroscena, gli attori ridono divertiti)

DIRETTORE DI SCENA	Su, su, la commedia metateatrale da fare.
USCERE	Che commedia?
CAPOCOMICO	E che so io? Non sono mica una veggente? Su, su, fingiamo di fare la commedia metateatrale che è da fare per *gioco & passatempo* e stiamo a vedere che

ne verrà fuori.

USCERE   Mah.

PREBITERO   Dal Vangelo, Gesù: «Ebbene io vi dico: Chiedete e vi sarà dato, cercate e troverete, bussate e vi sarà aperto. Perché chi chiede ottiene, chi cerca trova, e a chi bussa sarà aperto» (Luca 11, 9-10).

(L'Uscere si batte i bernoccoli della fronte con i diti indici di entrambi le mani, leggermente piegati a ferro di cavallo)

DIRETTORE DI SCENA   Scusi, signor Uscere a chi bussa?

USCERE   A Smirnov, per un incipit; sta scritto nella traccia del suo copione metateatrale di darsi almeno un colpo di genio per fare la commedia metateatrale da fare. E stiamo a vedere che cosa ne nascerà.

DIRETTORE DI SCENA   Scusi, va via?

USCERE   Vado a bussare alla porta del la platea.

(Va in fondo alla sala)

Scusi, signor Commendatore.

DIRETTORE DI SCENA   Chi è? Che c'è?

USCERE   C'è il capocomico congiunto dei filodrammatici dell'Istituto Penitenziario & del Riformatorio Giudiziario, con un messaggio del Regista per lei, scritto, firmato e timbrato su carta intestata della Compagnia teatrale degli instabili.

CAPOCOMICO IP&RG   È permesso, signore?

DIRETTORE DI SCENA   Si faccia avanti.

(L'Uscere si avvia verso il palcoscenico seguito da uno sconosciuto)

CAPOCOMICO IP&RG   Signore, ho una lettera da consegnarle.

DIRETTORE DI SCENA   Salga sul palcoscenico.

(L'attore porge la lettera, che il Direttore di scena legge)

«Per particolare necessità e urgenza, [*omissis*], in mancanza di un capocomico e della commedia metateatrale da fare allo scopo di determinare l'interazione tra il palcoscenico e la sala, il capocomico e il pubblico, bla, bla, bla, … [*omissis*], il capocomico congiunto dei filodrammatici dell'Istituto Penitenziario & del Riformatorio Giudiziario (sigla IP&RG) di Asylumpólis, bla, bla, bla, con funzione di Capocomico e stiamo a vedere che ne nascerà. Cordialmente, Iosif Smirnov». Bene. Benvenuto al Tm&vT, signor attore Capocomico.

CAPOCOMICO IP&RG	Grazie mille. Merda, merda, merda.
DIRETTORE DI SCENA	Deadlock! Stalemate!
CAPOCOMICO IP&RG	Invertiamo il movimento del pistone in maniera definitiva e radicale.
DIRETTORE DI SCENA	Il fatto è che non abbiamo né la traccia della commedia da fare né l'idea.
CAPOCOMICO RSA	Tanto meglio, tanto meglio: sarà il pubblico a farla da protagonista nella commedia metateatrale da fare.
DIRETTORE DI SCENA	E la finzione teatrale chi la fa?
CAPOCOMICO IP&RG	Sarà la Realtà a sostituire la Finzione in scena; e, mi creda: c'è più finzione nella Realtà che nel Teatro e più verità nel Teatro che nella Realtà. Suvvia, si cominci la commedia metateatrale da fare. Lei signor Uscere, vada in fondo alla sala e principi la svolta per l'inizio della commedia da fare.
PREBITERO	Pirandello sta alla Bibbia come Smirnov sta all'Evangelo.

(Gazzarra tra i fautori di Pirandello e di Smirnov e tra i detrattori di Pirandello e di Smirnov)

CAPOCOMICO IP&RG

{N.B. Anche se non segnalato nel testo, il Capocomico IP&RG siederà e si alzerà dalla poltrona come e quando gli pare}

(Sedendo sulla poltrona)

Attenzione, signori. Chi è di scena?

USCERE	Signore, mi scusi.
CAPOCOMICO IP&RG	Insomma, Uscere, nunzio di sventure, è dall'inizio della prova della commedia di Pirandello che la sua

bocca, come una mitragliatrice, spara contro il Capocomico dei colpi di scena micidiali. Venga avanti e si sbrighi a infliggere anche a me, capocomico novello della nuova commedia metateatrale, la sua solita, spero l'ultima, raffica di proiettili.

(L'uscere avanza nel corridoio della sala, seguito da un gruppo di strani personaggi vestiti di nero)

	Che altro c'è, ancora? Un altro colpo di scena?
USCERE	Forse! Ci sono qua certi signori che chiedono di lei.
CAPOCOMICO IP&RG	Si tratta degli attori che fanno i personaggi in cerca d'autore?
USCERE	Ma, quei mascherati non si sono suicidati sul palcoscenico?
CAPOCOMICO IP&RG	In effetti, sì; ma per finzione, mica per finta finzione; e, poi, morti o non morti, resuscitati o non resuscitati, fatto sta che sono riapparsi per dichiarare la loro autosospensione temporanea dal lavoro: sospensione, in verità, che pare farsi eterna.

(Dal retroscena, gli attori protestano contro il nuovo Capocomico)

USCERE	Dato che io non m'intendo né di morti-morti né di morti-vivi, né di vivi-vivi né di vivi-morti, per quel che ne posso dedurre dalla finzione e dalla realtà, mi pare di poter affermare che, se i morti sono morti per finzione, allora non sono morti per finta finzione, ma se sono morti per finta finzione allora non sono morti per finzione!
CAPOCOMICO IP&RG	Nulla da eccepire al suo ragionamento! E questi certi signori che le stanno dietro, le sembrano vivi o morti?
USCERE	In verità, pur essendo vivi, così vestiti di nero, con il capo incappucciato e avvolti da un mantello sopra una tunica, mi pare che siano più morti che vivi e, in ogni caso, similmente alle Cornacchie e alle Civette,

	più forieri di sventure che di buoni auspici!
CAPOCOMICO IP&RG	E come fa a essere certo che non siano gli attori che interpretano i *personaggi in cerca d'autore*?
USCERE	*In primis*, perché quelli erano mascherati mentre quest'altri sono imbacuccati; *in secundis*, perché i morti stanno al cimitero mentre quest'altri, qui, dietro di me, nel corridoio, pur essendo in apparenza più spaventevoli della morte, mi paiono vivi, veri, reali; *in tertiis*, dal punto di vista della Fisica, nello stesso momento, se uno sta là, sotto i processi, non può stare qua, in teatro!
CAPOCOMICO IP&RG	Già! In verità, quel che lei dice corrisponde a verità, poiché un corpo non può occupare simultaneamente due punti diversi dello spazio.
USCERE	È la Legge della Fisica, Capocomico, che è per sempre; a differenza della legge del diritto che può cambiare, cessare d'efficacia e abrogarsi!
CAPOCOMICO IP&RG	

(Alzandosi dalla poltrona e avviandosi verso la ribalta per dialogare con l'Uscere)

	Eppure, a un personaggio del teatro può darsi di apparire, contemporaneamente, di qua e di là.
USCERE	Ma lei, signore, che è un uomo di cultura, esperto, per mestiere, di parole, proposizioni, connessioni e implicazioni, e che, pertanto, sa discernere il vero-vero dal falso-falso, dal vero-falso e dal falso-vero, il falso-falso dal vero- vero, dal vero-falso e dal falso-vero, il vero-falso dal vero-vero, dal falso-falso e dal falso-vero, il falso-vero dal vero- vero, dal falso-falso e dal vero-falso, come fa ad affermare che a un personaggio del teatro può darsi di apparire contemporaneamente di qua e di là!
CAPOCOMICO IP&RG	Lei chi è?
USCERE	L'Uscere!
CAPOCOMICO IP&RG	E che fa?
USCERE	Il personaggio dell'Uscere!

CAPOCOMICO IP&RG	E dove si trova?
USCERE	Ma che domande mi fa? Mi trovo, qua, al Tm&vT!
CAPOCOMICO IP&RG	Lei sa, in quanti teatri del mondo c'è un Uscere che fa la parte del personaggio dell'Uscere?
USCERE	Non ne ho idea? Perché me lo chiede?
CAPOCOMICO IP&RG	Perché il personaggio dell'Uscere si trova, ora, contemporaneamente, in diversi teatri, tra i più grandi e famosi e tra i più piccoli e sconosciuti del mondo.
USCERE	E, in particolare, dove?
CAPOCOMICO IP&RG	

(Prende il cellulare dalla tasca della giacca e cerca su Google un mappamondo virtuale)

Ecco! I geografi hanno tracciato sul mappamondo del pianeta Terra un reticolo di linee immaginarie, denominate meridiani (360) e paralleli (180), che hanno il loro punto d'incontro al Polo Nord e al Polo Sud. Questo è il meridiano O, che passa per l'osservatorio di Greenwich: un quartiere del borgo reale di London, in England, sulle sponde del fiume Thames. In questo stesso momento, il personaggio Uscere è qui, a Croom's Hill, al *Greenwich Theatre* (precedentemente noto come *Crowder Music Hall*), è qui, al Piccolo Teatro di Maenza, e è, qui, al Teatro delle maschere e dei volti di Theatropolis.

USCERE	Vero, lo vedo anche da me che io sto qua!
UNA (*della platea*)	Manicomio! Manicomio! Manicomio!
CAPOCOMICO IP&RG (guardando dal palcoscenico giù nella sala)	*Chi sono lor signori?*
UNO (*della Confraternita*)	I "Sacconi Neri della Confraternita del Soffio della Morte".
CAPOCOMICO IP&RG	Una setta religiosa dedita a pratiche mistiche?
UNO (*della Confraternita*)	Nossignore!
CAPOCOMICO IP&RG	Un'associazione per l'esercizio di opere di pietà e carità?
CONFRATERNITA (*Coro*)	Nossignore!

CAPOCOMICO IP&RG E, allora, chi?

UNO (*della Confraternita*) Filodrammatici ambiziosi di fare, dopo un periodo di apprendistato, carriera come attori.

UN ATTORE Senti, senti, sono qui con l'intenzione di mettersi al nostro posto!

CAPOCOMICO IP&RG E qua, che ci fanno, che vogliono?

UNO (*della Confraternita*) Chiediamo di parlare con il Capocomico.

CAPOCOMICO IP&RG Ah, sì? E proprio mentre il Capocomico si appresta a fare la commedia metateatrale da fare?

UNO (*della Confraternita*) Eh, sì! Anche se ci sarà difficile.

CAPOCOMICO IP&RG Eh, già! Dato che non vi sarà facile. Perché lor signori si sono vestiti di nero anziché di bianco, come i membri della società segreta del Ku Klux Klan che propugnano la superiorità, supposta, della razza bianca, senza alcun fondamento scientifico, dato che originiamo tutti da Dio, che ci ha creato in principio a sua immagine e somiglianza?

UNO (*della Confraternita*) Signore, fuori da ogni equivoco! Diversamente dal significato che ha inteso darci, probabilmente per prenderci in giro, deriderci, schernirci, beffarci e chi ne sa più ne informi e, pur ammesso e non concesso di volerla ritenere un cristiano di buona fede, nella sua singolare,

CONFRATERNITA (*in coro*) … particolare, peculiare, caratteristica …

UNO (*della Confraternita*) interpretazione errata dei "Sacconi Neri della Confraternita del Soffio della Morte", del XIII secolo, la rassicuriamo che

(fermandosi col suo seguito innanzi al proscenio)

ci siamo imbacuccati al solo scopo di proteggere l'identità della nostra privacy; ad ogni modo, a differenza di quei razzisti del KKK, noi non abbiamo alcuna finalità politica e terroristica.

(Sfilando in processione, in una intensa e continua mortificazione del corpo mediante flagellazione)

UNO (*della platea*) Criminali!

UNA (*della Confraternita*)   Stiamo in pellegrinaggio da Asylumpólis a Théatropólis, facendo la processione qui al Teatro delle maschere & dei volti per espiare pubblicamente il fio delle nostre colpe!

(I membri della Confraternita si autoflagellano)

UNA (*della platea*)   Alla forca i flagellanti! Al rogo l'eretico Smirnov.

(Entrano il Direttore di scena)

USCERE   Signor Questore, è legale comparire camuffati in luogo pubblico?

QUESTORE   Calma e silenzio! Lasciate parlare me! Lor seguaci "Sacconi Neri della Confraternita del Soffio della Morte" sanno che è vietato comparire incappucciati in luogo pubblico?

UNO (*della Confraternita*)   Sì, signor Questore!

QUESTORE   Conosce l'articolo 27 del Testo Unico delle Leggi di Pubblica Sicurezza?

UNO (*della Confraternita*)   Sì, signor Questore! Recita: «Disposizioni a tutela dell'ordine pubblico». «Chiunque, in occasione di manifestazioni che si svolgano in luogo pubblico o aperto al pubblico, si copre, in tutto o in parte, il volto, mediante l'impiego di qualunque mezzo atto a rendere difficoltoso il proprio riconoscimento, commette reato, punibile con l'arresto da uno a otto mesi e con l'ammenta da 800 a 1.000 D. Il divieto si applica anche agli indumenti.

QUESTORE   Conosce il D. L. n. 108/Anno del Conto Salato sulle misure antiterrorismo che proibisce di circolare in luoghi pubblici con il viso coperto?

UNO (*della Confraternita*)   Sì, signor Questore! Su questa disposizione si è formato anche un orientamento giurisprudenziale, non consolidato ma non contraddetto, che ribadisce la necessità di tutelare l'ordine pubblico con misure atte a evitare occultamenti o travisamenti di identità, anche per scongiurare atti di terrorismo internazionale su cui apparrebbe opportuno, intervenire più incisivamente, puntualizzando il concetto dell'utilizzo, residuale, «di qualsiasi altro mezzo idoneo» a travisare o a mascherare la persona umana, in modo da impedire o da rendere difficoltoso il suo riconoscimento.

QUESTORE   Pena prevista?

UNO (*della Confraternita*)   Dai sei mesi ai due anni di reclusione.

QUESTORE   Come fa a conoscere il Testo Unico delle Leggi di Pubblica Sicurezza? È un avvocato?

UNO (*della Confraternita*)   Nossignore! Sono soltanto – purtroppo a mio discapito per disavvedutezza e danno morale ed economico – un approssimato apprendista conoscitore di avvocati, giudici, tribunali, leggi e sentenze.

QUESTORE   Perché lor signori si sono incappucciati, sapendo di incorrere in un reato e di finire in prigione?

UNA (*della platea*)   È un vezzo dei criminali e dei terroristi coprirsi la faccia per rendersi irriconoscibili, signor Questore!

Il capocomico   *Che vogliono?*

UNO (*della Confraternita*)

(facendosi avanti, seguito dagli altri, fin sotto il palcoscenico)

Un colloquio con il Capocomico della Compagnia.

CAPOCOMICO IP&RG   Perché?

UNO (*della Confraternita*)   Se nulla osta, per un nullaosta.

CAPOCOMICO IP&RG   Nullaosta? Che nullaosta?

UNO (*della Confraternita*)   Se non ha nulla in contrario, noi gli si vorrebbe chiedere di autorizzarci a teatrare un provino, di breve durata.

UNA (*della Confraternita*)   Ovviamente, con il beneplacito, il benestare, il permesso e l'autorizzazione del Capocomico.

UNO (*della Confraternita*)   Ossia, con il placet, il via libera, l'approvazione, l'assenso, il consenso e l'ok del Capocomico.

DIRETTORE DI SCENA   Oh, senti, senti! Qua si gioca *ai sinonimi*! E che non gli venga in mente a lor signori imbacuccati di giocare *ai contrari* o qua si finisce di non finirla più. Ad ogni modo, sappiano lor signori che qua, al Tm&vT, non si fanno provini! E il signor Capocomico non ha tempo da perdere con degli infagottati che hanno tempo da perdere e passano il tempo a fargli perdere del tempo, che gli sarebbe necessario per meditare sul che cosa fare per fare la commedia metateatrale da fare.

CAPOCOMICO IP&RG — Chi ha conficcato nella loro mente di immettersi nel destino del Capocomico?

UNO (*della Confraternita*) — Il Magĭster Iosif Smirnov ci ha raccomandato di fare un provino sotto la guida del Capocomico: l'unico filodrammatico capace, a parer suo, di sostituire sia il Capocomico dei filodrammatici della RSA di Asylumpólis sia il Direttore-Capocomico della Compagnia in congedo per malattia mentale, che ha una possibilità di guarigione molto remota o nulla.

UNA (*della Confraternita*) — Per un incarico che potrebbe permanere tutta la vita.
UNO (*della Confraternita*) —

(Sottovoce, all'altra della Confraternita)

Fai un'opera di persuasione.
UNA (*della Confraternita*) — Non mi viene in mente niente.
UNO (*della Confraternita*) — Rifilagli un'affabulazione, del tipo della favola *Il corvo e la volpe* di Esopo.
UNA (*della Confraternita*) — Ci provo.

(Al Capocomico)

Oh, signore, sapesse! Smirnov s'è messo a tessere le sue lodi, a mai fine … a mai fine!
CAPOCOMICO IP&RG — Davvero?
UNO (*della Confraternita*) — Altroché!
UNA (*della Confraternita*) — Ci ha confidato che il Capocomico dei filodrammatici dell'IP&RG potrebbc dirigere la trilogia del teatro nel teatro di Pirandello e fare la sua fortuna

CAPOCOMICO IP&RG	Ha detto proprio così Smirnov?
UNA (*della Confraternita*)	Certamente, senza dubbio, non ne dubiti! Con lo stile dell'oratoria ciceroniana …. affermando che, presto, per i teatri del mondo, non ce ne sarà uno più bravo del Capocomico IP&RG! E che soltanto lui sarebbe in grado di valutare, attraverso il provino, la nostra bravura e ad avere il coraggio di asserire, senza fronzoli, con sincerità e onestà intellettuale, se noi si è o no idonei a fare l'apprendistato sotto la sua guida.
UNO (*della Confraternita*)	E ha anche detto, Smirnov, che ricevere dal Capocomico IP&RG un attestato di qualifica professionale di attori significherebbe che, una volta usciti dalla gabbia di Asylumpólis, si aprirebbe per noi la possibilità di calcare i palcoscenici più prestigiosi del mondo.
DIRETTORE DI SCENA	Oh, senti, senti!
UNA (*della Confraternita*)	

(Tira fuori dallo zaino un tubo di cartone)

	Lo prenda. Lo apra! Tiri fuori la pergamena, veda e legga a voce alta!
DIRETTORE DI SCENA	

(Tende la mano in basso, prende il tubo di cartone, gli toglie il tappo, trae una pergamena e legge a voce alta)

«Proclamazione dei diplomati della Famiglia dei "Sacconi Neri della Confraternita del Soffio della Morte", costituita da Arcangelo Cardellini, Angela Merlini, Cherubino Cardellini, Serafina Fringuellini.
*Visto il curriculum degli studi compiuti,
 *valutata la tesi di laurea, intitolata "Il metateatro di Iosif Smirnov",
 *veduto il risultato dell'esame di Diploma superato il 17 ottobre dell'Anno dell'Austerità con la votazione di *Alta Laude,*
per l'autorità conferitami dal Direttore della Scuola del Benessere Mentale delle Persone di Asylumpólis, professor Enzo Spaltro,
in nome della Repubblica dello Stato di Théatropólis

CONFERISCO
a coloro che sono stati nominati
il
DIPLOMA IN PSICODRAMMA

E gli rilasciamo il presente Diploma a tutti gli effetti di Legge.

Lor Signori potranno avvalersi del Diploma e del titolo di *Psicodrammatista* nelle forme, con le modalità e con le responsabilità previste dalla legge. Nell'esercizio della propria attività, i laureati dovranno operare con la dignità che la professione di Psicodrammatista comporta, ispirandosi costantemente alle conoscenze scientifiche e alla propria coscienza, senza soggiacere ad interessi, imposizioni e suggestioni di qualunque natura. Dato a Asylumpólis il 31 ottobre dell'Anno dell'Austerità».

(restituendo la pergamena)

Un diploma in psicodramma! E lei, signorina, almeno così mi pare dalla voce, allorché s'è messa a incensare il Capocomico, trasformandolo in pavone, reputa lo psicodramma una forma di teatro?

UNA (*della Confraternita*) Sì, teatro, terapeutico, senza alcun dubbio, e perché lo si intenda, in modo chiaro e conciso, glielo recitiamo in forma di dialogo: anche per dimostrare al Capocomico di poter meritare di fare un provino con lui.

(Riavvolge la pergamena e la infila nel tubo, che richiude con il tappo e immette nello zaino)

UNO (*della Confraternita*) «Quali fenomeni si possono sperimentare durante lo Psicodramma?».

UNA (*della Confraternita*) «Nel rappresentarsi, i pazienti-attori possono liberare le proprie latenti emozioni (catarsi), prenderne coscienza (insight) e guarire dai disturbi: anche gravi, come, ad esempio, le psicosi».

UNO (*della Confraternita*) «Non ritiene che gli psicoterapeuti possano influenzare, se non manipolare o manovrare, i conflitti interpersonali ed intrapsichici messi in scena dai personaggi, dirigendoli a compiere azioni deviate e, insomma, rendendoli inautentici e, dunque, falsi?».

UNA (*della Confraternita*) «Lo psicoterapeuta ha il solo scopo di curare i disturbi di origine psichica dei personaggi-pazienti in scena e non di intrecciare storie proprie o inventate con le loro».

UNO (*della Confraternita*) «Quanti e quali sono gli elementi fondamentali dello psicodramma?».

UNA (*della Confraternita*) «Sono tre: il protagonista, il regista e gli ego ausiliari. Il protagonista è il Primo Attore che "rappresenta" situazioni e persone della propria vita, secondo quella che è la sua percezione. Il Regista, detto anche psicodrammista o direttore dello psicodramma, a cui Moreno attribuisce la triplice funzione di analista, produttore e terapeuta, è colui che promuove l'azione, fungendo da principale coordinatore e catalizzatore di una seduta. Egli è in ogni circostanza un membro del gruppo e al tempo stesso la sua guida; succederà spesso che il regista si trovi a doppiare il protagonista o i suoi ego ausiliari, aggiungendo insight e commenti a questi ruoli. Gli ego ausiliari sono membri del gruppo usati nella seduta come estensioni del regista e del protagonista. Il loro compito è quello di ricoprire ruoli di persone significative nella vita del protagonista».

UNO (*della Confraternita*) «Può indicarci alcune tra le tecniche più importanti utilizzate all'interno di una seduta di psicodramma?

UNA (*della Confraternita*) «L'inversione di ruoli, il doppio, il soliloquio, il monologo dialogico. L'inversione di ruoli consiste nel far assumere al protagonista il ruolo di altre persone e nel fargli continuare la scena in atto dal loro punto di vista; il doppio prevede che il paziente rappresenti il proprio sé e che, contemporaneamente, venga rappresentato da un io ausiliario, a cui viene richiesto dal regista di "creare un'identità col paziente", di muoversi, agire e comportarsi come lui; il soliloquio offre la possibilità al soggetto di recitare a voce alta i propri pensieri, è un modo per esprimere a se stesso e al gruppo i suoi vissuti».

UNO (*della Confraternita*) «Lo psicodramma è applicabile anche a questioni non terapeutiche?».

UNA (*della Confraternita*) «Sì, i metodi dello psicodramma hanno diversi ambiti di applicazione, tra cui quelli dell'educazione e della formazione».

UNO (*della Confraternita*) Perché si sono dati allo psicodramma?

UNA (*della Confraternita*) Per esplorare le nostre emozioni e vissuti personali attraverso la drammatizzazione teatrale.

UNO (*della Confraternita*) E loro sono guariti?

UNA (*della Confraternita*) Ma noi non siamo mica malati di mente come quelli del manicomio di Asylumpólis, che stanno lassù, nelle prime file della balconata I!

UNO (*della Confraternita*) Ah, no?

UNA (*della Confraternita*) Nossignore!

UNA (*della balconata I*) Il manicomio, grazie alla Legge Basaglia, sono stati chiusi.

UNO (*della platea*) E i matti in che gabbia sono stati rinchiusi?

UN'ALTRO (*della platea*) Nella gabbia della Comunità terapeutica riabilitativa psichiatrica di Asylumpólis!

(Proteste veementi di certuni della balconata I)

ALTRI (*della balconata I*) Un provino! Un provino! Un provino!

CAPOCOMICO IP&RG No, no, non si può, non si può! Qua non si fanno provini.

UNO (*della Confraternita*) Ho una lettera del Magĭster Iosif Smirnov da consegnare al signor Capocomico.

CAPOCOMICO IP&RG Dia a me.
UNO (*della Confraternita*)

(Porge la lettera)

Lei, è lui?

CAPOCOMICO IP&RG In vero, precisamente, lui; io, il Capocomico.

CERTUNI (*in balconata III*) Capocomico, si sappia ciò che le scrive Smirnov, e dia volume al suo fiato, che qua, la sua voce, non si sente.

UNO (*della Confraternita*) La renda pubblica, non è né personale né riservata.

CAPOCOMICO IP&RG Se così è, va bene, sia pure, che così sia.

PRESBITERO Amen. Amen. Amen.

CAPOCOMICO IP&RG (Legge la lettera a voce alta) «Egregio Capocomico dei filodrammatici dell'IP & del RG tralascio di citare il suo nome, buffo in verità, per non dar motivo a taluni miei detrattori di irriderla, schernirla e dileggiarla.

Dunque. Mi pregio informarla che i Sacconi Neri Arcangelo Cardellini, Angela Merlini, Cherubino Cardellini e Serafina Fringuellini mi hanno coadiuvato nella funzione di assistenti al *Corso di teatroterapia*, riservato agli ospiti della Comunità terapeutica riabilitativa psichiatrica, dell'Istituto Penitenziario, del Riformatorio Giudiziario, della Casa di Riposo Quiete & Serenità, dell'Hospitium degli Erranti, del Centro di Permanenza Temporanea, della Comunità di Accoglienza Residenziale "Adoremus Vitae", tenutosi al Teatro Terapeutico di Asylumpólis nel periodo 13 novembre-13 dicembre dell'Anno dell'Austerità».

UNA (*della balconata II*) Autostima, affettività, comunicazione, socializzazione, creatività.

UNO (*della balconata II*) Un percorso di crescita personale, di cambiamento concreto nella mia vita, attraverso esperienze teatrali con metodi attivi psicodrammatici.

UN ALTRO (*della balconata II*) Io mi sono divertito con la comico-terapia che, attivando il buonumore, mi ha curato la depressione.

CAPOCOMICO IP&RG (riprendendo la lettura) «Dunque, esimio Capocomico del Tm&vT, se mi è consentito di permettermi di suggerirglielo, nel rispetto della sua discrezionalità, le raccomanderei di accordare un provino ai personaggi *psicodrammatisti* "Sacconi Neri della Confraternita del Soffio della Morte", che potrebbero farla da protagonisti nella commedia *metateatrale* da fare. Dettano legge, fanno il bello e il cattivo tempo, spadroneggiano, pretendono e impongono la loro volontà ad altri...».

UNA (*della Confraternita*) Con il Padre despota che fa il priore, il capo, il boss, il ras, il padrone.

CAPOCOMICO IP&RG (riprendendo la lettura della lettera) « ... bla, bla, bla, così come indicato nella traccia del copione metateatrale. Pertanto, [*omissis*]. Suo, con ammirazione, Iosif Smirnov. P.S. & N. B. Il tutto si fa per consentire ai psicodrammatisti di formarsi e abilitarsi in teatroterapia per operare nelle istituzioni totali e, allorché saranno usciti dalla gabbia di Asylumpólis, di poter frequentare l'Accademia Nazionale d'Arte Drammatica e, una volta diplomati, avviarsi nel mondo del teatro per realizzarsi come attori professionisti in una compagnia teatrale di rilievo! Ancora, augurandole benessere e bellessere, Suo, cordialmente, Iosif Smirnov».

UNO (*della platea*)   Senti, senti, il Magĭster Iosif Smirnov! Teatroterapia! Che è? Un nuovo genere teatrale?

(Vivaci commenti e risate degli altri attori)

UNA (*della Confraternita*)   «La teatroterapia è uno strumento di cura e crescita personale basato sul teatro, in particolare sulla messa in scena del Sé e dei propri vissuti attraverso più canali comunicativi (vocale, gestuale, corporeo). Omissis. La teatroterapia non produce diagnosi, né interpretazioni psicologiche e non può sostituire cure farmacologiche, ma le affianca rafforzando nuove visioni di Sé».

UNA (*della platea*)   Ma no, ma sì, quel che mi pareva di parermi è, in verità, vero. Il teatrino della spiegazione dello psicodramma, a cui abbiamo appena assistito, tra i sacconi neri incappucciati, è stato scopiazzato da Smirnov qua e là su Wikipedia e incollato nel suo cervello per ricavarne la traccia del copione metateatrale. Facile così a farsi Autori con il sacco della farina degli altri.

UNA (*della balconata II*)   Ma che dice? gli autori attingono dal loro genio!

UNA (*della platea*)   Eh, suvvia, non si sa, ma si sa che tutti gli autori copiano e incollano nel creare le loro opere!

UNA (*della balconata II*)   Basta così! Vuol farmi credere che gli autori siano privi di genio per non saper ingegnarsi in fantasia, creatività, inventiva e immaginazione?

UNA (*della platea*)   Geni, certamente, e pure dotati, più o meno, più di più o meno di meno, come Iosif Smirnov, dei doni fosforescenti della mente nell'abile arte del copia & incolla!

UNA (*della balconata II*) Ma, no, ma no! Non gli si creda! Falsità!

UNA (*della platea*) Falsità! No, verità, verità!

(Vivaci commenti e risate degli altri attori)

UNA (*di qua*) Epperò, vi sono anche certi altri, tra i più geniali e famosi autori di teatro, abili a ispirarsi ai personaggi della storia o a riscrivere in forma teatrale le storie di altri narratori!

UNA (*di là*) Ma, no, ma no! Non gli si creda! Falsità!

UNA (*di sopra*) Falsità! No, verità, verità!

UNA (*di sotto*) Ne fornisca almeno una prova!

UNA (*d qua*) William Shakespeare! Mica uno qualsiasi! W.S., il più eminente drammaturgo di sempre. W.S.! Altro che Sofocle, Pirandello, Smirnov!

(Vivaci commenti in sala)

UN'ALTRA (*di là*) Beh, sì, in effetti, in verità, è vero. Per non citare che *Giulio Cesare* tra le opere ispirate alla storia, quindi non inventate di sana pianta, in molte opere W.S. si è ispirato a novelle della letteratura italiana, come Romeo e Giulietta.

UNO (*di qua*) Ma no, ma no! *Romeo e Giulietta* è un'opera inventata dal genio di W.S. .

UN'ALTRO (*di là*) Ma che dice? Per tale opera, W.S. si è ispirato al componimento poetico "The tragical historye of Romeus and Jiuliet" di Arhtur Brooke del 1562.

UN'ALTRA (*più in là*) Che, a detta di esperti, sarebbe, in verità, la traduzione in inglese di una novella italiana scritta da Matteo Bandello.

UN'ALTRA (*più in qua*) Chi autore non si ispira o copia & incolla? Più o meno, chi più chi meno, è così che fan tutti. Quanti autori, dal teatro alla letteratura, dalla musica alla pittura, dalla danza al cinema, sono stati influenzati

	da William Shakespeare!
CAPOCOMICO IP&RG	Su, su, sennò qua va a finire che invece di Pirandello si fa Shakespeare!
UNO (*più in là*)	D'altronde, tutti gli autori, dall'arte alla scienza, dalla tecnica alla filosofia, attingono dalla conoscenza: così che chi più sa più intende, più intuisce, immagina, fantastica e concepisce l'opera. In ogni caso, se non si è dotati di conoscenza, sapienza, intuizione, fantasia, immaginazione, creatività, se non si ha l'idea di un progetto è assai difficile sapere che *cosa* cercare da copiare e dove incollare la *cosa* trovata per fare l'opera.
CAPOCOMICO IP&RG	Su, su, basta svolazzare!

(Batte le mani e si siede sulla poltrona)

	Attenzione, signori. Chi è di scena?
DIRETTORE DI SCENA	La commedia metateatrale da fare!
CAPOCOMICO IP&RG	Su, su, la commedia metateatrale da fare.
UNO (*della Confraternita*)	Scusi, signore.
CAPOCOMICO IP&RG	Ancora? Che c'è? Che vogliono?
UNO (*della Confraternita*)	Fare il provino.

(Nel retroscena, gli attori *sbuffano, sdegnati*)

CAPOCOMICO IP&RG	Su, su, facciano il provino degli Spettatori; si accomodino in poltrona e assistano alla commedia metateatrale da fare per apprendere l'arte del teatrare.

(Nel retroscena, gli attori applaudono)

UNO (*della Confraternita*)

(risentito, quasi sdegnato)

	Noi, diplomati in psicodramma e ausiliari del Magǐster nel Corso di teatroterapia al Teatro Terapeutico di Asylumpólis, in platea, a fare da pubblico a una commedia metateatrale da fare?
CAPOCOMICO IP&RG	In teatro il pubblico è fondamentale. Senza pubblico

non si fa teatro e se non si fa teatro non c'è teatro.

(Nel retroscena, gli attori applaudono il Capocomico, rivolgendogli cerimoniosi apprezzamenti)

CAPOCOMICO IP&RG — Su, su, la commedia metateatrale da fare. Attenzione, signori. Chi è di scena?

UNO (*della Confraternita*) — Noi personaggi psicodrammatisti "Sacconi Neri della Confraternita del Soffio della Morte"?

(Nel retroscena, gli attori ridono e applaudono per burla)

UNO (*della Confraternita*) — Mi dispiace che ridano così, di noi. Se, come qua si afferma, noi si è pubblico, allora per dirla con il Magĭster: «Non può esistere un teatro senza pubblico, mentre può esistere un teatro senza attori».

(Nel retroscena, gli attori s'infuriano)

Si mettano nei panni degli spettatori.

Un attore (*nel retroscena*) — Ma noi siamo Attori, *esclusivamente* Attori, e non spettatori. Lor signori spettatori sanno che cosa prova dentro di sé l'attore dietro le quinte allorché fa lo sforzo di liberarsi di sé, annullandosi, per interpretare ed essere soltanto il personaggio della scena?

UNO (*della Confraternita*) — È l'asimmetria tra la scena e la platea, tra l'attore e gli spettatori, tra chi agisce e chi fruisce, l'imperfezione nel teatro: gli attori che fanno *esclusivamente* gli attori e gli spettatori che fanno *esclusivamente* gli spettatori. Gli attori sul palcoscenico e gli spettatori in platea, divisi tra il di là e il di qua.

Un'attrice (*in platea*) — Ma questo è il teatro!

UNO (*della Confraternita*) — Un certo teatro, ma non è il metateatro pirandelliano o smirnoviano né il teatro in assoluto. Già con Plauto, Shakespeare e Goldoni il procedimento metateatrale, ovvero l'uso della tecnica teatrale del teatro nel teatro, durante una rappresentazione teatrale, i personaggi mettono in scena una seconda rappresentazione all'interno della prima; ma è con Pirandello che – in verità se ne è data più parvenza che concretezza – si fa partecipare il pubblico all'azione del dramma. E però quei certi signori che, nella finzione del *teatro nel teatro*, si presentano al Capocomico per fare la commedia dei *personaggi in cerca d'autore*, mentre lui dirige la prova il secondo atto della commedia *Il giuoco delle parti*, non sono che attori, camuffati da spettatori. Il Magĭster – cito a memoria dal saggio "Storia del metateatro" di Max Ziegler, Critico del Theatre Magazine di Théatropólis, edito da Scarabocchi, Théatropólis, Anno dell'Insofferenza – dice: «Non basta più uno scampolo di partecipazione del pubblico all'azione del dramma; bisogna che il pubblico diventi, assolutamente, ad ogni costo, protagonista dell'azione del dramma, nel ruolo di autore, personaggio, attore regista di se stesso. Si tratta non di una *variazione* ma di una mutazione del procedimento metateatrale. In tal senso, si va dall'azione della finzione nella finzione (l'Attore che fa lo Spettatore) all'azione della realtà nella realtà (lo spettatore che fa l'Autore, l'Opera, il Personaggio, l'Attore e il Regista di sé)».

UNA (*della platea*)
Ma questo è il metateatro di Smirnov e non di Pirandello! L'Autore, l'Opera, il Personaggio, l'Attore, il Regista e il Pubblico rappresentano il teatro e, dato che così è, ognuno faccia la sua parte.

UNA (*della Confraternita*)
Lor signore e signori, tutti, nessuno escluso, hanno letto il capitolo "Teoria e scienza del pubblico in Iosif Smirnov" del saggio di "Storia del metateatro" di Max Ziegler? Signor Capocomico, mi permetto d'informare taluni della platea che il *metateatro* è un espediente teatrale per inscenare una breve rappresentazione all'interno di un dramma, con gli attori che si rivolgono al pubblico o che,

CAPOCOMICO IP&RG

UNA (*della Confraternita*)

UNA (*della platea*)

UNA (*della Confraternita*)

UNA (*della Confraternita*)

fingendo di esserlo, vi s'inseriscono, inscenandovisi, stando in sala o sul palcoscenico. Riferisca qualche esempio celebre al Direttore di scena.

Nella seconda scena del terzo atto dell'*Amleto* di Shakespeare, su suggerimento e guida occulta di Amleto, gli attori di una compagnia, rappresentano a corte la falsariga dell'omicidio perpetrato da Claudio ai danni di Amleto padre. La tecnica metateatrale è usata da Shakespeare anche in diverse altre opere, come ne *La bisbetica domata, Sogno di una notte di mezza estate* e *La tempesta*. Esempio del tentativo di corrispondenza fra la finzione teatrale e la vita reale può invece essere il monologo di Jacques in *Come vi piace*, nel quale egli, paragonando l'esistenza umana ad un evento teatrale, pronuncia la nota frase: «Tutto il mondo è un palcoscenico».

Riferisca qualche esempio celebre in epoca moderna al Direttore di scena.

Oh, è facile risponderle! Sono celebri i drammi di Luigi Pirandello, nei quali la *metateatralità* è pretesto per una riflessione sulle finzioni della realtà sensibile. Pirandello compose una trilogia del *teatro nel teatro*, dedicata ai conflitti autore, capocomico, attori e spettatori e critici, comprendente *Sei personaggi in cerca d'autore, Ciascuno a suo modo* e *Questa sera si recita a soggetto*. In particolare: in *Sei personaggi in cerca d'autore* si rappresenta il conflitto tra Personaggi, Attori e Capocomico, in *Ciascuno a suo modo* si rappresenta il conflitto tra Spettatori e l'Autore e gli Attori e in *Questa sera si recita a soggetto* si rappresenta il contrasto fra Attori e Regista, con il coinvolgimento del pubblico.

Tale trilogia pirandelliana, signor Capocomico, fa parte della "Rassegna del metateatro" programmata

	per celebrare il Centenario del Teatro delle maschere e dei volti di Théatropólis.
CAPOCOMICO IP&RG	Oh, sì, certamente, è vero per davvero! Lor signori, nella funzione di personaggi psicodrammatisti "Sacconi Neri della Confraternita del Soffio della Morte", così come stabilito dalla traccia del copione metateatrale del Magĭster, ravvisano qualche differenza tra il metateatro di Pirandello e di Smirnov?
UNA (*della Confraternita*)	Oh, è più facile a dirsi che a rappresentarsi! Dato che il signor Capocomico non ha tempo da perdere con chi ha tempo da perdere, riferirò, per brevità, che di Pirandello si sa quel che si sa e, pertanto, è vano replicarsi, e che il Magĭster intende liberare lo Spettatore dalla sua gabbia perché si rappresenti sulla scena nel ruolo di Autore, Personaggio, Attore e Regista di sé. La passività, il silenzio e la gabbia dello spettatore, che soffoca dentro di sé l'emozione, senza poterla manifestare, rappresentare e condividere con nessuno in teatro, è una questione cruciale nella riflessione del Magĭster che, insoddisfatto, è critico nei confronti di certuni autori di teatro che inframmezzano, in alcune scende della loro commedia, il personaggio Spettatore recitato da un attore invece di affidare la parte a un autentico spettatore, libero, altresì, di rappresentare a soggetto, così come gli pare, gli scopi del proprio agire. Ed ora, si faccia il *giuoco delle parti* a modo nostro: con gli Attori che fanno gli Spettatori e, viceversa, con gli Spettatori che fanno gli Attori, e *stiamo a vedere che ne avverrà.*

(Gli Attori, irritati, insorgono contro i membri della Confraternita con espressioni offensive)

CAPOCOMICO IP&RG	*Lor signori vogliono scherzare?*
UNA (*della Confraternita*)	*No, che dice mai, signore!*

(Accenna allo zaino che ha sulle spalle)

	Noi non si scherza, e si fa per davvero la *sua* personale tragedia se non ci dà il permesso di fare il provino.
QUESTORE	Che hanno dentro gli zaini caricati sulle spalle?
UNA (*della Confraternita*)	Maschere, costumi da teatro, petardi, trik-tracks, mortaretti, bombette…
QUESTORE	Che tipo di bombette?
UNA (*della Confraternita*)	Granate, bombe a mano, a grappolo, tipo le BLU-97 e Mk-118 Rockeye statunitensi e la britannica BL755 da zaino, bombe.
QUESTORE	Che bombe?
UNA (*della Confraternita*)	Bombe atomiche da zaino, razzi, missili…
QUESTORE	Che missili? Missili statunitensi IRBM Pershing-2 e quelli cruise da crociera BGM-109 Tomahawk da zaino? O missili ex SS-20 sovietici da zaino? O i missili Saramat, i siluri Poseidon a propulsione nucleare da zaino o gli alianti ipersonici Avangard/Yu-71/Yu-74 russi da zaino?
UNA (*della Confraternita*)	Siluri, alianti …Ordigni dai forti effetti suggestivi e tonanti!
POMPIERE	In effetti, la pirotecnia è una rischiosa arte del fuoco effimero e gioioso con sibili, fischi, botti, tuoni, scoppi, detonazioni, deflagrazioni, rimbombi, rintroni, fiamme e fuochi, strepiti, gridi, urli, fumo, cenere!
DIRETTORE DI SCENA	Lor signori scherzano?
UNA (*della Confraternita*)	Noi non si scherza, si fa sul serio! E se non si fa, qui e subito, il provino, si brillerà in aria, finendo tutti in fumo e cenere!

(Scompiglio del pubblico in platea)

UNO (*della platea*)	Signor Questore, arresti i terroristi, imbacuccatisi!
QUESTORE	Finzione, finzione!
UNO (*della platea*)	E lei come fa a esserne certo?
QUESTORE	Sta scritto nella traccia del copione metateatrale di

	Smirnov che ognuno si fa la commedia che gli pare.
UNO (*della platea*)	Sì, la commedia di fare la tragedia!
QUESTORE	Finzione, finzione! In teatro, si fa la finzione perché il teatro è finzione! E, dunque, signore & signori del pubblico, la smettano di impaurirsi: che, se spaventano i pazzi in balconata I, qui si fa il manicomio nel teatro e il teatro del manicomio!
DIRETTORE DI SCENA	Lor signori, imbacuccati, tolgano il disturbo che, qua, non si fanno *provini*!
UNO (*della Confraternita*)	Come no? Nella sua traccia del copione metateatrale, il Magĭster ci ha indicato di sparpagliarci qua e là, in teatro, sul palcoscenico, in platea e sui loggioni, con il compito di inscenarci nel ruolo di personaggi di noi stessi e, perciò, vivi, veri, reali, autentici, esprimendoci liberamente, senza compiere nessun tentativo di controllo cosciente di ciò che – ora emotivo, impulsivo, passionale e ora controllato, impassibile, imperturbabile, ora irrazionale e ora logico – ci passa per la mente.
CAPOCOMICO IP&RG	Si chiarisca per chiarirmi!
UNO (*della Confraternita*)	Si chiarisca da sé che io più chiaro di così non so chiarirle. E ora, così come indicato nella traccia del copione metateatrale del Magĭster, ci consenta di fare il provino del nostro dramma!
CAPOCOMICO IP&RG	Quale dramma?
UNO (*della Confraternita*)	*Sei personaggi in cerca di un capocomico*!
CAPOCOMICO IP&RG	Di certo le è scappato un *lapsus* e che intende riferirsi alla tragicommedia S*ei personaggi in cerca d'autore* di Luigi Pirandello!
UNO (*della Confraternita*)	Nessun *lapsus*. Trattasi, in effetti, del dramma *Sei personaggi in cerca di un capocomico*!
CAPOCOMICO IP&RG	Di quale autore?
UNO (*della Confraternita*)	Che autore?
CAPOCOMICO IP&RG	D'uno qualunque, signore. Un dramma ha sempre un autore!
UNA (*della Confraternita*)	

(Sale sul palcoscenico seguita da un incappucciato)

	Ma qui non c'è nessun autore del dramma da provare!
CAPOCOMICO IP&RG	Ma come, siete qua, seguendo la traccia del copione metateatrale di Smirnov, per fare il provino di un dramma che non ha un autore?
UNO (*della Confraternita*)	Il dramma siamo noi, fatto da noi, che ne siamo i personaggi veri, vivi, reali, concreti, autentici, creati dalla realtà e non dallo spirito di un Autore.
CAPOCOMICO IP&RG	Ma che diavolo dice? *Ma mi facciano il piacere d'andare via, che non abbiamo tempo da perdere coi pazzi!*
UNA (*della Confraternita*)	Faremo i pazzi per davvero, senza finzione, se non ci consentirà di fare il provino del nostro dramma, assai doloroso, e di valutare se siamo meritevoli di ricevere una sua attestazione che ci qualifichi come attori. Ci metta alla prova! Non se ne pentirà!
UN ATTORE (*nel retroscena*)	

(fra i preoccupati commenti degli altri)

	Oh, senti, senti! Ma che è questo capriccio bizzarro dei "Sacconi Neri della Confraternita del Soffio della Morte" di voler teatrare il provino del dramma di sé?
UN'ATTRICE (*nel retroscena*)	Vanità, vanità maniacale di Smirnov di far conferire al suo metateatro il crisma della sacralità da parte dei critici e degli spettatori di teatro!
UN ATTORE (*nel retroscena*)	Di questo passo, se si perverrà, soprattutto con l'uso smodato del metateatro smirnoviano, al totale annullamento della divisione tra Attore e Spettatore, tra palcoscenico e platea, tra spettacolo della finzione dell'Attore in scena e spettacolo della realtà dello Spettatore, a cui si è data la facoltà d'interagire con gli attori e anche di supplirlo, non so che fine da morti di fame faremo noi attori!
UN'ATTRICE (*nel retroscena*)	Andando avanti così, per effetto della moda maniacale del metateatro smirnoviano, finirà che

l'Attore scomparirà del tutto dalla scena e lo Spettatore, assumendo il ruolo di Autore, Personaggio, Attore e Regista, diventerà il sovrano assoluto del teatro! Altro che democrazia teatrale! Qua si instaura la monarchia teatrale, alla rovescia, con il Pubblico sul trono a farla da padrone sugli Autori, i Registi, gli Attori e i Gestori di teatro!

UN ATTORE (*nel retroscena*)   E stiamo a vedere cosa ne avverrà del teatro!

UNA (*della Confraternita*)   Per pietà, signor Capocomico, lei che è l'autorità suprema del palcoscenico, ci sottoponga a un provino, di breve durata – che non abbiamo mai provato sinora per il fatto di stare rinchiusi solitariamente in gabbie separate, chi qua e chi là – e se, su suo inappellabile giudizio critico, ci riterrà idonei, ci farà anche la cortesia di rilasciarci, in copia cartacea, un attestato di qualifica di Attore.

UN'ATTRICE (*nel retroscena*)   Senti, senti! Così inesperti, pretendono con un provino, senza aver frequentato l'Accademia Nazionale d'Arte Drammatica di Théatropólis, senza Diploma di Attore Professionista e senza aver fatto apprendistato in una compagnia teatrale professionale, di porsi sul nostro stesso piano giuridico-amministrativo!

CAPOCOMICO IP&RG   Non è il Tm&vT che rilascia il Diploma di Attore ma l'Accademia Nazionale d'Arte Drammatica di Théatropólis.

UNA (*della Confraternita*)   Eh, sì! Ma come si fa, stando in gabbia, a frequentare l'ANAD per acquisire il Diploma di Attore? In verità, il Magĭster ha proposto al Ministero della Cultura e dello Spettacolo di istituire mediante apposito decreto, la *Scuola DAMS* ad Asylumpólis, per consentire ai reclusi di poter ottenere un diploma in *Discipline delle arti, della musica e dello spettacolo*, legalmente riconosciuto da parte dello Stato; ma finora non ne è venuto fuori niente.

UN ATTORE (*nel retroscena*)   Signora, lei che è un'attrice affermata, ritiene che senza scuola, addestramento e mestiere, un filodrammatico possa diventare un attore?

UN'ATTRICE *(nel retroscena)* Cosa impossibile, soprattutto per un filodrammatico recluso.

GIURECONSULTA

{N.B. Durante lo spettacolo la Giureconsulta interverrà dalla platea}

Con i permessi premio (art. 27-bis, 9° comma dell'Ordinamento penitenziario …bla, bla, bla … In giurisprudenza, la Corte costituzionale indica una concezione "plurifunzionale" del permesso premio …bla, bla, bla… incentivo alla collaborazione del detenuto con l'istituzione carceraria, che è esso stesso strumento di rieducazione che consente un iniziale reinserimento del condannato nella società, …bla, bla, bla… in conseguenza dell'assenza di particolare pericolosità sociale, seguendo alcuni codici di condotta durante la detenzione, …bla, bla, bla… per il costante senso di responsabilità e di correttezza nel comportamento personale, …bla, bla, bla… il Magistrato di Sorveglianza, sentito il Direttore dell'Istituto Penitenziario, può concedere al recluso il permesso premio di durata non superiore a due settimane per consentirgli di coltivare interessi affettivi, culturali e di lavoro … bla, bla, bla… e però… bla, bla, bla… siccome che…. bla, bla, bla.

UN'ATTRICE *(nel retroscena)* E, allora, i filodrammatici della Confraternita, considerato che non potranno usufruire di permesso premio a ripetizione né di lavorare in orari non convenzionali né di spostarsi spesso per le tournée teatrali, che richiedono periodi più o meno lunghi, che se ne fanno del titolo di Attore parificato?

UN ATTORE *(nel retroscena)* A intrattenere i detenuti nell'ora d'aria, fuori dalle loro celle!

UN'ATTRICE *(nel retroscena)* Ah, che altezzosi, arroganti, boriosi, presuntuosi, superbi questi aspiranti a farsi divi dello spettacolo dal vivo, piombati qua imbacuccati con l'intenzione di imporre la loro vanesia al Direttore di scena e, in caso di diniego alla loro proposta di fare il provino, si arrostirlo come agnello sacrificale sul sacro altare del teatro, in dono al loro dio psicodrammatista terapeuta Smirnov!

UNA (*della Confraternita*) Non siamo mica degli *ingabbiati* ergastolani! Usciremo eccome, prima o dopo, dalla gabbia! Nel frattempo, con i permessi premio, come ottenuto in questa occasione, potremmo imparare l'arte del teatrare e tentare di volare alto.

UN ATTORE (*nel retroscena*) Volare in alto, una volta usciti dalla gabbia, con i permessi premio? Suvvia, non scherziamo! Altro che responsabilità, correttezza, rieducazione, assenza di particolare pericolosità e reinserimento sociale del condannato! Questi "Sacconi Neri della Confraternita del Soffio della Morte" sono dei terroristi armati e minacciano di bruciare il signor Capocomico, il Direttore di scena, il Tm&vT e di farci saltare tutti in aria riducendoci a fumo e cenere! Si sa che l'infiltrazione del crimine organizzato fa reclutamento e proselitismo tra i detenuti, ostacolando così il perseguimento di concrete finalità rieducative della pena e trasformando il carcere in una vera e propria scuola del crimine, una università del delitto!

CAPOCOMICO IP&RG (agli attori) Silenzio!

GIURECONSULTA Occorre che il Governo intervenga legislativamente per consentire una corretta organizzazione del regime detentivo, rendendolo differenziato: a cominciare con la identificazione, classificazione, diversificazione e gestione della popolazione carceraria in base ai vari livelli di pericolo. È evidente che, se un poveraccio va a finire in carcere tra i pericolosi criminali organizzati o anche tra i delinquenti comuni di minore gravità, finirà per

	imparare l'arte del crimine.
UN ATTORE (*nel retroscena*)	O del terrorismo, anziché del teatro, come accaduto ai "Sacconi Neri della Confraternita del Soffio della Morte", che profittano dei *permessi premio* – chissà come li avranno ottenuti – per agire all'esterno delle mura carcerarie criminalmente, per ottenere con la prepotenza ciò che si vuole, a tutti i costi o la va o la spacca, come, qui, da loro affermato.
UNO (*della Confraternita*)	Lei, chiunque sia, più che strambo, è pazzo!
UNO (*della platea*)	Il fatto è che, quando si è in gabbia, in genere, si finisce, anche se innocenti, per imparare l'arte del crimine e, infine, di restarci a vita.
UNO (*della Confraternita*) (*a uno della platea*)	Non provochi o la strozzo, o la sgozzo, o le faccio saltare le cervella con un colpo di rivoltella!
UNO (*della platea*)	Altro che buona condotta e reinserimento sociale! Vadano in manicomio a fare teatroterapia con i pazzi e non qua al Tm&vT con gli attori.
UNA (*della platea*)	Che poteva uscire di buono dai personaggi dello spirito di Smirnov?
UNA (*della Confraternita*)	Punto morto. Situazione di stallo. Si cambia strategia: è ora di passare dalle buone alle cattive maniere. Noi psicodrammatisti "Sacconi Neri della Confraternita del Soffio della Morte" non siamo personaggi dello spirito del Magĭster ma delle nostre disgrazie.
UNO (*della Confraternita*)	Se il Magĭster non si fosse ingegnato a metterci nella traccia del suo copione metateatrale per trovare il modo di renderci *liberi*, ora staremmo *dentro* nella gabbia anziché *fuori*, nel regno della libertà del teatro.
PUBBLICO (*delle balconate*)	Smirnov! Smirnov! Smirnov! Smirnov, libera tutti! Smirnov, libera tutti! Smirnov, libera tutti!
UNO (*della Confraternita*)	Basta così! O qua si fa – subito! – il provino del dramma *Sei personaggi in cerca di un capocomico* o

si fa la morte!

DIRETTORE DI SCENA   Lor signore e signori ma questa è follia, pura!

PUBBLICO (*delle balconate*)   Un provino! Un provino! Un provino!

CAPOCOMICO IP&RG   Non si può, non si può.

PUBBLICO (*delle balconate*)   Un provino! Un provino! Un provino!

DIRETTORE DI SCENA   Se non si può, non si può. Non insistano! Sappiano che qui al Tm&vT vige la regola di non poter teatrare alcunché sul palcoscenico senza l'autorizzazione del signor Capocomico o, in sua vece, del Direttore di scena?

UNO (*della Confraternita*)   Sissignore! Ma sta scritto nella traccia del copione metateatrale del Magĭster di chiedere al signor Capocomico il permesso di fare il provino, ad ogni costo e costi quel che costi. E noi, a soggetto, aggiungiamo: con le buone o con le cattive maniere!

DIRETTORE DI SCENA   Lor signori, scherzano?

UNO (*della Confraternita*)   *No, signore!* Sta pure scribacchiato nella traccia del copione metateatrale del Magĭster che noi non si scherza mai e si fa sempre sul serio.! E se lei, signore, che è un disgraziato degente della Comunità terapeutica riabilitativa psichiatrica in prova d'apprendistato nel ruolo di Direttore di scena, vuole finire in tragedia?

USCERE   Signor Commendatore, mi sa che questi "Sacconi Neri della Confraternita del Soffio della Morte", apprendisti attori, fanatici terroristi del metateatro smirnoviano, sono, per davvero, dei pazzi.

UNA (*della Confraternita*)   Pazzi! Sì, pazzi! E che per pazzia può succedere che una pallottola della rivoltella sparata dal mio fratellino possa colpire il cuore del signor Capocomico o conficcarsi dritto, dritto, sulla fronte del Direttore di scena o sulla boccaccia del Comprimario.

USCERE   Ohé, si sta fingendo, nevvero?

UNO (*della Confraternita*)   *No, che dice mai, signore!* Noi personaggi psicodrammatisti "Sacconi Neri della Confraternita del Soffio della Morte", così come stabilito nella traccia del copione metateatrale del Magĭster non si finge mai, se non fingendo di fingere!

QUESTORE — Ma no, ma no, non gli si dia retta: finzione, finzione!

UNA (*della Confraternita*) — Finzione? Finta finzione, realtà, realtà per davvero!

QUESTORE — No, no, finzione, finzione, perché il teatro è finzione e la finzione è teatro e legge del teatro.

UNA (*della Confraternita*) — Non sa il signor Questore che con Smirnov in teatro anziché la finzione si fa la finzione della finzione?

QUESTORE — Ovvero?

UNA (*della Confraternita*) — Ovverosia, la finta finzione, la realtà, la realtà per davvero.

QUESTORE — Mah, al solito, qua al Tm&vT, ognuno si fa le legge per sé come gli pare e stiamo a vedere che ne avverrà.

UNA (*della platea*) — In verità, Smirnov ha il controllo teatrale degli attori e del pubblico: variamente persuasi e sollecitati a fare la commedia metateatrale finalizzata agli scopi del suo agire: che è quello di realizzare per sé la fama e la gloria artistica per l'eternità.

UNO (*della platea*) — Eh, già! Smirnov! Eccolo là, accomodato sul trono del Potere, nella cabina di regia, che, pigiando i tasti *PAUSE*, STOP/EJECT, FF, REW, PLAY e REC, gioca a tessere il *fare* e a disfare il *fatto*.

UNO (della balconata III) — Dio, che Dio, Smirnov! Che onnipotenza!

Un filodrammatico resiliente — Ma se Smirnov non c'è nella cabina di regia?

UNO (*della platea*) — Oh, lui appare e scompare dal nulla al nulla in un nulla ma è onnipresente, ci spia,

I filodrammatici resilienti — … guarda, osserva, sorveglia, scruta, vigila, tiene d'occhio, non ci perde di vista, ci fissa, squadra, controlla, …

UNO (*della platea*) — ci origlia,

I filodrammatici resilienti — … ascolta di nascosto,

UNO (*della platea*) — ci esamina,

I filodrammatici resilienti — … studia…

UNO (*della balconata II*) — per stimolarci,

I filodrammatici resilienti — … consigliarci, suggerirci, raccomandarci, proporci,

	incitarci, esortarci, prescriverci, rammentarci, imbeccarci, indicarci, darci, consegnarci, affidarci, assegnarci, recapitarci, offrirci, incoraggiarci, invogliarci, persuaderci, individuarci, determinarci,
UNO (*della balconata II*)	a ideare,
I filodrammatici resilienti	... immaginare, creare, concepire, progettare, abbozzare, architettare, tessere, tracciare, tramare, macchinare, ordire, intrigare, complottare, avviare, cominciare, iniziare, principiare,
UNO (*della balconata II*)	la commedia da fare.
UNO (*della Confraternita*)	Insomma, basta! È giunta l'ora: se il signor Capocomico non ci autorizza a fare il provino del nostro dramma, noi si fa il provino o si fa la tragedia reale, per davvero e non per finta, del signor Capocomico e del Direttore di scena! E si fa sul serio, senza scherzi e senza finzione! Su, su, il provino della rivoltella.

(Uno della Confraternita estrae dalla tasca una rivoltella e la punta verso il Capocomico IP&RG)

CAPOCOMICO IP&RG	Ci minaccia?
UNO (*della Confraternita*)	Sissignore! Punto esclamativo e a capo.
CAPOCOMICO IP&RG	Mi si induce? Punto interrogativo e a capo.
UNA (*della Confraternita*)	La si costringe, eccome! Punto esclamativo e a capo.
UNO (*della Confraternita*)	Insomma, o si fa così o si fa così! Costi quel che costi, a tutti i costi! Punto esclamativo e a capo.
DIRETTORE DI SCENA	Criminali! Manicomio! Punto esclamativo e a capo.
GIURECONSULTA	Signor Questore, il reato di minaccia previsto e punito dall'art. 792 del Codice penale recita: «La minaccia è un delitto contro la libertà individuale della persona punito con una multa (fino a 1.062 euro) e, nei casi più gravi (previsti dal secondo comma dell'art. 792 c.p.), con la reclusione fino a 9 mesi».
DIRETTORE DI SCENA	Signor Questore, intervenga e comandi ai suoi poliziotti di arrestate i "Sacconi Neri della Confraternita del Soffio della Morte"!

QUESTORE — Ma no, ma no, non gli si dia retta: finzione, finzione!

UNA (*della Confraternita*) — Finzione? Finta finzione, realtà, realtà per davvero!

QUESTORE — No, no, finzione, finzione, perché il teatro è finzione e la finzione è teatro e legge del teatro.

UNA (*della Confraternita*) — Non sa il signor Questore che con Smirnov in teatro anziché la finzione si fa la finzione della finzione?

QUESTORE — Ovvero?

UNA (*della Confraternita*) — Ovverosia, la finta finzione, la realtà, la realtà per davvero.

QUESTORE — Mah, al solito, qua al Tm&vT, ognuno si fa le legge per sé come gli pare e stiamo a vedere che ne avverrà.

CAPOCOMICO IP&RG — Mi minaccia di morte se non autorizzo lor signori Sacconi Neri di fare il provino di *Sei personaggi in cerca di un capocomico* che non ha un autore?

UNA (*della Confraternita*) — Insiste ancora con l'autore del nostro dramma!

CAPOCOMICO IP&RG — Ma un dramma deve per forza avere un autore!

UNO (*della Confraternita*) — Se il nostro dramma non ha un autore, non significa che non c'è.

CAPOCOMICO IP&RG — E se il dramma c'è, chi ne è autore?

UNO (*della Confraternita*) — Che intende significare per autore?

CAPOCOMICO IP&RG — Nello specifico, un autore di teatro è colui che inventa un dramma, una tragedia, una commedia, una farsa.

UNA (*della Confraternita*) — Il fatto è, signor Capocomico, che il nostro dramma, assai doloroso, non è stato inventato dalla fantasia di un Autore.

CAPOCOMICO IP&RG — Ah, no?

UNA (*della Confraternita*) — No, perché si è fatto da sé ed è accaduto da sé.

CAPOCOMICO IP&RG — Come fa un dramma a farsi da sé e ad accadere da sé, senza che un autore lo abbia creato per destinarlo alla rappresentazione teatrale?

UNO (*della Confraternita*) — Finiamola, finiamola questa farsa dell'autore e iniziamo la tragedia da fare!

CAPOCOMICO IP&RG — *Lor signori vogliono scherzare?*

UNO (*della Confraternita*) — *No, che dice mai, signore!*

DIRETTORE DI SCENA — Ohé, laggiù, si finge, nevvero?

UNA (*della Confraternita*)	Ohilà, lassù! Noi personaggi psicodrammatisti "Sacconi Neri della Confraternita del Soffio della Morte", per davvero, non si scherza mai e se si finge si finge fingendo di fingere!
QUESTORE	Ma no, ma no, non gli si dia retta: finzione, finzione!
UNA (*della Confraternita*)	Finzione? Finta finzione, realtà, realtà per davvero!
QUESTORE	No, no, finzione, finzione, perché il teatro è finzione e la finzione è teatro e legge del teatro.
QUESTORE	Ovvero?
UNA (*della Confraternita*)	Ovverosia, la finta finzione, la realtà, la realtà per davvero.
QUESTORE	Mah, al solito, qua al Tm&vT, ognuno si fa le legge per sé come gli pare e stiamo a vedere che ne avverrà.
CAPOCOMICO IP&RG	Beh, se è così che si fa la finzione smirnoviana, la pazzia è un'assurdità improponibile e irrappresentabile!
UNO (*della Confraternita*)	*Oh, signore, lei sa bene che la vita è piena d'infinite assurdità, le quali sfacciatamente non hanno neppure bisogno di parer verosimili; perché sono vere.*
Il capocomico	*Ma che diavolo dice?*
UNA (*della Confraternita*)	*Dico che può stimarsi realmente una pazzia, sissignore, sforzarsi di fare il contrario; cioè, di crearne di verosimili, perché pajano vere. Ma mi permetta di farle osservare che, se pazzia è, questa è pur sempre l'unica ragione del loro mestiere.*

(Gli Attori protestano)

Il capocomico (alzandosi e squadrandolo)	*Ah, sì! Le sembra un mestiere da pazzi, il nostro?*
UNO (*della Confraternita*)	*Eh, far parer vero quello che non è; senza bisogno, signore: per giuoco... Non è loro ufficio dar vita sulla scena a personaggi fantasticati?*
Il capocomico	

(subito, facendosi voce dello sdegno crescente dei suoi attori)

	Ma io la prego di credere che la professione del comico, caro signore, è una nobilissima professione! Se oggi come oggi i signori commediografi nuovi ci dànno stolide commedie e fantocci invece di uomini, sappia che è nostro vanto aver dato vita – qua, su queste tavole – a opere immortali!
UNA (*della Confraternita*)	Ma, signor Capocomico, il nostro dramma *Sei personaggi in cerca d'un capocomico* è un'opera immortale!
CAPOCOMICO IP&RG	Ah, sì? Tutti gli autori di teatro pensano che le loro opere siano immortali e che meritano di essere pubblicate dai più grandi editori e rappresentate nei più prestigiosi teatri. Facile a dirsi se non lo di dimostra!
UNA (*della Confraternita*)	E allora ci consenta di dimostrarglielo!
PUBBLICO (*delle balconate*)	Alla prova, alla prova! Lo si dimostri! Lo si dimostri!

(I Sacconi Neri si tolgono lo zaino dalle spalle poggiandoli ai loro piedi)

DIRETTORE DI SCENA	Chi gliel'ha conficcato nella mente che il loro dramma *Sei personaggi in cerca d'un capocomico* è un'opera immortale?
UNO (*della Confraternita*)	Il Magĭster!
CAPOCOMICO IP&RG	Lor signori non insistano! Se non si può, non si può!
UNA (*della Confraternita*)	Scusi, signor Capocomico, mi sa che qui non si sia inteso quel che è da intendersi!
CAPOCOMICO IP&RG	Che c'è da intendersi di quel che qui non si è né scarsamente né appieno inteso?
UNA (*della Confraternita*)	Signore, noi, dato che noi si svolazza sparpagliati di qua e di là, ognuno nella propria gabbia, dopo aver, per proprio conto, letto e riletto e imparato a memoria le nostre parti di personaggi dell'antefatto contenuto nel copione del nostro dramma *Sei personaggi in cerca di un capocomico*, il Magĭster ci ha conficcato in capo l'idea, ormai divenuta un'ossessione, di provarlo, tutti insieme, per la prima volta, sotto la direzione del signor Capocomico.

CAPOCOMICO IP&RG   Smirnov, il meta-teatrista del nihilismo!

UNO (*della Confraternita*)   Si ricordi che Smirnov, nel messaggio che le ha inviato tramite il cellulare dell'Uscere, ha scritto: «Fintanto che permane l'astensione dal lavoro degli Attori, il pubblico, nel ruolo di Autore, Personaggio, Attore e Regista, potrà fare la propria commedia e anche, volendo e sapendo farlo, inframmezzarla, a ruota libera, senza usare i freni, senza controllo, senza timori né ritegno, in *Sei personaggi in cerca d'autore* per il conseguimento dei propri scopi e *stiamo a vedere che cosa ne avverrà*». CAPOCOMICO

CAPOCOMICO IP&RG   Eh, già, vero, vero.

UNO (*della Confraternita*)   Signor Capocomico, ecco, noi, io, il *padre*, e lei, mia moglie, la *madre*,

(indicandola con il dito indice della mano sinistra)

e l'altra, quella là, la *figliastra*,

(indicandola con il dito indice della mano destra)

siamo dei reclusi dell'Istituto Penitenziario di Asylumpólis,

PUBBLICO (*della platea*)   Oh!

UNO (*della Confraternita*)   ... i miei figliastri minori, lui, il giovinetto, al Riformatorio Giudiziario di Asylumpólis,

(indicandolo con il dito indice della mano sinistra)

PUBBLICO (*della platea*)   Oh!

UNO (*della Confraternita*)   ... e lei, la bambina,

(indicandola con il dito indice della mano sinistra)

presso una Casa-Famiglia di Asylumpólis.

PUBBLICO (*della platea*)   Oh!

UNO (*della Confraternita*)   Se ne faccia carico, signor Capocomico!

CAPOCOMICO IP&RG   Non si può, non si può, signor *padre recluso*!

DIRETTORE DI SCENA   Ohé, laggiù, lor signori se ne faccia una ragione; se

	il signor Capocomico dice che non si può, è perché non si può; e se non si può non si può!
UNO (*della Confraternita*)	O si fa il provino o brucino il signor Capocomico, il Direttore di scena e il Comprimario!
CAPOCOMICO IP&RG	*Lor signori vogliono scherzare?*
UNO (*della Confraternita*)	*No, che dice mai, signore!* Noi personaggi psicodrammatisti "Sacconi Neri della Confraternita del Soffio della Morte" non si scherza mai!
QUESTORE	No, no, finzione, finzione, perché il teatro è finzione e la finzione è teatro e legge del teatro.
UNA (*della Confraternita*)	Non sa il signor Questore che con Smirnov in teatro anziché la finzione si fa la finzione della finzione?
QUESTORE	Ovvero?
UNA (*della Confraternita*)	Ovverosia, la finta finzione, la realtà, la realtà per davvero.
QUESTORE	Mah, al solito, qua al Tm&vT, ognuno si fa le legge per sé come gli pare e stiamo a vedere che ne avverrà.
DIRETTORE DI SCENA	Ohé, si scherza o si fa sul serio? Si far per davvero o si gioca alla paura?
UNA (*della Confraternita*)	Si far per davvero sul serio! Ci converrà a questo punto dare retta a Jean-Jacques Rousseau allorché, nella *Lettre sur le spectacles*, condanna i teatri e privilegia invece la festa. E che bruci il Tm&vT insieme al Capocomico e al Direttore di scena!

(rivolgendosi ai familiari)

Su, su, facciamo festa con i candelotti pirotecnici! Sentiranno che boato! Vedranno che fuochi d'artificio! Vedranno come si salta tutti in aria, scoppiando nelle tenebre, colorandosi gioiosamente di morte nel fuoco dell'inferno e finendo in fumo, polvere e nel nulla del nulla!

(Qualcuno del pubblico della platea grida)

QUESTORE	Finzione! Finzione! Non le si creda! È teatro, è

teatro! Tranquilli, tranquilli, che allo spegnersi nel nulla dei fuochi d'artificio del metateatro smirnoviano, gli autori, i registi e gli attori torneranno a fare il loro mestiere appieno e gli spettatori se ne staranno comodi in poltrona, trattenendo in sé, con sé e per sé, la loro intima realtà del qui e ora.

UNA (*della Confraternita*) Su, su, si fa il provino *dei fuochi d'artificio*, così come indicato nella traccia del copione metateatrale di Smirnov nel caso che il Capocomico non conceda ai filodrammatici della Confraternita il permesso di svolgere il provino del loro dramma *Sei personaggi in cerca d'un capocomico*! Piazziamo i pacchetti di dinamite e facciamo saltare in aria il teatro.

DIRETTORE DI SCENA Ohé, laggiù, si finge per finta, nevvero?

UNO (*della Confraternita*) Ohilà, lassù! Noi personaggi psicodrammatisti "Sacconi Neri della Confraternita del Soffio della Morte", per davvero, non si scherza mai e se si finge si finge fingendo di fingere!

DIRETTORE DI SCENA Vigili del fuoco, pompieri, all'erta e pronti a intervenire!

UNO (*della Confraternita*) I mezzi cattivi sono giustificati dal fine buono. Su, su, si comincia! Si comincia il provino dei fuochi d'artificio!

PUBBLICO (*della balconata I*) Nerone! Nerone! Nerone! Al rogo il Capocomico, il direttore di scena, il Comprimario, gli attori e il pubblico della platea! Bruci il teatro!

UNO (*della Confraternita*) Su, su, si faccia il provino dei fuochi d'artificio!

(Il Padre e la Figliastra salgono sul palcoscenico, svuotano gli esplosivi dagli zaini e li collocano qua e là, e finanche dietro le quinte, mentre gli altri della famiglia fanno la medesima cosa in platea)

DIRETTORE DI SCENA Al riparo, al riparo! Fuori dalla scena! Questi pazzi incappucciati fanno sul serio!

(Fuggi, fuggi del pubblico della platea)

QUESTORE (*gridando*) Non fuggano, non fuggano! Non gli si dia retta: si tratta di una finzione metateatrale smirnoviana!

(Quelli delle balconate ridono)

UNO (*della Confraternita*) Attenzione, signore & signori. Chi è di scena?

UNA (*della Confraternita*) Nessuno!

UNO (*della Confraternita*) Chi manca?

UNA (*della Confraternita*) Fuorché gli assenti, restano in teatro gli ospiti delle balconate, qualche funzionario dello Stato, alcuni critici e cronisti della carta stampata, taluni attori e attrici della Compagnia, i filodrammatici resilienti, lo staff di Canale TVTT e uno sparuto numero di dipendenti del Tm&vT.

(Alcuni candelotti sprizzano luce e fumo dalla III balconata)

PUBBLICO (*delle balconate*) Si salta in aria e si va tutti a fuoco! Si va tutti a fuoco e si salta in aria! Con le bombette e i missili pronti all'uso si va in fumo e cenere. Pulviscolo! Atomizzazione! Irradiazione! Buio! Più nulla. Il nulla. Più nulla. Nulla!

CAPOCOMICO IP&RG Beh, se è così che si fa la finzione smirnoviana, i Sacconi Neri della Confraternita del Soffio della Morte ne hanno di ragioni per rendersi davvero convincenti! Fermino, dunque, la loro pazzia, che è di qualità superiore alla normale e lucida pazzia dei pazzi, e si concerti, si concerti un accordo di un provino per provare il provino del loro dramma *Sei personaggi in cerca d'un capocomico*! Punto e a capo! È chiaro?

UNO (*della Confraternita*) Più chiaro di così, si finisce per essere accecati dalla luce. Il Capocomico ci guiderà nella consistenza dell'accordatura allorché noi si farà l'apparenza dell'anticipo del un provino del nostro dramma *Sei personaggi in cerca d'un capocomico*!

(Applauso dalle balconate e grida di evviva)

CAPOCOMICO IP&RG Che pronta risoluzione! Dovuta di certo al suo elevato quoziente intellettivo.

UNA (*della Confraternita*) Ma no, ma no, quale elevato quoziente d'intelligenza, che non ce n'è in quella zucca insipida incappucciata di quello là,

(indicando il Padre con il dito indice della mano destra)

ma soltanto il residuo di un abbaglio della luce archetipica della conoscenza che Dio, allorché gli riesce di darsi compassionevole, pietoso, misericordioso, caritatevole e benevolo, irradia agli stolti e non ai savi.

UNO (*della Confraternita*) Ma che sproloqui?

UNA (*della Confraternita*) Altrimenti, dicasi un'intuizione, banale, fortuita. Punto e a capo. A lei l'incipit.

CAPOCOMICO IP&RG E allora che si principi l'opera da fare. Alle mie domande, rispondano con un *sì*, un *no* e un *non so*, un *forse* e un *così e così*. Sanno recitare?

UNO (*della Confraternita*) Così e così.

CAPOCOMICO IP&RG Sanno seguire con molta attenzione le battute degli attori?

UNO (*della Confraternita*) No.

CAPOCOMICO IP&RG Sanno replicare prontamente alla battuta dell'attore?

UNO (*della Confraternita*) No.

CAPOCOMICO IP&RG Sanno dare la battuta?

UNO (*della Confraternita*) No.

CAPOCOMICO IP&RG Sanno suggerire la battuta all'attore, senza farvene accorgere dal pubblico?

UNO (*della Confraternita*) No.

CAPOCOMICO IP&RG Sanno essere pronti e arguti a interagire con il pubblico?

UNO (*della Confraternita*) Sì.

CAPOCOMICO IP&RG Sanno che cos'è la recitazione a soggetto?

UNO (*della Confraternita*) Sì!

CAPOCOMICO IP&RG Reciti *a soggetto* la definizione della recitazione a soggetto.

UNO (*della Confraternita*) La recitazione *a soggetto* è quella tecnica che

	permette agli attori di stare sul palcoscenico senza un vero e proprio copione da ripetere ma inventano sul momento dialoghi e colpi di scena.
CAPOCOMICO IP&RG	Uhm, però, parla come un enciclopedico! Suppongo, per opera di Smirnov, che è riuscito a riempire di sapienza il vuoto del suo cranio.
UNA (*della Confraternita*)	Nossignore! In verità, il Patrigno/Padrone attinge le informazioni da Wikipedia, l'enciclopedia libera online che si regge grazie al volontariato culturale gratuito dei suoi collaboratori.
CAPOCOMICO IP&RG	S'impegneranno a trasformare il proprio fisico in conformità al personaggio?
UNO (*della Confraternita*)	Sì.
CAPOCOMICO IP&RG	Sapranno adattarsi alle esigenze di copione?
UNO (*della Confraternita*)	Sì.
CAPOCOMICO IP&RG	Sapranno eliminare ogni tensione personale ed entrane nella parte dei personaggi?
UNO (*della Confraternita*)	Sì.
CAPOCOMICO IP&RG	Sapranno abbandonarsi completamente al ruolo e a gestire il corpo, la gestualità e la vocalità?
UNO (*della Confraternita*)	Sì.
CAPOCOMICO IP&RG	Sapranno meravigliare ed emozionare il pubblico?
UNO (*della Confraternita*)	Sì.
CAPOCOMICO IP&RG	Attenzione, signori. pronti a intervenire?
UNA (*della Confraternita*)	In un baleno, a fulminarla di stupore.
I filodrammatici resilienti	Incredulità, disorientamento, meraviglia, sbalordimento, sorpresa.
CAPOCOMICO IP&RG	Signor Padre, dia la battuta.
UNO (*della Confraternita*)	Che battuta?
CAPOCOMICO IP&RG	La battuta che dice: «Attenzione, signore & signori. Chi è di scena?». La replichi!
UNO (*della Confraternita*)	«Attenzione, signore & signori. Chi è di scena?».
CAPOCOMICO IP&RG	Ed ora, un altro incappucciato risponda: «I personaggi psicodrammatisti "Sacconi Neri della Confraternita del Soffio della Morte"».
UNA (*della Confraternita*)	«I personaggi psicodrammatisti "Sacconi Neri della

Confraternita del Soffio della Morte"».

CAPOCOMICO IP&RG   *E dov'è il copione?*

UNO (*della Confraternita*)   Vuol farci intendere che il Capocomico non ha il copione del nostro dramma, assai doloroso?

CAPOCOMICO IP&RG   E come posso averlo se non l'ho ricevuto?

UNO (*della Confraternita*)   Cosa? Il Magĭster non gliel'ha recapitato?

CAPOCOMICO IP&RG   Direttore di scena ha preso lei il copione da Smirnov?

DIRETTORE DI SCENA   Nossignore.

(rivolgendosi agli attori nel retroscena)

E lor signori ne sanno niente?

UN ATTORE   Niente di niente.

DIRETTORE DI SCENA   Signore, non può chiedere il copione al regista?

CAPOCOMICO IP&RG   Smirnov non è in sala.

DIRETTORE DI SCENA   Come fa a esserne certo?

CAPOCOMICO IP&RG   Lo si percepisce dal pubblico quando il Magĭster è in sala.

DIRETTORE DI SCENA   Capocomico, mi scusi per il limite della mia pochezza, ma come fa il pubblico nel buio a percepire la presenza del Magĭster?

UNA (*della Confraternita*)   Per il carisma del Magĭster.

DIRETTORE DI SCENA   Che carisma?

UNA (*della Confraternita*)   Che carisma? La luce e il calore che emana lo spirito del Magĭster. Che carisma? L'autorità, la saggezza, le teorie, il prestigio e il fascino del Magĭster.

DIRETTORE DI SCENA   Signori, come potrà il Capocomico assistere, dirigere, esaminare, valutare lor signor Sacconi Neri senza il copione del dramma *Sei personaggi in cerca d'un capocomico.*

CAPOCOMICO IP&RG   E già! Appunto! Punto e capo.

UNA (*della Confraternita*)   Sparito un copione se ne fa un altro.

CAPOCOMICO IP&RG   E, allora, se lor signori vogliono entrare nel mondo del teatro, si diano da fare a riscriverlo.

UNA (*della Confraternita*)   No, no, non noi, ma lei signor Capocomico!

CAPOCOMICO IP&RG   Io?

UNA (*della Confraternita*)	Ma sì, il copione serve a lei per guidarci nel un provino e non a noi che ce l'abbiamo in testa.
UNO (*della Confraternita*)	*Ma sì, sia lei, a scriverlo!*
Il capocomico	*Io? Ma che dice?*
UNO (*della Confraternita*)	*Sì, lei! lei! Perché no?*
Il capocomico	*Perché non ho mai fatto l'autore, io!*
UNO (*della Confraternita*)	*E non potrebbe farlo adesso, scusi! Non ci vuol niente. Lo fanno tanti! Il suo compito è facilitato dal fatto che siamo qua, tutti, vivi davanti a lei,* e potremo cominciare col narrarle il copione che è in noi, signore, e lei ricavarne una bozza e metterci alla prova, dopodiché si potrà procedere a stilare la traccia del copione metateatrale di Smirnov.
Il capocomico	*Ma non basta!*
UNO (*della Confraternita*)	*Come non basta?*
Il capocomico	*... ci vorrà sempre qualcuno che lo scriva!*
UNO (*della Confraternita*)	*Basterà stendere in prima, appena appena, una traccia del copione – e provare!*
Il capocomico	*Eh, quasi quasi, mi tenta... Così, per un giuoco... Si potrebbe davvero provare...*
UNO (*della Confraternita*)	*Ma sì, signore! Vedrà che* un provino ne verrà *fuori!*
UNA (*della Confraternita*)	Cominci!
Il capocomico	*Mi tenta... mi tenta. Proviamo un po'... Vediamo, tentiamo... Forse potrà venir fuori veramente qualcosa di straordinario...*
UNO (*della Confraternita*)	*Ma senza dubbio!*
UNA (*della Confraternita*)	Sarà meglio, non crede? coinvolgere anche loro.

(Indicherà gli altri della Confraternita, in platea)

Il capocomico	Sì, vengano!

(Gli altri della Confraternita salgono sul palcoscenico)

	Direttore di scena, si procuri qualche penna e una risma di fogli A 4 e solleciti il Suggeritore a rientrare in scena.
DIRETTORE DI SCENA	Sissignore! Subito!

(Esce)

UN ATTORE (nel retroscena)	Che vuol fare?
UN'ATTRICE	Vuol mettersi a scrivere, in fretta e furia, un copione, su narrazione, prestandosi a dare ascolto a dei criminali!
L'ATTRICE GIOVANE	*La vanità! La vanità di figurare da autore…*
Il primo attore	*Ma cose inaudite! Se il teatro, signori miei, deve ridursi a questo…*
Un quinto attore	*Io mi ci diverto!*
Il terzo attore	*Mah! Dopo tutto, stiamo a vedere che cosa ne nasce.*

(Entrano il Suggeritore e il Direttore di scena con la risma di fogli)

SUGGERITORE *(entrando)*	Pronto per servirla, signor Capocomico!
CAPOCOMICO IP&RG	Suggeritore, se la sente di stenografare?
SUGGERITORE	*Stenografare?… Non saprò suggerire; ma la stenografia…*
CAPOCOMICO IP&RG	*Ma allora di bene in meglio!* Si faccia consegnare dal Direttore di Scena una penna e una risma di fogli *A4*; si cerchi una sedia e si sieda là, di fronte ai Sacconi Neri. Mi raccomando, scriva il dettato senza apportarvi variazioni: né di parole né di punteggiatura. Chiaro?
SUGGERITORE	Chiarissimo! E per rassicurarla di aver capito come funziona l'interpunzione mi proverò a dimostrarglielo.

(Scrive una frase su un foglio e, mostrandola, la legge)

«Il Capocomico disse l'Autore è un idiota».

(Rivolgendosi ai Sacconi Neri)

	Che si capisce?
UNA *(della Confraternita)*	Così come scritta, senza punteggiatura, non si capisce chi è l'asino tra il Capocomico e l'Autore.

(*Il Suggeritore scrive la stessa frase di prima inserendovi un paio di virgole e la mostra*)

SUGGERITORE	«Il Capocomico, (virgola) disse l'Autore, (virgola) è un idiota». In tal caso, chi è l'idiota tra il Capocomico e l'Autore?
UNO (*della Confraternita*)	L'idiota è il Capocomico!
UNA (*della balconata III*)	Bravo, al pari della prof Chiara Concisa. Suggerisco di applaudire l'incappucciato.

(*Applauso dalle balconate*)

SUGGERITORE	Se però scrivo: «Il Capocomico disse: (due punti) l'Autore è un idiota»; in tal caso, chi è l'idiota?
UNA (*della Confraternita*)	L'idiota è l'Autore.
UNA (*della balconata III*)	Brava, al pari della prof Chiara Concisa. Suggerisco di applaudire l'incappucciata!
CAPOCOMICO IP&RG	Su, su, signori, cominciamo. Lor signore e signori della Confraternita raccontino rapidamente le loro storie, che qua non c'è tempo da perdere. Suggeritore, sa come scrivere un copione?
SUGGERITORE	Se sto qui per imparare a farlo!
CAPOCOMICO IP&RG	Mi raccomando, indichi gli umori, le posture, le movenze, le azioni e le entrate e uscite dei personaggi. E sii veloce perché, se tralascia di scrivere qualche parola, finisce che non ci si raccapezza più niente della narrazione dei membri della Confraternita!
SUGGERITORE	Pronto, prontissimo, signor Capocomico, d'altronde, traducendole alla velocità della luce la definizione da Oxford Languages, la stenografia, essendo una scrittura manuale fondata sull'uso di particolari segni abbreviativi della parola e della frase, atta a fissare un discorso con velocità superiore a quella consentita dalla grafia manuale alfabetica, me lo consentirà.
CAPOCOMICO IP&RG	Bene! Stia ben attento e stenografi quel che lor signori, uno ad uno, le racconteranno in fretta e furia per non farmi perdere del tempo che, alle ore tredici, si pranza.

SUGGERITORE	Oh, se è per questo, nel pomeriggio ha tutto il tempo per ripigliare e ripetere la prova fino a questa sera.
CAPOCOMICO IP&RG	Su, ricominci d'accapo; e, a partire da questo momento, qualunque cosa detta che sia stenografata.
SUGGERITORE	Per sommi capi?
CAPOCOMICO IP&RG	Ma che dice?
SUGGERITORE	Sommariamente?
CAPOCOMICO IP&RG	Stenografi senza bloccarsi, fermarsi, interrompersi e perdere il filo del discorso, in modo, dettagliato, esauriente, minuzioso e con l'appropriata interpunzione.
SUGGERITORE	Sarà fatto così come mi ha ordinato di fare; però, signor Capocomico, c'è qualcosa che non mi quadra.
CAPOCOMICO IP&RG	Il Suggeritore ha stenografato la sua battuta?
SUGGERITORE	Quale battuta?
CAPOCOMICO IP&RG	La sua battuta, allorché dice: «Signor Capocomico, c'è qualcosa che non mi quadra!».
SUGGERITORE	Ah, dovevo scriverla?
CAPOCOMICO IP&RG	Se le ho detto di scrivere per filo e per segno, lo faccia!
SUGGERITORE	Lo faccio subito, e metterò alla fine della frase il punto esclamativo, come ha oracolato lei, anziché il punto normale, come mi era parso di dover mettere.

(Stenografa la frase)

CAPOCOMICO IP&RG	E, ora, che cos'è quella smorfia perplessa che mi appare sul suo volto? E, per mio piacere, risponda senza perdere il filo del discorso: che cosa non le quadra?
SUGGERITORE	Se so contare, io conto cinque anziché *Sei personaggi in cerca d'un capocomico*.
CAPOCOMICO IP&RG (*contando*) Già!	

(Rivolgendosi alla famiglia dei reclusi)

Dov'è il sesto?

UNO (*della Confraternita*)   Mah! Chissà! Starà scrivendo una dozzina di righe per la compagnia degli attori giunti ad Elsinor, con l'intento di fargliela inframmezzare dentro *L'assassinio di Gonzago*, per tramare la vendetta contro «quell'incestuosa e adultera bestia che con le sue cabale e i suoi doni di traditore…attrasse alla sua vergognosa lussuria il desiderio di quella regina che pareva tutta virtù…quel serpente che avvelenò il re Amleto con una fiala di giusquiamo, versandogliela nei padiglioni delle orecchie… carpendogli, in un sol colpo la vita, la corona e la regina».

CAPOCOMICO IP&RG   Shakespeare. Amleto.

UNO (*della Confraternita*)   Amleto, atto primo, scena, quinta. Signore, il sesto personaggio in cerca d'un capocomico che manca fa il Primo Attore sotto la sua guida.

CAPOCOMICO IP&RG   Chi? Sonnifero Oblio, il filodrammatico pazzo della Comunità terapeutica riabilitativa psichiatrica di Asylumpólis è suo figlio? Suggeritore, da questo momento indichi l'incappucciato con il nome di Padre, nome comune di persona, singolare, maschile.

SUGGERITORE   Sissignore. Prego, signor Padre, si narri.

PADRE (*recluso*)   Cherubino Cardellini, appunto: figlio mio, naturale, legittimo, e suo

(indicando la Madre con il dito indice della mano sinistra)

e non figliastri, come quelli là.

(indicando il Giovinetto e la Bambina con il dito indice della mano sinistra)

CAPOCOMICO IP&RG   Quand'è così, lei, che è il Padre, si tolga il cappuccio e mostri il suo volto, così che lo stenografo possa descriverla nei minimi dettagli.

PADRE (*recluso*)   Signore, non ora.

CAPOCOMICO IP&RG   E quando?

PADRE (*recluso*)   Quando!

CAPOCOMICO IP&RG   Su, cominci, e si racconti in modo chiaro e conciso!

PADRE (*recluso*) — Un incidente avvenuto a causa…

(Volge lo sguardo ai suoi familiari, che lo additano con l'indice della mano destra)

… del caso! La nostra fabbrica di fuochi d'artificio è saltata in aria, per caso, a causa del caso! Un big bang! Un fuoco pirotecnico Boom! Boom! Boom! Sibili, fischi, botti, tuoni, scoppi, detonazioni, deflagrazioni, rimbombi, rintroni, fiamme e fuochi, strepiti, gridi, urli, fumo, cenere!

UNA (*della Confraternita*) — Per caso? Falsità, falsità, non gli si creda! Lui è il colpevole! Soltanto lui!

(indicando con il dito indice della mano destra il Padre, senza guardarlo)

PADRE (*recluso*) — Falsità, falsità infame!

CAPOCOMICO IP&RG — Suggeritore, da questo momento indichi l'incappucciata con il nome di Figliastra, nome comune di persona, singolare, femminile.

SUGGERITORE — Sissignore.

CAPOCOMICO IP&RG — Quand'è così, lei, signorina, figlia e figliastra, si tolga il cappuccio e mostri il suo volto, così che lo stenografo possa descriverla nei minimi dettagli.

FIGLIASTRA (*reclusa*) — Signore, non ora.

CAPOCOMICO IP&RG — E quando?

FIGLIASTRA (*reclusa*) — Quando!

CAPOCOMICO IP&RG — Su, si affretti a raccontare in modo chiaro e conciso!

FIGLIASTRA (*reclusa*) — Lui è il responsabile dell'effetto del caso!

PADRE (*recluso*) — Falsità, falsità nefanda!

FIGLIASTRA (*reclusa*) — Lui, chi si è tolto dal caso, mettendo nei guai degli innocenti!

PADRE (*recluso*) — Falsità, falsità scellerata!

FIGLIASTRA (*reclusa*) — Verità, verità! Mi si creda! Un caso causato per causa sua!

CAPOCOMICO IP&RG — Allora, chi è il responsabile della causa e dell'effctto del caso?

FIGLIASTRA (*reclusa*) — Lui, il Padre/Patrigno/Padrone!

(indicandolo con l'indice della mano destra senza guardarlo)

PADRE (*recluso*) Non io! Falsità, falsità, non le si creda! Un caso causato da una serie di casi a causa del caso! Un infortunio, una disgrazia, una sciagura per colpa del caso! Un caso, causato per caso dal caso!

FIGLIASTRA (*reclusa*) Alla sua maniera, coi i suoi usuali metodi autoritari, dispotici, prepotenti e dittatoriali di padre padrone, lui,

(Indica con l'indice della mano destra il Padre, senza guardarlo)

ha tolto la titolarità dell'impresa a conduzione familiare al suo figlio legittimo, facendolo uscire di senno e interdire al manicomio con il ricovero coatto e, in sua sostituzione, concedendola alla mia povera mamma.

(La indica, poi le si avvicina e l'abbraccia)

CAPOCOMICO IP&RG Suggeritore, da questo momento indichi l'incappucciata con il nome di Madre, nome comune di persona, singolare, femminile.

SUGGERITORE Sissignore.

CAPOCOMICO IP&RG Quand'è così, lei, che è la madre, si tolga il cappuccio, e mostri il suo volto, così che lo stenografo possa descriverla nei minimi dettagli.

MADRE (*reclusa*) Signore, non ora.

CAPOCOMICO IP&RG E quando?

MADRE (*reclusa*) Quando!

CAPOCOMICO IP&RG Prego, signora madre, intervenga in modo chiaro e conciso.

MADRE (*reclusa*) Signore, nostro figlio, a forza di far di conto sulle entrate e sulle uscite del bilancio dell'impresa, è fuoriuscito di senno da sé, e lui, il Padre ha acconsentito alle autorità sanitarie il suo ricovero coatto in manicomio per curarsi e guarire.

PADRE (*recluso*) Ho costituito l'impresa a conduzione familiare per consentire all'azienda un regime fiscale meno oneroso per risparmiare denari e dare alla famiglia l'opportunità di migliorare le proprie condizioni di vita e togliere quella lì

(Indica la Figliastra con l'indice della mano destra, senza guardarla)

dall'Ateliér di Madama Pace e considerata la minore età dei miei figliastri a chi affidare l'azienda se non a mia moglie?

FIGLIASTRA (*reclusa*) Altro che benessere di vita! Lui, il Padre/Patrigno/Padrone ci ha obbligati a servilo come collaboratori familiari con rapporto di lavoro subordinato e a fabbricare fuochi d'artificio e a rischiare ogni giorno di saltare in aria, in fumo e polvere!

PADRE (*recluso*) Per permetterci di dividere il reddito, tra noi familiari, riducendo così l'aliquota per le imposte dirette.

CAPOCOMICO IP&RG Ma come è accaduta la sventura?

PADRE (*recluso*) Una disgrazia nella disgrazia.

FIGLIASTRA (*reclusa*) Colpa sua!

(Indica il Padre con l'indice della mano destra, senza guardarlo)

Colpa del Padre/Patrigno/Padrone che non ha adottato le idonee misure per prevenire gli incendi nella fabbrica e tutelare l'incolumità dei suoi familiari che vi lavoravano!

POMPIERE In effetti, secondo le disposizioni vigenti, la produzione di articoli pirotecnici è soggetta a normative di sicurezza; i luoghi di lavoro devono essere dotati, soprattutto in prossimità dei quadri elettrici, dell'adeguato numero di estintori portatili. Osservate, qua, in teatro. Gli estintori, dotati di segnaletica, sono posti in modo uniforme e in prossimità delle uscite.

FIGLIASTRA (*reclusa*) Mia madre era in casa, occupata alle sue faccende;

io e loro,

(Indica, con l'indice della mano sinistra, il Giovinetto e la Bambina)

eravamo in fabbrica, mentre lui,

(Indica il Patrigno con l'indice della mano destra, senza guardarlo)

Il Padre/Patrigno/Padrone se la spassava nel bordello di Madama Pace e quell'altro

(Indica il Fratellastro con l'indice della mano destra, senza guardarlo)

stava in manicomio. Per colpa della sua tirchieria, che l'ha reso negligente e inadempiente ai doveri d'imprenditore – il Padre/Patrigno/Padrone non aveva proceduto alla voltura da magazzino a fabbrica di fuochi d'artificio né stipulato una polizza assicurativa per incendio sulla fabbrica! – abbiamo rischiato, se non ci fossimo messi in salvo fuggendo dalle fiamme di quell'inferno, di involarci al cielo, prima ancora di resuscitare.

PUBBILICO (*della platea*)   Oh!

FIGLIASTRA (*reclusa*)   Un disastro! L'incendio causò lo scoppio pirotecnico a reazione chimica, più che artistica, dei fuochi d'artificio e del materiale infiammabile depositati nei capannoni della fabbrica, che, in un baleno, prese fuoco, divampò e bruciò anche il villaggio turistico dell'Oasi Beach Club, meno male chiuso per stagione finita. Nel giro di tre minuti si sono succeduti diversi altri scoppi, come in un bombardamento, e la terra ha tremato, come per un terremoto.

PUBBLICO (*della platea*)   Oh!

FIGLIASTRA (*reclusa*)   Lui, quello là,

(indicando il Padre con il dito indice della mano destra, senza guardarlo)

Il Padre/Patrigno/Padrone, non avrebbe esitato a far

ricadere la colpa dell'incendio a loro!

(Indica, con l'indice della mano sinistra, il Giovinetto e la Bambina)

Povere anime innocenti!

PADRE (*recluso*) Signor Questore, sì, è vero, qui in teatro, dove si fa la finzione e la finta finzione della realtà, ammetto di aver dichiarato ai giudici del tribunale che il giovinetto e la bambina, giocando con le miccette, hanno involontariamente, casualmente, fortuitamente, accidentalmente, provocato l'incendio della fabbrica.

UNO (*della balconata II*) Si vergogni!

PADRE (*recluso*) Signore e signori, li ho accusati è vero!

UNO (*della balconata II*) Si vergogni!

PADRE (*recluso*) L'ho fatto tenendo conto del Codice penale sull'impunibilità del minore che «non abbia compiuto quattordici anni al momento del fatto, per una presunzione legale assoluta di mancanza di intendere e di volere nel proprio agire, o meglio la mancanza di quella sufficiente maturità psicofisica per la quale il fatto possa ritenersi rimproverabile e quindi punibile» in modo da evitare il carcere alla madre e alla Figliastra di dover tornare a prostituirsi nell'Ateliér di Madama Pace per pagare i danni causati dall'incendio della fabbrica.

FIGLIASTRA (*reclusa*) Non s'è però avveduto che il Giovinetto avesse superato i quattordici anni, motivo per cui il Giudice, previo accertamento della pericolosità sociale, della gravità del fatto e delle condizioni morali della famiglia, ha disposto, anziché la libertà vigilata, il suo ricovero in riformatorio giudiziario.

UNO (*della balconata II*) Si vergogni!

PADRE (*recluso*) Non è né figlio mio né nato nella mia casa; che ne potevo sapere io con precisione della sua età?

FIGLIASTRA (*reclusa*) Incolpare delle creaturine, semplici, innocenti anziché la criminalità organizzata, la vera e unica artefice dei fuochi d'artificio.

PADRE (*recluso*) Per timore di più sciagurate ritorsione!

FIGLIASTRA (*reclusa*) La verità, signor Capocomico, è che mia madre ha avuto il coraggio di opporsi alle intimidazioni della criminalità organizzata, rifiutandosi di versarle una quota fissa dei proventi in cambio di una supposta "protezione" dell'attività pirotecnica.

CAPOCOMICO IP&RG E, ora, per farla finita, come sta messa la vicenda?

FIGLIASTRA (*reclusa*) Si saprà allorché la Corte d'Appello, a seguito dell'impugnazione della sentenza pronunciata dal giudice di prima istanza, sarà chiamata a giudicare!

PADRE (*recluso*) Se la decisione la Corte d'Appello non mi sarà grata, la impugnerò davanti alla Corte Suprema, quale giudice di ultima istanza.

CAPOCOMICO IP&RG E, insomma, siete tutti ritenuti socialmente pericolosi?

FIGLIASTRA (*reclusa*) Tutti noi, della nostra famiglia, purtroppo, siamo stati condannati per omicidio colposo plurimo e disastro colposo, escluso lui

(Indica il Patrigno con l'indice della mano destra, senza guardarlo)

e l'altro, svanito, perché, all'epoca dei fatti, stava, fuori di sé e dalla scena, in manicomio.

PADRE (*recluso*) Se la Figliastra, invece di distrarsi per amoreggiare, ahimè, il vizio stravizia, avesse tenuto a bada quei diavoletti di piromani,

(indicando il Giovinetto e la Bambina)

noi non staremmo qui, nella funzione di personaggi psicodrammatisti "Sacconi Neri della Confraternita del Soffio della Morte", a dolerci dei nostri guai e a dover elemosinare il provino al signor Capocomico e una certificazione di attori provetti per sperare di lavorare in qualche compagnia teatrale, una volta usciti dalla gabbia,

DIRETTORE DI SCENA Piromani?

POMPIERE	Piromani! Affetti da intensa ossessione verso il fuoco, le fiamme, gli esplosivi.
FIGLIASTRA (*reclusa*)	Tristi angeli, innocenti, dediti, con euforia eccessiva, al gioco dei fuochi d'artificio per musicare e infiammare il silenzio tetro della loro angoscia di morte con effetti sonori e luminosi colori. E, dopo il misfatto, i Fringuellini cantarini di famiglia, diversamente dai Cardellini, non hanno più emesso un suono dal loro apparato vocale.

(Abbraccia il Giovinetto e la Bambina)

	Si sono zittiti, sembrano diventati muti e piangono in silenzio. Provano a cantare, ma invano.
CAPOCOMICO IP&RG	Non cantano più?
FIGLIASTRA (*reclusa*)	Eseguono un canto muto.
DIRETTORE DI SCENA	Un ossimoro.
I filodrammatici resilienti	Silenzio assordante, lucida follia.
DIRETTORE DI SCENA	Che disastro genetico!
FIGLIASTRA (*reclusa*)	Una comparsata.
PADRE (*recluso*)	In verità, non sappiamo se hanno perso per davvero la favella o se fingono, come mimi tristi, a fare i muti.
DIRETTORE DI SCENA	Che strana tipologia di comportamento.
PADRE (*recluso*)	Ammutoliti. Non c'è stato verso, da parte dei giudici, di tirargli dalla bocca la confessione del loro crimine.
FIGLIASTRA (*reclusa*)	Quando ci dirigerà nel un provino il signor Capocomico si meraviglierà di come loro riusciranno a stare zitti.
PADRE (*recluso*)	È tutto! Basta così.
CAPOCOMICO IP&RG (sorpreso)	Tutto qua? *Mah! Dopo tutto, stiamo a vedere che cosa ne nasce.*
SUGGERITORE	Scusi, signor Capocomico.
CAPOCOMICO IP&RG	Che c'è?
SUGGERITORE	Lei sa leggere la stenografia?
CAPOCOMICO IP&RG	No, che no!
SUGGERITORE	E, dunque, mi dovrà dare almeno qualche minuto per darle il testo del copione nella scrittura alfabetica da

	utilizzare per il provino.
CAPOCOMICO IP&RG	Eh, già! Non ci avevo pensato! Cerchi il mio segretario, e si dia da fare con lui, nel mio camerino, per fare più presto senza essere disturbato.
SUGGERITORE	Vado!

(Esce)

DIRETTORE DI SCENA	Nel frattempo, signor Capocomico, per non perdere e sprecare tempo su tempo, non si potrebbe fare la commedia metateatrale da fare!
CAPOCOMICO IP&RG	È una buona idea.
Un filodrammatico resiliente	Scusi, signore, tocca a noi filodrammatici resilienti fare la commedia metateatrale da fare?
CAPOCOMICO IP&RG	Lor signori resilienti non sono in platea a fare da pubblico?
Un filodrammatico resiliente	Sissignore.
CAPOCOMICO IP&RG	In teatro il pubblico è fondamentale. Senza pubblico non si fa teatro e se non si fa teatro non c'è teatro. In conclusione: per fare la commedia metateatrale da fare è necessario che ci sia il pubblico e, dunque, se loro fanno da pubblico, la commedia metateatrale da fare potrà farsi *e stiamo a vedere che cosa ne avverrà*.
Un filodrammatico resiliente	Se è così che il signor Capocomico comanda, così è e così sia. Non ci resta che continuare a fare la resilienza!
CAPOCOMICO IP&RG	Ben detto, così che possano esercitare la loro resilienza: ovvero, come definito dalla psicologia, la capacità di fare fronte in maniera positiva ad eventi traumatici, di riorganizzare positivamente la propria vita dinanzi alle difficoltà e di ricostruirsi restando sensibili alle opportunità positive che la vita offre, senza alienare la propria identità. E su, su, con il morale e, se proprio non ne potete fare a meno, di tanto in tanto, per frenesia, empatia e feedback, fate pure qualche battuta a inventiva.
I filodrammatici resilienti	E sia! Che così sia. Che sia così. Amen.

CAPOCOMICO IP&RG	Su, su, ai loro posti. Una raccomandazione: si prega il pubblico di sparpagliarsi qua e là perché si abbia la sensazione che la platea sia più piena che vuota.
Un filodrammatico resiliente	Sissignore.
CAPOCOMICO IP&RG	Non si scoraggino e stiano sul chi va là perché, nell'andazzo del *in, con, su, per, tra, fra*, tutto è possibile e niente è impossibile e tutto è impossibile e niente è possibile, prima o dopo, più prima che dopo, è certo che toccherà anche a loro l'opportunità di inscenarsi come attori.
Un filodrammatico resiliente	Se è così, *stiamo a vedere che cosa ne avverrà.*
CAPOCOMICO IP&RG	Su, su, la commedia metateatrale da fare. Attenzione, signore & signori. Chi è di scena?
PADRE (*recluso*)	I "Sacconi Neri della Confraternita del Soffio della Morte".
CAPOCOMICO IP&RG	Non ancora, non ancora. E poi, mi scusi, signor Padre, ma il loro dramma *Sei personaggi in cerca d'un capocomico* è tutto contenuto in quella striminzita narrazione che il Suggeritore sta mettendo in scrittura alfabetica nel copione?
PADRE (*recluso*)	Oh, no, signore! Sotto la sua direzione, dalla finzione teatrale del dramma recitato si passerà allo psicodramma e lei farà la sua fortuna artistica.
CAPOCOMICO IP&RG	Ma, signore, io sono un capocomico di filodrammatici resilienti, mica uno psicodrammatista! Per mio conto, mi limiterò a dirigere l'antefatto di *Sei personaggi in cerca d'un capocomico* e che sia poi Smirnov a farvi da psicodrammatista.
PADRE (*recluso*)	Ma no, ma no, si tenti, si tenti, si trasformi da capocomico a direttore dello psicodramma, se non vuole restare un pulviscolo senza fama e una nullità senza gloria eterna.
Un filodrammatico resiliente:	«Vanità delle vanità: tutto è vanità».
CAPOCOMICO IP&RG	Smirnov?
Un filodrammatico resiliente	No, Qohélet.

CAPOCOMICO IP&RG	E chi è Qohélet? Il personaggio di un'opera di Smirnov?
Un filodrammatico resiliente	Qohélet, figlio di Davide, re di Gerusalemme.
CAPOCOMICO IP&RG	E dove sta scritto: «Vanità delle vanità: tutto è vanità»?
Un filodrammatico resiliente	Nella Bibbia. Dice Qohélet: «Quale guadagno viene all'uomo per tutta la fatica con cui si affanna sotto il sole?».
I filodrammatici resilienti	«Vanità delle vanità: tutto è vanità».
Un filodrammatico resiliente	Dice Qohélet: «Ho visto tutte le opere che si fanno sotto il sole, ed ecco: tutto è vanità e un correre dietro al vento».
I filodrammatici resilienti	«Vanità delle vanità: tutto è vanità».
Un filodrammatico resiliente	Dice Qohélet: «Tutto ha il suo momento, e ogni evento ha il suo tempo sotto il cielo».
I filodrammatici resilienti	«Vanità delle vanità: tutto è vanità».
PADRE (*recluso*)	C'è un tempo per la commedia e un tempo per il dramma, un tempo per il dramma e un tempo per lo psicodramma.
I filodrammatici resilienti	«Vanità delle vanità: tutto è vanità».
PADRE (*recluso*)	C'è un tempo per essere un pulviscolo, senza fama e una nullità senza gloria eterna, e un tempo per essere qualcuno importante, adorato, ammirato, venerato per la fama e la gloria eterna.
I filodrammatici resilienti	«Vanità delle vanità: tutto è vanità».
Un filodrammatico resiliente	Dice Qohélet: «Tutto è venuto dalla polvere e nella polvere tutto ritorna».
PADRE (*recluso*)	Essere pulviscolo e niente per il nulla o essere e vivere per l'eternità: questo è il problema di un artista.
Un filodrammatico resiliente	Deadlock! Stalemate! Situazione di stallo. Punto e a capo. *Full stop and new line.*
CAPOCOMICO IP&RG	Quasi, quasi, mi tenta.
PADRE (*recluso*)	Si tenti, si tenti! Faccia il regista, promuova l'azione, funga da principale coordinatore e catalizzatore della seduta psicodrammatica degli psicodrammatisti

	della Confraternita del Soffio della Morte.
I filodrammatici resilienti	«Vanità delle vanità: tutto è vanità».
CAPOCOMICO IP&RG	Ma io non sono né membro né guida della Confraternita.
PADRE (*recluso*)	Lo sia, lo sia!
CAPOCOMICO IP&RG	Permane il fatto che manca il Figlio e senza il Figlio come fa a farsi lo psicodramma familiare dei Cardellini, dei Merlini e dei Fringuellini?
PADRE (*recluso*)	Nello psicodramma, faccia l'ego ausiliare, ricopra il ruolo del figlio Cherubino Cardellini *e stiamo a vedere che cosa ne avverrà.*
I filodrammatici resilienti	Deadlock! Stalemate! Situazione di stallo. Punto e a capo. Full stop and new line.

(Nel retroscena, gli attori della Compagnia battono ritmicamente i piedi sul pavimento)

CAPOCOMICO IP&RG	La smettano gli attori della Compagnia d'inscenarsi *a rumore.* E lor signori resilienti se ne stiano tranquilli in platea a far da pubblico, che qui tira una certa aria da far presagire terremoto ondulatorio e sussultorio di magnitudo nove della scala Richter.
Un filodrammatico resiliente	E fino a quando?
CAPOCOMICO IP&RG	E che ne so, io?
Un filodrammatico resiliente	Se è così che il signor Capocomico comanda, noi si continuerà a fare la parte del pubblico, accomodandoci qua e là, più in qua e là, in file diverse perché si abbia la sensazione che la platea sia piena che vuota.
CAPOCOMICO IP&RG	Bene, così si fa. Su, su, ai loro posti.

(Entra il Suggeritore)

SUGGERITORE	Signor Capocomico, le consegno il copione dell'antefatto nella scrittura alfabetica narrato dai "Sacconi Neri della Confraternita del Soffio della Morte".
CAPOCOMICO IP&RG	Bene. Dia qua che, prima del un provino, voglio verificare che sia stato scritto così come narrato e

<table>
<tr><td></td><td>con la giusta interpunzione.</td></tr>
<tr><td>SUGGERITORE</td><td>Signor Capocomico e però occorre dare al copione il titolo e il nome dell'autore.</td></tr>
<tr><td>CAPOCOMICO IP&RG</td><td>Sì, giusto, è ovvio, perché un copione ha sempre un autore. Scriva così: Sei personaggi in cerca d'autore e di un capocomico di Lauro Alloro degli Allori.</td></tr>
<tr><td>FIGLIASTRA (reclusa)</td><td>Oh, senti, senti! Il signor Capocomico si spaccia per il poeta del nostro dramma, assai doloroso! Questa sì che è pazzia!</td></tr>
<tr><td>CAPOCOMICO IP&RG</td><td>Ma non sono stati lor signori, i personaggi psicodrammatisti "Sacconi Neri della Confraternita del Soffio della Morte", a scegliermi come Capocomico e Autore del copione del dramma?</td></tr>
<tr><td>FIGLIASTRA (reclusa)</td><td>Sì che sì; e, però, lei, signor Capocomico, Lauro Alloro degli Allori, è coautore dell'antefatto del nostro dramma contenuto nel copione ma non l'autore del nostro dramma che è in noi e che è ancora da fare; inoltre, si è permesso, senza previo accordo con noi personaggi psicodrammatisti "Sacconi Neri della Confraternita del Soffio della Morte", di cambiare il titolo del nostro dramma da Sei personaggi in cerca di un capocomico in Sei personaggi in cerca d'autore e di un capocomico. Pertanto, considerato il malfatto, non è dato di dover conferire il titolo di poeta al signor Lauro Alloro degli Allori!</td></tr>
<tr><td>CAPOCOMICO IP&RG</td><td>Ah, sì? Io, dunque, non sarei un autore?</td></tr>
<tr><td>PADRE (recluso)</td><td>Se così è, è così che è: non le pare?</td></tr>
<tr><td>CAPOCOMICO IP&RG</td><td>Ah, sì? Se è così che è, allora il signor Capocomico Lauro Alloro degli Allori non concede il nullaosta per il provino dell'antefatto.</td></tr>
<tr><td>PADRE (recluso)</td><td>Ci autorizzi almeno a rappresentare il nostro psicodramma familiare; ne verrà fuori un'opera teatrale che farà scintille!</td></tr>
<tr><td>FIGLIASTRA (reclusa)</td><td>Lo psicodramma familiare ci rappresenterà compiutamente in tutto e per tutto! Ne assaporerà la</td></tr>
</table>

bellezza e stia a vedere che lei farà la sua fortuna. Punto e a capo.

UN ATTORE (*dal retroscena*) Facciano il piacere d'andar via, che non abbiamo tempo da perdere coi criminali pazzi, che qua si fa l'interruzione teatrale temporanea e non la sceneggiata dello psicodramma familiare della Confraternita.

FIGLIASTRA (*reclusa*) Scusi, Capocomico, per suo piacere, le vorrei proporre un concerto!

CAPOCOMICO IP&RG *Ma che vuol concertare!* Per mio piacere! Ma mi faccia il piacere! Qua o si fa la commedia metateatrale da fare o si finisce in un nulla di fatto.

FIGLIASTRA (*reclusa*) Appunto! Scusi, Capocomico non potrebbe consentirci d'inframmezzare, sotto la sua guida, il nostro psicodramma nella commedia metateatrale da fare?

CAPOCOMICO IP&RG No, no, no, no!

PADRE (*recluso*) Ma non si fa così! Se il signor Capocomico non ci attesta che siamo degli attori provetti, sarà inutile spedire una lettera di candidatura ai direttori delle compagnie teatrali per candidarci a un posto di lavoro.

CAPOCOMICO IP&RG Il detto è tratto! E quel che è tratto è fatto!

PADRE (*recluso*) Il fatto è che spedire una lettera di presentazione senza allegare un curriculum con l'attestazione di idoneità, …

I filodrammatici resilienti … validità, bravura, attitudine, maestria e destrezza,

PADRE (*recluso*) … gratificata con *Alta Laude* autenticata e rilasciata dal più illustre capocomico pirandelliano al mondo che ci evidenzi, …

I filodrammatici resilienti … legittimi, abiliti, qualifichi e consacri attori, …

PADRE (*recluso*) … come ci sarà possibile, una volta usciti dalla gabbia, poter essere assunti da qualche prestigiosa compagnia teatrale e ricavarne, per dirla con Pirandello, *un nuovo profitto di vita*, ponendo così fine ai travagli del nostro spirito e facendo la nostra

	fortuna…
I filodrammatici resilienti	… denaro, benessere, bellessere, fama, successo, lodi, onori, trionfi e gloria artistica eterna: «Vanità delle vanità: tutto è vanità».
CAPOCOMICO IP&RG	Ma sì, ma sì, per la fama, la gloria eterna mi sono dato alla vanità per rovinarmi.
I filodrammatici resilienti	Deadlock! Stalemate! Situazione di stallo. Punto e a capo. Full stop and new line.
FIGLIASTRA (*reclusa*)	Scusi, Capocomico, per suo piacere, le vorrei proporre un concerto!
CAPOCOMICO IP&RG	*Ma che vuol concertare!* Per mio piacere! Ma mi faccia il piacere! Qua o si fa la commedia metateatrale da fare o si finisce in un nulla di fatto.
FIGLIASTRA (*reclusa*)	Appunto! Scusi, Capocomico non potrebbe consentirci d'inframmezzare, sotto la sua guida, la commedia metateatrale da fare nella tragicommedia *Sei personaggi in cerca d'autore* di Pirandello?
CAPOCOMICO IP&RG	Ma no, no, no!
PADRE (*recluso*)	Capocomico, le ricordo che Smirnov, nel messaggio che le ha inviato tramite il cellulare dell'Uscere, ha scritto: «Fintanto che permane l'astensione dal lavoro degli Attori, il pubblico, nel ruolo di Autore, Personaggio, Attore e Regista, potrà fare la propria commedia e anche, volendo e sapendo farlo, inframmezzarla, a ruota libera, senza usare i freni, senza controllo, senza timori né ritegno, in *Sei personaggi in cerca d'autore* per il conseguimento dei propri scopi e *stiamo a vedere che cosa ne avverrà*».

(Nel retroscena, gli attori della Compagnia battono ritmicamente i piedi sul pavimento)

CAPOCOMICO IP&RG	Ma no, no, no, no!
FIGLIASTRA (*reclusa*)	Perché tutti questi *no* in fila uno dietro l'altro?
CAPOCOMICO IP&RG	Per una questione di deontologia teatrale, su cui non voglio discutere. L'etica professionale m'impone di fare la mia parte che è ancora da fare: che, a fare altro,

	si rischia, inevitabilmente, di mettersi nei guai: com'è vero che, qui e ora, sto compromesso! E, ora, punto & basta, punto & basta, punto & basta!
PUBBLICO (*della platea*)	Pirandello! Pirandello! Pirandello!
I filodrammatici resilienti	Deadlock! Stalemate! Situazione di stallo. Punto e a capo. Full stop and new line.
FIGLIASTRA (*reclusa*)	Scusi, Capocomico, per suo piacere, le vorrei proporre un concerto!
CAPOCOMICO IP&RG	*Ma che vuol concertare!* Per mio piacere! Ma mi faccia il piacere! Qua o si fa la commedia metateatrale da fare o si finisce in un nulla di fatto.
FIGLIASTRA (*reclusa*)	Appunto! E allora, Capocomico, non potrebbe consentirsi di dirigerci nella rappresentazione di *Sei personaggi in cerca d'autore* di Pirandello, che noi "Sacconi Neri della Confraternita del Soffio della Morte" conosciamo a memoria. Personaggi di cui siamo già mascherati, senza bisogno di cercarli tra gli attori e gli altri filodrammatici?

(*Nel retroscena, gli attori della Compagnia battono ritmicamente i piedi sul pavimento*)

CAPOCOMICO IP&RG	Non starà mica scherzando?
Una filodrammatica resiliente	Nossignore, faremo scintille e potrà essere la sua fortuna.
CAPOCOMICO IP&RG	No! No! No! Niente scintille, fuochi d'artificio e fiamme dell'inferno, che qui più mi si augura fortuna e più mi si disgrazia!

(*Nel retroscena, gli attori della Compagnia battono ritmicamente i piedi sul pavimento*)

	Non consentiremo ai filodrammatici della Confraternita di sostituire gli attori della Compagnia! Rumore, rumore, rumore!
I filodrammatici resilienti	Deadlock! Stalemate! Situazione di stallo. Punto e a capo. Full stop and new line.

(*I familiari della Confraternita si riuniscono e confabulano sottovoce, dopodiché:*)

MADRE (*reclusa*)   Signor Capocomico, è una madre lacrimosa che glielo chiede: ci consenta d'interpretare i *personaggi in cerca d'autore* e le dimostreremo di essere meritevoli di ricevere una sua attestazione che ci qualifichi come attori. Ci metta alla prova! Non se ne pentirà!

(Nel retroscena, gli attori della Compagnia battono ritmicamente i piedi sul pavimento)

PADRE (*recluso*)   Gli attori la smettano di rumoreggiare, là, dietro le quinte!

(Nel retroscena, gli attori della Compagnia battono ritmicamente i piedi sul pavimento)

FIGLIASTRA (*reclusa*)   Capocomico, ci metta in scena; non se ne pentirà e, anzi, potrebbe fare la sua fortuna.

(Nel retroscena, gli attori della Compagnia battono ritmicamente i piedi sul pavimento)

Faremo i pazzi per davvero, senza finzione, se non ci autorizzerà a teatrare almeno, almeno, i *Sei personaggi in cerca d'autore* di Pirandello.

Il capocomico   *Lor signori vogliono scherzare?*

PADRE (*recluso*)   *No, che dice mai, signore!* Noi non si scherza, si fa sul serio.

CAPOCOMICO IP&RG   Non si può! Non si può!

PADRE (*recluso*)   E perché no?

CAPOCOMICO IP&RG

(fingendo di leggere nell'immaginario della mente)

Per il fatto che, nel periodo della commedia della finzione dell'astensione *a singhiozzo* dal lavoro degli Attori, Smirnov non ha dato al Pubblico alcuna indicazione di rappresentare la tragicommedia dei *Sei personaggi in cerca d'autore.*

Pertanto, mi *facciano il piacere d'andare via.*

I filodrammatici resilienti (in coro)   Deadlock! Stalemate! Situazione di stallo.

Punto e a capo. Full stop and new line.

PADRE (*recluso*) (rivolgendosi all'Uscere) Signore, può rileggerci il messaggio di Smirnov relativo agli scopi dell'agire del pubblico?

USCERE (Leggendo sul cellulare) «Con un colpo di genio, nel caso che non sia dotato di illuminazione, intuizione, ispirazione o guizzo, il pubblico, prendendo spunto dalla *traccia del copione metateatrale* di Smirnov ha la facoltà di inventare e inscenare gli scopi del proprio agire come gli pare».

FIGLIASTRA (*reclusa*) Quand'è così, prendendo spunto dalla *traccia del copione metateatrale* di Smirnov, noi "Sacconi Neri della Confraternita del Soffio della Morte", pur di ottenere un attestato di qualifica di attore, provetto o parificato che sia, che potrebbe, una volta usciti dalla gabbia, facilitarci l'assunzione in una compagnia teatrale professionale, si fa una protesta pubblica contro il Capocomico, che si rifiuta di autorizzarci a rappresentare i *Sei personaggi in cerca d'autore*! Che la festa inizi a fare un po' di mortorio in questo teatro!

(Tira fuori dal sacco delle bombette)

DIRETTORE DI SCENA No, no, vi prego, no! Niente calamità, catastrofi, disastri né drammi né tragedie.

(Nel retroscena, gli attori della Compagnia battono ritmicamente i piedi sul pavimento)

(Gazzarra del pubblico, fortemente diviso tra detrattori e fautori del metateatro smirnoviano)

(La Figliastra fa esplodere alcune bombette, terrorizzando tutti)

FIGLIASTRA (*reclusa*) Sentito che botti?

DIRETTORE DI SCENA Signor Questore, sequestri gli ordigni pericolosi, identifichi i Sacconi Neri della Confraternita e li sbatta in gabbia!

UN POLIZIOTTO Il signor Questore è, momentaneamente, assente!

DIRETTORE DI SCENA Proprio ora?

UN ALTRO POLIZIOTTO Per rilassarsi con una tisana è sempre l'ora per poi rientrare in teatro e riportare gli attori in sciopero in

	una condizione più distesa e meno drammatica!
DIRETTORE DI SCENA	Allora, intervengano loro! Non sono agenti di polizia?
UN POLIZIOTTO	Certamente, ma noi agiamo solo su comando del signor Questore e non certamente su invito di un filodrammatico nel ruolo di Direttore di scena.
UNO (*della platea*)	Malviventi!
GIURECONSULTA	La protesta pubblica è legittima e ammissibile soltanto dietro autorizzazione della Questura. Il Testo Unico delle Leggi di Pubblica Sicurezza, all'art. 9, DPR n. 603/Anno della Vanificazione dello stimolo fiscale, recita: «I promotori di una riunione in luogo pubblico o aperto al pubblico devono darne avviso, almeno tre giorni prima, al Questore. È considerata pubblica ogni riunione indetta in luogo pubblico. I contravventori sono puniti con l'arresto fino a sei mesi e con l'ammenda da 103,00 a 413,00 D. Con le stesse pene sono puniti coloro che nelle riunioni predette prendono la parola». L'articolo 36, comma 63, della Costituzione di Théatropólis afferma il principio della libertà di manifestazione del pensiero. «In teatro, il copione e il canovaccio dell'Autore, la recitazione a soggetto dell'Attore, i colpi di scena del Regista e gli interventi improvvisati di monologhi e dialoghi del Pubblico hanno diritto di inscenarsi liberamente in qualsia forma di espressione artistica.
UNA (*della platea*)	Capocomico, rivendico il diritto di assistere alla rappresentazione della commedia di Pirandello con gli attori e non con i personaggi psicodrammatisti criminali e pazzi di Asylumpólis!
FIGLIASTRA (*reclusa*)	Ah, sì? Pazzi? Criminali? Allora, si dia il via al massacro! Il fine giustifica i mezzi.
CAPOCOMICO IP&RG	Una battuta di Smirnov?
FIGLIASTRA (*reclusa*)	No, una massima di Machiavelli.
UN'ALTRA (*della platea*)	Noi rifiutiamo, perentoriamente, la massima di

	Machiavelli, secondo la quale qualsiasi azione del Principe sarebbe giustificata, anche se in contrasto con le leggi della morale.
FIGLIASTRA (*reclusa*)	E chi se ne frega se il mezzo è giustificato dal fine. Ciò che ho annunciato è da farsi subito!

(*Tira fuori dal sacco altri ordigni minacciando di gettarli contro gli attori dietro le quinte, sul palcoscenico e in platea*)

UNO (*della platea*)	Si fermi, si fermi!
QUESTORE (*entra*)	Finzione, finzione! Non le si dia retta! Metateatro smirnoviano!
UNA (*della platea*)	Uno psichiatra! Ricoverate l'artefice di questa demente sceneggiata smirnoviana fuori programma!
UNO (*della platea*)	*Non è lecito farsi beffe così...* di Pirandello!
UNO (della balconata III)	Invece di spruzzargli contro i veleni dal suo alito per ammorbarlo, riconosca a Iosif Smirnov la genialità dei suoi stratagemmi teatrali che ha surclassato la fantasia di Pirandello! Con Smirnov si va oltre Pirandello! Geniale genialità del genio!

(*Il pubblico della platea s'indigna e inveisce contro il critico*)

UNA (*della platea*)	Fatela finita, calate la tela!
FIGLIASTRA (*reclusa*)	Nessuno si muova o qua a lor signore & signori toccherà fare gli spettri del cimitero anziché i fantasmi della scena!
PRIMO ATTORE (*entrando*)	Spettri?
DIRETTORE DI SCENA	Signor Primo Attore, non si tratta di spettri: che non ce ne sono qui in teatro a impaurire il pubblico; se ne torni a stare zitto, a recitare in silenzio i suoi monologhi e non ci rechi altri danni, che qua si rischia di essere atomizzati e di non esserci più.
PADRE (*recluso*)	Amlodhi!
MADRE (*reclusa*)	Cherubino!
CAPOCOMICO IP&RG (*Al Direttore di scena, sottovoce*)	Stiamo a vedere se lo *svaporato* mostrerà il suo sdegno per il Padre e un'accigliata indifferenza per la madre.

PRIMO ATTORE — Oh, anima! Oh, luce e tenebre! Tu, Padre?

CAPOCOMICO IP&RG (*sottovoce*) — Come in Amleto di William Shakespeare.

DIRETTORE DI SCENA — E sì che sì, se Amleto è Amleto è così che è!

PADRE (*recluso*) — Io, tuo padre, anima errante; spettro condannato ad errare nel silenzio delle tenebre dell'Ade e, di notte, aggirarmi nel cimitero, come lucciola, ora spenta dal vento furioso e ora accesa dall'ira, per gridare, fremente, all'unico e diletto figlio, Amlodhi, DNA del mio proprio DNA, di vendicare la mia crudele, snaturata, inumana e scellerata uccisione per opera di Claudio, mio fratello, tuo zio, sposo di mia moglie, tua madre, e usurpatore del trono del mio unico e legittimo erede.

PRIMO ATTORE — Oh, incanto! Prodigio!

PADRE (*recluso*) — Ah, smemorato Amlodhi. Fai come l'intrigante direttore psicodrammatista: organizza la messa in scena finale della tragedia shakespeariana e uccidi l'incestuoso re! O figlio mio, su, fai presto, prima che io, illuminato dalla luce dell'aurora, sparisca nell'aldilà.

PRIMO ATTORE — Padre, vado, subito, più veloce della luce: in un baleno, ordisco, tramo, compio la strage e trasformo i lussuriosi incestuosi in morti e spettri. Addio.

PADRE (*recluso*) — No, non ancora, figlio.

PRIMO ATTORE — Addio, padre; solo un breve addio.

FIGLIASTRA (*reclusa*) — Fermati, pazzo! O qua, senza di te, non si fa la tragicommedia!

PRIMO ATTORE — Quale tragicommedia?

PADRE (*recluso*) — *Sei personaggi in cerca d'autore* di Pirandello, in cui tu sei il personaggio Figlio.

PRIMO ATTORE — Ah, ma io qua sono Amleto!

PADRE (*recluso*) — Per noi della famiglia è l'occasione di sottoporci al giudizio critico teatrale del Capocomico, con la speranza che ci attesti come attori, meritevoli di poter far parte, una volta usciti dalla gabbia, di una compagnia teatrale famosa o, in alternativa, di costituirla in proprio, a carattere professionale e non amatoriale, per vivere decentemente.

PRIMO ATTORE Via, via! Amleto se ne va via!

MADRE *(reclusa)* Cherubino, mi ignori?

(Il Primo Attore s'avvia verso la porta del palcoscenico in un'accigliata indifferenza per la Madre)

CAPOCOMICO IP&RG Suvvia, si rendano conto che non c'è verso di fargli fare la parte del Figlio dei personaggi in cerca d'autore.

PADRE *(recluso)* Non ci abbandonare, ora che è l'ora!

PRIMO ATTORE Ciao, arrivederci, addio.

PADRE *(recluso)* A quando?

PRIMO ATTORE *(uscendo)* Forse, probabilmente, può darsi, all'incirca all'istante, adesso, ora, al momento, subito, presto, fra poco, poi, dopo, nel futuro, mai!

PADRE *(recluso)* Che delusione! Che amarezza!

CAPOCOMICO IP&RG Mi dispiace, signor psicodrammatista.

PADRE *(recluso)* Quanto è più crudele del morso di un serpente l'ingratitudine di un figlio!

CAPOCOMICO IP&RG Smirnov?

PADRE *(recluso)* No, Shakespeare.
A vederla avvilita, mi fa star male; ma immaginando che l'Uscere abbia saltato la lettura di qualche rigo del messaggio inviato da Smirnov, si potrebbe anche immaginare che Smirnov abbia dato indicazione ai filodrammatici e al pubblico di poter rappresentare i *Sei personaggi in cerca d'autore*. Che dice, a tal proposito, l'Uscere?

USCERE Capocomico, se la sua supposizione non è errata, come darle torto? Lo verifichi con la sua immaginazione.

CAPOCOMICO IP&RG In tal caso, quasi, quasi mi tenta.

(Nel retroscena, gli attori della Compagnia battono ritmicamente i piedi sul pavimento)

FIGLIASTRA *(reclusa)* Si tenti, si tenti, che al Giovinetto potrebbe venire in mente di puntare subito la pistola contro il cuore del

Direttore di scena e premere, accidentalmente, il grilletto. Basterà una sola pallottola per spedirlo al cimitero di Asylumpólis!

DIRETTORE DI SCENA   Gli Addetti alla Sicurezza intervengano!

QUESTORE   Finzione, finzione! Non le si dia retta! Metateatro smirnoviano!

CAPOCOMICO IP&RG   Direttore di scena, che cos'è quella smorfia perplessa che le appare sul volto? Paura di morire?

DIRETTORE DI SCENA   Se sa contare, conti i Sacconi Neri.

CAPOCOMICO IP&RG (*contando*)   Già, cinque, anziché sei!

(Rivolgendosi alla famiglia dei reclusi)

Dov'è il sesto, il Figlio, che manca?

FIGLIASTRA (*reclusa*)   Altrove, fuori di sé. Che cambia?

DIRETTORE DI SCENA   Cambia, eccome!

FIGLIASTRA (*reclusa*)   Eccome, cambia?

CAPOCOMICO IP&RG   Cambia la situazione. Non le pare paradossale rappresentare *Sei personaggi in cerca d'autore*, meno uno?

PADRE (*recluso*)   Paradosso per stranezza, bizzarria per stramberia, esagerazione per stravaganza, ne faremo a meno!

CAPOCOMICO IP&RG   Ah, sì? E come?

PADRE (*recluso*)   Gliene forniremo la prova quando ci dirigerà.

CAPOCOMICO IP&RG   Chi glielo fa credere che mi presterò a farlo?

PADRE (*recluso*)   Metta in opera la sua intelligenza e il suo senso di responsabilità, signor Capocomico e se ne convinca.

CAPOCOMICO IP&RG   E come? Me ne convinca!

PADRE (*recluso*)   Facendo una carneficina!

QUESTORE   No, no, finzione, finzione, perché il teatro è finzione e la finzione è teatro e legge del teatro.

USCERE   Non sa il signor Questore che con Smirnov in teatro anziché la finzione si fa la finzione della finzione?

QUESTORE   Ovvero?

USCERE   Ovverosia, la finta finzione, la realtà, la realtà per davvero.

QUESTORE   Mah, al solito, qua al Tm&vT, ognuno si fa le legge

DIRETTORE DI SCENA

per sé come gli pare e stiamo a vedere che ne avverrà. Ohé, si scherza o si fa sul serio? Si far per davvero o si gioca alla paura?

UNA (*della Confraternita*)

Si far per davvero sul serio! Capocomico non dia retta al Questore. Sta scritto nella traccia del copione metateatrale del Magĭster che i personaggi psicodrammatisti possono inscenare quel che gli pare. Legga la Nota Bene, qua,

(toccandosi la fronte con l'indice della mano destra)

frughi nella mia mente, verifichi!

CAPOCOMICO IP&RG

(osservando la sua fronte e fingendo di *leggere nella sua mente*)

E già, e già, capisco, capisco! Se sta scritto lì!

QUESTORE

Si ricordi, il Giovinetto, lei, signorino, vestito di nero, di usarla soltanto per suicidarsi alla fine della tragicommedia di Pirandello. Perché tirando il grilletto, anche in modo accidentale, si attiva il percussore e si spara un colpo, spappolando al Capocomico il suo misero cervelletto, che gli è necessario nelle funzioni dell'apprendimento e del controllo motorio, nella coordinazione, nel senso di equilibrio e in alcuni procedimenti cognitivi, legati al linguaggio e all'attenzione.

USCERE

Sarà pure legittimo per degli apprendisti teatranti darsi da fare per mostrarsi artisti valenti e aspirare alla professione e al successo teatrale, ma non con un'azione terroristica. Poiché io non sono ancora pronto per morire, si decida il Capocomico a mettere alla prova i settari della Confraternita: se si dimostreranno di qualità eccezionale, li applaudiremo e se, invece, saranno scarsi o mediocri allora li fischieremo e loro si convinceranno che è meglio fare gli psicodrammatisti ad Asylumpólis anziché gli attori a Théatropólis.

DIRETTORE DI SCENA	Capocomico, non si lasci ricattare da un nugolo di criminali!
USCERE	Capocomico, le ricordo che questi personaggi psicodrammatisti hanno fabbricato e collocato l'arsenale pirotecnico in ogni dove del teatro.
PADRE (*recluso*)	Pronti a fare la tragedia.
QUESTORE	Calma, tutti! Così nessuno si farà del male.
DIRETTORE DI SCENA	Attenzione, signori. Ascoltiamo le istruzioni del signor Questore.
QUESTORE	La proposta dell'Uscere mi pare appropriata; se il signor Capocomico la condivide, allora si proceda pure alla prova di recitazione degli psicodrammatisti "Sacconi Neri della Confraternita del Soffio della Morte".
CAPOCOMICO IP&RG	Quasi, quasi, mi tenta!
USCERE	Suvvia, suvvia, si tenti, si tenti!

(Gli attori insorgono sdegnati, denigrando, offendendo e minacciando di morte il Capocomico)

DIRETTORE DI SCENA	Non si lasci tentare, signor Capocomico! Non è accettabile! No, non si può né si deve permetterlo!
FIGLIASTRA (*reclusa*)	Fratellino, punta la rivoltella contro il Direttore di scena e sparagli un colpo dritto, dritto, sulla bocca!
DIRETTORE DI SCENA	No, Giovinetto aspetti!
(Alla Figliastra)	Che fretta c'è? Si concerti!
FIGLIASTRA (*reclusa*)	Che vuol più concertare, ormai? Punto e fine!
USCERE	Punto e a capo. Nell'eventualità che il Capocomico gli accordi il permesso d'inscenarsi, i fanatici della Confraternita eviterebbero di crivellarci o di arrostirci nel rogo del teatro o di farci saltare e brillare in aria e, infine, di trasformarci in fumo, cenere, polvere, pulviscolo e atomi svolazzanti? Punto interrogativo e capo.
PADRE (*recluso*)	Sissignore. Punto. E vada a capo il Capocomico.

(Nel retroscena, gli attori della Compagnia battono ritmicamente i piedi sul pavimento)

CAPOCOMICO IP&RG	Trattandosi di sostituire in scena gli attori della Compagnia, in autosospensione temporanea dal lavoro, con gli psicodrammatisti "Sacconi Neri della Confraternita del Soffio della Morte", occorre, in ogni caso, per non far torto alla mia immaginazione, la conferma esplicita del Regista. Per conto mio, confermo il mio assenso all'esibizione. Pregherei il Regista di esprimere il suo parere.
FONICO	Il regista non è in cabina.
Un filodrammatico resiliente	E neppure in platea.
CAPOCOMICO IP&RG	E allora sentiamo se il signor Direttore Artistico, che è seduto in poltrona n. 8 della prima fila A della platea, mi consente di autorizzare i filodrammatici della Confraternita a rappresentare i Sei personaggi in cerca d'autore. Punto e a capo.
DIRETTORE ARTISTICO	D'accordo, se il signore Gestore in amministrazione controllata del Tm&vT, che è al mio fianco sinistro, m'autorizza però a concedere al Capocomico il permesso di consentire agli psicodrammatisti "Sacconi Neri della Confraternita del Soffio della Morte" d'inscenarsi e di interpretare i *Sei personaggi in cerca d'autore*.
GESTORE (*in platea*)	Come si fa ad accettare un ricatto simile da parte di una compagnia teatrale amatoriale? Si costituirebbe un principio che consentirebbe di giustificare chiunque abbia motivo di farsi, arbitrariamente, la legge da sé. Nel caso specifico, permettere a degli psicodrammatisti di sostituire, senza averne titolo e merito, gli interpreti professionisti dei *personaggi in cerca d'autore*, sarebbe contrario alla deontologia teatrale.

(*Dal retroscena, applauso degli attori*)

I filodrammatici resilienti	Deadlock! Stalemate! Situazione di stallo. Punto e a capo. Full stop and new line.

FIGLIASTRA (*reclusa*)   Fratellino, punta la rivoltella contro il Gestore in amministrazione controllata del Tm&vT e sparagli un colpo dritto, dritto, sulla fronte!

GESTORE   No, Giovinetto aspetti! Non mi spari!

(*Alla Figliastra*)

Non c'è alcuna urgenza che si offici la mia funzione funebre. Si concerti!

FIGLIASTRA (*reclusa*)   Che vuol più concertare, ormai? Punto e fine! Padre/Patrigno/Padrone comandi l'esecuzione!

PADRE (*recluso*)   M'istruisca formalmente!

FIGLIASTRA (*reclusa*)   Il comandante nell'osservanza della prescritta regola della esecuzione capitale sommaria, senza processo – poiché non contemplato nella traccia del copione metateatrale del Magı̆ster – da effettuarsi tramite arma da fuoco, tipo rivoltella. Il comandante assumerà un contegno riservato e marziale. Tenendo ben presente che solo ad energico comando corrisponde esecuzione energica, il comando sarà dato con voce pronunciata in tono chiaro, energica e persuasiva in posizione di *attenti*. Il comandante farà alzare il condannato dalla poltrona e gli chiederà: a) se intende far ridere il pubblico anziché commuoverlo; b) se vuole mettere del sale nella sua zucca sciapa; c) se intende essere assistito da un ministro del culto; d) se vuole bendarsi; e) se preferisce essere colpito alla schiena. Dopodiché, il comandante darà il seguente ordine di esecuzione: «Plotone!». Pausa. «Caricare!». Pausa. «Puntare!». Pausa. «Fuoco!». Raramente il condannato sopravvive alla morte; ma, in ogni caso, morto o non morto, il comandante si avvicinerà al corpo del presunto morto e gli sparerà a bruciapelo nella nuca con la rivoltella, dandogli il colpo di grazia.

QUESTORE   No, no, finzione, finzione, perché il teatro è finzione e la finzione è teatro e legge del teatro.

USCERE	Non sa il signor Questore che con Smirnov in teatro anziché la finzione si fa la finzione della finzione?
QUESTORE	Ovvero?
USCERE	Ovverosia, la finta finzione, la realtà, la realtà per davvero.
QUESTORE	Mah, al solito, qua al Tm&vT, ognuno si fa le legge per sé come gli pare e stiamo a vedere che ne avverrà.
PADRE (*recluso*)	E sta scritto nella traccia del copione metateatrale del Magĭster che il pubblico ha la facoltà di inventare e inscenare gli scopi del proprio agire come gli pare. Signor Gestore, legga nella mia mente

(toccandosi la fronte con il dito dell'indice a uncino della mano destra)

	la Nota Bene della traccia del copione metateatrale del Magĭster.
GESTORE	Che recita, precisamente?
PADRE (*recluso*)	Recita che: «In caso di diniego del Direttore-Capocomico o del suo vive Direttore di scena, o del Regista, o del Direttore Artistici o del Gestore del teatro, è dato ai personaggi psicodrammatisti "Sacconi Neri della Confraternita del Soffio della Morte" di fare qual che gli pare e piace. Ne prenda visione per chiaroveggenza, telepatia, telestesia o metagnomia».
RESILIENTI (*in coro*)	Adocchio, guardo, scruto, percepisco, scorgo, intravedo, avvisto, ravviso, distinguo, discerno, vedo.
GESTORE	

(osservando la sua fronte, chiude gli occhi e finge una visione)

	E già, e già, *clarus, clairvoyance,* vedo, visione chiara. E, ora, che le viene in mente di fare?
FIGLIASTRA (*reclusa*)	La carneficina del Gestore e dei Filodrammatici resilienti di Asylumpólis.
GESTORE	Capisco, capisco!
UNO (*della platea*)	Basta con le messinscene smirnoviane!

UNO (*della platea*)	Uno spettacolo della traccia del copione metateatrale di Smirnov disonorante, ingiurioso, indecente, irriverente, insolente, irrispettoso, offensivo, oltraggioso, provocatorio, sfacciato e sfrontato nei confronti di Pirandello!
PUBBLICO (*della platea*)	Pirandello! Pirandello! Pirandello!
PUBBLICO (*delle balconate*)	Smirnov! Smirnov! Smirnov!

(*Fischi, strepiti, applausi, gazzarra tra i fautori e i detrattori di Smirnov*)

DIRETTORE ARTISTICO	Signor Gestore, ci converrà riprendere la recita: altrimenti, qua, finisce male! E *stiamo a vedere che cosa ne avverrà.*
GESTORE	E sia! Ma così facendo ne avverrà, per dirla con Pirandello: «… un misto di tragico e di comico, di fantastico e di realistico».
PRESBITERO	Proprio come era nel principio: e ora e sempre: nei secoli dei secoli. Amen.
GESTORE	Dia l'ordine al Capocomico di autorizzare i filodrammatici della Confraternita del Soffio della Morte a inscenarsi, a patto che, per ragioni d'ordine pubblico e d'incolumità pubblica, depongano le armi, le munizioni e il materiale esplodente e le consegnino al signor Questore che provvederà ad affidarle alle autorità militari perché le custodiscano nei loro depositi, inaccessibili agli estranei!
PREFETTA	Signor Questore, sequestri ai "Sacconi Neri della Confraternita del Soffio della Morte" le candeline luminose, i petardi, le bombe, i candelotti di dinamite, i razzi e tutto l'arsenale pirotecnico che hanno negli zaini caricati sulle loro spalle.
QUESTORE	Metateatro smirnoviano. Non gli dia retta, signora Prefetta! Finzione, finzione! Poiché in teatro si fa la finzione, perché il teatro è finzione, si deduca che l'arsenale pirotecnico è fasullo e, se esploderà, si morirà per finta!
PADRE (*recluso*)	Sarà subito fatto. Membri della Confraternita si

disinneschi l'armamentario!

(I filodrammatici della Confraternita del Soffio della Morte disinnescano il loro armamentario, lo ripongono negli zaini e li consegnano agli agenti della Pubblica Sicurezza)

CONFRATERNITA (*in coro*)   Fatto! Punto e capo. Fatto! Punto e capo. Fatto! Punto e capo.

GESTORE   E ora si mettano in memoria di obliare la belligeranza.

PADRE (*recluso*)   E come si fa?

GESTORE   Si smemorino la tentazione di fare sfracelli.

CONFRATERNITA (*in coro*)   Tentazione di fare sfracelli obliata. Punto e capo. Fatto! Punto e capo. Fatto! Punto e capo. Fatto! Punto e capo.

GESTORE   Consegnino il loro bellicoso oblio al signor Questore, in modo che la tragicommedia di Pirandello non si tramuti in una farsa.

PADRE (*recluso*)   Sissignore, sarà fatto. Psicodrammatisti "Sacconi Neri della Confraternita del Soffio della Morte", deponete il vostro oblio bellicoso nella memoria del Signor Questore.

CONFRATERNITA (*in coro*)   Fatto. Oblio bellicoso deposto nella memoria del Signor Questore. Fatto! Punto e capo. Fatto! Punto e capo. Fatto! Punto e capo.

GESTORE   Signor Questore ha ricevuto il loro oblio bellicoso?

QUESTORE   Sissignore, ed è già morto e seppellito nel mio archivio mnemonico.

GESTORE   Direttore Artistico riferisca agli psicodrammatisti che il Gestore in amministrazione controllata del Tm&vT li autorizza a inscenarsi nell'interpretazione dei *personaggi in cerca d'autore* e ne informi il Capocomico IP&RG e stiamo a vedere che ne verrà.

(Nel retroscena, gli attori della Compagnia battono ritmicamente i piedi sul pavimento)

DIRETTORE ARTISTICO   Lor signore & signori della Confraternita sono autorizzati a inscenarsi e il Capocomico IP&RG ne prenda atto.

CAPOCOMICO IP&RG	Attenzione, signore & signori. Chi è di scena?
PADRE (*recluso*)	Gli psicodrammatisti "Sacconi Neri della Confraternita del Soffio della Morte" nell'interpretazione dei *personaggi in cerca d'autore*.

(Nel retroscena, gli attori della Compagnia battono ritmicamente i piedi sul pavimento)

PADRE (*recluso*)	Che succede nel retroscena?
SUGGERITORE	Si protesta!
PADRE (*recluso*)	Contro chi?
SUGGERITORE	Contro i Sacconi Neri che li stanno per sostituire!

(Nel retroscena, gli attori della Compagnia battono ritmicamente i piedi sul pavimento)

FIGLIASTRA (*reclusa*)	Un tiptap sballato! Lor signori vedano come si balla.

(Fa per ballare, ma viene additata dal Padre)

PADRE (*recluso*)	Tu, statti a posto per ora!
QUESTORE	Gli attori nel retroscena la smettano di battere i piedi o glieli impallinerò con una mitraglietta.
CAPOCOMICO IP&RG	Signor Questore che le passa per la mente di resuscitare dal suo archivio mnemonico l'oblio bellico dei fanatici "Sacconi Neri della Confraternita del Soffio della Morte"?
QUESTORE	Uno sfiato ascensionale, fortuito. Non accadrà più.

(Battito di piedi dal retroscena)

SUGGERITORE	I Sacconi Neri hanno inteso e decifrato il messaggio degli attori in codice Morse?
PADRE (*recluso*)	Non pervenuto.
SUGGERITORE	«Smettetela!»

(Battito di piedi dal retroscena)

	E ancora: «Via, via!».
FIGLIASTRA (*reclusa*)	Ancora? Stop! Fatela finita, o vi farò ballare il saltarello a colpi di mitraglietta.

(Il Giovinetto, impaurito, spara accidentalmente un colpo di pistola in aria)

(Spavento e apprensione in sala)

	Capocomico, cominci, cominci o qui non si comincia mai. Punto e a capo
CAPOCOMICO IP&RG	Su, su, Direttore di scena, disponga la scena.
Un filodrammatico resiliente	Cosa? Capocomico, dice sul serio? Acconsente ai Sacconi Neri di interpretare i *Sei personaggi in cerca d'autore*?
L'attore giovane	*Questa è pazzia bell'e buona!*
Altro attore	*Ma cose inaudite! Se il teatro, signori miei, deve ridursi a questo.*
Un quinto attore	*Io mi ci diverto!*
Il terzo attore	*Mah! Dopo tutto, stiamo a vedere che cosa ne nasce.*
DIRETTORE DI SCENA	Al lavoro! E ognuno al suo posto. Suggeritore, si prepari a suggerire; non si distragga e non inciampi, se non vuol farsi sparare e officiare la sua funzione funebre.
SUGGERITORE (mugugnando fra sé e sé, per non farsi sentire)	Spiritoso.
DIRETTORE DI SCENA	Stia zitto! Le conviene. Non è in prova? E allora faccia la prova del Suggeritore in prova se vuole farsi assumere.
CAPOCOMICO IP&RG	Suggeritore, al lavoro!
SUGGERITORE	Agli ordini!
PADRE (*recluso*)	Suggeritore, in prova, ci descriva uno per volta, così come indicato nella tragicommedia. Inizi da me, che sono il Padre!
DIRETTORE DI SCENA	Ehi, signore, la smetta di fare il Padre/Patrigno/Padrone dell'antefatto del dramma familiare *Sei personaggi in cerca d'un capocomico* e d'inscenarsi come indicato nella traccia del copione metateatrale di Smirnov! Qui, da ora in poi, per tutta la durata della rappresentazione della tragicommedia *Sei personaggi in cerca d'autore*, gli ordini li dà il Capocomico.

CAPOCOMICO IP&RG   Direttore di scena li accompagni in sartoria e dica alla costumista di assegnargli degli abiti adatti alla scena.

PADRE (*recluso*)   Non ce n'è bisogno, signore, siamo già pronti.

(Ai familiari)

Su, su, via con il rito della svestizione. Via il mantello! Via la tunica. Via i guanti!

DIRETTORE DI SCENA   Com'è che lor signori sono già vestiti come i personaggi in cerca d'autore?

PADRE (*recluso*)   Per preveggenza!

DIRETTORE DI SCENA   Uhm, che preveggenza azzeccata!

PADRE (*recluso*)   Signore, in virtù della provvidenziale preveggenza smirnoviana, ci siamo già vestiti e mascherati in anticipo, proprio così come indicato nella traccia del copione metateatrale di Smirnov.

UNA (*della platea*)   Capocomico, rivendico il diritto di assistere allo spettacolo di Pirandello in cui recitato gli attori e non i filodrammatici.

CAPOCOMICO IP&RG (alzandosi di scatto dalla poltrona) Silenzio, in sala! Direttore di scena, dia l'ordine di illuminare la scena e diffondere la musica come per una sfilata di alta moda e faccia disporre i fotografi e i cameramen davanti al proscenio. Vada.

DIRETTORE DI SCENA   Farò tutto in un baleno.

(Esce per recarsi a dar l'ordine)

CAPOCOMICO IP&RG   Suggeritore, prenda posto nella buca, accenda la lampadina, stenda davanti a sé il copione e cominci a leggere il copione al mio comando.

SUGGERITORE   Sissignore.

(Luce sul palco e musica in sala)

CAPOCOMICO IP&RG (sedendo sulla poltrona) Attenzione, signore & signori. Chi è di scena?

PADRE (*recluso*)   Noi, signore. La famiglia dei Sacconi Neri per interpretare i *Sei personaggi in cerca d'autore.*

CAPOCOMICO IP&RG   Tocca a loro fare la scena?

PADRE (*recluso*)   Sissignore.

CAPOCOMICO IP&RG   *Dunque, stiano bene attenti*: lor signore & signori saliranno per la scaletta di destra e faranno il loro ingresso sul palcoscenico, mostrandosi al pubblico in maniera spettacolare, come per fare la sfilata di alta moda sulla passerella; poi, scenderanno giù in platea per la scaletta di sinistra; qui, percorreranno il corridoio laterale di sinistra fino in fondo e, poi, girando a sinistra, attraverseranno il corridoio centrale e giunti davanti alla ribalta gireranno a destra e saliranno sul palcoscenico per la scaletta di destra. Chiaro?

PADRE (*recluso*)   Più chiaro della luce abbagliante del sole. Se però il signor Capocomico me lo permette, sa, per risparmiare tempo, vorrei suggerirle di farci sfilare soltanto sul palcoscenico, senza mandarci in processione per la platea.

CAPOCOMICO IP&RG   E sia! Su, su, cominciamo. Manca qualcuno?

PADRE (*recluso*)   Il Figlio.

CAPOCOMICO IP&RG   Un filodrammatico resiliente lo sostituisca.

Un filodrammatico resiliente   Sissignore.

CAPOCOMICO IP&RG (alzandosi dalla poltrona) Vediamo chi potrebbe fare la parte del Figlio. Non lei, signore: è troppo basso. Sì, lei, l'altro, va bene.

(Al Direttore di scena che rientra)

Mi faccia la cortesia di accompagnare il filodrammatico resiliente in sartoria e dica alla costumista di consegnargli gli abiti del Figlio per la sfilata.

MADRE (*reclusa*)   Non ce n'è bisogno signor Capocomico, li ho qui con me nello zaino.

CAPOCOMICO IP&RG   Sfileranno in ordine: il Padre, la Madre, la Figliastra insieme al Giovinetto e alla Bambina e, per ultimo, il Figlio.

(Battendo le mani e sedendo sulla poltrona)

Attenzione, attenzione! Lor signor personaggi vadano o in fondo alla sala. La madre dia al filodrammatico resiliente gli abiti del Figlio. Attacchiamo!

(al Suggeritore)

Cominci, Cominci.

Il suggeritore

(Leggendo nel copione, mentre i personaggi dalla platea salgono sul palcoscenico per fare la passerella)

(Luce e musica come nelle sfilate di alta moda)

SUGGERITORE (*nella buca*)   I **Personaggi** appaiono *non come fantasmi ma come realtà create, costruzioni della fantasia; e dunque più reali e consistenti della volubile naturalità degli Attori.*

{N. B. Gli spiriti personaggi della tragicommedia Sei personaggi in cerca d'autore di Luigi Pirandello sono interpretati dai filodrammatici dell'Hospitium *degli Erranti*}

Lo spirito di Pirandello

(Dalla poltrona 36, prima fila di centro A della balconata II, avvolto nel buio, con voce megafonata, un filodrammatico dell'Hospitium degli Erranti dà voce allo spirito di Pirandello)

«Il teatro non è una forma d'arte ma una degradazione dell'opera pensata, progettata e scritta dall'autore. È dal bisogno di esprimere in scena ciò che il testo suscita, dalla consapevolezza che gli attori non coincidono con i suoi personaggi. L'inadeguatezza della messinscena nei confronti del testo e l'impossibilità dell'attore di riproporre integralmente il personaggio da lui interpretato, mi hanno indotto a una riflessione sulla discrasia tra testo e teatro, che si rifletterà nelle mie opere, cosiddette meta-teatrali (*Sei personaggi in cerca d'autore, Ciascuno a suo modo* e *Questa sera si recita a soggetto* ne sono un esempio eclatante)».

CAPOCOMICO IP&RG   **Pirandello! Lo spirito di Pirandello!**
Lo spirito di Pirandello   «È dal bisogno di esprimere in scena ciò che il testo suscita, dalla consapevolezza che gli attori non coincidono con i loro personaggi, è dalla dicotomia tra atmosfere e paesaggi ricostruiti dallo scenografo e immaginati che nacque in me l'esigenza di assommare il ruolo di Direttore di scena (regista) al mio *status* di scrittore e drammaturgo».

(Dalla poltrona 27, prima fila di centro A della balconata II, avvolto nel buio, con voce megafonata, un filodrammatico dell'Hospitium degli Erranti dà voce allo spirito personaggio del direttore-capocomico)

Spirito personaggio direttore-capocomico *Non s'immagineranno mica di saper recitare loro! Fanno ridere... Gli Attori, difatti, rideranno. Ecco, vede, ridono!*

(Si sente ridere dalla balconata II)

CAPOCOMICO IP&RG E lei, che giudica da lassù, chi è?

Spirito personaggio direttore-capocomico Io sono lo spirito personaggio del direttore-capocomico.

CAPOCOMICO IP&RG Che vuole?

Spirito personaggio direttore-capocomico Stare a vedere come gli attori interpretano sul palcoscenico noi personaggi in cerca d'autore e se sarà vano il loro tentativo di rappresentare il nostro dramma.

CAPOCOMICO IP&RG Stiano a vedere, male che va ne verrà fuori una commedia da fare. Attenzione, Suggeritore. Chi è di scena?

SUGGERITORE Le maschere.

CAPOCOMICO IP&RG Su, su, la sfilata dei personaggi in cerca d'autore.

(Uno di seguito all'altro, i personaggi della famiglia sfilano sul palcoscenico)

SUGGERITORE *Le maschere che indossano danno l'impressione della figura costruita per arte e fissata ciascuna immutabilmente nell'espressione del proprio sentimento fondamentale,*

Spirito personaggio direttore-capocomico *ma che loro espressione! Credono d'averla in sé, loro, l'espressione? Nient'affatto!*

PADRE (*recluso*) *Non oso contraddirla, signore. Ma creda che è una sofferenza orribile per noi che siamo così come ci vede, con questo corpo, con questa figura —*

CAPOCOMICO IP&RG (troncando, spazientito) *ma si rimedia col trucco, si rimedia col trucco, caro signore, per ciò che riguarda la figura!*

(Dalla poltrona 9, prima fila di sinistra A della balconata II, avvolto nel buio, con voce megafonata, un filodrammatico dell'Hospitium degli Erranti dà voce allo spirito personaggio del padre)

Spirito personaggio padre	*Già; ma la voce, il gesto –*
CAPOCOMICO IP&RG	*oh, insomma! Qua lei, come lei, non può essere! Qua c'è l'attore che lo rappresenta; e basta!*
Spirito personaggio padre	*Ho capito, signore. Ma ora forse indovino anche perché il nostro autore, che ci vide vivi così, non volle poi comporci per la scena.* Non voglio farle offesa. *Dio me ne guardi! Ma penso che a vedermi adesso rappresentato...*
PADRE *(recluso)*	*Da me, se non le dispiace.*
Spirito personaggio padre	*Onoratissimo, signore. Ecco, penso che, per quanto il signore s'adoperi con tutta la sua volontà e tutta la sua arte ad accogliermi in sé...*
PADRE *(recluso)*	*Concluda, concluda.*
Spirito personaggio padre	*Eh, dico, la rappresentazione che farà – anche forzandosi col trucco a somigliarmi... – dico, con quella statura... difficilmente potrà essere una rappresentazione di me, com'io realmente sono. Sarà piuttosto – a parte la figura – sarà piuttosto com'egli interpreterà ch'io sia, com'egli mi sentirà – se mi sentirà – e non com'io dentro di me mi sento. E mi pare che di questo, chi sia chiamato a giudicare di noi, dovrebbe tener conto.*
CAPOCOMICO IP&RG	*Si dà pensiero dei giudizi della critica adesso? E io che stavo ancora a sentire! Ma lasci che dica, la critica. E noi pensiamo piuttosto a metter su la commedia, se ci riesce!*
(Al Suggeritore)	
	Su, su, riprenda da dopo *nell'espressione del proprio sentimento fondamentale –*
SUGGERITORE	*che è il rimorso per il Padre* che è *sulla cinquantina: stempiato, ma non calvo, fulvo di pelo, con baffetti folti quasi acchiocciolati attorno alla bocca ancor fresca, aperta spesso a un sorriso incerto e vano.*

Pallido, segnatamente nell'ampia fronte; occhi azzurri ovati, lucidissimi e arguti; veste calzoni chiari e giacca scura: a volte sarà mellifluo, a volte avrà scatti aspri e duri ...

(Applausi dalle balconate, mentre il Padre esce dietro le quinte)

... il dolore per la Madre con fisse lagrime di cera nel livido delle occhiaie e lungo le gote, come si vedono nelle immagini scolpite e dipinte della Mater dolorosa che si vedono nelle chiese. La Madre è come atterrita e schiacciata da un peso intollerabile di vergogna e d'avvilimento. Velata da un fitto crespo vedovile, veste umilmente di nero, e ecco sollevando il velo, mostra un viso non patito, ma come di cera, e tiene sempre gli occhi bassi.

(Applausi dalle balconate, mentre la Madre esce dietro le quinte)

la vendetta per la Figliastra, di diciotto anni, spavalda, quasi impudente, bellissima, che veste a lutto anche lei, ma con vistosa eleganza.

(Dalla poltrona 18, prima fila di destra A della balconata II, avvolta nel buio, con voce megafonata, una filodrammatica dell'Hospitium degli Erranti dà voce allo spirito personaggio della figliastra)

Spirito personaggio figliastra (esilarata) *Come, come? Io, quella lì?*

(Scoppierà a ridere)
CAPOCOMICO IP&RG (irato) *Che cos'ha da ridere?*
FIGLIASTRA *(reclusa)* *Nessuno ha mai osato ridersi di me! Pretendo che mi si rispetti, o me ne vado!*
Spirito personaggio figliastra *Ma no, scusi, io non rido di lei.*
CAPOCOMICO IP&RG

(allo spirito personaggio della Figliastra)

Dovrebbe sentirsi onorata d'esser rappresentata da... "Quella lì!".
Spirito personaggio figliastra *Ma non dicevo per lei, creda! dicevo per me, che*

non mi vedo affatto in lei, ecco. Non so, non...non m'assomiglia per nulla!

CAPOCOMICO IP&RG   Suggeritore, continui.

SUGGERITORE   *Mostra dispetto per l'aria timida, afflitta e quasi smarrita del fratellino, squallido Giovinetto di quattordici anni, vestito anch'egli di nero; e una vivace tenerezza, invece, per la sorellina, Bambina di circa quattro anni, vestita di bianco con una fascia di seta nera alla vita,*

(Applausi dalle balconate, mentre la Figliastra, il Giovinetto e la Bambina escono dietro le quinte)

Il figlio, di ventidue anni, alto, quasi irrigidito in un contenuto sdegno per il Padre e in un'accigliata indifferenza per la Madre porta un soprabito viola e una lunga fascia verde girata attorno al collo.

(Applausi dalle balconate, mentre il Figlio, impersonato da un resiliente, esce dietro le quinte)

(Richiamati dal pubblico, i *Sei personaggi in cerca d'autore* rientrano sulla scena)

(Lampi di luce)

CAPOCOMICO IP&RG   Attenzione, signore & signori. Chi è di scena?

FIGLIASTRA (*reclusa*)   Il disturbo.

DIRETTORE DI SCENA   Nessun disturbo, signorina. C'è silenzio assoluto.

FIGLIASTRA (*reclusa*)   Mi era parso di aver sentito un sibilo, là, nella buca.

SUGGERITORE   Forse, le è pervenuto dentro di sé, signorina. Troppo stress! Anch'io non ne posso più! Sono sfibrato.

(Si sente un fischio stridente, come emesso da un altoparlante)

FIGLIASTRA (*reclusa*)   No, no! Chi è che rompe? Proprio ora, che mi tocca recitare!

DIRETTORE DI SCENA   Che succede, signor fonico?

FONICO   Effetto Larsen, Direttore di scena.

CAPOCOMICO IP&RG   Si spieghi, al pubblico!

FONICO   Si tratta di un Feedback acustico.

SUGGERITORE   Scusi, signor Capocomico, mi permette di uscire dalla buca? *Tira una cert'aria* qui dentro la fossa!

CAPOCOMICO IP&RG   *Ma sì, faccia, faccia!* Ma non s'allontani troppo e torni presto!

SUGGERITORE (*uscendo dalla buca*) Sissignore.

(Feedback acustico)

FONICO   Dal palcoscenico, lor signori, mi sentono?

DIRETTORE DI SCENA   In verità, sento la sua voce come un'eco, ripetuta e amplificata. Signor fonico, escludendo il ricorso alla violenza fisica, cosa può fare per evitare il problema? Provveda immediatamente a risolvere il disturbo o qua si appicca il fuoco al teatro.

FONICO   Il punto, Direttore di scena, è che, a questo punto, il *Feedback acustico* rappresenta il limite, oltre il quale, al momento, per motivi di sciopero ancora in corso, non si può procedere. E, invece di starcene inermi a lacerarci nell'inerzia, non è convenevole trattare di cose da matematica e fisica per cogliere, in anticipo, la conoscenza di ciò che, senza togliere nulla ai profeti, potrebbe accadere in teatro al verificarsi di certe condizioni.

CAPOCOMICO IP&RG   Cioè?

FONICO   Intrecciare ipotesi per conseguire x invece che y, almeno così mi pare.

CAPOCOMICO IP&RG   Come?

FONICO   Costituendo un presente alternativo al punto d'interruzione della rappresentazione dello spettacolo di Pirandello, potremmo, di conseguenza, procedere oltre il suo limite.

CAPOCOMICO IP&RG   Che dice, che dice?

FONICO   La questione prioritaria è però come indirizzare il futuro? In direzione x o y? Fare così o cosà?

(Feedback acustico)

DIRETTORE DI SCENA   Fonico, risolva il problema dei rumori e dia voce alla Figliastra!

FONICO	Non è più una questione di acustica, signore direttore di scena; la Figliastra si è zittita da sé.
DIRETTORE DI SCENA	Regoli i microfoni e i diffusori acustici.
FONICO	Prova tecnica. Alfa! Alfa! Ics! Ics. Sa, sa, sa! Zeta, zeta, zeta! Contatto ripristinato. Verificato. Qua, è tutto ok.
DIRETTORE DI SCENA	Bene.
FIGLIASTRA (*reclusa*)	Shhh!
CAPOCOMICO IP&RG	Che c'è, ancora?
FIGLIASTRA (*reclusa*)	Mi par di percepire una stranezza!
CAPOCOMICO IP&RG	Si tratta di una finzione artistica?
FIGLIASTRA (*reclusa*)	Percezione sonora.
DIRETTORE DI SCENA	Io me ne intendo; ne capto a volontà. In psicologia, la percezione è definita come un processo psichico atto a trasformare i dati sensoriali in forme dotate di significato. Signorina, che sente?
FIGLIASTRA (*reclusa*)	Un enigma.
DIRETTORE DI SCENA	Lo interpreti!
FIGLIASTRA (*reclusa*)	Significherebbe sminuire l'intelligenza del pubblico.
UNO (*della balconata III*)	Consulti un oracolo per risolversi!
FIGLIASTRA (*reclusa*)	Signor Direttore di scena, sente ciò che io sento?
DIRETTORE DI SCENA	

(Si guarda intorno, verifica e scuote la testa in segno negativo)

UNO (*della balconata III*)	Non si sente niente! Smuova il volume dallo zero, signor Fonico!
FONICO	Volume al massimo!
FIGLIASTRA (*reclusa*)	Mi ronza, d'intorno, un suono.
DIRETTORE DI SCENA	Si tratta, forse, della voce di dentro, di un tuo sentire, percepire, audire.
UNA (*della balconata III*)	Noi non sentiamo di sentire ciò che lei sente di sentire!
PRIMA ATTRICE	Non si sente e non perché non si sente di sentire ma poiché non si sa sentire il sentire di chi sente di sentire chi intende farsi sentire.
UNA (*della balconata III*)	Signorina attrice, che impersona la Figliastra, ci

faccia ascoltare il suo ascolto!

PRIMA ATTRICE — Il filosofo Giuseppe Cantarano, nel suo saggio *Immagini del nulla*, afferma che «... è necessario imparare ad ascoltare, poiché l'attenzione del compositore all'ascolto richiede un'attenzione dell'ascoltatore».

DIRETTORE DI SCENA — E dunque?

PRIMA ATTRICE — L'*ascoltare* di Cantarano è il *saper sentire* da parte dell'ascoltatore il sentire del compositore. Ascoltare è udire un fiato, un suono, un canto, un lamento, un rumore e così via. Sentire, è sì ascoltare e udire ma, diversamente e in più rispetto al loro significato espressivo, è anche implicazione psicologica: l'avvertenza di una percezione e di una sensazione; il provare un sentimento e averne coscienza.

DIRETTORE DI SCENA — Intende dire che noi, pur ascoltando, non sentiamo il sentire della Figliastra perché non sappiamo sentire il suo sentire?

PRIMA ATTRICE — Proprio così.

DIRETTORE DI SCENA — Ma che cianfruglia, se neppure lei, la Figliastra, sente di sentire il sentire di chi richiede l'attenzione del suo ascoltatore (cioè, lei stessa, l'attrice che impersona la Figliastra, noi teatranti e gli spettatori)!

PRIMA ATTRICE — Il senso stesso, in sé, del suono di parole, frasi e discorsi sono comprensibili quando avvengono le condizioni di sintonia (corrispondenza, accordo, armonia) tra chi parla e chi ascolta.

DIRETTORE DI SCENA — Ovvero?

PRIMA ATTRICE — Intenda chi intende intendere: soltanto se si è sincronizzati sulla stessa frequenza d'onda è possibile parlarsi e ascoltarsi reciprocamente.

DIRETTORE DI SCENA — Altrimenti?

PRIMA ATTRICE — Altrimenti, quel che si sente non si sente, pur ascoltandone il suono.

DIRETTORE DI SCENA — Qua, s'ingarbugliano i sinonimi, e il sentire si fa sentire in modo ambiguo: se non si sa interpretare l'oracolo, si finisce nel rebus, nel labirinto, nell'enigma!

(Colta da malore, la Figliastra cade a terra)

PUBBLICO (*in coro*)   Oh!

DIRETTORE DI SCENA   Ormai, qua, ognuno recita per finta finzione come gli pare.

MADRE (*reclusa*)

(Soccorrendo prontamente la figlia)

Un medico, subito!

MEDICO   Mi precipito!

(Attraversa il corridoio laterale della platea e sale sul palcoscenico)

MEDICO   Uhm!

MADRE (*reclusa*)

(In stato d'apprensione, si avvicina alla figlia e fa per abbracciarla, ma a un segno del Medico si ferma)

MEDICO   Signora madre, se ne stia in disparte.

          La prego, dottore, risani il malore di mia figlia.

MEDICO   Signorina, mi sente?

MADRE (*reclusa*)   Non la sente, dottore!

MEDICO   Lipotimia. Transitoria perdita della coscienza; svenimento.

(La Figliastra rinviene)

MEDICO   Signorina, mi sente?

(A bassa voce, con affanno e quasi senza fiato, la Figliastra pronuncia insensatezze)

MADRE (*reclusa*)   Che dice?

MEDICO   Farfuglia.

MADRE (*reclusa*)   Cara, cara, cara.

FIGLIASTRA (*reclusa*)   Mi viene da vomitare. Ho freddo.

DIRETTORE DI SCENA   Trovarobe, presto, un secchio, un asciugamano e

	una coperta! Subito!
MADRE *(reclusa)*	Cara, cara, cara.
MEDICO	Signorina, come si chiama?
FIGLIASTRA *(reclusa)*	Mi chiamo Serafina.
MEDICO	Quanti anni ha?
FIGLIASTRA *(reclusa)*	Diciotto.
MEDICO	Dove si trova?
FIGLIASTRA *(reclusa)*	Nella fintaggine del Tm&vT.
MEDICO	Perché?
FIGLIASTRA *(reclusa)*	Per fare la finzione.
MEDICO	Che finzione?
FIGLIASTRA *(reclusa)*	La finzione della Figliastra che fa la Figliastra che fa la finzione della Figliastra che fa la Figliastra.
MEDICO	Che fa di mestiere?
FIGLIASTRA *(reclusa)*	La sgualdrina per infingimento.

(Entra il Trovarobe con il secchio, l'asciugamano e la coperta)

MADRE *(reclusa)*	A me, a me!

(Aiuta la figlia a vomitare nel secchio, poi le pulisce la bocca e l'avvolge nella coperta)

DIRETTORE DI SCENA	Signor Trovarobe, porti via subito dal palcoscenico il secchio e l'asciugamano! Ci sbarazzi dalla puzza del vomito o, altrimenti, ne moriremo asfissiati!

(Il Trovarobe esce)

MADRE *(reclusa)*	Dottore, che cosa può aver causato lo svenimento?
MEDICO	Si tratta di affaticamento, stress, forte emozione, eccitazione, paura, depressione, o per qualche altro disturbo psicologico. Signorina Serafina, che cosa ha avvertito?
FIGLIASTRA *(reclusa)*	Brividi, tremori e sudorazione; poi, un vago senso di testa fluttuante.
MEDICO	Instabilità, stordimento, un mancamento?
FIGLIASTRA *(reclusa)*	Un capogiro con svenimento.
MADRE *(reclusa)*	Com'è il battito del cuore di mia figlia, dottore?

MEDICO	Irregolare. Signorina Serafina, se la sente di rialzarsi?

(La Figliastra annuisce e la Madre l'aiuta ad alzarsi, tenendola sottobraccio)

FIGLIASTRA (*reclusa*)	Un tintinno!
MADRE (*reclusa*)	Che tintinno, figlia mia?
FIGLIASTRA (*reclusa*)	Ascolta.
MADRE (*reclusa*)	Io non sento alcun tintinno.
FIGLIASTRA (*reclusa*)	Il suono del tintinno. Ascolta.
MADRE (*reclusa*)	Non sarò mica diventata sorda?

(Rivolgendosi a tutti)

Lor signori hanno sentito il tintinno di mia figlia?

DIRETTORE DI SCENA (*Si guarda intorno*)	No, neppure noi.
MEDICO	Acufene (o tintinno). Si tratta di un'esperienza molto personale. Signorina Serafina, percepisce il tintinno nelle orecchie o nella testa?
FIGLIASTRA (*reclusa*)	Mi ronza di qua e di là.
MEDICO	Con un suono sordo, vibrante e insistente?
	Sento il suo tintinno ronzarmi attorno, a fianco, qua e là, sopra e sotto, di dietro e davanti.
MEDICO	Suo di chi? Lo specifichi!
FIGLIASTRA (*reclusa*)	Ecco, aleggia, dice: «F, i, g, l, i, a, s, t, r. a».
MEDICO	Figliastra!
FIGLIASTRA (*reclusa*)	Il tintinno dice: «Tu, attrice, falsa; io, personaggio, vero».

(Si distacca dalla Madre e va verso il proscenio, percorrendolo da sinistra a destra e viceversa, conversando, a bassa voce e con aria di mistero, con la sua parvenza sospesa nell'aria)

Che oracolo mi tintinni?

(Dando voce alla sua parvenza)

«Il senso stesso, in sé, del suono di parole, frasi e discorsi sono comprensibili quando avvengono le condizioni di sintonia (corrispondenza, accordo, armonia) fra trasmittente e ricevente, tra chi parla e chi ascolta; in teatro, tra l'attore e il pubblico)».

FIGLIASTRA (*reclusa*) Ovvero?

(Dando voce alla sua parvenza)

«Intenda chi intende intendere. Soltanto se si è sincronizzati sulla stessa frequenza d'onda, è possibile parlarsi e ascoltarsi reciprocamente)».

FIGLIASTRA (*reclusa*) Altrimenti?

(Dando voce alla sua parvenza)

«Altrimenti, quel che si sente non si sente, pur ascoltandone il suono».

DIRETTORE DI SCENA Qua, se non si sa interpretare l'oracolo, si finisce nel rebus!

MEDICO

(Invita il Padre ad appartarsi con lui in un angolo del proscenio)

(La figliastra va ad accomodarsi sulla poltrone del Capocomico e si ammutolisce, con la Madre che prende una sedia e le si siede accanto, come per proteggerla dallo spirito del personaggio di Pirandello che le gironzola intorno e sopra di lei)

MEDICO Le posso fare alcune domande di carattere privato sulla sua figliastra?

PADRE (*recluso*) Certamente.

MEDICO Capita spesso alla sua figliastra di percepire come reale ciò che in realtà è solo immaginario?

PADRE (*recluso*) Se stiamo separati, io ingabbiato all'Istituto Penitenziario e lei al Centro terapeutico riabilitativo psichiatrico, che ne so?

MEDICO

(Fa cenno alla Madre di alzarsi e avvicinarsi a lui e al marito)

Signora, sua figlia fa uso di sostanze stupefacenti. come, ad esempio, la psilocibina e la mescalina?

PADRE (*recluso*) Ma no, che le salta in mente?

MEDICO	È alcolista?
MADRE (*reclusa*)	No; è astemia!
PADRE (*recluso*)	Forse, ora; ma prima, oh se beveva!
MADRE (*reclusa*)	Falsità, falsità. Nevvero! Non gli dia retta!
PADRE (*recluso*)	Verità, verità! Nel periodo che frequentava l'Ateliér di Madama Pace tracannava il nettare delle uve più pregiate della Francia!
MADRE (*reclusa*)	Falsità, falsità.
PADRE (*recluso*)	Champagne! E che champagne! I più preziosi delle Maisons françaises: Broël & Kroff, Krug Clos d'Ambonnay, Bollinger Vieilles Vignes Françaises Dom Pierre Pérignon agli Armand de Brignac, Perrier Jouët Belle Èpoque "By & For", Moët et Chandon. Un lusso per eccellenza.
MADRE (*reclusa*)	Falsità, falsità.
PADRE (*recluso*)	Verità, verità! Per brindare in certe ricorrenze di un certo rilievo, speciali.
MADRE (*reclusa*)	Falsità, falsità. Nevvero! Non gli si creda!
PADRE (*recluso*)	Il nettare più pregiato
MADRE (*reclusa*)	Falsità, falsità!
PADRE (*recluso*)	E che cognac! Di ottima qualità. Provenienti dai dipartimenti Charente (dove si trova la città Cognac) e anche da Charente-Maritime situati nella regione Nouvelle-Aquitaine. E una volta, a una festa particolare di Madama Pace, finanche il più caro in assoluto: l'*Enrico IV Dudognon Heritage Cognac Grande Champagne*, maturato in botte per oltre cento anni!
MEDICO	La loro figlia Serafina è affetta da allucinazioni che, in genere, si riscontrano per effetto di alterazioni mentali, causate da malattie neurologiche e psichiatriche. Probabilmente, lo stato confusionale di sua figlia è causato dall'astinenza da alcolismo cronico.
MADRE (*reclusa*)	Non si tratta di *delirium tremens*, dottore, ma di schizofrenia. Mia figlia, la sua figliastra, sente le

voci che gli altri non sentono. Vede le persone che gli altri non vedono. Crede che gli altri leggano la sua mente e controllino i suoi pensieri; oppure che complottino contro di lei per farle del male. Sta sempre nervosa. e in stato estremo e permanente di agitazione; soprattutto, con me. Dice cose senza senso o se ne sta seduta per ore senza muoversi e in silenzio, come ora.

MEDICO   Se loro stanno separate, l'una all'Istituto Penitenziario e l'altra al Centro terapeutico riabilitativo psichiatrico, come fa a sapere tutto di sua figlia?

MADRE (*reclusa*)   Alla Scuola del Benessere Mentale delle Persone di Asylumpólis che, su istanza dello psichiatra che l'ha in cura con il fratellastro al Centro terapeutico riabilitativo psichiatrico, noi, Cardellini, Merlini e Fringuellini – ad esclusione della mia bambina, di quattro anni, che vive in una Casa-famiglia – abbiamo frequentato al fine di ricavarne beneficio, esperendo il teatro terapia: sia con lo psicodramma, inscenando il proprio vissuto individuale e familiare, sia recitando canovacci e brani di copioni con dinamiche familiari.

MEDICO (avvicinandosi alla Figliastra) Signorina Serafina, come si sente?

FIGLIASTRA (*reclusa*)   Quasi a morire. E se muoio, resusciterò?

(Dando voce alla sua parvenza)

«Si ricoveri l'attrice interprete del personaggio della Figliastra in un *Suonocomio*. Manicomio. Manì-a (pazzia) o Mani-às (manicòmio demente) e komion (ospedale) da komèò (curo). Suonocomio. Suòno (lat. Sŏnus)».

Il capocomico

(Tirandosi un po' in disparte il Padre, con una certa costernazione)

	Ma dica un po', è pazza?
Il padre	*No, che pazza! È peggio!*
CAPOCOMICO IP&RG	Peggio di suo figlio?
PADRE (*reclusa*)	Mio figlio fa il pazzo amleticamente per i suoi scopi, ma questa figliastra oltre che pazza sa fingere e fare la pazza più di Amleto e più di mio Figlio. E stiamo a vedere che pazzia tirerà fuori dalla sua fantasia.
FIGLIASTRA (*reclusa*)	Là! Chi è là?
DIRETTORE DI SCENA	Che cosa?
FIGLIASTRA (*reclusa*)	Un coro di respiri, soffi, sospiri, sbuffi, sussurri, spasmi, lamenti, sfiati.
DIRETTORE DI SCENA	Io non li capto.
FIGLIASTRA (*reclusa*)	Questione di capacità di ascolto.
DIRETTORE DI SCENA	Non sono mica sordo!
FIGLIASTRA (*reclusa*)	Intendo dire che lei si trova nella condizione di sentire ciò che è di là dal suono.
DIRETTORE DI SCENA	Perché io non sento ciò che è di là dal suono?
FIGLIASTRA (*reclusa*)	Perché lei, signore, non è dotata di *ultrasuono*.
DIRETTORE DI SCENA	Lei, invece, sì?
FIGLIASTRA (*reclusa*)	Sì che sì; perlomeno, così mi pare. A lei non pare di parersi il mio parermi?
DIRETTORE DI SCENA	Signorina, la smetta di esibirsi con ridondanze barocche retoriche.

(Sbuffando, chiama, rivolgendosi verso le quinte)

	Servo di scena!
FACTOTUM (*Entrando*)	Non più servo di scena, Direttore di scena, bensì operatore o factotum di palcoscenico: ovvero colui che assicura lo svolgimento tecnico dello spettacolo.
DIRETTORE DI SCENA	Suvvia, non si formalizzi; dopotutto, lei mi fa da vice e si consideri, in ogni caso, mio sottoposto, subalterno.
FACTOTUM	Forma e sostanza, Direttore di scena, come recita lo Statuto dei Lavoratori del Teatro, e rispetto!
DIRETTORE DI SCENA	Siamo in uno stato di emergenza dalla follia e, per la fretta, mi è fuoriuscita l'espressione più

abitualmente praticata sulle scene.

FACTOTUM — La questione è il retaggio culturale che permane: l'uso del disprezzo sociale di un *sovrastante* nei confronti di un *sottostante*.

DIRETTORE DI SCENA — Non finiamola in dramma, per carità, e mi scusi!

FACTOTUM — Se non si cambia il modo di dire le cose, le cose non cambiano. Discernere le parole, che di per sé esprimono concetti atomici e che, combinate, formano proposizioni molecolari che sviluppano le conoscenze, mi pare che sia cosa di notevole importanza. Perché le parole influenzano i comportamenti e determinano gli eventi umani. Se lei mi chiama "Servo di scena", mi dimostra il suo punto di vista; mi considera suo servo, e "servo" è *servus*, *schiavo*, *assoggettato* e *sottomesso*. Se lei mi chiama "Operatore" mi usa invece il mio punto di vista; *operatore* è chi opera, chi compie determinate azioni o operazioni, per lo più abitualmente. Ora, è da stabilire se io sono uno "Servo di scena", o un "operatore di scena": ovvero se sono uno *schiavo* o un *operatore*, se lei è il mio padrone o il mio direttore e se lei mi comanda da padrone o da direttore. Se mi chiama "Servo di scena", e non "operatore di scena", lei la fa da padrone nei confronti di un suo subalterno. La forma è il mezzo che ci consente di giungere alla sostanza, e la sostanza è l'essenza vera del concetto.

(Al pubblico)

Si sappia, che in teatro non si fa teatro soltanto con i teatranti. Io mi sono formato alla *Haute Ecole des arts de la scène* di Théatropólis e qui, al Tm&vT, in qualità di operatore di palcoscenico, assicuro lo svolgimento tecnico degli spettacoli, secondo le indicazioni impartitemi dal direttore di scena e dal regista. Preparo, installo e guido i sistemi di sonorizzazione, illuminazione e videoproiezione che servono alla rappresentazione, così come gli elementi scenici (scenari, accessori, ecc.), badando in particolare alla sicurezza dei locali, degli impianti e delle attrezzature.

DIRETTORE DI SCENA Eh, quante cose che è lei, signor factotum del Tm&vT! Forma o sostanza, in ogni caso, si attenga alle sue molteplici funzioni!

FACTOTUM (alla cabina di regia) Fonico, mi dispone la base musicale "Largo al factotum"?

FONICO Fatto!

FACTOTUM (Canta "Largo al factotum" da "Il Barbiere di Siviglia" di Gioacchino Rossini)

(Al Direttore di scena)

Ed ora, signor filodrammatico, apprendista attore amatoriale, nel ruolo di direttore di scena, servo del signor Capocomico, mi comandi pure, che io sono libero di servirla.

(Il Direttore di scena s'indispettisce ed esce)

CAPOCOMICO IP&RG Per cortesia, signore operatore, o factotum di spettacolo, verifichi chi è che, di nascosto, vocifera nella buca del Suggeritore.

(L'Operatore di scena si distende sul palcoscenico e volge lo sguardo dentro la buca)

FACTOTUM Nel sarcofago del Suggeritore non c'è nessuno.
CAPOCOMICO IP&RG Sente degli ultrasuoni?
FACTOTUM Niente!
CAPOCOMICO IP&RG Segno che li sente soltanto la Figliastra.
La buca è vuota?
FACTOTUM Ci sono dei ceri.
CAPOCOMICO IP&RG Li accenda e illumini la buca.
FACTOTUM Non c'è neppure un fiammifero.
CAPOCOMICO IP&RG

(Porge un accendino)

Che vede?

FACTOTUM	Una cassaforte.
CAPOCOMICO IP&RG	La tiri fuori!
FACTOTUM	È poggiata al pavimento; pesa, e non riesco a sollevarla.
CAPOCOMICO IP&RG	La apra.
FACTOTUM	E come?
CAPOCOMICO IP&RG	Illumini il cervello! Si tratta di una cassaforte con codice di apertura della serratura elettronica?
FACTOTUM	Non mi pare.
CAPOCOMICO IP&RG	Accidenti al Suggeritore!
FACTOTUM	Non è neppure munita di un dispositivo di chiusura basato sul riconoscimento delle impronte digitali. Forse, si apre a comando vocale!
CAPOCOMICO IP&RG	Perfetto!
FACTOTUM	Siamo all'inizio e, dunque, a quale comando?
CAPOCOMICO IP&RG	Provi.
FACTOTUM	A caso?
CAPOCOMICO IP&RG	A caso!
FACTOTUM	Apriti a caso! A caso, non si apre signore.
FIGLIASTRA (*reclusa*)	Shhh! Mi pare di sentire!
CAPOCOMICO IP&RG	Che cosa? Shhh! Per Pirandello, silenzio!
FACTOTUM	Finalmente!
CAPOCOMICO IP&RG	Che succede?
FACTOTUM	Un miracolo! Alla voce "Pirandello" è scattato il sistema di apertura della cassaforte portatile.
CAPOCOMICO IP&RG	Che contiene?
FACTOTUM	Uno scrigno, su cui è scritto *Fonatorio, il di là del suono.*
CAPOCOMICO IP&RG FACTOTUM	Lo tiri fuori e lo apra, per Pirandello!

(Esegue l'ordine)

	Un altro miracolo. Lo scrigno si è aperto, da sé.
FIGLIASTRA (*reclusa*)	Mi par di sentire un suono. Mi ricorda la musica di un antico *carillon* che mi faceva ascoltare mia madre per addormentarmi nella culla. Che dolce melodia!

(Canta e balla. Alla fine della sua esibizione, il pubblico, commosso, la applaude)

Ecco, un fono. Un suono linguistico. Un suono del linguaggio umano, prodotto dall'apparato fonatorio.

(Vi poggia un orecchio per sentire)

FIGLIASTRA (*reclusa*) Oh! Ecco, un soffio di alito.

FACTOTUM Eh?

FIGLIASTRA (*reclusa*) Che si fa spiffero di parola.

FACTOTUM E?

FIGLIASTRA (*reclusa*) Che si fa sussurro d'amore.

FACTOTUM Eh?

FIGLIASTRA (*reclusa*) Che si fa lamento di dolore!

PRESBITERO Ed ecco, il velo del tempio si squarciò in due da cima a fondo, la terra tremò e le rocce si spaccarono.

(Nel retroscena, gli attori della Compagnia battono ritmicamente i piedi sul pavimento)

(In scena effetti di fulmini e tuoni nelle tenebre)

FACTOTUM Eh?

FIGLIASTRA (*reclusa*) Chi si fa grido d'invocazione?

PRESBITERO Dio mio, dio mio, perché mi hai abbandonato?

FACTOTUM Eh?

(Lampi di luce)

PRESBITERO Le tombe si aprirono e chi vi giaceva risuscitò.

DIRETTORE DI SCENA (rientrando) Che mi sono perso e che accade?

UNO (*della balconata III*) L'"Effetto farfalla".

DIRETTORE DI SCENA Luce!

(Si fa più luce sulla scena)

Spieghi, al pubblico.

UNO (*della balconata III*) Teoria del Caos.

DIRETTORE DI SCENA Matematica e fisica. Si renda comprensibile.

UNO (*della balconata III*) L'idea è che piccole variazioni nelle condizioni iniziali, producano grandi variazioni nel comportamento a lungo termine di un sistema: il bacio in morso, la gocciola di miele in veleno, la gioia in dolore, il bene in male, l'amore in odio, il silenzio in suono, la carezza in schiaffo, il soffio in vento, il sussurrio in tuono, il battito d'ali di una farfalla in un uragano.

DIRETTORE DI SCENA Il sapiente può spiegarci il nesso tra la Teoria del Caos e Pirandello?

UNO (*della balconata III*) Il cervello umano è composto di un numero enorme di neuroni che, tramite scambi d'impulsi elettrici, percepiscono sensazioni e formano visioni, immaginazioni, fantasie e pensieri, principiando informazioni e azioni.

FIGLIASTRA (*reclusa*) Ecco, sento dei suoni alfabetici dal fonatorio!

FACTOTUM Ssst, per Pirandello!

FIGLIASTRA (*reclusa*) «Così un'artista, vivendo, accoglie in sé tanti germi della vita, e non può mai dire come e perché, a un certo momento, uno di questi germi vitali gli si inserisca nella fantasia per divenire anch'esso una creatura viva in un piano di vita superiore alla volubile esistenza quotidiana».

DIRETTORE DI SCENA La Figliastra reclusa, esaltata, infervorata, invasata, è posseduta dallo spirito di Pirandello e gli dà voce.

UNA (*della balconata II*) Pirandello? Ma se è morto e defunto, con tutti i suoi neuroni!

PRESBITERO In verità, vi dico che Pirandello si manifesta ai pazzi e non ai savi.

UNA (*della platea*) Smirnov schernisce il linguaggio metateatrale di Pirandello al solo scopo di ridurre il più possibile lo scarto tra la finzione e la realtà.

UNA (*della balconata III*) L'intento del Regista è quello di rendere la rappresentazione più emotivamente partecipata dal pubblico.

UNO (*della platea*) Le arbitrarie variazioni introdotte nella traccia del copione metateatrale, come l'astensione dal lavoro degli Attori, *e* gli eccessivi interventi, del tipo "fai da te" degli spettatori, stanno provocando, per una sorta di *effetto farfalla*, spiegabile con la Teoria del Caos, la rovina del teatro.

UNA (*della platea*) Non si può più restare inermi, senza fare nulla per impedire il disfacimento dell'opera dell'Autore!

UNO (*della platea*) Basta con la confusione!

UNA (*della balconata III*) Confusione?

UNO (*della platea*) Basta con il caos!

UNA (*della balconata III*) Il disordine genera l'ordine e l'ordine genera il disordine.

UNO (*della platea*) Qua, non c'è traccia di ordine nel disordine che aumenta sempre di più.

UNA (*della balconata III*) Più caos e più creatività; più creatività e più complessità!

UNO (*della platea*) La finisca con queste nebulose, vacue e vane argomentazioni.

UNA (*della balconata III*) Signore, se esige un teatro senza il "teatro nel teatro", senza interazione tra attori e spettatori, allora, dia l'esempio, e se ne stia zitto in poltrona a fare la spettatrice, invece di *inscenarsi* come personaggio "attrice".

UNA (*della balconata III*) Iosif Smirnov è ossessionato da voler *sentire* dentro di sé il *sentire* del dentro di sé dello Spettatore con lo scopo di renderlo protagonista nel ruolo di autore, personaggio, attore e regista di sé!

UNA (in platea) Commediando Pirandello, che velenose idiozie sta ingegnando di tramarci il puparo, burattinaio, marionettista regista?

UNA (*della balconata III*) Adorabili, deliziose, gradevoli, graziose, incantevoli, piacevoli e preziose magie del suo genio, *e stiamo a vedere che ne avverrà.*

DIRETTORE DI SCENA Silenzio, silenzio! Smettetela di fare i teatranti per divenire i personaggi di una commedia *post mortem* dell'Autore!

(La luce sul palcoscenico si spegne)

FIGLIASTRA (*reclusa*)	Eccoli!
DIRETTORE DI SCENA	Chi?
FIGLIASTRA (*reclusa*)	Gli spiriti che smaniano d'involarsi dalla luce del lampione acceso del Genio per inscenarsi.
PRIMO ATTORE (entrando)	Spiriti?
DIRETTORE DI SCENA	Si spenga, per cortesia, signor Amleto: che non è ancora giunto il momento del suo ingresso in scena.

(Entrano il Primo Attore, che fa Amleto, e L'ATTRICE GIOVANE, che fa Ofelia)

(La luce sul palcoscenico si accende)

PRIMO ATTORE	Ahimè! Trovarobe, presto, il cranio di… accidenti, oh, smemorato, non me ne ricordo il nome!
TROVAROBE	Un cranio del Calvario?
PRIMO ATTORE	Il cranio del buffone del re Amleto di Danimarca.
TROVAROBE	Ah, Yorick!
PRIMO ATTORE	Sì, sì, Yorick! Presto! Subito!
TROVAROBE	Ubbidisco ai comandi del principe di Danimarca e mi precipito al cimitero, dove un paio di becchini stanno scavando una fossa per dare sepoltura cristiana a una giovane suicida che, secondo il prete al seguito del feretro «avrebbe dovuto starsene fino alla tromba del Giudizio in terreno non consacrato».
PRIMO ATTORE	Che blateri?
TROVAROBE	Recito la parte del prete che spiega al fratello della giovane che si è tolta la vita di non poter cantarle il *requiem* per non profanare l'ufficio dei morti.
PRIMO ATTORE	Vai! Affrettati! Torna presto con il cranio di Yorick!
DIRETTORE DI SCENA	Ecco che sulla scena irrompe il pazzo a infuocare ancor di più la follia che qua folleggia, già di per sé, a più non posso! Ma come si permette di dare degli ordini? Questo è un compito che spetta al Direttore di scena e su comando del signor Capocomico e non a un attore, pazzo, in ricovero coatto!

(Al Primo Attore)

	Cosa se ne fa di un cranio?
PRIMO ATTORE	Accarezzarlo, per avvicinarmi alla morte imparando a non averne paura.
UNO (*della balconata III*)	Suicidati, coraggio! Muori, ma senza gemiti e spasimi!
PRIMO ATTORE	Morire?
UNO (*della balconata I*) CAPOCOMICO IP&RG	Ehi, non si azzardi a istigare Amleto al suicidio!

(Al Direttore di scena, sottovoce)

	Ma chi è che urla lassù in balconata tra i matti?
DIRETTORE DI SCENA	Sarà il Direttore della Comunità terapeutica riabilitativa psichiatrica di Asylumpólis o un degente che lo impersona.
CAPOCOMICO IP&RG	Perché chiama il Primo Attore con il nome Amleto?
DIRETTORE DI SCENA	Farà parte del suo metodo terapeutico di gruppo; vedrà che prima o dopo saprà risanargli la mente e, anche, addolcire il suo malumore.
L'ATTRICE GIOVANE	Prego, silenzio; il Primo Attore s'appresta a recitare il monologo dei dubbi che lo travagliano e da cui non sa risolversi.
DIRETTORE DI SCENA (*Al Capocomico*)	S'impiglierà!
CAPOCOMICO IP&RG	E con la mente offuscata non avrà cognizione delle parole che reciterà né gli saprà dare giusta intonazione e adeguato accompagnamento gestuale. Zittiamoci e ascoltiamo.
PRIMO ATTORE	Essere o non essere: questo è il problema ...

(s'interrompe)

L'ATTRICE GIOVANE (*Al Primo Attore*)	Quale controversia, dubbio e dilemma, molesta, disturba, assilla e tormenta Hamlet?
PRIMO ATTORE	In verità, non ricordo il monologo.
L'ATTRICE GIOVANE	Conosco degli esercizi per rendere qualitativamente e quantitativamente migliore la tua memoria e tutte

le facoltà della mente correlate alla ragione, all'attenzione, alla concentrazione, alla volontà e alla fantasia.

PRIMO ATTORE Training d'invenzione, creazione e artificio? Menti o dici il vero?

L'ATTRICE GIOVANE Perché mentirti?

PRIMO ATTORE In verità, per imbrogliarmi, ingannarmi e raggirarmi.

L'ATTRICE GIOVANE Hamlet, dubiti della mia sincerità?

PRIMO ATTORE Con franchezza, sì.

L'ATTRICE GIOVANE Dubiti della mia lealtà?

PRIMO ATTORE Senza ipocrisia, sì.

L'ATTRICE GIOVANE Dubiti anche della mia fedeltà?

PRIMO ATTORE Sì, che sì!

L'ATTRICE GIOVANE E anche che ti amo?

PRIMO ATTORE Basta con il teatrino della falsità, della menzogna e dell'inganno!

L'ATTRICE GIOVANE Hamlet, Hamlet, perché mi strapazzi?

PRIMO ATTORE Vidi apparire sugli spalti del castello di Elsinor lo spettro del re di Danimarca, mio padre, che mi riferì di essere stato avvelenato dal fratello Claudius per sposare sua moglie, la regina Gertrude – mia madre! – e usurparmi il trono.

L'ATTRICE GIOVANE Rivelazioni che gli straziarono l'anima e procurarono malinconia e infelicità.

PRIMO ATTORE E smemoratezza.

L'ATTRICE GIOVANE E pazzia.

PRIMO ATTORE La follia di Hamlet fu una finzione per smascherare la falsità degli incestuosi sovrani cognati e vendicare l'uccisione del padre e non pazzia vera causata dal suo amore per *Ophelia*: come parve al Consigliere di Stato, Polonio, suo padre.

L'ATTRICE GIOVANE Che Hamlet uccise.

PRIMO ATTORE Per errore.

L'ATTRICE GIOVANE Che Hamlet, senza alcun rimorso e onori funebri, seppellì di nascosto. Hamlet, ti rammenti di me?

PRIMO ATTORE Non ti trovo bella né attraente: perché, dunque, dovrei ricordarmi di te?

L'ATTRICE GIOVANE Oh, me infelice! Eppure, un tempo, tu mi ammiravi con stupore ardito.

PRIMO ATTORE Eri bella, al pari di una ninfa?

L'ATTRICE GIOVANE Ancor di più; come una dea, di raffinato e incomparabile incanto.

PRIMO ATTORE Ah, sì?

L'ATTRICE GIOVANE Ti cingevo il capo con corone di fiori d'amore!

PRIMO ATTORE Ed io t'incoronavo con rose rosse?

L'ATTRICE GIOVANE In verità, ti divertivi a conficcarmi spini di rovo sul capo e a flagellarmi con un *flagrum* di ortiche fino a farmi perdere i sensi, e, finanche, talvolta, a intossicarmi con le foglie e le radici delle adonidi, per causarmi il coma e la morte per arresto cardiaco.

PRIMO ATTORE Non ricordo nulla.

L'ATTRICE GIOVANE Spruzzavi goccioline di miele nella mia bocca rossa e ardente.

PRIMO ATTORE Oh! Sei, dunque, tu, l'immacolata, ingenua, timida, silenziosa, eterea ed efebica romita Ofelia, dall'animo inquieto e malinconico.

L'ATTRICE GIOVANE T'inghirlandavo con il *nontiscordardimé* per ricordarti di amarmi e di tenermi sempre nel tuo cuore e nei tuoi pensieri.

PRIMO ATTORE Ofelia, il giglio candido.

L'ATTRICE GIOVANE Che, per amore, ti offrì la sua castità e perse l'innocenza.

PRIMO ATTORE Ah, sì? Non me ne ricordo.

L'ATTRICE GIOVANE Perché tu smemori per non amare chi ami.

PRIMO ATTORE E ora mi ami ancora o non mi ami più?

L'ATTRICE GIOVANE Ti sei fatto beffa delle mie virtù e mi hai sedotto, trascurata, abbandonata, straziato il cuore; ora, il mio amore per te, un falso abbaglio, ecco, in un lampo, svanisce e in un istante è subito odio!

PRIMO ATTORE Va in convento se non vuoi più peccare oppure in manicomio; e restaci, finché non morirai: non per Hamlet, ma per la vergogna d'aver disobbedito ai comandamenti di tuo padre, scegliendo il male, me, anziché il bene, lui!

L'ATTRICE GIOVANE (*fra sé e sé*)   La sua mente sconvolta mi trascina verso il baratro della follia!

(Ingerisce un farmaco e si distende a terra e vi resta inerme, come morta)

DIRETTORE DI SCENA   Un medico, subito!

(Un medico, in sala, si alza dalla poltrona e va sul palcoscenico)

Dottore, ha ingerito un farmaco. Come sta?

MEDICO   Sta tra il non più e il non ancora.

DIRETTORE DI SCENA   La salvi!

MEDICO (Visitando l'Attrice Giovane) Gonfiore di palpebre, labbra, lingua e viso.

PRIMO ATTORE   Ofelia!

MEDICO   Dispnea.

CAPOCOMICO IP&RG   Ofelia!

MEDICO   Perdita di coscienza.

DIRETTORE DI SCENA   Suvvia, Ofelia, non fare la morte, che ci spaventi a morte!

MEDICO   Calo della pressione arteriosa.

DIRETTORE DI SCENA   Pare morta, ma dorme, nevvero dottore?

MEDICO   Shock anafilattico, fatale. Purtroppo, non c'è più nulla da fare.

DIRETTORE DI SCENA   È morta?

MEDICO   È morta.

DIRETTORE DI SCENA   Ofelia è morta per finta o per finta finzione?

MEDICO   È morta per finta finzione.

QUESTORE   No, no, finzione, finzione, perché il teatro è finzione e la finzione è teatro e legge del teatro.

USCERE   Non sa il signor Questore che con Smirnov in teatro anziché la finzione si fa la finzione della finzione?

QUESTORE   Ovvero?

USCERE   Ovverosia, la finta finzione, la realtà, la realtà per davvero.

QUESTORE   Mah, al solito, qua al Tm&vT, ognuno si fa le legge

PRIMO ATTORE per sé come gli pare e stiamo a vedere che ne avverrà. Eccoti, Ofelia, supina e rigida, nel sonno di morte, sul prato del giardino dell'Eden, infiorato di ranuncoli e di viole del pensiero.

(Finge di raccogliere dei fiori, le si avvicina e s' inginocchia accarezzando il volto della morta)

Ora, mia Ofelia, io, il tuo docile, socievole e amorevole Amleto, m'inginocchio, accarezzo il tuo viso, non più lieto né candido né vermiglio al tuo canto, e una corona di spine intreccio e ti conficco sul capo e di fiori profumati cospargo il tuo corpo esile.

CAPOCOMICO IP&RG Davvero, nessuno come il Primo Attore ha la capacità di immedesimarsi in Amleto, di identificarsi con lui, di sentire il suo sentire, di partecipare alla sua tremenda sofferenza con la sensazione di sentirla come propria, di sentirsi lui, di essere lui.

DIRETTORE DI SCENA Un criminale in delirio permanente, intento a imbrattarsi di feci e a masturbarsi.

PRIMO ATTORE Canta il pettirosso e già si odono gli squittii dei ratti di Théatropólis e di Asylumpólis; presto, se non subito, fuoriusciranno dalle fogne e, qua – ahimè, che brutta sorpresa! – sposeranno gli *Apodemus sylvaticus* e i *Sorex aragnus* e, in festa, con allegre danze nuziali, celebreranno il tuo funerale Ofelia.

CAPOCOMICO IP&RG Sì, lo affermo, con certezza: lui è Amleto. Sempre più, rinchiuso in sé e fuori di sé, sconvolto nell'immedesimazione del più strambo personaggio shakespeariano che – come sostenuto da Agostino Lombardo, nel commento all'opera teatrale Amleto, tradotta dal poeta Eugenio Montale, pubblicata, quale supplemento del giornale comunista *l'Unità*, in un'edizione fuori commercio riservata ai suoi lettori e abbonati – esercita «... tanta suggestione sulla cultura moderna... emblema della moderna nevrosi e alienazione... Non c'è scrittore o poeta, di qualsiasi lingua, che non abbia in qualche modo, usato Amleto come simbolo, come metafora».

(Entra il Trovarobe, spingendo una carriola dalla ruota di legno, tarlata, a raggiera, colma di crani)

Ehilà, Primo Attore, ecco i crani ordinati.

PRIMO ATTORE   Hamlet, per servirla in scena.

TROVAROBE   E, dunque, lei non è più lui?

PRIMO ATTORE   Meno sono me stesso e più sono Hamlet, e più sono Hamlet e meno sono me stesso.

(Il Primo Attore si estranea)

TROVAROBE (sottovoce)   Direttore di scena, di che malattia è affetto il Primo Attore?

DIRETTORE DI SCENA   Da disturbo borderline di personalità, BPD, che, secondo il Manuale Diagnostico e Statistico dei Disturbi Mentali, è caratterizzato da una pervasiva instabilità delle relazioni interpersonali, dell'immagine di sé e dell'umore. Lui, in particolare, così triste, in ansia, di umore variabile, è instabile, impulsivo, frustrato, stressato e in difficoltà a svolgersi in relazione con gli altri e a organizzare, in modo coerente, i propri pensieri, ai quali non sa dare corso.

TROVAROBE   Insomma, un pazzo!

DIRETTORE DI SCENA   Un emotivo, un asociale, con scoppi improvvisi di rabbia intensi, affetto da un tipo d'infermità mentale ai limiti della norma che definisce la follia.

TROVAROBE

(A caso, preleva un cranio dalla carriola e lo innalza citando Lorenzo de' Medici)

Non più vivi in canti e in balli e in giostra. Sola sta ferma e sempre dura Morte. In ogni caso: «Chi vuol esser lieto sia, di doman non c'è certezza». Questo cranio, un tempo poteva cantare.

TROVAROBE

(Finge di mostrarsi sicuro che si tratti di un cantante lirico)

	Un tenore, mi pare!
PRIMO ATTORE	Piuttosto un baritono, non ti sembra?
TROVAROBE	Verifico, subito.

(Getta il cranio nella buca del Suggeritore)

	Dal tonfo risuonato grave, si direbbe un Basso.
PRIMO ATTORE	Accordato! Brava!
TROVAROBE	Questo cranio, va bene?
PRIMO ATTORE	Mi pare banale.
TROVAROBE	E quest'altro cranio?
PRIMO ATTORE	Mi pare ancora più futile dell'altro.
TROVAROBE	Direttore di scena, di crani privi di significato ve ne sono a bizzeffe nel cimitero e qualcuno, fingendosi Yorick, o a lui consimile, pur di rimettersi in scena, mi si è mostrato degno di dover essere considerato e ficcato dentro la carriola.
PRIMO ATTORE	Non quello! L'altro, sì!
TROVAROBE	È il cranio di un avvocato che fu un'autorità forense, un sofista di fama, celebre per il suo stile ampolloso, prolisso, ridondante e che ora, obliato e senza gloria, se ne sta zitto, inerme, vuoto di sé, nel niente più. Avvocato, dove sono ora i tuoi grovigli, arruffi, arzigogoli, garbugli, dedali, intrichi, viluppi, riscontri, scompigli, rimescolii, sbrogli, imbrogli? E questo, lo riconosci?
PRIMO ATTORE	È il cranio di qualcuno che, a forza di sproloquiare, si è stroncato in morte da sé.
TROVAROBE	

(Con un calcio invia il cranio verso il fondo scenico)

	E quest'altro? Di chi pensi che sia?
PRIMO ATTORE	Non ne ho idea, sennonché fu e che non è più.
TROVAROBE	È il cranio, mi pare, di… boh!
PRIMO ATTORE	Forse, di un abbindolatore,

TROVAROBE	affarista, arruffatore, astuto, ...
PRIMO ATTORE	o di un ciarlatano, disonesto, farabutto, furbo, furfante, gabbamondo, ...
TROVAROBE	o di un imbroglione, incantatore, impostore, ingannatore, intrigante, ...
PRIMO ATTORE	o di un lestofante, malfattore, mascalzone, mistificatore,...
TROVAROBE	o di un parolaio incoerente, inconcludente.
PRIMO ATTORE	Si tratta, senza alcun dubbio, del cranio di un politico raggiratore, affarista, un retorico, un attore!
UN ATTORE	Non scherziamo con le parole! Si usino nel modo appropriato! Non attore, dunque, ma un politico truffaldino, truffatore, turlupinatore!
UN'ATTRICE	Un politico immorale, privo di etica.
PRIMO ATTORE (*Al Trovarobe*)	Frantuma quel cranio e gettalo nella spazzatura!
TROVAROBE	Eseguo la tua volontà.

(Si reca dietro le quinte, a voce alta)

	Macchinista! un martello, per favore.
MACCHINISTA	E dove lo trovo un martello in questo caos di agitati? Cercatelo da sola: non sei tu il Trovarobe?
TROVAROBE	Lo avevi all'inizio dello spettacolo. Non ricordi che alla battuta «Oh! Che fai?» del Direttore di scena tu gli hai risposto: «Che faccio? Inchiodo»?
MACCHINISTA	Sì, sì; non sono mica uno smemorato come quel pazzo che recita male, ripetendo, come un pappagallo, soltanto alcune parole delle frasi che gli passa il Suggeritore!
TROVAROBE	Oh, gli si porti rispetto!
MACCHINISTA	A un certo punto, alla fine della mia ultima battuta, il Direttore di scena mi fece portare via gli assi e i miei arnesi di lavoro.
TROVAROBE	E tu, sbuffando e borbottando, uscisti dal palcoscenico. E dunque?
MACCHINISTA	Che cosa?
TROVAROBE	Il martello!

MACCHINISTA   Niente martello, solo chiodi!

TROVAROBE   Per farne che? Cristo!

MACCHINISTA   Ma per inchiodare alla croce il pazzo, no?

TROVAROBE   Senza martello, che inchioda? Lasci stare, vado a procurarmelo da me.

MACCHINISTA   D'altronde, non è lei che fa di mestiere il Trovarobe? Chi fa da sé fa per sé.

(Si sentono dei battiti di martello provenire dal retroscena)

TROVAROBE (entrando)   Amleto, cranio del politico frantumato!

(Gli mostra la polvere del cranio del politico racchiusa in un'urna di vetro)

PRIMO ATTORE   Mal ridotto!

TROVAROBE   In polvere!

PRIMO ATTORE   Memento, homo, quia pulvis es, et in pulverem reverteris.

TROVAROBE   Si è polvere!

PRIMO ATTORE   Getti l'urna!

TROVAROBE   Dopo il cranio, vuol farmi frantumare pure l'urna di vetro che ne contiene la polvere?

PRIMO ATTORE   Frantumi, frantumi!

TROVAROBE   Eh, no, principe! Mi risparmi di fare la spazzina di polvere, cristallini e polviscoli!

(Depone l'urna nella carriola, da cui tira fuori, a caso, un altro cranio)

   Il cranio di un curioso!

TROVAROBE   Un filosofo? In verità, l'ho trovato impigliato in una ragnatela.

PRIMO ATTORE   Un non più filosofo, giacché è morto, al quale è impossibile restituire il carattere persuasivo, non propagandistico, del suo pensiero, coerente con il suo pronunciamento e il comportamento della sua azione sofistica-protagorea.

TROVAROBE   Che fine devo fargli fare al cranio del filosofo che fu e che non è più?

PRIMO ATTORE   Lancialo in aria e fai in modo che finisca fuori di sé.
TROVAROBE   Oltre…?
PRIMO ATTORE   Più oltre ancora!
TROVAROBE

(Finge di lanciare in aria il cranio, accompagnando il suo gesto parabolico con un fischio similare allo scoppio di un razzo, per poi deporlo nella carriola)

Questo, signore, è il cranio di Yorick, il buffone di corte?

PRIMO ATTORE   Lascia che io veda! In verità, è il cranio di un fanfarone.

(Gli si rivolge contro con rabbia)

Gradasso!   Millantatore! Sbruffone! Smargiasso! Spaccone!

(Esamina degli atri crani e li getta sul palcoscenico)

Questo cranio!

(Recita un brano dell'atto V, scena I di Amleto, di Shakespeare)

«Ahimè, povero Yorick! Ti riconosco, uomo d'inesausta vena per le facezie e di famosa fantasia che mi hai portato in braccio mille volte; e ora mi fai orrore! e mi si chiude la gola. Qui stavano quelle labbra che ho baciate chi sa quante volte. Dove sono adesso le tue beffe? i tuoi versacci? le tue canzoni? le tue follie che facevano ridere i convitati? Neppur più un ghigno per isbertare questo tuo ceffo? Scarno, interamente scarno? Va', va' ora così, va' nella camera della mia dama e dille che ha un bel mettersi sul viso un dito di belletto; a questo aspetto deve ridursi anch'ella, fatalmente. Che se la prenda a ridere, comunque, se ci riesce…».

TROVAROBE   Eh, signore, il teatro è un cimitero di crani scarni e vuoti!

PRIMO ATTORE   Il teatro è un cranio vuoto!
TROVAROBE   Esserci non esserci più, mai più.
DIRETTORE DI SCENA

(Battendo le mani per richiamarli alla disciplina)

                    Su, via, raccolga i crani e lasci la scena che, a
                    momenti, si farà Pirandello.
PRIMO ATTORE   Là, dalla carriola, mi par di sentire un flebile
                    lamento, un sussurro, un canto.

(Come spinto da un impulso, fruga tra i crani)

                    Questo cranio!
                    Il cranio di una fanciulla…
PRIMO ATTORE

(Si abbandona ai ricordi)

                    … un'orfana, ingenua e pura, fuori di sé.
TROVAROBE   Perché impazzì?
PRIMO ATTORE   Tradita dall'amore del suo disamorato.
TROVAROBE   Mal d'amore. E come morì?
PRIMO ATTORE   Con il capo adorno di una strana ghirlanda di fiori.
TROVAROBE   Tua madre, che non viveva che per i tuoi occhi,
                    sperava che la dolce Ofelia diventasse la tua sposa.
PRIMO ATTORE   «Io Amavo Ofelia; quarantamila fratelli con tutto il
                    loro amore non potranno toccare il totale».
TROVAROBE   Ofelia non si uccise, di proposito, per mettere fine al
                    proprio dolore causato da Amleto?
PRIMO ATTORE   Uscì dalla scena per disgrazia. E fu, appunto, così.
TROVAROBE   Sì, signore.
PRIMO ATTORE   E non una parola di più sul caso pietoso.
TROVAROBE   Sì, mio principe Amleto.
DIRETTORE DI SCENA Via, via, smettiamola, che qua è da fare la commedia
                    metateatrale e non la tragedia di Shakespeare.
PRIMO ATTORE   Il teatro è un cimitero di crani vuoti!
TROVAROBE

(Raccoglie i crani, li depone nella carriola e si avvia verso le quinte seguita dal Direttore di scena)

PRIMO ATTORE

Fatto! Finito!
Il teatro è un cranio vuoto! Finis vanitatum. *Finis gloriae mundi.*

(*Escono tutti*)

(Fischi, applausi, gazzarra tra i fautori e detrattori di Smirnov)

(Si sentono gli effetti sonori di un brano di Alpha Centauri, dei Tangerine Dream, rappresentanti della musica cosmica elettronica)

{Buio}

EPISODIO X

{Scena a susseguirsi in rapida successione}

I campanelli del teatro avviseranno che la rappresentazione ricomincia.

Spenti i lumi della sala, si rifà sul palcoscenico la luce di prima.

Nel retroscena.

Il capocomico	*Oh, qua non ci si vede. Per piacere, faccia dare un po' di luce.*
DIRETTORE DI SCENA	Buio forzato per lo sciopero a intermittenza degli elettricisti. Per di qua, signor Capocomico.
CAPOCOMICO IP&RG	No, no, gli spifferi d'aria mi suggeriscono di dirigerci di qua; mi segua.
DIRETTORE DI SCENA	Non posso invertire il mio percorso per venirle dietro; un soffio impetuoso di curiosità mi spinge verso la reclusa del Riformatorio Giudiziario.
CAPOCOMICO IP&RG	Di chi ciarla?
DIRETTORE DI SCENA	Della Figliastra pazza che rischiara le tenebre del palcoscenico con una lanterna accesa. Là, la piromane, che fa la sonnambula!

(Entra in scena la Figliastra, seguita, come spiata, dal Capocomico e dal Direttore di scena)

CAPOCOMICO IP&RG	Non le si avvicini né la tocchi o svegli!
DIRETTORE DI SCENA	Perché?
CAPOCOMICO IP&RG	Perché potrebbe reagire in modo brusco nei nostri confronti.
DIRETTORE DI SCENA	Ma si trova in uno stato confusionale tale che potrebbe precipitare nella buca del suggeritore, sfracellarsi il cranio e dare, accidentalmente, fuoco al teatro!
CAPOCOMICO IP&RG	Avvisi i pompieri del pericolo d'incendio e ordini di tirare su la tela.
DIRETTORE DI SCENA	Pompieri, all'erta e pronti a intervenire!
POMPIERE	Se stiamo qua per questo!
CAPOCOMICO IP&RG	Per rassicurarci della sua incolumità, la cosa migliore da fare è guidare la Figliastra dolcemente per il palcoscenico.

DIRETTORE DI SCENA	E come?
CAPOCOMICO IP&RG	Assecondandola, compiacendola, evitando di contrariarla, di contrastarla e, insomma, nel consentirle di fare quel che intende fare.
DEGENTE CTRP	Senti, senti! Il Capocomico si atteggia a imitare lo specialista neurologo responsabile dell'ambulatorio sulle cefalee della Comunità terapeutica riabilitativa psichiatrica di Asylumpólis!
FIGLIASTRA (*reclusa*)	Benché orfana da due mesi, stiano a vedere lor signori come canto e come danzo.

(Accenna con malizia il «Prends garde à Tchou-Thin-Tchou» di Dave Stamper ridotto a Fox-trot o One-step lento da Francis Salabert: la prima strofa, accompagnandola con passo di danza)

Les chinos soint un peuple malin, /De Shangaï a Pekin, /Ils ont mis des écriteaux partout:/Prenez garde à Tchou-Thin-Tchou!

Gli attori e le attrici

(ridendo e applaudendo)

Bene! Brava! Benissimo!

UNA (*della balconata III*)   Brava! Così si fa in teatro: si recita, per davvero!

(La Figliastra va verso il Direttore di scena)

FIGLIASTRA (*reclusa*)

(Al Direttore di scena)

	Maestro Pirandello!
DIRETTORE DI SCENA	Signor Capocomico, ha sentito? Si è rivolta a me, chiamandomi maestro Pirandello! Io, Pirandello?
CAPOCOMICO IP&RG	Per il teatro, Direttore di scena finga di percepirsi come la parvenza della sua allucinazione o qua si rischia di non fare la commedia metateatrale da fare.
DIRETTORE DI SCENA	La finzione è un'arte che io non so recitare, neppure in teatro.
CAPOCOMICO IP&RG	Su, su, disponga il suo spirito a fingersi Pirandello. Tecnico luci, niente fantocci luminosi svolazzanti

nelle tenebre del palcoscenico.

UNO (*della balconata III*) L'immaginazione al potere!

UNA (*della balconata III*) Il potere all'immaginazione!

DIRETTORE DI SCENA (sottovoce, al Capocomico) Qui si inscena la follia. Che devo fare?

CAPOCOMICO IP&RG Pirandello!

DIRETTORE DI SCENA Non so parermi di esserlo.

CAPOCOMICO IP&RG Finga! L'immaginazione al potere. Il potere all'immaginazione.

USCERE Che con il linguaggio poetico del Magĭster Iosif Smirnov, ignoto ai filosofi della logica deontica dell'azione, ognuno immagini di visionare l'invisibile con la propria fantasia e inventi immaginazioni invisibili.

UNA (*della platea*) Smirnov inscena il nulla dal nulla al nulla!

UNA (*della balconata III*) Il fatto è che l'oca non sa stare zitta e interviene a più non posso senza intendere quel che va inteso; e va inteso che, a mio parere, Smirnov, artista dalla mente effervescente di idee e curiosa, è stimolato a spingersi con febbrile ossessione verso un oltre che sta sempre di là di un oltre ancora.

FIGLIASTRA (*reclusa*) Maestro Pirandello, come e perché un personaggio nasce nella fantasia di un autore?

DIRETTORE DI SCENA Signor Capocomico, mi suggerisca la risposta, o, qua, in teatro, la Figliastra scatenerà il finimondo.

CAPOCOMICO IP&RG Adoperi la tecnica del *grammelot*.

DIRETTORE DI SCENA *Grammelot*?

CAPOCOMICO IP&RG Si tratta di un linguaggio che permette di trasmettere concetti senza utilizzare suoni conosciuti.

DIRETTORE DI SCENA Se si renderà conto del mio blaterare senza corrispondere con ordine, criterio e logica alle sue domande, quella là,

(indicando la Figliastra)

la piromane, scriteriata com'è, darà fuoco al teatro e a noi.

UNA (*della balconata III*) Ehilà, laggiù, sul palcoscenico, Direttore di scena, fa

	o no Pirandello?
CAPOCOMICO IP&RG	Pirandello, si sbrighi!
UNO (*della platea*)	Ehilà, lassù, sul palcoscenico, Direttore di scena, fa o no Pirandello?
DIRETTORE DI SCENA	Noi non si fa mica la pausa per ammirare i fuochi d'artificio.
CAPOCOMICO IP&RG	Ma che le salta in mente di tirare in ballo i fuochi d'artificio?
DIRETTORE DI SCENA	Per verificare se, per associazione d'idee o per riflesso condizionato, la Figliastra è ancora sonnambola, oppure se si è assennata o se è ancora pazza.
USCERE	Eh, Direttore di scena, finiamola in fretta con questa mal riuscita messinscena o si va a fuoco e in fumo con i fuochi d'artificio della piromane!
DIRETTORE DI SCENA	Mi pare che la piromane permanga sonnambula a intermittenza senza essersi rinsavita dalla follia.
CAPOCOMICO IP&RG	Se è così, allora giù la tela, si serri anche il sipario ignifugo, prima che il teatro bruci! E si spengano le luci e via, in fuga, fuori!
FIGLIASTRA (*reclusa*)	Maestro Pirandello!
DIRETTORE DI SCENA (sottovoce, al Capocomico)	Qui si *inscena* la follia.
FIGLIASTRA (*reclusa*)	Pirandello, come e perché un personaggio nasce nella fantasia di un autore?
	Che rispondo alla domanda della Figliastra reclusa?
CAPOCOMICO IP&RG	Si finga un po' sordo, mentre io, tramite il cellulare, cerco su Google le risposte di Pirandello da suggerirti.
FIGLIASTRA (*reclusa*)	Maestro Pirandello, come si produce nella sua mente quella concatenazione delle cause e degli effetti con il risultato di trasformare un'intuizione in una grande opera teatrale?
CAPOCOMICO IP&RG	Pirandello, risponda lentamente alle domande, come traendole, a fatica, per finta, dall'oblio della morte, e facendole apparire, sempre per finta, come dovute alla sua demenza senile grave. Chiaro?

DIRETTORE DI SCENA   Più chiaro di così mi si acceca!
CAPOCOMICO IP&RG   Pronto?
DIRETTORE DI SCENA   Pronto. Inizi pure a suggerirmi le risposte che io tenterò di recitare per filo e per segno così come pensate da Pirandello.

(*Lasciandosi guidare dal Capocomico nel ruolo di suggeritore del pensiero di Pirandello*)

«Posso soltanto dire che la fantasia, al servizio della mia arte, ebbe, parecchi anni or sono, o il malaugurato capriccio di condurmi in casa tutta una famiglia, non saprei dir dove né come ripescata, ma da cui, a suo credere, avrei potuto cavarne il soggetto per un magnifico romanzo. Insomma, quei sei personaggi come ora si vedono apparire sul palcoscenico, al principio della commedia. E or l'uno or l'altro, ma anche spesso l'uno sopraffacendo l'altro, prendevano a narrarmi i loro tristi casi, a gridarmi ciascuno le proprie ragioni, ad avventurarmi in faccia le loro scomposte passioni, pressappoco come ora fanno nella commedia al malcapitato Capocomico».

PUBBLICO (*in coro*)   Oh!
DIRETTORE DI SCENA

(*Lasciandosi guidare dal Capocomico nel ruolo di suggeritore del pensiero di Pirandello*)

«Senza sapere d'averli punto cercati, mi trovai davanti, vivi da poterli toccare, vivi da poterne udire perfino il respiro, quei sei personaggi che ora si vedono sulla scena. E attendevano, lì presenti, ciascuno col suo tormento segreto e tutti uniti dalla nascita e dal viluppo delle vicende reciproche, che io li facessi entrare nel mondo dell'arte, componendo delle loro persone, delle loro passioni e dei loro casi un romanzo, un dramma o almeno una novella. Nati vivi, volevano vivere».

PUBBLICO (*in coro*)   Oh!

DIRETTORE DI SCENA

(Lasciandosi guidare dal Capocomico nel ruolo di suggeritore del pensiero di Pirandello)

«Creature del mio spirito, quei sei già vivevano d'una vita che la era la loro propria e non più mia, d'una vita che non era più in mio potere negar loro. Tanto è vero che, persistendo io nella mia volontà di scacciarli dal mio spirito, essi, quasi già del tutto distaccati da ogni sostegno narrativo, personaggi d'un romanzo usciti per prodigio dalle pagine del libro che li conteneva, seguitavano a vivere per conto loro; coglievano certi momenti della mia giornata per riaffacciarsi a me nella solitudine del mio studio, e or l'uno or l'altro, ora due insieme, venivano a tentarmi, a propormi questa o quella scena da rappresentare o da descrivere, gli effetti che se ne sarebbero potuti cavare, il nuovo interesse che avrebbe potuto destare una certa insolita situazione, e via dicendo».

UNA (*della platea*) — Che cervello creativo, Pirandello!

DIRETTORE DI SCENA

(Lasciandosi guidare dal Capocomico nel ruolo di suggeritore del pensiero di Pirandello)

«Per un momento io mi lasciavo vincere; e bastava ogni volta questo mio condiscendere, questo lasciarmi prendere per un po', perché essi ne traessero un nuovo profitto di vita, un accrescimento d'evidenza, e anche, perciò, d'efficacia persuasiva su me. E così a mano a mano diveniva per me tanto più difficile il tornare a liberami da loro, quanto a loro più facile il tornare a tormentarmi. Ne ebbi, a un certo punto, una vera e propria ossessione. Finché, tutt'a un tratto, non mi balenò il modo di uscirne. «O perché – mi dissi – non rappresento questo novissimo caso d'un autore che si rifiuta di far vivere alcuni suoi personaggi, nati vivi nella sua fantasia, e il caso di questi personaggi che, avendo ormai infusa in loro la vita, non si rassegnano a restare esclusi dal mondo dell'arte? Essi si sono già staccati da me; vivono per conto loro; hanno acquistato voce e movimento; sono dunque già divenuti di per se stessi, in questa lotta che han dovuto sostenere con me per la loro vita, personaggi drammatici, personaggi che possono da soli muoversi e parlare: vedono già se stessi come tali: hanno imparato a difendersi da me; sapranno ancora difendersi dagli altri. E allora, ecco, lasciamoli andare dove sono soliti d'andare i personaggi drammatici per aver vita: su un palcoscenico».

(Al capocomico)

DIRETTORE DI SCENA	E, a questo punto, signor Capocomico, che si fa?
CAPOCOMICO IP&RG	Mi dia qualche momento di pausa per riprendere fiato e rilassarmi, in modo da evitare che le cognizioni, di cui sono ancora dotato, mi sfuggano dal cervello e stiamo a vedere che fantasia verrà fuori dalla realtà.
I filodrammatici resilienti	Deadlock! Stalemate! Situazione di stallo. Punto e si ritorni a capo. Full stop and new line.
CAPOCOMICO IP&RG	Si cali e rialzi subito la tela. Non ci sarà pausa. Si suonino i campanelli per dare la sensazione dell'inizio dello spettacolo.

{Scena a susseguirsi in rapida successione}
I campanelli del teatro avvisano che la rappresentazione ricomincia.
Lampi di luci a intermittenza

(Battendo le mani)

	Attenzione, attenzione. Attacchiamo. Chi è di scena?
DIRETTORE DI SCENA	C'è il vuoto!
CAPOCOMICO IP&RG	E perché mai?
DIRETTORE DI SCENA	Perché gli Attori perpetuano la commedia della finzione dell'astensione *a singhiozzo* dal lavoro.

CAPOCOMICO IP&RG — Ancora con gli attori? La smetta di evocarli che quelli là sono come morti e sepolti.

(Nel retroscena, gli attori della Compagnia battono ritmicamente i piedi sul pavimento e inveiscono contro il Capocomico IP&RG)

— Su, su, la commedia metateatrale da fare, con un po' d'immaginazione. E stiamo a vedere che cosa farà la fantasia della realtà

FIGLIASTRA (*reclusa*) — Shhh! Mi par di annusare degli aliti venire fuori dalla buca del Suggeritore.

DIRETTORE DI SCENA — Aliti?

SUGGERITORE — Che annusatrice di qualità! capacità olfattive! Io, invece, non *fiuto* niente!

DIRETTORE DI SCENA — Neppure io. Che capacità e abilità olfattive possiede il suo naso!

FIGLIASTRA (*reclusa*) — Shhh! *(sniffando)* Ecco, percepisco e distinguo odori diversi, stantii, rancidi, ammuffiti.

USCERE — Un colpo di scena!

UNA (*della platea*) — Una pazza, fuori di sé!

FIGLIASTRA (*reclusa*) — Shhh! L'odore sgradevole di una mescolanza di aliti acidi e sulfurei cattivi e pesanti di qualcuno che, pur affetto da alitosi, dovuta a malattie gengivali, di reflusso gastrico, diabete e insufficienza epatica e renale, non cura l'igiene orale né fa uso di mentine e collutorio.

SUGGERITORE — Per riuscire a odorarli, deve essere dotata di un complesso sistema di recettori nella mucosa nasale.

FIGLIASTRA (*reclusa*) — Shhh! Ecco, ora, esalano, espirano, ansimano, fiatano, soffiano.

SUGGERITORE — Io non sento niente!

DIRETTORE DI SCENA — Neppure io.

FIGLIASTRA (*reclusa*) — Signori in scena, si diano la capacità di lasciarsi penetrare dalla potenza delle onde meccaniche sonore: ultrasound, acoustic, infrasound.

SUGGERITORE — Ah, meno male; mi parevo già di percepirmi un po' sordo.

DIRETTORE DI SCENA	Pure io.
FIGLIASTRA (*reclusa*)	Ecco il fruscio delle pagine, come girate da spasmi, sospiri, fremiti, soffi.
DIRETTORE DI SCENA	Pagine?
SUGGERITORE	Si riferisce certamente al copione.
FIGLIASTRA (*reclusa*)	Lamenti, sussurri, bisbigli, sbuffi, boccheggi.

FIGLIASTRA (*reclusa*)

(Al Suggeritore)

Sfogli le pagine del copione!

SUGGERITORE	Sì, ecco, sfoglio le pagine e leggo il silenzio delle parole, delle frasi, dei dialoghi.
FIGLIASTRA (*reclusa*)	Eccoli! Gli spiriti dei personaggi fuoriescono dal copione, s'involano dalla buca del palcoscenico e, come le lucciole, svariando qua e là, si accendono e spengono nell'aere.

I filodrammatici resilienti (*in dialogo fra loro*)

Bioluminescenza.
Io non vedo neppure un bagliore di una lucciola.
Si saranno stancate di lampeggiare.
Si sono spente perché sono morte, uccise dai pesticidi, dalla cementazione, dall'inquinamento luminoso.
Dopo l'accoppiamento, la femmina depone le uova e muore.

UNA (*della balconata III*)	Un'altra variazione sul tema, inserita dal regista per deviare il corso della rappresentazione teatrale e consentire al pubblico l'accesso a una molteplicità di intrecci immaginativi e speculativi.
UNA (*della platea*)	Pazzia!
UNA (*della balconata III*)	Li percepisco anch'io gli spiriti dei personaggi in cerca d'autore!
UNO (*della balconata III*)	Miracolo!
USCERE	Un altro colpo di scena!
FIGLIASTRA (*reclusa*)	Eccoli, di qua, di là! Gli spiriti del copione

	svolazzano gioiosi nell'aere del teatro.
UNA (*della platea*)	Inventive! Fandonie! Falsità!
UNO (*della platea*)	Allucinazioni!
FIGLIASTRA (*reclusa*)	Eccoli che danzano luminose e meravigliose coreografie.
UNA (*della platea*)	Finzione, finzione!
UNO (*della balconata III*)	Pazzia!
CRONISTA T/MAGAZINE	Immaginare l'invisibile e dargli visibilità con l'immaginazione: fantasia e audace soluzione del regista.
UNA (*della balconata III*)	Ah, che teatro che è il teatro! Si può fingere di credere che il re è vestito, quando invece è nudo? Si può simulare di credere che uno spirito, immateriale, sia visibile? In altre parole, come rendere e, se impossibile, far apparire, in ogni caso, visibile l'invisibile? Insomma, come vestire di niente un re per farlo, in verità, apparire nudo e far credere che, invece, sia vestito? Come fare apparire uno spirito e renderlo visibile? Chi, per timore di apparire invisibile e stupido, non si maschera che di sé nell'apparire per sembrare ciò che non è di sé e mostrare, invece, ciò che egli è di sé?
UNA (*della platea*)	Pazzia!
UNO (*della platea*)	Demenza!
UNO (*della balconata II*)	Mi par d'intendere che in teatro si voglia fare a meno dell'attore e dare solo apparenza all'idea dello spirito-personaggio.
UNA (*della platea*)	Si metta ordine al disordine!
UNO (*della balconata I*)	Si disordini l'ordine!
UNA (*della platea*)	Quel falsificatore, il regista Iosif Smirnov, trama intralci per rendere incomprensibile lo spettacolo, ingarbugliarci e trattarci da stolti.
I filodrammatici resilienti	Sciocchi, sconsiderati, sprovveduti, ottusi, poco intelligenti.
UNO (*della platea*)	E stupidi noi che, per non apparire idioti, lo elogiamo, conferendogli pure la patente di talento

	creativo e il titolo onorifico di Magĭster per le sue stupide teorie teatrali!
UNA (*della platea*)	Una sarabanda teatrale! Un teatro con arbitrarie variazioni e successioni, improvvise, frenetiche e disordinate azioni sceniche per interrompere, scomporre, frammentare e disordinare ad arte la commedia metateatrale da fare.

(Nel retroscena si eleva un ronzio, assordante, come di vespe)

UNO (*della balconata II*)	Più luce o il teatro si spegne! Luce al teatro, che è nelle tenebre!
UNA (*della balconata III*)	Evviva il disordine!
UNA (*in platea*)	Abbasso il disordine!
UNA (*della balconata III*)	Il teatro trema! Ah, che teatro che è il teatro!

{N. B. Gli spiriti personaggi della tragicommedia *Sei personaggi in cerca d'autore* di Luigi Pirandello sono interpretati dai filodrammatici dell'Hospitium *degli Erranti*}

Spirito personaggio direttore-capocomico	Basta così. Alt. Stop. Signore & Signori, comunichiamo che non è più consentito agli attori di incarnarci, personificarci e rappresentarci e ai registi di metterci in scena.
FIGLIASTRA (*reclusa*)	Non più?
Spirito personaggio direttore-capocomico	Mai più!
FIGLIASTRA (*reclusa*)	E perché?
Spirito personaggio padre	
	È ora di farla finita con gli attori che non sanno interpretarci così come *noi* si è.

(Dal retroscena, gli attori della Compagnia insorgono sdegnati e con irriverenza, sfrontatezza, insolenza, impertinenza e spregio, insultano, offendendo lo spirito personaggio del direttore-capocomico)

Spirito personaggio direttore-capocomico (risentito)	Attori & Attrici della Compagnia che si autosospendono dal rappresentare la tragicommedia *Sei personaggi in cerca d'autore* alla Prima della Stagione teatrale del Centenario del Tm&vT: ridicolo, ridicolo! La commedia della finzione

dell'astensione *a singhiozzo* dal lavoro degli Attori, a mai fine: ridicolo, ridicolo! La farsesca sceneggiata della prova del secondo atto della commedia *Il giuoco delle parti* di Pirandello: ridicolo, ridicolo!

(Dal retroscena, gli attori della prova del secondo atto del *Giuoco delle parti* risentiti, irritati, arrabbiati, insorgono sdegnati e con irriverenza, sfrontatezza, insolenza, impertinenza e spregio, insultano, offendendo lo spirito personaggio del direttore-capocomico)

La commedia degli attori che pretendono di rappresentare il loro dramma di interpreti dei personaggi in cerca d'autore e che se la prendono con Pirandello perché non gli è venuta la fantasia di inserirli nel testo per dargli modo di rappresentarsi, a soggetto, come autori, personaggi, attori e registi di se stessi: ridicolo, ridicolo!

(Dal retroscena, gli attori interpreti di *Sei personaggi in cerca d'autore* risentiti, irritati, arrabbiati, insorgono sdegnati e con irriverenza, sfrontatezza, insolenza, impertinenza e spregio, insultano, offendendo lo spirito personaggio del direttore-capocomico)

Quel pazzo smemorato che s'è messo a fare la parte di Amleto di Shakespeare anziché il Primo Attore di Pirandello: ridicolo, ridicolo! Ridicolo, ridicolo che gli attori si mettano in scena senza neppure: 1) conoscere l'opera e il personaggio che recita; 2) sentire, capire e identificarsi con il personaggio, mettersi nei suoi panni, e impersonarlo; 3) avere la capacità di rapportarsi, muoversi e intonarsi con il gruppo di attori coi quali recita, come un musicista che, attenendosi allo spartito, esegue un brano musicale con l'orchestra.

Spirito personaggio padre   Lei, signor attore, interprete del Padre, a differenza di come avrebbe dovuto fare, mi ha interpretato alla sua maniera, differentemente da come mi ha creato l'Autore.

UN ATTORE   Il personaggio, eterno e immutabile, ritiene di conoscere per davvero se stesso per permettersi di sentirsi tradito dall'interpretazione dell'attore?

UN'ATTRICE — Nulla è dato di sapere a voi personaggi di ciò che soffre un attore nel doversi annullare per interpretarvi: senza potervi sviare, trarvi in errore e dare alla vostra maschera, oltre che il volto, la voce, il corpo, la postura, l'interpretazione, un costume e anche l'anima e lo spirito.

Spirito personaggio direttore-capocomico — Pirandello diffidò della esecutività sul palcoscenico dell'opera scritta, ritenendo che il personaggio, la sua creatura primaria, autonoma rispetto allo stesso suo creatore, è *tradito* dall'attore. Un attore non è il personaggio che interpreta; nemmeno con l'ausilio dei trucchi, delle maschere, dei suoni, delle luci e di ogni altra impresa scenica. Permaniamo, pertanto, nella convinzione che gli attori non siano idonei a rappresentare degnamente il lavoro immaginativo dell'autore.

UN'ATTRICE — Che? Cosa? Che cosa?

Spirito personaggio direttore-capocomico — L'attore trova sempre difficoltà a interpretare perfettamente il testo teatrale: non solo per difetto ma anche per eccesso d'immedesimazione col personaggio che interpreta: nonostante gli sforzi del Capocomico nel guidarlo a perfezionare l'interpretazione del personaggio.

PADRE (recluso) — Siamo noi attori ad accogliervi, a ospitarvi, a darvi sembianza ed essenza. Senza di noi, che v'impersoniamo e interpretiamo, voi personaggi del copione, non potreste fare né scena né teatro. La vostra fuoriuscita dal copione per rappresentarvi senza farvi incorporare dagli attori che v'interpretano non è che una messinscena tramata dall'ingegno del regista Iosif Smirnov allo scopo di mostrare e farvi intendere che, in scena, senza i teatranti, non rappresentate niente, non siete che niente. Voi personaggi, senza di noi attori, siete soltanto inchiostro nero come le tenebre schizzato su un misero foglio grigio, lettere, vocali e consonanti dell'alfabeto, infilzate ad arte le une con le altre per costituire i vostri nomi, le vostre parole, le vostre azioni, la vostra azione, la vostra storia, il vostro esserci, il vostro esistere, il vostro permanere a vita eterna nell'arte!

Spirito personaggio figliastra Commediala come vuoi, ma permane l'impossibilità oggettiva da parte dell'attore di rappresentarci così come ci ha ideato l'autore.

Spirito personaggio direttore-capocomico Pirandello, per paradosso da darsi in apparenza, diffidò della esecutività sul palcoscenico dell'opera scritta. Il personaggio, la sua creatura primaria, autonoma rispetto allo stesso suo creatore, rischiava a suo parere di essere *tradito* dall'attore. Il teatro è *tradimento*! L'Autore è tradito dal Regista e dall'Attore. Il Regista e l'Attore tradiscono l'Autore. Il Personaggio è tradito dal Regista e dall'Attore. Il Regista e l'Attore tradiscono il Personaggio. Il Regista è tradito dall'Attore. L'Attore tradisce il Regista.

Spirito personaggio padre La direzione di Pirandello consentì agli attori di migliorare la nostra interpretazione, ma il risultato finale non soddisfò né lui né noi. Permase, tuttavia, in noi personaggi dell'opera *Sei personaggi in cerca d'autore*, una certa empatia sia nei confronti dei teatranti, che avevano ritenuto di rappresentarci, sia nei riguardi degli spettatori, che avevano scelto di assistere alla rappresentazione del nostro dramma. Fummo vinti anche dalla compassione di consentire ai teatranti di svolgere il loro mestiere per campare col rappresentarci. Ma ora che il regista Iosif Smirnov ha rovinato la rappresentazione teatrale della nostra tragicommedia, noi personaggi si è deciso di ritirarci dal palcoscenico e di rinchiuderci, per sempre, nel copione.

PUBBLICO (*in coro*) Oh, no!

Lo spirito del padre Pertanto, v'invitiamo,

(Con espressione vocale grave, lenta e sostanziata di pause)

	…esortiamo, …ingiungiamo, …comandiamo, …imponiamo, …intimiamo e …ordiniamo… di non metterci mai più in scena.
PADRE (*recluso*)	Su, su, signori Spiriti-Personaggi, se loro sono, per davvero, gli autentici *Sei personaggi in cerca d'autore*, rifiutati dall'autore, fuoriusciti dal copione, scaraventati sul palcoscenico per acquistare vita propria e indipendente da lui, per chiedere agli attori e al capocomico di compiervi artisticamente, consentano questa rappresentazione, altrimenti qua scoppia una rivoluzione!
Spirito personaggio figliastra	Apprendista attrice dal cervello gonfio di boria, non ti permetto d'incarnarmi e d'interpretarmi diversamente da come l'Autore m'ha fantasticata.
FIGLIASTRA (*reclusa*)	E, già, che coraggio che ho a mettermi nei panni di una che fa la prostituta nell'equivoco Ateliér di Madama Pace!
Spirito personaggio figliastra	Non più! Non più! Una volta, per necessità. Resta il fatto che tu, reclusa filodrammatica da strapazzo, mi mostri al pubblico eccessivamente fanatica, antipatica, fastidiosa, insopportabile, odiosa, invasiva, egocentrica, in cerca di ammirazione, applausi, successo e gloria eterna.
FIGLIASTRA (*reclusa*)	Pirandello ti ha creato personaggio «schernevole, con perfida grazia di caricata impudenza» e non io.
Spirito personaggio figliastra	Sono pur sempre un personaggio!
FIGLIASTRA (*reclusa*)	Il personaggio è un'entità ideata e senza l'attore che gli dà corpo, gestualità e voce, sarebbe invisibile, inavvertibile e impercepibile sulla scena.
Spirito personaggio figliastra	Se i personaggi non esistessero che avrebbero da rappresentare gli attori sulla scena? E poi, io sono un personaggio di Pirandello, non uno qualunque, mentre tu sei una marionetta nelle mani del regista, che ti fa recitare il suo metateatro come lui comanda!

FIGLIASTRA (*reclusa*)	Pirandello ti ha rifiutata, insieme agli altri personaggi della tua famiglia!
Spirito personaggio figliastra	Falsità, falsità.
FIGLIASTRA (*reclusa*)	Verità, verità! Voi, orfani di Pirandello, sì, proprio lui, il *divino*, l'Autore che vi concepì con la fantasia, che vi fece spiriti di un'idea e che vi immise in un testo teatrale non vi rifiutò e scacciò da sé? E voi non voleste fuoriuscire dal testo per apparire sulla scena? E voi, come lui fece, volete rifiutarci e scacciarci da voi? Ma voi, se pur vivi, veri e reali, senza di noi, che vi interpretiamo e rappresentiamo sulla scena, non sareste che spiriti invisibili e impercepibili! E, dunque, che sareste nella realtà della finzione senza di noi attori? Niente!
MADRE (reclusa)	Per carità, signor spirito personaggio direttore-capocomico, ci dia la possibilità di recitare ancora qualche battuta, in modo da consentire al pubblico di applaudirci o fischiarci, di elogiarci o denigrarci, di giudicarci bravi o inetti, e al Ministero della Cultura e dello Spettacolo di conferire alla Compagnia dei "Sacconi Neri della Confraternita del Soffio della Morte" una laurea *honoris causa* per merito teatrale e a ognuno di noi, ad honorem, il titolo accademico onorifico individuale di Attori e Attrici di teatro, che ci permetterà, una volta usciti dall'Istituto Penitenziario e dal Riformatorio Giudiziario, di sostentarci.
Spirito personaggio direttore-capocomico	Quasi, quasi, mi tenta, per pietà!
MADRE (reclusa)	Per benevolenza, si tenti, si tenti! Noi siamo qua per mettere lor signore & signori, creature dello spirito di Pirandello, in scena, vivi, veri e reali, con la *nostra* voce, il *nostro* corpo e la *nostra* azione, nella realtà della finzione e, viceversa, nella finzione della realtà, per darvi compimento artistico.
Spirito personaggio direttore-capocomico	Mi tenta, mi tenta…
MADRE (reclusa)	Per favore, si tenti, si tenti!

Spirito personaggio direttore-capocomico   Vediamo, tentiamo… Forse potrà venir fuori veramente qualcosa di straordinario…

La madre

(con infinita angoscia allo spirito personaggio del direttore-capocomico)

Signore, in nome di queste due creaturine, la supplico.

Spirito personaggio direttore-capocomico   D'accordo, concesso per compassione. La madre mi faccia la scena dello svenimento.

DIRETTORE DI SCENA   Silenzio da dietro le quinte, sul palcoscenico e in sala. Si ricomincia.

UNO (*della platea*)   Per l'ennesima e, speriamo, ultima volta.

DIRETTORE DI SCENA   Suvvia, Shhh!

Spirito personaggio direttore-capocomico   Attenzione, signore & signori. Chi è di scena?

La madre

(si sentirà mancare e vacillerà)

Oh! Dio mio…

(Senza che nessuno accorra a sorreggerla, sviene e s'accascia sul pavimento)

Spirito personaggio direttore-capocomico   Ed ora su con la parte finale della tragicommedia.

(Al Direttore di scena)

Manca qualcuno?

DIRETTORE DI SCENA   Manca il Figlio.

Spirito personaggio direttore-capocomico   Al solito!

PRIMO ATTORE

(Entrando in scena)

Eccomi, eccomi!

Spirito personaggio direttore-capocomico   Soffriamo la vicenda di personaggi costretti a sussistere nel corpo di certuni attori vanitosi che stanno sulla scena a interpretarci in maniera inadeguata e al solo scopo di ricevere sussidi, applausi, fama e gloria eterna. Signore & signori, ce ne torniamo nel copione e si fa divieto agli attori d'incorporarci e di interpretarci e ai registi di metterci in scena; e, anzi, per evitare che ciò accada, qua, ora e subito, ci smacchiamo dell'inchiostro di stampa per rendere invisibile il testo dell'autore e ci nullifichiamo. A mai più.

(Lampi di luce e buio)

Spirito personaggio direttore-capocomico   Ehi, Elettricista, spegni tutto!

(*Non avrà finito di dirlo, che il teatro piomberà per un attimo nella più fitta oscurità*)

Eh, perdio! Lasciami almeno accesa una lampadina, per vedere dove metto i piedi!

(*Subito, dietro il fondalino, come per uno sbaglio d'attacco, s'accenderà un riflettore verde, che proietterà, grandi e spiccate, le ombre dei Personaggi, meno il Giovinetto e la Bambina. Il Capocomico, vedendole, schizzerà via dal palcoscenico, atterrito. Contemporaneamente si spegnerà il riflettore dietro il fondalino, e si rifarà sul palcoscenico il notturno azzurro di prima. Lentamente, dal lato destro della tela verrà prima avanti il Figlio, seguito dalla Madre con le braccia protese verso di lui; poi dal lato sinistro il Padre. Si fermeranno a metà del palcoscenico, rimanendo lì come forme trasognate. Verrà fuori, ultima, da sinistra, la Figliastra che correrà verso una delle scalette; sul primo scalino si fermerà un momento a guardare gli altri tre e scoppierà in una stridula risata, precipitandosi poi giù per la scaletta; correrà attraverso il corridojo tra le poltrone; si fermerà ancora una volta e di nuovo riderà, guardando i tre rimasti lassù; scomparirà dalla sala, e ancora, dal ridotto, se ne udrà la risata. Poco dopo calerà la tela*)

{Buio}

EPISODIO XI

{Scena a susseguirsi in rapida successione}

Luce in sala.

(Gazzarra tra detrattori e sostenitori di Smirnov)

(Lampi di luce a intermittenza. Diffusione di una musica rilassante per calmare la mente e gli animi dei facinorosi detrattori di Smirnov)

Un filodrammatico resiliente	Pirandello ha *ridotto* la distanza tra palcoscenico e platea, invece Smirnov l'ha annullata del tutto, compiendo la democrazia teatrale, dando al pubblico l'opportunità d'inscenarsi nel ruolo di autore, personaggio, attore e regista di sé!
UNO (*della platea*)	Altro che democrazia! Qui si è alla monarchia assoluta del Pubblico! Smirnov ha incoronato il Pubblico a sovrano assoluto del teatro.
UNO (*della platea*)	Nel fare a meno di autori come Sofocle, Shakespeare e Pirandello, di personaggi come Giulietta e Romeo, Ofelia e Amleto, di registi come Harley Granville-Barker, Götz Friedrich e Giorgio Strehler, di attori come Laurence Olivier, Ruggero Ruggeri e Anna Maria Guarnieri, e di opere teatrali come *Èdipo re, Amleto* e *Sei personaggi in cerca d'autore* si commette un crimine contro il teatro, la letteratura, l'ingegno e l'umanità!

(Ressa di fotografi, cameramen, cronisti e spettatori all'apparizione in sala del regista Smirnov)

UNA (*della platea*)	Via, via! Fuori dal teatro! Al manicomio Smirnov!
UNO (*della platea*)	Abbasso Smirnov!
UN'ALTRA (*della platea*)	Chi si crede di essere Smirnov? Pirandello? Un Pirandello più Pirandello di Pirandello? Smirnov è soltanto un signor nessuno!
UN ALTRO (*della platea*)	Il *teatricida* Smirnov non si vergogna neppure di nascondere il disagio per la sua fallimentare farsa metateatrale del metateatro pirandelliano!
UNA (*della balconata II*)	Evviva Smirnov!

UNA (*della platea*)	Il tentativo ordito da Smirnov per detronizzare, alla *prima* teatrale della "Rassegna del metateatro" programmata per celebrare il Centenario del Teatro delle maschere e dei volti di Théatropólis, un Autore di eccelso valore e di successo mondiale come Pirandello, insignito del Premio Nobel per «il suo coraggio e l'ingegnosa ripresentazione dell'arte drammatica e teatrale» è ridicolo!
UNA (*della balconata II*)	Anche a Smirnov sarà assegnato il Premio Nobel per la Letteratura.
UNA (*della platea*)	Oh, senti, senti! Ma lei, lassù, signora, in balconata II, sta scherzando?
UNO (*della balconata II*)	Signora, laggiù, in platea, io non scherzo mai!
UNA (*della platea*)	Ridicolo! Ridicolo! Assegnare un Premio Nobel a un autore che si pubblica da sé facendo pagare la stampa dei suoi libri a sponsor e a mecenati! Ridicolo! Ridicolo!
UNA (*della platea*)	Un autore senza lettori, tranne qualche cuore solitario a cui auspica fortune in amore con oroscopi poetici.
UNO (*della platea*)	Un autore che, pur di farsi leggere, compatire e confortare, regala i suoi libri a parenti, amici e a occasionali ospiti che neppure li sfogliano e ne ricordano il titolo.
UNO (*della platea*)	E, dato che nessuno li richiede, i libri di Smirnov non si trovano né nelle librerie né nelle biblioteche.
UNA (*della platea*)	Conferire fama e gloria a un autore che per darsi visibilità e notorietà – vanità, vanità! – s'è messo a cercar fortuna con il metateatro della commedia della realtà, ovvero della finta finzione, inframmezzandola nella tragicommedia metateatrale di Pirandello? Ridicolo! Ridicolo!

(Alterco, a soggetto, tra sostenitori e detrattori di Smirnov, mentre i filodrammatici della Confraternita scendono dal palcoscenico e si consegnano al Questore, che li fa scortare fuori dalla sala da una coppia di Agenti della Pubblica Sicurezza)

UNO *(della sala)*   A venerare, incensare e lodare a più non posso, o si è irragionevoli e dissennati o si è illogici e irrazionali, o si è insensati e alienati o si è bizzarri e strambi, o si è strampalati e squilibrati o si è bislacchi e strani, o si è stravaganti e assurdi o si è pazzi e folli!

CRONISTA TVTT   Prof. Caputo siamo in diretta mondovisione su TV Théatropólis Theatrum, per cortesia può rilasciarci un commento sul metateatro di Smirnov?

RINO CAPUTO   Sì, sì, certamente. Iosif Smirnov, non è un semplice seguace della modalità pirandelliana ovvero l'ennesimo autore che impara la lezione del Predecessore e la ripete, con maggiore o minore aderenza o creatività, nel testo e nella scena. Il salto esplicito del piano della (presunta) realtà vera, proposto genialmente da Pirandello, diventa per il regista Smirnov, il luogo in cui i piani della realtà e della fantasia s'intrecciano, si rincorrono convulsivamente e, spesso, a spirale, e infine si sbriciolano nella (apparente) confusione dell'azione, fino all'autoironica messa in crisi di ogni attendibilità positiva: la 'finta finzione', lo 'sciopero alla rovescia', il barocco inseguimento, orizzontale e verticale, dei piani e dei rapporti. Smirnov seguace consapevole e acculturato di Pirandello, dunque, fino all'omaggio di memoria allusiva e quasi celebrativa? Certamente il 'teatro nel teatro' messo in scena da Smirnov rispetta l'archetipo pirandelliano. La Storia, proprio come nei Sei Personaggi, irrompe a suo modo anche nel testo dell'Epigono pirandelliano dei nostri tempi. L'opera di Smirnov diventa non più, allora, o non soltanto, 'teatro nel teatro' ma, appunto, nell'inviluppo fantasmagorico e lucidamente 'folle' degli atti e delle scene, Teatro del Teatro, che è già Teatro del Teatro, nella misura in cui, ormai oltre Pirandello, il Teatro è dappertutto e il mondo è una Théatropólis. Del resto, è pur sempre il geniale Predecessore di Iosif Smirnov che, ancor giovanissima matricola universitaria e drammaturgo in pectore, scriveva: "sicut in theatro item in coelo". Smirnov, 'scioperando alla rovescia', lavora ancor più sul nesso tra Realtà e Finzione, tra Vita e Scrittura, tra Storia e Arte. Il suo è un Inno alla necessità del Teatro per la Vita. Ma, come accade sempre nell'Arte, la Vita vive se si fa Teatro. Il Teatro del Teatro.

(Gazzarra tra i sostenitori e i detrattori di Smirnov)

CRONISTA TVTT	Ringraziamo il professor Rino Caputo, Storico e Critico della Letteratura e Direttore della Rivista "Pirandelliana", per la sua interpretazione del metateatro smirnoviano.
PUBBLICO (*della platea*)	Manicomio! Manicomio! Manicomio!
CRONISTA TVTT	Magĭster, TV Théatropólis Theatrum in diretta mondovisione.
PUBBLICO (*della platea*)	
(Al regista)	Vergogna! Vergogna! Vergogna!
UNA (*della platea*)	Smirnov imita e ripete, in maniera superficiale e senza elaborazione autonoma e innovativa, le idee e i modi di Pirandello!
CRONISTA TVTT	Smirnov è stato influenzato da Pirandello?
MAGĬSTER	Contagiato, febbricitato e allucinato.
CRONISTA TVTT	Smirnov possiede le qualità e le virtù artistiche di Pirandello?
MAGĬSTER	Lei, mi va fuori tema!
CRONISTA TVTT	Non si svii!
MAGĬSTER	A Pirandello è stato conferito il Premio Nobel per la letteratura e a Smirnov il Premio Nulla.
CRONISTA TVTT	Pensa di poter essere insignito del Premio Nobel per

	la Letteratura dall'Accademia Reale di Svezia?
Un filodrammatico resiliente	Il signor cronista si è dato convegno al post Pirandello per schernire Smirnov!
Una filodrammatica resiliente	Cronista disonesto, deontologicamente scorretto!
UNO (*della platea*)	Chi la fa l'aspetti!
UN ALTRO (*della platea*)	È piuttosto chiaro, no? Chi danneggia qualcuno deve aspettarsi di subire da questi un danno.
UNO (*della platea*)	Chi fa una cattiva azione, la paghi!
UN ALTRO (*della platea*)	Chi commette un torto deve essere pronto a ricevere una punizione equivalente.
CRONISTA TVTT	Smirnov è *oltre* Pirandello?
MAGĬSTER	Smirnov è *dopo* Pirandello.
CRONISTA TVTT	Smirnov si ritiene di valore pari, inferiore o superiore a Pirandello per capacità creativa?
MAGĬSTER	Smirnov si ritiene *altro* da Pirandello. Se proprio ci tiene ad ottenere la misurazione del valore tra Pirandello e Smirnov, le rispondo chiedendole se lei è esperto di matematica.
CRONISTA TVTT	Signore, io faccio il cronista teatrale e non il matematico!
MAGĬSTER	Perché lei intenda quel che ha ad intendersi, attesto che, se Pirandello vale infinito, allora Smirnov vale Zero. E l'infinito sta anni luce dallo zero!
CRONISTA TVTT	Perché ha scelto di *metateatrare* il metateatro di Pirandello?
MAGĬSTER	Per abolire appieno la *quarta parete* e l'illusione scenica, per sostituire la finzione con la finta finzione e per stimolare il pubblico a inscenare in sala e sul palcoscenico gli scopi del proprio agire nel ruolo di Autore, Personaggio, Attore e Regista di sé».

(Gazzarra tra i sostenitori e i detrattori di Smirnov)

(Il Gestore sale sul palco e si posiziona davanti alla buca del suggeritore)

GESTORE	Attenzione, signore & signori. Sono il Gestore in amministrazione controllata del Tm&vT!
UNA (della platea)	Signor Gestore, basta, non se ne può più del libero

arbitrio di Smirnov!

GESTORE   Preso atto dello sciopero degli attori della Compagnia e dei dipendenti del Tm&vT che, con abilità artistica e tecnica, hanno storpiato, frammentato, stravolto, interrotto, vanificato e invalidato la rappresentazione integrale della tragicommedia *Sei personaggi in cerca d'autore* di Luigi Pirandello, coi poteri conferitemi dallo Statuto del Tm&vT, noi, nella qualità di Gestore in amministrazione controllata dell'ATm&vT spa, si decreta la serrata di ritorsione e lo sgombero immediato del Tm&vT. Il decreto del Gestore in amministrazione del Tm&vT è, all'istante, esecutivo.

(Dal retroscena, in silenzio, entrano gli attori e si dispongono in semicerchio al centro del palcoscenico, accolti da fischi di dissenso e applausi di consenso)

GESTORE

(*Agli attori*)

Gli attori hanno finito la commedia della finta finzione dell'astensione dal lavoro e sono tornati in scena per reclamare alla ribalta l'applauso del pubblico, l'elogio della critica, l'onore e la gloria eterna dei posteri?

(In sala, scoppiano aspri e sonori scontri verbali tra i plaudenti e i dissidenti del decreto del Gestore)

Ora, dal punto morto, si fa un'inversione e si torna a capo.

UNO (*della platea*)   Finalmente! Inverta i capi dell'avvolgimento di spunto!

UNA (*della platea*)   Basta con i giochi, gli intrighi delle variabili aleatorie, delle ridondanze, delle variazioni, delle trasformazioni, delle mutazioni, delle reversibilità e delle irreversibilità ideate e orchestrate da Smirnov allo scopo di inframmezzare le commedie delle finte finzioni degli attori della Compagnia, dei filodrammatici di Asylumpólis e dei dipendenti e del pubblico del Tm&vT! Ora si passa dal caos all'ordine! Il dado è tratto. Ora si fa quel che ha da farsi.

UNA (*della platea*) — Bravo! Si fa così!

UNO (*della platea*) — E che è fa farsi?

GESTORE — Si fa la commedia da fare!

UNA (*della platea*) — Bravo! Si fa così!

UNO (*della platea*) — E che è fa farsi?

GESTORE — La scena della serrata di ritorsione e lo sgombero immediato del Tm&vT.

(Dalla platea, si elevano le proteste veementi dei dipendenti del Tm&vT in sciopero)

USCERE — Signore, sta scherzando?

GESTORE — *No, che dice mai, signore!* Io non scherzo mai.

USCERE — Fa sul serio?

GESTORE — Per davvero!

USCERE — Non per finzione?

GESTORE — Per finta finzione si fa la finta finzione del decreto del Gestore fino a quando gli attori della Compagnia e i dipendenti del Tm&vT non cesseranno la finta finzione dello sciopero. Pregherei la Giureconsulta di dare un parere sulla costituzionalità della serrata di ritorsione.

GIURECONSULTA — Premesso che il datore di lavoro …

GESTORE — … brevità!

GIURECONSULTA — Il potere …

GESTORE — Niente retorica ma sintesi, chiarezza e concretezza!

GIURECONSULTA — Sissignore!

(Sul cellulare digita l'icona Google, cerca, trova e legge a voce alta)

Bla, bla, bla, omissis, bla, bla, bla, «la serrata di ritorsione è ammissibile in caso di mancata prestazione lavorativa o che sia stata effettuata non consentendo di realizzare la sua minima unità tecnico-temporale o che l'astensione di un gruppo di lavoratori abbia determinato l'impossibilità per gli altri colleghi di eseguirla».

GESTORE   Fine del teatro sindacale, politico, ideologico!

(Fischi di dissenso, grida, sberleffi e applausi ironici dei dipendenti del Tm&vT e degli attori)

FACTOTUM (*dalla platea*)   Noi dipendenti del Tm&vT, da qua, non ci muoviamo.

UN ATTORE   Neppure noi!

PUBBLICO (delle balconate)   Neppure noi!

GESTORE   Si rispetti il decreto del Gestore in amministrazione controllata del Tm&vT!

FACTOTUM   O il Gestore annulla il suo decreto o noi si fa l'occupazione del Tm&vT.

GESTORE   O gli attori e i dipendenti del Tm&vT terminano la finta finzione dello sciopero o io non annullo nulla! Pertanto, all'istante, confermo la serrata di ritorsione e invito il pubblico a sgombrare il teatro. Fuori dal teatro! Agli attori della Compagnia teatrale degli instabili non è più dato di stare in cattedra e ad avere voce in capitolo sul palcoscenico e ai dipendenti del Tm&vT da farla da padrone del Tm&vT e, in particolare: 1) di darsi esagerata importanza; 2) di respingere le linee guida del Gestore per evitare il fallimento e la liquidazione del Tm&vT; 3) d'interferire nelle faccende estranee alla loro funzione; 4) d'intromettersi negli affari del Gestore e di contrastarlo con assiduità; 5) di esercitare il proprio dominio sul Gestore e sulla Proprietà del Tm&vT!

(In balconata, fischi, strepiti, tumulto di piedi)

CAPOCOMICO IP&RG   Attenzione, signore & signori. Chi è di scena?

FACTOTUM   L'occupazione del Tm&vT!

GESTORE   No, è in scena la serrata & lo sgombero!

PUBBLICO (*della platea*)   Ripicca! Ritorsione! Vendetta! Rivalsa! Rivincita

I filodrammatici della Confraternita   Reazione violenta! Terrore! Bombe, esplosivi,

	granate, missili! Botti, castagnole, petardi, mortaretti, razzi, missili!
GESTORE	Via, via, fuori tutti dal teatro! Signor Questore, capo della polizia, dia dei consigli di comportamento agli occupanti e al pubblico e faccia sgombrare!
QUESTORE	Signor Gestore in amministrazione controllata, dice per finta o per davvero?
GESTORE	Garantisca l'ordine pubblico per finta finzione!
PREFETTA	Signor Gestore, non è consentito dalla Legge la serrata & sgombero di un teatro senza un atto formale!
GESTORE	E sia! Avvocato Arruffone, formalizzi il decreto di serrata & sgombero del Gestore.
AVVOCATO *(dalla platea)*	Sissignore, provvedo subito!
GESTORE	Avvocato, si disciplini: niente retorica ma sintesi, chiarezza e concretezza!
AVVOCATO	Sissignore, eccomi all'opera! Tm&vT. Decreto del Gestore in amministrazione controllata del Tm&vT n. 09/Anno del Conto Salato. Oggetto: Serrata & Sgombero del Tm&vT. Il Gestore del Tm&vT, visti gli articoli 9 e 18, commi 6 e 3 dello Statuto del Tm&vT, visto l'art. 27 dello Statuto del Tm&vT che consente per ragioni *j)* e *k)* e l'art. 36 che non consente per ragioni *q)* e *w)*; premesso che l'Assemblea dei dipendenti del Tm&vT con Deliberazione n. 1/Anno del Conto Salato ha proclamato lo *sciopero in forma individuale e collettiva*, e con Deliberazione n. 2/Anno del Conto Salato ha approvato lo *sciopero a inventiva*, da fare a soggetto, ognuno come e quando si pare, durante la rappresentazione di *Sei personaggi in cerca d'autore* di Luigi Pirandello; considerato che gli Attori della Compagnia teatrale degli instabili e il personale tecnico del Tm&vT hanno, con abilità artistica e tecnica, storpiato, frammentato, stravolto, interrotto, vanificato e invalidato la rappresentazione

integrale della tragicommedia *Sei personaggi in cerca d'autore* di Luigi Pirandello; considerato che la commedia da fare a inventiva degli attori e del pubblico è imperniata sulla falsariga della traccia del copione metateatrale di Smirnov, inframmezzatasi nella tragicommedia di Pirandello, ha determinato: 1) il ritiro per sempre dalla scena dei *Sei personaggi in cerca d'autore*; 2) il ritorno per sempre nel copione dei *Sei personaggi in cerca d'autore*; 3) il divieto per i registi di metterli in scena e agli attori e di recitarli; 4) la cancellazione del testo dal copione; 5) la loro invisibilità e sparizione nel nulla; coi poteri conferitemi dallo Statuto del Tm&vT, noi, nella qualità di Gestore in amministrazione controllata dell'ATm&vT spa, si decreta, qui e subito, a soggetto: 1) il licenziamento del Direttore Artistico e del Regista; 2) la rottura del rapporto di lavoro con la Compagnia dei teatranti instabili; 3) la serrata di ritorsione; 4) lo sgombero immediato del Tm&vT. Il decreto del Gestore in amministrazione del Tm&vT è, all'istante, esecutivo; visti gli articoli bla, bla, bla del Codice civile e gli articoli bla, bla, bla del Codice penale, ...

GESTORE   Avvocato, stringa!

AVVOCATO   Sissignore! Il Gestore, considerato che la serrata di ritorsione è ammissibile in caso di mancata prestazione lavorativa o che sia stata effettuata non consentendo di realizzare la sua minima unità tecnico-temporale o che l'astensione di un gruppo di lavoratori abbia determinato l'impossibilità per gli altri colleghi di eseguirla; considerato che il teatro è stato occupato a oltranza dai dipendenti del Tm&vT, dagli attori della Compagnia e dal pubblico delle balconate e della platea;

GESTORE   Avvocato, concluda!

AVVOCATO   Sissignore! Ritenuto necessario ed urgente adottare la serrata; ritenuto impedire la chiusura delle porte e portoni del teatro; ritenuto procedere allo sgombero del Tm&vT; ritenuto garantire assicurare i passaggi e le vie d'uscita degli astanti; ritenuto vietare la permanenza degli astanti in teatro; ritenuto garantire l'ordine pubblico e la pubblica sicurezza; ritenuta garantire la pubblica utilità del teatro; ritenuto disattivare gli utilizzi elettrici; il Gestore in amministrazione controllata del Tm&vT dando atto di adottare i provvedimenti elencati, ordina la serrata & lo sgombero del Tm&vT; è fatto obbligo per gli attori della Compagnia e i dipendenti e il pubblico del Tm&vT di rispettare il Decreto del Gestore n. 09/Anno del Conto Salato. Il presente Decreto è immediatamente eseguibile.

GESTORE Avvocato, apponga sul Decreto del Gestore n. 09/Anno del Conto Salato la data e il timbro del Tm&vT e me lo passi per la firma.

AVVOCATO La legge prevede che il Decreto sia inviato alla Polizia Locale ed alle Forze dell'Ordine per garantire il rispetto di quanto ivi disposto.

GESTORE E lei faccia come recita la Legge.

AVVOCATO Ecco, vede, signor Gestore, …

GESTORE Che c'è ancora, avvocato? C'è qualcosa che non va nella Legge?

PREFETTA La Legge impone che tutto ciò che è da fare per dare esecutività all'atto vada formalizzato nel medesimo atto.

GESTORE Avvocato formalizzi, formalizzi! Che aspetta?

PREFETTA L'atto va inviato sia alla Prefettura sia alla Questura di Théatropólis per garantire il rispetto di quanto ivi disposto e affisso all'Albo Pretorio e pubblicato sul sito del Tm&vT.

GESTORE Avvocato, ha finito di formalizzare?

AVVOCATO Quasi. Dal Tm&vT, 1° novembre/Anno del Conto Salato. Il Gestore in Amministrazione Controllata del Tm&vT, dott. Augusto Formichino. Fatto. Finito. Firmi, signor Gestore.

(L'Avvocato consegna il decreto al Gestore)

GESTORE

(Firma il decreto e la riconsegna all'Avvocato)

GESTORE	Ah, la burocrazia, come ci complica la vita!
PREFETTA	Un'espediente per garantire il diritto della Legge, signor Gestore, contro il disordine e l'arbitrio!
GESTORE	Su, su, si spicci, che è tardi e che, qua, nessuno ha tempo da perdere!
PREFETTA	Si precisa che, ai sensi dell'art. 9, comma 18, della Legge 189/Anno della Misericordia, contro ogni atto pubblico formale che ha valore giuridico o amministrativo, può essere presentato ricorso gerarchico innanzi alla Prefettura di Théatropólis entro 30 giorni dalla pubblicazione del Decreto contro il presente atto può essere presentato alternativamente ricorso al Tribunale Amministrativo di Théatropólis competente, ai sensi del D. Lgs. n. 108/Anno dello Sgravio fiscale; entro 120 gg., a decorrere dalla definitività dell'ordinanza e trascorso il termine di 90 giorni dal radicamento del ricorso gerarchico alla Prefetta, può inoltre essere presentato ricorso al Presidente della Repubblica, ai sensi dell'art. 162 del D.P.R. 4 maggio/Anno del Dispiacere, n. 1008.
GESTORE	Sarò fatto! E ora attori, dipendenti Tm&vT e spettatori vadano tutti via dal teatro!
I filodrammatici della Confraternita	Reazione violenta! Terrore! Bombe, esplosivi, granate, missili! Botti, castagnole, petardi, mortaretti, razzi, missili!
CAPOCOMICO IP&RG	Attenzione, signore & signori. Chi è di scena?
DIRETTORE DI SCENA	Signor Capocomico, io sono ancora di scena?
CAPOCOMICO IP&RG	Lo spettacolo è finito. Che vuole più fare adesso?

| | Vada via! |
| USCERE | Che colpo di scena! |

(Il Direttore di scena esce)

CAPOCOMICO IP&RG	Attenzione, signore & signori. Chi è di scena? Signor Gestore, io sono ancora di scena?
GESTORE	Lo spettacolo è finito. Che vuole più fare adesso? Vada via!
USCERE	Che colpo di scena!

(Il Capocomico IP&RG esce)

	Ehi, facente funzione di capo elettricista, spenga tutto, subito! Su, voialtri del pubblico, via, via!
UNO (*della balconata III*)	L'immaginazione al potere!
UNA (*della balconata III*)	Il potere all'immaginazione!
USCERE	Lei sa bene, signor Gestore, che un'opera teatrale in corso di rappresentazione non può essere interrotta, sospesa o annullata in alcun caso: in particolare, riferendoci al Tm&vT, né per sfratto esecutivo che, come già notificato dall'Ufficiale Giudiziario, dovrà eseguirsi martedì 24 dicembre Anno del Conto Salato, alle ore 09.30, né per dare esecutività al provvedimento di serrata e di sgombero del Gestore.
GESTORE	Senti, senti! Che finzione sentenzia l'Uscere nel ruolo arbitrario di Giudice di questo Tm&vT, trasformato in Forum Magno dove ognuno copia le imbeccate tramate dalla traccia del copione metateatrale di Smirnov e se le incolla in bocca ripetendole, reiterandole, replicandole pedestremente, pedissequamente, parola per parola.
USCERE	Finzione? No, finta finzione, realtà, la realtà per davvero.
QUESTORE	Mah, al solito, qua al Tm&vT, ognuno si fa le legge per sé come gli pare e stiamo a vedere che ne avverrà.
USCERE	Attenzione, signore & signori. Chi è di scena?

FACTOTUM	La commedia congiunta dei dipendenti del Tm&vT, degli attori, del pubblico e del Gestore.
GESTORE	Oh, questa sì che è una novità! Io dentro la commedia dei commedianti!
USCERE	Attenzione, signore & signori. Chi è di scena?
FACTOTUM	La proposta della costituzione dell'Assemblea dei dipendenti del Tm&vT, degli attori della Compagnia, dei filodrammatici di Asylumpólis e del pubblico delle balconate e della platea e anche del signor Gestore, se ne vuole far parte, da denominarsi Assemblea Generale Permanente (AGP) del Tm&vT per inscenare gli scopi del proprio agire come gli pare.
USCERE	Che colpo di scena!
GESTORE	Che colpo di follia teatrale! Io me ne sto fuori dalla pazzia dei folli.
USCERE	Attenzione, signore & signori. Chi è di scena?
FACTOTUM	La votazione della costituzione dell'Assemblea dei dipendenti del Tm&vT, degli attori della Compagnia, dei filodrammatici di Asylumpólis e del pubblico delle balconate e della platea, senza la partecipazione del Gestore che ha declinato l'invito di farne parte. Chi interviene? Nessuno? Nessuno! Dunque, innanzitutto, si voti per alzata di mano la costituzione dell'Assemblea Generale Permanente (AGP) del Tm&vT. Favorevoli? Contrari? Astenuti? L'AGP del Tm&vT con Deliberazione n. 1/Anno del Conto Salato approva a maggioranza la costituzione dell'Assemblea degli attori della Compagnia, dei filodrammatici di Asylumpólis, dei dipendenti e del pubblico delle balconate e della platea del Tm&vT, denominata Assemblea Generale Permanente (AGP) del Tm&vT. Per rendere immediatamente operative tutte le deliberazioni dell'AGP, sarà necessario dichiararne la immediata esecutività. Chi interviene? Nessuno? Nessuno! Dunque, si voti per alzata di

mano la immediata esecutività di ogni deliberazione approvata dall'Assemblea Generale Permanente (AGP) del Tm&vT. Favorevoli? Contrari? Astenuti? L'AGP del Tm&vT con Deliberazione n. 2/Anno del Conto Salato approva a maggioranza la immediata esecutività di ogni deliberazione approvata dall'Assemblea Generale Permanente (AGP) del Tm&vT. Pertanto, la Deliberazione n. 1/Anno del Conto Salato e la Deliberazione n. 2/ Anno del Conto Salato approvate dall'AGP del Tm&vT sono dichiarate immediatamente esecutive!

USCERE   Che colpo di scena!

FACTOTUM   Si dà atto che la Deliberazione n. 1/Anno del Conto Salato e la Deliberazione n. 2/ Anno del Conto Salato approvate dall'AGP del Tm&vT vanno inviate alla Prefettura e alla Questura di Théatropólis per garantire il rispetto di quanto ivi disposto e saranno affisse all'Albo Pretorio e pubblicate sul sito del Tm&vT.

GESTORE   Contro tali deliberazioni, il Gestore in amministrazione controlla del Tm&vT farà ricorso gerarchico innanzi alla Prefettura di Théatropólis ai sensi dell'art. 9, comma 18, della Legge 189/Anno della Misericordia, o al Tribunale Amministrativo di Théatropólis competente, ai sensi del D. Lgs. n. 108/Anno dello Sgravio fiscale e se è il caso finanche al Presidente della Repubblica ai sensi dell'art. 162 del D.P.R. 4 maggio/Anno del Dispiacere, n. 1008.

FACTOTUM   Per protesta contro la serrata di ritorsione e lo sgombero immediato del Tm&vT, propongo che l'AGP del Tm&vT deliberi la messinscena della commedia della *finta finzione* dell'occupazione del Tm&vT. Chi interviene? Nessuno?

USCERE   Mi scusi, Factotum, perché *finta finzione* e non semplicemente occupazione del Tm&vT? Si chiarisca, per chiarirmi.

FACTOTUM Poiché il teatro è finzione e la finzione è teatro e legge del teatro, la non finzione si rappresenta in teatro con la finta finzione.

USCERE In teatro, per fare davvero l'occupazione del teatro e non per finta, si fa la finta finzione dell'occupazione e non la finzione: più chiaro di così si rischia l'abbaglio. Attenzione, signore & signori. Chi è di scena?

FACTOTUM L'AGP per deliberare la finta finzione dell'occupazione del Tm&vT. Si voti per alzata di mano. Favorevoli? Contrari? Astenuti? L'AGP del Tm&vT con Deliberazione n. 3/Anno del Conto Salato approva a maggioranza la messinscena della commedia degli attori della Compagnia, dei filodrammatici di Asylumpólis, dei dipendenti e del pubblico delle balconate e della platea del Tm&vT da fare con la finta finzione dell'occupazione.

USCERE La Deliberazione n. 3/Anno del Conto Salato approvata dall'AGP del Tm&vT è immediatamente esecutiva. Che colpo di scena! Tale deliberazione verrà inviata alla Prefettura e alla Questura di Théatropólis per garantire il rispetto di quanto ivi disposto e sarà affissa all'Albo Pretorio e pubblicata sul sito del Tm&vT.

GESTORE È l'assurdo più assurdo che mi sia capitato nell'assurdo teatrale dell'assurdo!

UNA (*della balconata III*) Nel *Theatre of the Absurd*, la trama degli eventi si snocciola in maniera inquietante senza costrutto razionale e disordine cronologico di silenzi, pause, dialoghi surreali e azioni reiterate senza senso, mettendo in scena l'alienazione, la crisi, la solitudine e l'angoscia dell'umana contemporaneità, con il risultato di ottenere, al tempo stesso, nell'attesa di un futuro incerto, effetti comici e tragici.

GESTORE — Contro la Deliberazione n. 3/Anno del Conto Salato approvata dall'AGP, il Gestore farà ricorso ai sensi dell'art. 9, comma 18, della Legge 189/Anno della Misericordia, o ai sensi del D. Lgs. n. 108/Anno dello Sgravio fiscale, e se è il caso ai sensi dell'art. 162 del D.P.R. 4 maggio/Anno del Dispiacere, n. 1008.

(Fischi, strepiti, applausi e gazzarra)

QUESTORE — Signore e Signori, calma!

GESTORE — Signorina Giureconsulta che dice la Legge sull'occupazione?

GIURECONSULTA —

(Sul cellulare digita l'icona Google, cerca, trova e legge a voce alta)

Il TULPS, DPR n. 603/Anno della Vanificazione dello stimolo fiscale, al comma 18 lettera h) recita, in modo inequivocabile, che «L'occupazione del teatro, per finzione o per finta finzione, in forma di rappresentazione teatrale, è legale, lecita, legittima, consentita, permessa e ammessa».

USCERE — Che colpo di scena!

GESTORE — Anche il decreto di serrata & sgombero è legale; pertanto, per effetto gerarchico, il Decreto di Serrata di ritorsione e& Sgombero del Gestore inficia la Deliberazione dell'AGP n. 3/Anno del Conto Salato.

GIURECONSULTA — Competente della controversia sorta tra le parti è il foro della Libera Città-Stato della Repubblica Democratica di Théatropólis e stiamo a vedere che ne avverrà.

QUESTORE — Mah, al solito, qua al Tm&vT, ognuno si fa le legge per sé come gli pare e stiamo a vedere che ne avverrà.

(Molto, ma molto imbarazzato)

Tuttavia, però, ma, nondimeno, comunque, per quel che concerne l'occupazione pubblica, con il pubblico in luogo pubblico e aperto al pubblico, il TULPS, DPR n. 603/Anno della Vanificazione dello stimolo fiscale, al comma 27 lettera a) recita, in modo inequivocabile, che gli organizzatori hanno l'obbligo di preavvisare il Questore almeno tre giorni prima dell'evento, in modo da consentire i servizi di competenza da parte delle Forze dell'Ordine.

FACTOTUM   Come, come? Il Signor Questore dice per finta o per finta finzione?

QUESTORE   Per finta finzione: almeno così mi pare!

FACTOTUM   Stiamo apprendendo per finta finzione che noi, dipendenti e pubblico del Tm&vT, dobbiamo inviarle la comunicazione di preavviso dell'occupazione del teatro che è in corso?

QUESTORE   Proprio così e di bloccarla, all'istante.

USCERE   Ma lei, signore, sta scherzando?

QUESTORE   *No, che dice mai, signore!* Io non scherzo mai.

USCERE   Fa sul serio?

QUESTORE   Per davvero!

USCERE   Non per finzione?

QUESTORE   Per finta finzione: almeno così mi pare. Nel caso di mancato adempimento al comma 27 lettera a TULPS, DPR n. 603/Anno della Vanificazione dello stimolo fiscale, i contravventori sono puniti con l'arresto fino a sei mesi e con l'ammenda da 103,00 a 413,00 D. Con le stesse pene sono puniti coloro che, nelle riunioni predette, prendono la parola. Per dare il preavviso si deve utilizzare il "Modulo comunicazione manifestazioni" (scaricabile dal nostro sito web) e trasmetterlo alla Questura di Théatropólis.

FACTOTUM   Signorina Giureconsulta, a tal proposito, lei che dice?

GIURECONSULTA   Delle riunioni in luogo pubblico deve essere dato preavviso alle autorità, bla, bla, bla, che, in certi casi, possono anche vietarle, bla, bla, bla, ma

(Sul cellulare digita l'icona Google, cerca, trova e legge a voce alta)

«la normativa di riferimento, TULPS, art. 9, DPR n. 603/Anno della Vanificazione dello stimolo fiscale, al comma 36, lettera h) recita, in modo inequivocabile, che le riunioni, bla, bla, bla, nonché le occupazioni, private o pubbliche, che si svolgono sul palcoscenico di un teatro, con il pubblico in sala, sono da considerarsi forme di rappresentazioni teatrali e, pertanto, non è fatto obbligo per gli organizzatori preavvisare il Commissariato di Pubblica Sicurezza di Théatropólis. Non è così, signor Questore?

QUESTORE Se in vero è scritto così là dentro,

(indicando il cellulare della Giureconsulta)

allora la commedia dell'occupazione da fare per finzione o per finta finzione è legale, lecita, legittima, consentita, permessa, ammessa e, pertanto, non c'è obbligo per gli organizzatori di darne comunicazione al Commissariato di Pubblica Sicurezza di Théatropólis.

(Fischi, strepiti, applausi e gazzarra)

USCERE	Attenzione, signore & signori. Chi è di scena?
PREFETTA	L'impasse.
I filodrammatici resilienti	Arresto, blocco, difficoltà, incaglio, intoppo, ostacolo, panne, problema.
QUESTORE	Situazione particolarmente complicata.
I filodrammatici resilienti	Vicolo cieco, via senza uscita.
PREFETTA	Difficile orientarsi.
I filodrammatici resilienti	Labirinto, groviglio, intreccio, intrico, nodo.
QUESTORE	Eccellenza, c'è la necessità di trovare un espediente per uscire dalla situazione di stallo.

I filodrammatici resilienti	Deadlock! Stalemate!
UNO (*della balconata III*)	Buio.
UNA (*della balconata III*)	Più luce, più luce!
PREFETTA	Arianna, il filo che conduce alla soluzione della situazione complicata.
QUESTORE	Nell'attesa che il foro di Théatropólis esamini ed esprima il suo giudizio in merito al Decreto di serrata di ritorsione & sgombero e alla Deliberazione di occupazione del Tm&vT, che si fa per trovare una via d'uscita dal dedalo e dare soluzione al *cul de sac* della ragnatela tessuta dal Gestore e dall'AGP?
I filodrammatici resilienti	Punto e si ritorni a capo. Full stop and new line.
USCERE	Attenzione, signore & signori. Chi è di scena?
PREFETTA	L'immaginazione.
UNO (*della balconata III*)	L'immaginazione al potere!
UNA (*della balconata III*)	Il potere all'immaginazione!
UNO (*della balconata III*)	Evviva il teatro!
PRESBITERO	Ora e sempre, nei secoli dei secoli! Amen!
PREFETTA	Che commedia fa il Gestore?
GESTORE	La commedia della Serrata di ritorsione e dello sgombero del Tm&vT.
PREFETTA	Per finzione?
GESTORE	Per finta finzione.
PREFETTA	Fino a quando?
GESTORE	Fino a quando gli attori della Compagnia e i dipendenti del Tm&vT non cesseranno lo sciopero.

(Applausi e gazzarra del pubblico)

PREFETTA	Che commedia fa l'AGP?
FACTOTUM	La commedia dell'occupazione.
PREFETTA	Per finzione?
FACTOTUM	Per finta finzione.
PREFETTA	Fino a quando?
FACTOTUM	Fino a quando il Gestore non revocherà il decreto di serrata & sgombero e la *Cordata* "Save the Tm&vT" non rileverà l'Azienda Tm&vT spa.

(Applausi e gazzarra del pubblico)

I filodrammatici resilienti	Deadlock! Stalemate! Situazione di stallo. Punto e a capo. Full stop and new line.
USCERE	Attenzione, signore & signori. Chi è di scena?
PREFETTA	La concertazione.
GESTORE	Che concertazione?
FACTOTUM	Che concertazione?
PREFETTA	Si potrebbe concertare un concerto d'insieme tra la commedia da fare del Gestore e la commedia da fare dell'AGP.
GESTORE	Cioè?
FACTOTUM	Ovvero?
PREFETTA	Si potrebbe inframmezzare la commedia della serrata & Sgombero nella commedia dell'occupazione del Tm&vT o viceversa fino alla sentenza del foro di Théatropólis.
GESTORE	Ma, no, ma no, qua non si concerta e si fa la commedia del Gestore.
FACTOTUM	Ma, no, ma no, qua non si concerta e si fa la commedia dell'AGP.
I filodrammatici resilienti	Deadlock! Stalemate! Situazione di stallo. Punto e a capo. Full stop and new line.
USCERE	Attenzione, signore & signori. Chi è di scena?
PREFETTA	Il compromesso.
GESTORE	Cioè?
FACTOTUM	Ovvero?
PREFETTA	Il Gestore revocherà il decreto di serrata & sgombero alla condizione che l'AGP consentirà alla Compagnia teatrale degli instabili di rappresentare per filo e per segno *Sei personaggi in cerca d'autore*.
GESTORE	Revocare la serrata e lo sgombero? No, mai!
FACTOTUM	Revocare lo sciopero? No, mai!
I filodrammatici resilienti	Deadlock! Stalemate! Situazione di stallo. Punto e a capo. Full stop and new line.
USCERE	Attenzione, signore & signori. Chi è di scena?

PREFETTA
Il compromesso del mancato compromesso tra il Gestore e l'AGP.

GESTORE
Cioè?

FACTOTUM
Ovvero?

PREFETTA
Fingere e non fingere la finzione della commedia della serrata e dello sgombero & fingere e non fingere la finta finzione dell'occupazione e dello sciopero.

GESTORE
Scusi, Eccellenza, pure a volerla intendere, il Gestore non l'ha intesa.

FACTOTUM
E neppure l'AGP.

QUESTORE
Che, forse, la Giureconsulta è in grado di interpretare l'oracolo della Prefetta coi suoi ragionamenti affilati e ad appigliarsi ai suoi ingegnosi sofismi per *cavillare* la questione?

GIURECONSULTA
Si tratta della finzione di un enigma: nevvero Eccellenza?

PREFETTA
Si fa così: si fa la finzione della commedia della serrata e dell'occupazione e si fa per finta finzione la tragicommedia *Sei personaggi in cerca d'autore* e lo sciopero e, infine, alla fine delle commedie, si fa la commedia dello sgombero del teatro e la commedia della permanenza in teatro sia per finzione sia per finta finzione.

PRESBITERO
Amen.

QUESTORE
Fino a quando?

FACTOTUM
Fino a quando la *Cordata* "Save the Tm&vT" non rileverà l'Azienda Tm&vT spa e a patto che la nuova proprietà eviti il fallimento del Tm&vT ed estingua i debiti in un lasso di tempo ragionevole.

PRESBITERO
Amen.

USCERE
Che colpo di scena! Attenzione, signore & signori. Chi è di scena?

FACTOTUM
Lo sciopero alla rovescia.

USCERE
Che colpo di scena!

GESTORE
Cosa?

FACTOTUM   Un colpo di teatro!

GESTORE   Qui si riduce in polvere il Tm&vT!

UN ATTORE   Qui si fa la sporulazione metateatrale di Smirnov, per riprodurre e germinare un nuovo metateatro.

GESTORE   Sporulazione teatrale? Ma che s'inventa?

UN ATTORE   La sporulazione è un meccanismo che consente al teatro di effettuare un cambiamento nella propria forma, quando ci sono condizioni ambientali che non ne consentono la sopravvivenza.

GESTORE   Il teatro sta morendo perché il metateatro ha polverizzato la perfezione dell'opera rappresentata e annullato la divisione tra palcoscenico & platea e la divisione tra autore & personaggio, tra autore & attore, tra autore & regista, tra autore & spettatore, tra personaggio & autore, tra personaggio & regista, tra personaggio & attore, tra personaggio & spettatore, tra attore & autore, tra attore & personaggio, tra attore & regista, tra attore & spettatore, tra regista & autore, tra regista & personaggio, tra regista & attore, tra regista & spettatore, tra spettatore & autore, tra spettatore & personaggio, tra spettatore & attore, tra spettatore & regista.

UN ATTORE   Ma no, si è pazzi per finta finzione a folleggiare che il teatro sta morendo a causa del metateatro di Pirandello che s'è messo in testa di far partecipare il pubblico all'azione del dramma.

GESTORE   Oh, Pirandello! Pirandello spiazza, con un tocco di classe, il teatro borghese ma è l'arbitrio di Smirnov che dribbla l'autore, il personaggio, l'attore e il regista e mette lo spettatore nei loro panni a fare il factotum del teatro e ad inscenarsi come quando gli pare. Di questi tempi, c'è uno spettatore capace di fare l'autore al pari di Sofocle, Shakespeare e Pirandello? Di questi tempi, c'è una opera teatrale da fare pari a *Èdipo re, Amleto e Sei personaggi in cerca d'autore*? Di questi tempi, c'è un personaggio di teatro che di valore è pari a *Èdipo* di Sofocle, ad *Amleto* di Shakespeare e *al Direttore-Capocomico* di Pirandello? Di questi tempi, c'è un attore di teatro che di valore è pari a Vittorio Gassman nel ruolo del personaggio di *Èdipo*, a Laurence Olivier nel ruolo del personaggio Amleto e di Ferruccio De Ceresa nel ruolo del personaggio del direttore-capocomico? Di questi tempi, c'è un regista di *Èdipo re* che di valore è pari a Vittorio Gassman, di *Amleto* come Konstantin Sergeevič Stanislavskij di *Sei personaggi in cerca d'autore* come Giorgio De Lullo?

FACTOTUM	Qui si fa la conta dei morti eccellenti, mentre i dipendenti del Tm&vT e gli Attori della Compagnia, senza soldi, pieni di debiti e a dieta forzata, osteggiati dal Gestore, stanno adottando delle tecniche di sopravvivenza.
GESTORE	La *Cordata* "Save the Tm&vT" rileverà l'Azienda Tm&vT spa, lor signore & signori non faranno più la fame.
FACTOTUM	E chi ce lo garantisce che sarà così?
UN ATTORE	Nessuno. Non c'è da fidarsi di nessuno. Su, su, smettiamola di sonnecchiare; risveglio e rinascita con lo sciopero alla rovescia al Tm&vT!
QUESTORE	Fino a quando?
FACTOTUM	Fino a quando la *Cordata* "Save the Tm&vT" non rileverà l'Azienda Tm&vT spa e a patto che la nuova proprietà eviti il fallimento del Tm&vT ed estingua i debiti in un lasso di tempo ragionevole.
USCERE	E stiamo a vedere che cosa ne avverrà delle sorti del Tm&vT con l'immaginazione al potere & il potere all'immaginazione!

(Gazzarra tra detrattori e sostenitori di Smirnov)

(Lampi di luce a intermittenza. Diffusione di una musica rilassante per calmare la mente e gli animi dei facinorosi detrattori di Smirnov)

	Attenzione, signore & signori. Chi è di scena?
FACTOTUM	Lo sciopero alla rovescia.
USCERE	Manca qualcuno?
FACTOTUM	Nessuno.
USCERE	E il Gestore?
GESTORE	Il Gestore non è di scena.
USCERE	Il Gestore non è dunque di scena?
GESTORE	Io, nossignore; e stiamo a vedere che cosa ne avverrà delle sorti del Tm&vT con l'immaginazione al potere & il potere all'immaginazione!
UN ATTORE	Si definisca con chiarezza il concetto di sciopero alla rovescia!
FACTOTUM	Lo sciopero alla rovescia è una forma di protesta sindacale che si attua svolgendo un lavoro non richiesto o vietato dall'imprenditore. Per far valere i loro diritti, i lavoratori anziché astenersi dal lavoro, come in un normale sciopero, lavorano.
USCERE	Invece di non fare, si fa! Altro che la commedia della finzione dell'astensione dal lavoro! Altro che la commedia della finzione dell'occupazione del Tm&vT!
UN'ATTRICE	Che sciopero è lo sciopero alla rovescia, se di fatto, invece di scioperare, si lavora per davvero?
UN ATTORE	In sostanza, si fa lo sciopero alla rovescia per finta o per finta finzione?
FACTOTUM	Per finta o per finta finzione che differenza fa se si fa in ogni caso?
UN ATTORE	Sa, noi attori, in teatro, si fa la finzione e non la finta finzione.
FACTOTUM	E allora facciano lo sciopero alla rovescia per finzione.
USCERE	E noi dipendenti del Tm&vT si fa lo sciopero alla rovescia per finzione o per finta finzione?
FACTOTUM	Loro sono attori?
USCERE	Nossignore.
FACTOTUM	E allora facciano lo sciopero per finta finzione.

Un filodrammatico resiliente	E noi del pubblico?
FACTOTUM	Fate come vi pare: o per finta o per finta finzione.
USCERE	Giureconsulta, lo sciopero alla rovescia è legale?
GIURECONSULTA	

(Sul cellulare digita l'icona Google, cerca, trova e legge a voce alta)

	La Costituzione della Libera Città-Stato della Repubblica Democratica di Théatropólis all'art. 4 riconosce a tutti i cittadini il diritto al lavoro.
USCERE	E dunque?
GIURECONSULTA	E dunque, a mio parere, se lo Stato non garantisce il diritto al lavoro e il datore di lavoro non rispetta il contratto di lavoro allora il lavoratore ha tutto il diritto di promuovere le condizioni che rendono effettivo questo diritto. E lo sciopero alla rovescia è un'azione necessaria per il raggiungimento degli scopi del lavoratore.
UNO (*della balconata III*)	L'immaginazione al potere!
UNA (*della balconata III*)	Il potere all'immaginazione!
GIURECONSULTA	«Credo che uno sciopero debba essere sempre, oltre che scienza, un'opera d'arte, un'invenzione».
USCERE	Karl Marx?
	No, Danilo Dolci, l'inventore dello sciopero a rovescio, ovvero alla rovescia, come forma di lotta nonviolenta per il diritto al lavoro.
FACTOTUM	Ammesso e concesso che lo sciopero alla rovescia per finta o per finta finzione sia legale, propongo che l'AGP voti la sua approvazione. Chi interviene? Nessuno? Nessuno! Si voti per alzata di mano. Favorevoli? Contrari? Astenuti? L'AGP del Tm&vT con Deliberazione n. 4/Anno del Conto Salato approva a maggioranza lo sciopero alla rovescia da fare per finta o per finta finzione.
QUESTORE	Fino a quando?
FACTOTUM	Fino a quando la *Cordata* "Save the Tm&vT" non rileverà l'Azienda Tm&vT spa e a patto che la nuova

	proprietà eviti il fallimento del Tm&vT ed estingua i debiti in un lasso di tempo ragionevole.
USCERE	E stiamo a vedere che cosa ne avverrà delle sorti del Tm&vT con l'immaginazione al potere & il potere all'immaginazione! La Deliberazione n. 4/Anno del Conto Salato approvata dall'AGP del Tm&vT è immediatamente esecutiva! Che colpo di scena! Perché sia un atto giuridico e amministrativo a tutti gli effetti, espleterò la procedura a cui è soggetta la deliberazione dell'AGP.
GESTORE	Che astrusità! Contro la Deliberazione n. 4/Anno del Conto Salato approvata dall'AGP, il Gestore farà ricorso ai sensi dell'art. 9, comma 18, della Legge 189/Anno della Misericordia, o ai sensi del D. Lgs. n. 108/Anno dello Sgravio fiscale, e se è il caso ai sensi dell'art. 162 del D.P.R. 4 maggio/Anno del Dispiacere, n. 1008.
UNA (della platea)	Ma qui coi pazzi di Théatropólis & Asylumpólis si fa la follia del teatro nel teatro per davvero!
USCERE	Attenzione, signore & signori. Chi è di scena?
FACTOTUM	L'autogestione del Tm&vT.
USCERE	Che colpo di scena!
GESTORE	Cosa?
FACTOTUM	Un colpo di teatro!
GESTORE	Qui si riduce in polvere il Tm&vT!
UN ATTORE	Qui si fa la sporulazione metateatrale di Smirnov, per riprodurre e germinare un nuovo metateatro.
GESTORE	Sporulazione teatrale!
FACTOTUM	Su, su, smettiamola di sonnecchiare; risveglio e rinascita con l'autogestione del Tm&vT!
GESTORE	Che? Cosa? Che cosa?
UN ATTORE	Sporulazione teatrale smirnoviana!
GESTORE	Pazzia, pazzia, pazzia!
USCERE	Attenzione, signore & signori. Chi è di scena?
FACTOTUM	L'AGP per approvare la commedia da fare con la finzione dell'autogestione del Tm&vT. Chi

interviene? Nessuno? Nessuno! Si voti per alzata di mano. Favorevoli? Contrari? Astenuti? L'AGP del Tm&vT con Deliberazione n. 5/Anno del Conto Salato approva a maggioranza l'autogestione del Tm&vT.

QUESTORE   Fino a quando?

FACTOTUM   Fino a quando la *Cordata* "Save the Tm&vT" non rileverà l'Azienda Tm&vT spa e a patto che la nuova proprietà eviti il fallimento del Tm&vT ed estingua i debiti in un lasso di tempo ragionevole.

USCERE   E stiamo a vedere che cosa ne avverrà delle sorti del Tm&vT con l'immaginazione al potere & il potere all'immaginazione! La Deliberazione n. 5/Anno del Conto Salato approvata dall'AGP del Tm&vT è immediatamente esecutiva! Che colpo di scena! Perché sia un atto giuridico e amministrativo a tutti gli effetti, espleterò la procedura a cui è soggetta la deliberazione dell'AGP.

GESTORE   Che farsa! Contro la Deliberazione n. 5/Anno del Conto Salato approvata dall'AGP, il Gestore farà ricorso ai sensi dell'art. 9, comma 18, della Legge 189/Anno della Misericordia, o ai sensi del D. Lgs. n. 108/Anno dello Sgravio fiscale, e se è il caso ai sensi dell'art. 162 del D.P.R. 4 maggio/Anno del Dispiacere, n. 1008.

UN ATTORE   Qua, ora, al Tm&vT, si fa la commedia congiunta dello sciopero alla rovescia e dell'autogestione degli attori della Compagnia, dei filodrammatici di Asylumpólis, dei dipendenti e del pubblico delle balconate e della platea del Tm&vT.

UNA (*della platea*)   Ma dice sul serio? *Questa è pazzia bell'e buona!*

UN ALTRO (*della platea*)   *Già! Come i Comici dell'Arte!*

UNO (*della platea*)   Chi si credono di essere quei pazzi?

UNA (*della platea*)   *Che vuoi che siano! Pazzi o imbroglioni!*

UN ALTRO (*della platea*)   Che s'illudono di fare?

UN'ALTRA (*della platea*)   *La vanità! La vanità di figurare da* autori,

	personaggi, attori e registi di sé.
UN ALTRO (*della platea*)	Vanitas vanitatum et omnia vanitas.
UNA (*della platea*)	*E noi si presta a dar loro ascolto?*
UNO (*della platea*)	*Ma cose inaudite! Se il teatro, signori miei, deve ridursi a questo...*
UNA (*della platea*)	*Ah, se credono che io debba prestami* a fare da spettatrice *a simili scherzi...* preferisco lasciare la sala.
UN'ALTRA (*della platea*)	Anch'io.
UN ALTRO (*della platea*)	Ma no, aspettate! Divertiamoci a beffeggiarli, come loro hanno fatto con Pirandello!
UNO (*della platea*)	Mah! Dopo tutto, stiamo a vedere che cosa ne nasce.

(Alcuni del pubblico, conversando tra loro, sgomberano la sala e scompaiono, altri restano per guardare la commedia della realtà da fare; altri ancora fischiano, insultano, applaudono e fanno la gazzarra)

PUBBLICO (*della platea*)	Manicomio! Manicomio! Manicomio! Vergogna! Vergogna! Vergogna!
GESTORE	Sono dolente di annunciare al pubblico pagante che la rappresentazione di *Sei personaggi in cerca d'autore* di Luigi Pirandello è annullata e tolta dal cartellone della "Rassegna del metateatro" del Centenario del Tm&vT.
PUBBLICO (*della platea*)	Esigo il rimborso del biglietto! Pretendo il rimborso dell'abbonamento!
GESTORE	Signor Questore, ordini agli agenti di polizia di prevenire ogni forma di violenza e di garantire il regolare flusso delle uscite degli spettatori dal teatro senza alcun incidente.

(Gazzarra del pubblico, fortemente diviso tra detrattori e fautori del metateatro smirnoviano)

Annuncio (*dalla cabina di regia*) Le richieste di rimborso del biglietto e dell'abbonamento potranno effettuarsi presso la biglietteria o tramite i nostri siti online. I biglietti e gli abbonamenti dovranno essere spediti o restituiti entro venerdì 15 novembre al Box Office, aperto dalle 10.00 alle 1800. In caso di consegna, il rimborso sarà contestuale. In caso di spedizione, il rimborso avverrà esclusivamente mediante invio di assegno circolare all'indirizzo indicato dal cliente.
Si prega di sgomberare il teatro senza inscenare commedie, farse, drammi e tragedie.

FACTOTUM	*Magĭster*, qui si fa la fame anziché la fama. Che si fa?
MAGĬSTER	Si fa la realtà al posto della finzione.
FACTOTUM	Per cortesia, Magĭster, ci scintilli per dare luce cerebrale ai nostri miseri crani, vuoti di fantasia e di sostanza.
MAGĬSTER	Sia la luce!
FACTOTUM	*Magĭster*, la luce non si accende nelle tenebre.
MAGĬSTER	E, dunque, io non sono la luce.

(Esce)

(Lampi di luce a intermittenza. Diffusione di una musica rilassante per calmare la mente e gli animi dei facinorosi detrattori di Smirnov)

EPISODIO XII

{*Scena a susseguirsi in rapida successione*}

Luce in sala.

Sala.

PRESBITERO

Dio, ti supplico, fai luce alle tenebre!

(Il Presbitero intona il canto gregoriano "Luce alle tenebre")

E fu la luce nelle tenebre.

(Il Presbitero intona "Questa notte non è più notte davanti a te, il buio come luce risplende")

E fu il suono, la parola, il teatro. Ora, il teatro è nella tenebra e la luce è spenta e l'esserci si avvia sempre più nella massima ed estrema espansione del suo disordine e nella stasi del niente più. Dopo di me verrà uno che è prima di me. Ecco, io mando il Teatrante Temerario per preparare la via davanti a voi. Egli parlerà e abiterà in mezzo a voi. Voi lo ascolterete e imparerete le sue parole e anche voi gli parlerete, e lui ascolterà e imparerà le vostre parole. Egli non è il teatro, ma è mandato dal teatro per salvare il teatro immerso nella tenebra. Ecco, in mezzo a noi sta venendo uno che non conosciamo.

TEATRANTE TEMERARIO

(In fondo alla sala)

Eccomi!

PRESBITERO Vieni alla luce! Chi sei?

TEATRANTE TEMERARIO Io non sono il Cristo.

PRESBITERO Sei, dunque, Elia?

TEATRANTE TEMERARIO Non lo sono.

PRESBITERO Sei tu il profeta?

TEATRANTE TEMERARIO No.

PRESBITERO Che cosa dici di te stesso?

TEATRANTE TEMERARIO Io sono voce di uno che grida nel teatro. Rendete diritta la vita del teatro. Signore e signori, non abbiate paura di accogliere l'inviato del Magĭster Iosif Smirnov e di accettare la sua temerarietà. Egli è qui per servire il pubblico, gli artisti, lo staff tecnico, gli impiegati amministrativi e le maestranze del Teatro delle maschere & dei volti di Théatropólis. Non abbiate paura! Aprite, anzi, spalancate le porte al Teatrante Temerario. Vi prego, vi imploro con umiltà e fiducia, non disperate!

PRESBITERO Ho sperato, ho sperato nel Signore/ed egli su di me si è chinato,/ha dato ascolto al mio grido./

TEATRANTE TEMERARIO Ecco, io sono venuto con il desiderio di fare la vostra volontà e di salvare il teatro dal fallimento.

FACTOTUM Signor teatrante, come si fa noi, che si conta quasi niente, a evitare il fallimento dell'Azienda Tm&vT spa?

TEATRANTE TEMERARIO Ci si mette in cattedra per avvalorarsi e avere voce in capitolo, in modo da significarsi più del quasi niente.

FACTOTUM Come risolversi dal quasi niente?

TEATRANTE TEMERARIO Con audacia e ardore.

FACTOTUM E follia, magari!

TEATRANTE TEMERARIO E sostanza.

PRESBITERO E più luce, più luce, più luce!

FACTOTUM Chi sei?

TEATRANTE TEMERARIO L'autore teatrale e saggista Enrico Bernard.

FACTOTUM

(Prenda da una tasca della giacca il cellulare, lo accende, digita l'icona Google, cerca, trova e legge a voce alta)

Dario Fo, il sommo giullare, insignito del Premio Nobel per la letteratura nel 1997, ne illustrò il *Manifesto del Teatro Snaturalista*, e lo inserì nel suo sito col titolo: "La visione del teatro di Enrico Bernard illustrata da Dario Fo". *(spegne e rimette il cellulare nella tasca della giacca e si rivolge al teatrante temerario:)* Ah, bravo! Che propone l'autore teatrale e saggista Enrico

	Bernard per salvare dal fallimento il Tm&vT?
TEATRANTE TEMERARIO	Perché abbiano voce in capitolo, i dipendenti del Tm&vT devono costituire un *Club del Tm&vT*, al quale possono aderire intellettuali, abbonati e artisti, compagnie teatrali, filodrammatiche, le scuole, le università, la Facoltà di Teatro, l'Accademia nazionale del teatro, sponsor e mecenati, per perseguire gli scopi del proprio agire: affiliarsi alla *Cordata* "Save the Tm&vT" per acquisire, a breve termina, il diritto di informazione, di consultazione, di partecipazione alla governance dell'azienda con l'azionariato dei dipendenti del Tm&vT e, a medio termine, di dirigere e gestire il Tm&vT per poi acquistarne la proprietà.
UNA (*della balconata III*)	Senti, senti, che fiuto per gli affari! Che tangibile concretezza! Che concreta astrazione! Che astrazione concreta! Che audacia. Che assurdità! Che fantasia! Che astrusità! Che utopia! Che temerarietà!
FACTOTUM	Siamo in un periodo in cui, dati i prezzi bassi dei biglietti, il pubblico non è più il primo sostegno per le finanze del Tm&vT, neppure con il "tutto esaurito" annuale, e l'Azienda Tm&vT spa ha un debito di 1.488.000 D e con i contributi pubblici diminuiti rischia di fallire e scomparire: anche perché, personalmente, non ho fiducia nella *Cordata* "Save the Tm&vT". Comunque, propongo all'AGP del Tm&vT di dibattere e approvare la Costituzione del "Club Tm&vT". Chi interviene? Nessuno? Nessuno. Si voti per alzata di mano! Favorevoli? Contrari? Astenuti? L'APG, con Deliberazione n. 6/Anno del Conto Salato, approva a maggioranza la proposta del Factotum avente per oggetto: «Approvazione costituzione del "Club Tm&vT»".
USCERE	La Deliberazione n. 6/Anno del Conto Salato approvata dall'AGP del Tm&vT è immediatamente

GESTORE — esecutiva! Perché sia un atto giuridico e amministrativo a tutti gli effetti, espleterò la procedura a cui è soggetta la deliberazione dell'AGP. Che farsa! Contro la Deliberazione n. 5/Anno del Conto Salato approvata dall'AGP, il Gestore farà ricorso ai sensi dell'art. 9, comma 18, della Legge 189/Anno della Misericordia, o ai sensi del D. Lgs. n. 108/Anno dello Sgravio fiscale, e se è il caso ai sensi dell'art. 162 del D.P.R. 4 maggio/Anno del Dispiacere, n. 1008.

FACTOTUM — Propongo di delegare il signor Temerario a rappresentare il "Club Tm&vT" nella costituenda *Cordata* "Save the Tm&vT". Chi interviene? Nessuno? Nessuno. Si voti la proposta per alzata di mano. Favorevoli? Contrari? Astenuti? L'APG, con Deliberazione n. 7/Anno del Conto Salato, approva a maggioranza la proposta del Factotum avente per oggetto: «Approvazione assegnazione delega al signor Temerario di rappresentare il "Club Tm&vT" nella costituenda *Cordata* "Save the Tm&vT"».

USCERE — La Deliberazione n. 7/Anno del Conto Salato approvata dall'AGP del Tm&vT è immediatamente esecutiva! Perché sia un atto giuridico e amministrativo a tutti gli effetti, espleterò la procedura a cui è soggetta la deliberazione dell'AGP.

GESTORE — Che farsa! Contro la Deliberazione n. 7/Anno del Conto Salato approvata dall'AGP, il Gestore farà ricorso ai sensi dell'art. 9, comma 18, della Legge 189/Anno della Misericordia, o ai sensi del D. Lgs. n. 108/Anno dello Sgravio fiscale, e se è il caso ai sensi dell'art. 162 del D.P.R. 4 maggio/Anno del Dispiacere, n. 1008.

FACTOTUM — Il Signor Teatrante Temerario dichiara di accettare l'assunzione dell'incarico di rappresentante del "Club Tm&vT" presso la *Cordata* "Save the Tm&vT"?

TEATRANTE TEMERARIO	Sì!
FACTOTUM	Si voti per alzata di mano la presa d'atto. Tutti favorevoli. L'AGP del Tm&vT con Deliberazione n. 8/Anno del Conto Salato prende atto che l'autore teatrale e saggista Enrico Bernard ha accettato e assunto l'incarico di rappresentante il "Club Tm&vT" presso la *Cordata* "Save the Tm&vT".
USCERE	La Deliberazione n. 8/Anno del Conto Salato approvata dall'AGP del Tm&vT è immediatamente esecutiva! Perché sia un atto giuridico e amministrativo a tutti gli effetti, espleterò la procedura a cui è soggetta la deliberazione dell'AGP.
GESTORE	Che farsa! Contro la Deliberazione n. 8/Anno del Conto Salato approvata dall'AGP, il Gestore farà ricorso ai sensi dell'art. 9, comma 18, della Legge 189/Anno della Misericordia, o ai sensi del D. Lgs. n. 108/Anno dello Sgravio fiscale, e se è il caso ai sensi dell'art. 162 del D.P.R. 4 maggio/Anno del Dispiacere, n. 1008.
TEATRANTE TEMERARIO	Vado e dirò: «Fate quel che vi dirò di fare». E mi sarà risposto: «Sia fatto ciò che va fatto».
(Esce)	
PRESBITERO	Sia benedetto e consacrato il verbo e santificata l'azione del signor Teatrante Temerario.
FACTOTUM	E ora si comincia a fare il futuro. All'opera! Oggi, 1° novembre dell'Anno del Conto Salato, lavoratrici e lavoratori dello spettacolo, artisti, tecnici, autori, operatori, intellettuali, studenti e spettatori, hanno occupato il Teatro delle maschere & e dei volti per protestare contro la dichiarazione di serrata per ritorsione da parte del Gestore in amministrazione controllata e per impedirne lo sfratto, la chiusura, il fallimento e la destinazione d'uso per farne – da come si vocifera nell'aria infetta – un gigantesco centro commerciale. Propongo all'AGP del Tm&vT

che, da subito, il Tm&vT, occupato, assuma la connotazione di Agorà culturale autogestita e fondata sui principi costituzionali di democrazia, libertà e responsabilità al servizio del bene comune e nel rispetto della pluralità culturale del nostro paese. Chi interviene? Nessuno? Nessuno. Si voti la proposta per alzata di mano. Favorevoli? Contrari? Astenuti? Con Deliberazione n. 9 /Anno del Conto Salato, l'AGP del Tm&vT approva a maggioranza la proposta del Factotum avente per oggetto: «Approvazione assunzione da parte dell'AGP del Tm&vT della connotazione di Agorà culturale autogestita e fondata sui principi costituzionali di democrazia, libertà e responsabilità al servizio del bene comune e nel rispetto della pluralità culturale del nostro paese«".

USCERE

La Deliberazione n. 9/Anno del Conto Salato approvata dall'AGP del Tm&vT è immediatamente esecutiva! Perché sia un atto giuridico e amministrativo a tutti gli effetti, espleterò la procedura a cui è soggetta la deliberazione dell'AGP.

GESTORE

Complimenti, bravi, auguri e buone feste per aver provocato e deliberato il fallimento e la chiusura del Tm&vT. È' un giorno drammatico per il teatro e per Théatropólis. Per colpa degli occupanti, la *Cordata* "Save the Tm&vT" dei finanziatori non sarà più interessata a proseguire la discussione con i rappresentanti delle istituzioni pubbliche per salvare l'Azienda Tm&vT spa dal fallimento. Contro la Deliberazione n. 9/Anno del Conto Salato approvata dall'AGP, il Gestore farà ricorso ai sensi dell'art. 9, comma 18, della Legge 189/Anno della Misericordia, o ai sensi del D. Lgs. n. 108/Anno dello Sgravio fiscale, e se è il caso ai sensi dell'art. 162 del D.P.R. 4 maggio/Anno del Dispiacere, n. 1008.

FACTOTUM   Propongo a tutti i presenti in teatro che sia il dott. Silvano Ciarla, nostro Responsabile Comunicazione e Ufficio Stampa (RCUS), a condurre, d'ora in poi, in qualità di Coordinatore, l'assemblea degli occupanti del Tm&vT. Chi interviene? Nessuno? Nessuno. Si voti la proposta per alzata di mano. Favorevoli? Contrari? astenuti? L'APG, con Deliberazione n. 10/Anno del Conto Salato, approva a maggioranza la proposta del Factotum, avente per oggetto: «Nomina del dott. Silvano Ciarla, nostro Responsabile Comunicazione e Ufficio Stampa (RCUS), a Coordinatore dell'AGP del Tm&vT».

USCERE   La Deliberazione n. 10/Anno del Conto Salato approvata dall'AGP del Tm&vT è immediatamente esecutiva! Perché sia un atto giuridico e amministrativo a tutti gli effetti, espleterò la procedura a cui è soggetta la deliberazione dell'AGP.

FACTOTUM   Signor Coordinatore può mettersi in cattedra a dirigere l'AGP del Tm&vT? Grazie. Prego si accomodi.

COORDINATORE   La vostra fiducia mi onora e gratifica e, dunque, non posso sottrarmi all'onere che mi avete affidato. Procediamo. La parola a chi intende avvalersi della facoltà di parlare. Alzi la mano chi chiede di intervenire, dichiarando il proprio nome e la professione che svolge per offrire ai radioascoltatori e telespettatori la piena trasparenza delle nostre azioni di occupanti del Tm&vT. Prego.

APPARATRICE   Che i nostri debiti siano pagati dai nostri debitori!

INSERVIENTE   Con lo stato di occupazione e di autogestione inizia per noi un nuovo percorso di vita teatrale.

COORDINATORE   E ora programmiamo l'autogestione del Tm&vT. Al lavoro! Fuori le proposte.

INSERVIENTE   Non abbiamo formule confezionate, esaustive o risolutive, ma finché abbiamo il desiderio di andare avanti, dobbiamo sforzarci di credere che, se va perseguita, una via di uscita c'è sempre e che nulla è perduto. Il confronto tra di noi sarà difficile e non è da escludere che possa produrre confusioni, contrapposizioni, rifiuti.

TECNICO LUCI — Virgilio Lumini, tecnico luci. Il problema è che ci troviamo coinvolti in un procedimento di sfratto esecutivo a causa del mancato pagamento del canone di locazione, non di nostra pertinenza bensì da parte dell'ATm&vT spa, di cui siamo dipendenti economici, e che l'Ufficiale Giudiziario provvederà a sgomberarci dal teatro con l'ausilio delle forze dell'ordine.

FONICO — Sergio Echi, fonico. Se si riuscisse a pagare i canoni di locazione, forse, non succederebbe nulla.

TECNICO LUCI — E come?

FONICO — Ah, io non lo so.

INSERVIENTE — Il Tm&vT, occupato e in stato di autogestione, finché dura, dura, si dovrà dotare, attraverso un processo assembleare aperto e costituente, di un proprio Statuto, quale atto formale normativo di riferimento, in ottemperanza del quale poter esercitare l'organizzazione dell'autogestione.

RAGIONIERE — Franco Torelli, ragioniere. Costituiamo la Fondazione Tm&vT con soci fondatori e capitale sociale raccolto attraverso l'azionariato diffuso e accordiamoci, subito, con la signorina Lucretia Providentia, per evitare che si dia esecuzione allo sfratto.

GUARDAROBIERA — Nora Gamba, guardarobiera. Ma no, no, qui si esagera con gli eccessi della democrazia diretta. Dopo la costituzione del "Club Tm&vT", approvata dall'AGP del Tm&vT su proposta del signor Factotum, non mi pare strano che sia venuta fuori dal cervelletto dell'inserviente l'idea dello Statuto per regolare l'organizzazione dell'autogestione e dalla sostanza grigia del ragionare l'idea di costituire la Fondazione Tm&vT con soci fondatori e capitale sociale raccolto attraverso l'azionariato diffuso.

TELEFONISTA   Nina Musoni, telefonista. Ci troviamo in una situazione complicata. Temo che l'esperienza di autogestione per gestire e mantenere la vitalità culturale del Tm&vT potrebbe fallire. Limitiamoci a fare quello che sappiamo fare con le nostre professionalità e lasciamo la gestione del Tm&vT a manager capaci di amministrarlo.

TICKET SELLER   Manlio Timbri, ticket seller. L'autogestione di una cosa che non è nostra, è legale? Si rifletta.

TELEFONISTA   Ecco che è già finita la nostra pretesa di saperci sbrogliare dalla complessità in cui siamo intrappolati.

COORDINATORE   Evitiamo di spaventarci e di dare in escandescenze.

SIPARISTA   Nevia Mandorlini, siparista. No, no, così non va. Ci vuole una soluzione per fuoriuscire indenni dai dilemmi della Sfinge oracolati nel labirinto di Dedalo.

COORDINATORE   E ora che si fa?

MAGÏSTER   Si fa quel che di deve fare.

SARTA   Michela Laurini. Cioè?

MAGÏSTER   Ogni occupante potrà, nel ruolo di autore, attore e regista, rappresentare se stesso sul palcoscenico.

SARTA   Che potrei inscenare di me, che sto sempre in sartoria – con gli occhiali inforcati sul naso, con una lente concava per correggere la miopia dell'occhio sinistro e con una lente convessa per correggere la presbiopia dall' occhio destro – a tagliare e cucire stoffe per confezionare abiti commissionatimi dalla Costumista per voi teatranti capricciosi: sempre insoddisfatti del mio operato, nonostante le prove e riprove di aggiustamento fino all'ultimo istante disponile dietro le quinte, allorché entrate in scena?

UN'ATTRICE   Lei fa bene a lamentarsi delle nostre fisime; ma, noi, per interpretare al meglio il personaggio, dobbiamo metterci nei suoi panni: sentirlo interiormente, assimilarlo, immedesimarsi e identificarsi con lui e agire lui, come se fosse lui, senza cambiarlo di sostanza.

COSTUMISTA   Bloccare lo sfratto esecutivo non è più possibile.

SIPARISTA   Lo sfratto è rivolto all'ATm&vT spa e non ai dipendenti del teatro!

COSTUMISTA   Noi saremmo costretti a sloggiare in ogni caso, anche perché in esecuzione c'è il decreto ingiuntivo di sfratto del Giudice e sia la serrata di ritorsione del Gestore!

UN'ATTRICE   Quell'aguzzino del Giudice avrebbe potuto fissare la data dell'esecuzione entro il termine massimo di sei mesi invece che in quaranta giorni; e, nel nostro caso specifico ed eccezionale, per motivi di merito culturale, trattandosi di teatro e non di un garage, avrebbe dovuto concedere almeno dodici mesi dalla data di emissione del provvedimento.

COSTUMISTA   Brancoliamo nel buio più assoluto delle tenebre.

SIPARISTA   A meno che…

COSTUMISTA   … Niente illegalità!

SIPARISTA   A meno che non rallentiamo l'esecuzione del provvedimento di sfratto.

COSTUMISTA   Come? Giocando a nascondino con l'ufficiale giudiziario e con le forze dell'ordine per sfuggirli e non farci cacciare dal Tm&vT?

SIPARISTA   Incatenandoci e minacciando di volerci suicidare, uno alla volta.

TRUCCATRICE   Di norma, si tratta di sotterfugi destinati a fallire.

SIPARISTA   Perché?

TRUCCATRICE   Perché gli psicologi del Servizio Sanitario Nazionale ci convinceranno che la vita reale ha più senso della finzione del teatro; si tratta di un inganno, una truffa, un trucco, ingegnato per illuderci di poterci sottrarre, con la speranza, alla condizione d'insicurezza e precarietà ed esistenziale e così, col renderci felici e

	contenti di sloggiare dal Tm&vT, farci stupidi.
UN'ATTRICE	Se ci buttano fuori dal teatro, io sarò soggiogata dalla paura, dall'ansia e dalla depressione e morirò di dolore, perché di mestiere so fare solo l'attrice e non altro e ho una famiglia da sfamare.
ALTRA ATTRICE	Io non posso fare a meno di recitare, perché l'unico modo di esserci per esserci è essere meno me stessa e il più possibile i personaggi che interpreto.
APPARATRICE	M'immolerò io per salvare il teatro.
PARRUCCHIERA	Come?
APPARATRICE	Lanciandomi nel vuoto.
MASCHERA	Gigia Bigi, maschera. In effetti, lo sfracello dell'ignudo corpo sul marciapiede renderebbe la massima pubblicità sulla nostra disperazione.
UN ATTORE	Vivere o morire? Intende suicidarsi per finta o sul serio?
APPARATRICE	Sul serio!
UN'ATTRICE	Allora le consiglio di suicidarsi con i barbiturici: metodo non cruento.
APPARATRICE	Barbiturici?
UN'ATTRICE	Farmaci liposolubili, derivanti dall'acido barbiturico, con proprietà ansiolitiche, ipnotiche, anticonvulsivanti, sedative, anestetiche e analgesiche. Il *Nembutal* è il pentobarbital più famoso per una morte indolore; senza ricorrere alla prescrizione medica per acquistarlo in farmacia, si può ordinare anche online.
TRUCCATRICE	Il suicidio farmacologico però susciterebbe nell'opinione pubblica meno clamore del gettarsi dall'alto della torre dell'orologio del Tm&vT.
UNA GIOVANE COMPARSA	Chiunque determina altri al suicidio o rafforza l'altrui proposito di suicidio o che ne agevola in qualsiasi modo l'esecuzione, è punito, se il suicidio avviene, con la reclusione da cinque a dodici anni. Se il suicidio non avviene, l'istigatore è punito con la reclusione da uno a cinque anni: sempre che dal

<table>
<tr><td></td><td>tentativo di suicidio derivi una lesione personale grave o gravissima.</td></tr>
<tr><td>PRIMO ATTORE</td><td>Lei si occupa dell'istigatore e non del fallito aspirante suicida.</td></tr>
<tr><td>UNA GIOVANE COMPARSA</td><td>Signore, non la capisco.</td></tr>
<tr><td>PRIMO ATTORE</td><td>No?</td></tr>
<tr><td>UNA GIOVANE COMPARSA</td><td>No, e mi crea ansia.</td></tr>
<tr><td>PRIMO ATTORE</td><td>Ancora non mi ama?</td></tr>
<tr><td>UNA GIOVANE COMPARSA</td><td>Signore, non la intendo.</td></tr>
<tr><td>PRIMO ATTORE</td><td>Se non m'intende come può amarmi e, dunque, lei non mi ama: almeno, non ancora.</td></tr>
<tr><td>UNA GIOVANE COMPARSA</td><td>Non svii dalla sua affermazione, che mi vuole schierata con l'istigatore al suicidio e non con l'aspirante suicida.</td></tr>
<tr><td>PRIMO ATTORE</td><td>La sua memoria le consente di non perdere il filo della ragione, l'ordine razionale, mentre io mi smarrisco nei labirinti dell'oblio e non riesco a tirarmene fuori senza l'aiuto di Arianna. E, dunque, sia, dato che con il suo ingegno ha fatto luce nella mia mente, ecco che mi sbroglio dalla matassa e ritramo la tela di Penelope, simbolo dell'attesa e della fedeltà, per dimostrarle la mia inconfutabile vera verità.</td></tr>
<tr><td>UNA GIOVANE COMPARSA</td><td>In verità, signore, lei più parla e più mi confonde.</td></tr>
<tr><td>PRIMO ATTORE</td><td>Segno della sua debolezza sentimentale o della sua mente allucinata.</td></tr>
<tr><td>UNA GIOVANE COMPARSA</td><td>Che dice, da non farmi capire che il suo non senso di senno.</td></tr>
<tr><td>PRIMO ATTORE</td><td>Che, al mio apparire, per grazia ricevuta dall'abbaglio del fulmine e dal tuono nel cuore, lei si è subito innamorata di me.</td></tr>
<tr><td>UNA GIOVANE COMPARSA</td><td>Signore, lei si fa beffa della mia ingenuità. Esca dal tunnel e si chiarisca come il buio fa con la luce. In concreto, senza che usarmi quella noiosa retorica per abbellirsi come un pavone al mio sguardo ammaliato, si chiarisca e mi spieghi</td></tr>
</table>

<table>
<tr><td></td><td>il motivo, a suo parere, del mio, supposto, interessamento per l'istigatore e non per il fallito aspirante suicida.</td></tr>
<tr><td>PRIMO ATTORE</td><td>Perché lei si è soffermata sul castigo dell'istigatore invece che sulla pena dello scampato suicida.</td></tr>
<tr><td>UNA GIOVANE COMPARSA</td><td>Lo affermo, non lo nego.</td></tr>
<tr><td>PRIMO ATTORE</td><td>La ragione?</td></tr>
<tr><td>UNA GIOVANE COMPARSA</td><td>Nessun commento!</td></tr>
<tr><td>PRIMO ATTORE</td><td>In lei, l'interesse per la punizione della colpa è più forte della pietas verso il suicida, in pena.</td></tr>
<tr><td>UNA GIOVANE COMPARSA</td><td>Poiché l'odio verso chi istiga al male e lo compie è più forte del sentimento d'amore che si nutre per chi si ama.</td></tr>
<tr><td>PRIMO ATTORE</td><td>Dormire e morire e, in morte, forse, sognare.</td></tr>
<tr><td>UNA GIOVANE COMPARSA</td><td>Non è così.</td></tr>
<tr><td>PRIMO ATTORE</td><td>Sei morta per sapere se in morte si sogna di vivere?</td></tr>
<tr><td>UNA GIOVANE COMPARSA</td><td>La tua labile memoria t'impedisce di ricordare quel che Shakespeare fa dire ad Amleto nel suo monologo to be or not to be.</td></tr>
<tr><td>PRIMO ATTORE</td><td>Ah, sì? E allora, qual è il verso giusto?</td></tr>
<tr><td>UNA GIOVANE COMPARSA</td><td>Morire, dormire. Dormire, forse sognare.</td></tr>
<tr><td>PRIMO ATTORE</td><td>Vivere o morire? Agire per morire o non agire per restare, in ogni caso, morti in vita? Ecco che Amleto si distrugge in un dubbio che gli ammala la mente di follia.</td></tr>
<tr><td>UNA GIOVANE COMPARSA

(Alla Sarta)</td><td>

Il dubbio di Amleto è di non saper scegliere se vivere con il male e gli accidenti che gli capitano o se ricorrere al suicidio per porre fine ai suoi supplizi: questo è il dilemma che lo dilania.</td></tr>
<tr><td>SARTA</td><td>Ma l'esserci è, inesorabilmente, per la morte!</td></tr>
<tr><td>APPARATRICE</td><td>Affrontare la morte comporta coraggio.</td></tr>
<tr><td>ALTRA ATTRICE</td><td>A me fa paura la paura di aver paura della paura della morte nel momento di morire.</td></tr>
<tr><td>SARTA</td><td>A me fa paura che la morte non è per la resurrezione</td></tr>
</table>

ma per il nulla: questa mi angoscia, mi fa più male della morte in sé.

UN'ATTRICE

(Sospira, ingoiando delle pillole svuotate da un tubetto farmaceutico)

Tripanosomiasi.

SARTA
Mi perdoni l'ignoranza; ma io, relegata nella sartoria teatrale, non conosco che poche, semplici e ordinarie parole, indispensabili per sostenere con la costumista un minimo di conversazione incentrata, considerato l'indebitamento del Tm&vT, più sugli indumenti danneggiati da riparare e riutilizzare che sui costumi da realizzare per gli spettacoli.

FACTOTUM
Barbiturici?

SARTA
Per suicidarsi?

UN'ATTRICE
No, no, per esserci ancora.

FACTOTUM
Ah, dunque, ha ingoiato le pillole per curarsi, immagino!

UN'ATTRICE
Ho smesso di fare uso – abuso! – dei barbiturici perché mi provocavano dipendenza fisica e psicologia; così, li ho sostituti con le benzodiazepine.

ALTRA ATTRICE
E, ora, che ha ingerito le pillole, sta rasserenata?

UN'ATTRICE
Più che per esserci, sto per ricordare e non dimenticare che lui, chissà perché, un giorno, consultò un'agenzia di viaggi, sfogliò un dépliant e fu colpito da un ossimoro: "Africa, paradiso infernale". Si avventurò in un viaggio meraviglioso e forte di emozioni, allorché una mosca tze-tze lo punse inoculandogli un parassita, procurandogli una febbre intermittente e l'ingrossamento delle ghiandole del collo, del fegato e della milza. Lui rinunciò a curarsi. Il parassita si diffuse nel suo cervello. L'esserci vuol esserci sempre ma, purtroppo, gli è impossibile perché, per colpa del fato, è per non esserci più! Ma lui decise di non voler esserci più: perché? Lui decise di non voler guarire.

UNO (*della balconata III*)

L'encefalite letargica gli causò tremori e sonnolenza. Dormì, morì; bruciò nel fuoco e finì in fumo e cenere. Anassagora di Clazomene, filosofo greco del V secolo a. C., affermò: "Nulla si crea e nulla si distrugge, tutto si trasforma". Da tale asserzione, il chimico francese Antoine-Laurent de Lavoisier formulò la legge della conservazione della massa, ovverosia: la quantità di materia totale di un sistema chiuso rimane costante.

UN'ATTRICE

Che esserci è l'esserci? Ecco che è l'esserci che è: è esserci che, da così com'è, diviene fumo e cenere. Ah, che vita di niente per l'esserci che è!

ALTRA ATTRICE

Vita di niente?

(Va al pianoforte, suona e canta una canzone di Domenico Modugno)

«... Meraviglioso / Perfino il tuo dolore potrà apparire poi meraviglioso / Ma guarda intorno a te / che doni ti hanno fatto: / ti hanno inventato il mare, eh! / Tu dici non ho niente. / Ti sembra niente il sole, / la vita / l'amore. / Meraviglioso / il bene di una donna / che ama solo te / meraviglioso. / La luce di un mattino / l'abbraccio di un amico / il viso di un bambino / meraviglioso / meraviglioso».

(Le donne in scena piangono e si abbracciano)

(Lampi di luce a intermittenza)

EPISODIO XIII

{Scena a susseguirsi in rapida successione}

Luce in sala.

Sala.

(Entra in sala il Magĭster)

COORDINATORE	*Magĭster* che si fa?
MAGĬSTER	Si *fa* la realtà.
COORDINATORE	Che realtà?
MAGĬSTER	La realtà dell'occupazione, dello sciopero alla rovescia e dell'autogestione.
COORDINATORE	Siffatta realtà è da fare per finzione o per finta finzione? Glielo chiedo perché noi dipendenti del Tm&vT, a differenza degli attori, si fa la realtà e non la finzione.
UN ATTORE	In effetti, noi attori della Compagnia, per mestiere, in teatro, si fa la finzione e non la finta finzione.
MAGĬSTER	E allora che ognuno faccia la commedia della realtà che gli pare.
COORDINATORE	In tal caso, pregherei il Magĭster Iosif Smirnov di scrivere il copione della commedia da fare.
MAGĬSTER	Non ce n'è bisogno.
COORDINATORE	Ah, no? Allora ci dia una traccia del copione o un canovaccio della realtà da inscenare.
MAGĬSTER	La realtà si teatralizza da sé e non necessita d'un autore. Tutto ciò che è e si è, e che si immagina e si fa è realtà. La realtà è il tutto e il tutto è realtà. E nella realtà dell'occupazione, dello sciopero alla rovescia e dell'autogestione, si farà la commedia dei dipendenti, degli attori e del pubblico del Tm&vT. Si farà la commedia dei sentimenti, delle emozioni, delle passioni e dci pensieri dei personaggi vivi, veri, autentici, concreti, reali del teatro, che sono i dipendenti, gli attori e il pubblico del Tm&vT.
COORDINATORE	Della proposta del Magĭster, che ne pensano lor

signore & signori?

LA PRIMA ATTRICE Ah, no, Magĭster, in teatro, io recito il mio personaggio ma non me stessa.

(A soggetto, gli Attori della Compagnia teatrale degli instabili e i dipendenti del Tm&vT esprimono il loro diniego alla proposta del signor Magĭster)

ATTORI (*in coro*) No! No, assolutamente! Se per sciopero alla rovescia s'intende svolgendo un lavoro non richiesto o vietato dall'imprenditore, significa che, pur volendo, noi attori siamo impossibilitati a rappresentare la tragicommedia *Sei personaggi in cerca d'autore* per il fatto che il Gestore l'ha annullata e tolta dal cartellone della "Rassegna del metateatro" del Centenario del Tm&vT. E poi, si consideri che con l'annullamento del contratto di rappresentazione teatrale da parte del Gestore/Committente del Tm&vT, il titolare Produttore/Fornitore della Compagnia chissà quando incasserà la somma dovuta per pagarci! E, nel frattempo, come faremo a sopravvivere?

COORDINATORE Magĭster, senza gli attori della Compagnia, chi farà la commedia della finzione dell'occupazione, dello sciopero alla rovescia e dell'autogestione?

MAGĬSTER Gli attori della compagnia, per sopravvivere, faranno lo sciopero alla rovescia anziché di dritto.

L'ATTORE GIOVANE Per intenderla che si deve intendere?

MAGĬSTER Mi prestino attenzione, tutti! E ascoltino quel che è da intendersi e da fare ognuno come gli pare. Qui o si fa teatro, di cui noi tutti si vive, in tutti i sensi, o si muore in tutti i sensi.

L'ATTRICE GIOVANE E, dunque, di che consiste la commedia della realtà da fare, di cui non si necessita neppure di una traccia di copione o di un canovaccio e, fors'anche neppure di recitazione a soggetto o d'improvvisazione creativa?

MAGĬSTER Non si è fatto lo sciopero di dritto per non fare Pirandello?

L'ATTRICE GIOVANE	Sissignore!
MAGĬSTER	E ora facciano lo sciopero alla rovescia e, quindi, rappresentino *Sei Personaggi in cerca d'autore*!
COORDINATORE	Ognuno torni a fare la finta finzione del mestiere che gli compete: chi con la finzione, come gli attori, e chi con la realtà, come i dipendenti e il pubblico del Tm&vT. Con la differenza che ora noi si fa a meno del Gestore e della Proprietà del Tm&vT e del titolare della Compagnia teatrale degli instabili. Ognuno metta, dunque, in scena l'autogestione della realtà della propria funzione (incarico, mansione, compito, attività, ufficio) in forma sia privata sia pubblica.
L'ATTORE GIOVANE	Autogestione con funzione privata & pubblica? Un ossimoro? La funzione pubblica non si contrappone all'autonomia privata?
MAGĬSTER	In diritto e nel significato particolare che ci riguarda, la formulazione è da intendersi che noi, spettatori, dipendenti e artisti del teatro, svolgiamo nell'interesse privato (nostro) e pubblico (della collettività) delle attività funzionali alla tutela, promozione e sviluppo del Tm&vT.
L'ATTORE GIOVANE	Fino a quando?
MAGĬSTER	Fino a quando il Gestore non revocherà il decreto di serrata & sgombero e fino a quando la *Cordata* "Save the Tm&vT" non rileverà l'Azienda Tm&vT spa.
L'ATTRICE GIOVANE	E se ciò non dovesse mai accadere?
MAGĬSTER	In tal caso, per chi non ne potrà fare a meno, sarà una commedia della realtà da fare a mai fine. E stiamo a vedere che cosa ne nascerà.
COORDINATORE	

(Utilizzando lo smartphone, effettua una videochiama con WhatsApp)

Signor Teatrante Temerario, come va, là, alla Banca della Cultura?

TEATRANTE TEMERARIO	Tra i soci della *Cordata* "Save the Tm&vT" c'è ancora scontro frontale sul pagamento dei debiti, sull'acquisto delle quote della proprietà e sul titolare del marchio Tm&vT. Commenti?
COORDINATORE	Che c'è da commentare? Si è, praticamente, all'inizio!...
TEATRANTE TEMERARIO	Allora, a più tardi.
COORDINATORE	A più tardi.
CASSIERA	Signor Ragioniere perché il Tm&vT, che fa il tutto esaurito a ogni spettacolo, rischia la chiusura?
RAGIONIERE	Perché la gestione del teatro costa più dell'incasso dei biglietti, delle elargizioni filantropiche di enti, associazioni e privati, del sostegno finanziario degli sponsor e delle istituzioni messi insieme.
MAGĬSTER	Su, su, la commedia della realtà da fare con la finzione o la finta finzione dell'occupazione, dello sciopero alla rovescia e dell'autogestione a oltranza. Attenzione, signore & signori. Chi è di scena?

(Dalla cabina di regia)

REGISTA TVTT	TVTT per trasmettere in diretta mondovisione la commedia della realtà da fare.
MAGĬSTER	Chiedo alla regia di TVTT se può trasmettere un sottotitolo al programma tv con un messaggio di invito ai telespettatori di recarsi al Tm&vT per esibirsi, gratuitamente, alla commedia della realtà da fare.
REGISTA TVTT	Affermativo!
MAGĬSTER	Signor Coordinatore, lei che è di mestiere, può redigere e inviare ai giornali, alle radio e alle televisioni un comunicato stampa sulla situazione in corso d'opera al Tm&vT?
COORDINATORE	Sissignore, mi metto subito all'opera! Signor factotum può sostituirmi nella funzione di coordinatore?
FACTOTUM	D'accordo!

COORDINATORE

Prenda in consegna lo smartphone del Tm&vT; è dotato di microfono, altoparlante e Sim Card e le permetterà di navigare online, senza essere collegato a un Wi-Fi, e, anche, di telefonare, di videochiamare e di scrivere e leggere messaggi di posta elettronica.

(Esce)

MAGĬSTER

Signora scenografa, può elaborare una scheda di partecipazione del pubblico alla commedia della realtà da fare?

SCENOGRAFA

Certamente.

MAGĬSTER

Provveda a diffondere la scheda su internet e a farne stampare quindicimila copie e le consegni al botteghino del teatro per domattina, entro mezzogiorno. Scriva così: Io sottoscritto {indicare le proprie generalità}, in qualità di {indicare se artista, intellettuale o altro} dichiaro di voler partecipare alla commedia della realtà da fare {indicare il tipo di intervento di carattere artistico, culturale e sociale). La scheda di partecipazione va compilata, firmata e inviata a infoTm&vT*tp o consegnata in sala al coordinatore di turno.

SCENOGRAFA

Vado!

MAGĬSTER

Un momento! Può preparare anche un manifesto?

SCENOGRAFA

Come?

MAGĬSTER

Scriva così: Tm&vT. Tranne che dalle ore 21.00 alle ore 23.45, in cui sarà rappresentata, come in cartellone, la tragicommedia *Sei personaggi in cerca d'autore d*i Luigi Pirandello, per il resto del tempo in teatro si svolgerà la commedia della realtà da fare sotto la direzione del coordinatore di turno del Tm&vT e col concorso del pubblico che, gentilmente, si presterà nelle persone … puntini, puntini, puntini. Chiaro? Il manifesto, in un migliaio di copie, dovrà essere stampato e consegnato al botteghino del teatro entro mezzogiorno di

	domattina.
SCENOGRAFA	Sarà fatto, Magīster!
(Esce)	
RAGIONIERE	A proposito di botteghino, c'è da fissare il prezzo del biglietto d'ingresso al teatro.
UN ATTORE	Far pagare il pubblico a fare *La commedia da fare*?
RAGIONIERE	Che male c'è? Il pubblico paga volentieri quando si tratta di mettersi in mostra; soprattutto nel ruolo di autore, personaggio, attore e regista della propria commedia da fare! Lor signore & signori, tengano in conto che la commedia da fare non finirà presto e se il botteghino non incassa denari, il fornitore, in caso di morosità, sospenderà il servizio di erogazione della corrente!
CASSIERA	Altro che luce! Qui se non riscuotiamo qualche soldo si muore di fame e si finisce nelle tenebre eterne!
RAGIONIERE	Su, finiamola con le inutilità e fissiamo il prezzo del biglietto d'ingresso, che non se ne può più di elemosinare soldi a parenti e amici.
CASSIERA	Che vuoi fissare, si paghi come stabilito per la stagione teatrale del Centenario del Tm&vT dal regolamento della biglietteria.
L'ATTORE GIOVANE	Ma no, ma no, non è decoroso far pagare il biglietto della commedia da fare allo stesso prezzo della rappresentazione della tragicommedia di Pirandello!
L'ATTRICE GIOVANE	Sì, però, la rappresentazione della tragicommedia di Pirandello dura all'incirca due ore, tredici minuti e trentotto secondi, la commedia da fare dura il resto del tempo che è pari…Come si fa a calcolarlo?
L'ATTORE GIOVANE	$24^h = 1444' = 86.400''$. $2^h = 7.200''$. $13' = 780''$. $38''$. $7.200'' + 780'' + 30'' = 8.018''$. $86.400'' - 8018'' = 78.382''$. $= 21^h,7727778$.
ALTRA ATTRICE	Sì, però, non è la quantità del prodotto espresso in durata a stabilire il valore del prezzo del biglietto ma

la sua qualità! In ogni caso, il valore della quantità e della qualità del pubblico non è paragonabile al valore della quantità e della qualità di Pirandello. E non vorrei, qui, in questa specifica situazione, impacciare Karl Marx sulla misurazione sia del valore quantità/qualità del Pubblico sia del valore quantità/qualità di Pirandello. Mettere a confronto il Pubblico con Pirandello! Che idiozia! Non c'è confronto! Il Pubblico, qualunque esso sia, non è all'altezza di Pirandello!

RAGIONIERE   Insomma, si è propensi a modificare regolamento della biglietteria?

UN'ATTRICE   Io suggerirei di ridurre il prezzo del biglietto soltanto per la commedia da fare e lasciare invariato quello applicato allo spettacolo di Pirandello.

UN ATTORE   E se, per il periodo dello sciopero alla rovescia, dell'occupazione e dell'autogestione a oltranza, adottassimo un prezzo forfettario sia per la commedia della realtà da fare sia per la trilogia del teatro nel teatro di Pirandello? Per esempio, 10 denari per la sala e 5 denari per le balconate?

FACTOTUM   Qualcuno non è d'accordo con la proposta della Prima Attrice? La AGP approva per alzata di mano, a maggioranza, con Deliberazione n. 11/Anno del Conto Salato, la proposta della Prima Attrice.

USCERE   La Deliberazione n. 11/Anno del Conto Salato approvata dall'AGP del Tm&vT è immediatamente esecutiva! Perché sia un atto giuridico e amministrativo a tutti gli effetti, espleterò la procedura a cui è soggetta la deliberazione dell'AGP.

GESTORE   Contro la Deliberazione n. 11/Anno del Conto Salato approvata dall'AGP, il Gestore farà ricorso ai sensi dell'art. 9, comma 18, della Legge 189/Anno della Misericordia, o ai sensi del D. Lgs. n. 108/Anno dello Sgravio fiscale, e se è il caso ai sensi dell'art. 162 del D.P.R. 4 maggio/Anno del Dispiacere, n.

1008.

MAGĬSTER	Signorina Zézè, si occupa lei di invitare, tramite volantinaggio e speakeraggio, i passanti ad esibirsi gratuitamente o a fare da pubblico alla commedia della realtà da fare?
INSERVIENTE	Sì, Magĭster!

(Esce)

L'ATTRICE GIOVANE	Scusi signor Magĭster, come potrà farsi la tragicommedia di Pirandello durante lo sciopero alla rovescia se i *personaggi in cerca d'autore* hanno vietato agli attori d'incorporarli e di interpretarli e ai registi di metterli in scena?
L'ATTORE GIOVANE	Non solo, ma non fidandosi dei teatranti e per evitare che ciò accadesse, i personaggi si sono smacchiati dell'inchiostro di stampa rendendo invisibile il testo dell'autore per poi annullarsi e sparire nel nulla
L'ATTRICE GIOVANE	Se si sono nullificati allora sarà impossibile riprincipiarli dal nulla!
MAGĬSTER	Il caso è risolvibile alla condizione di invertire la direzione della freccia del Tempo.
L'ATTRICE GIOVANE	Ma per il secondo principio della termodinamica l'irreversibilità non è possibile!
MAGĬSTER	Al teatro tutto è possibile e niente è impossibile. Si applichi il principio di reversibilità!
FACTOTUM	Un primo possibile test può consistere nella diretta applicazione del Postulato dell'entropia…
LA PRIMA ATTRICE	Che fa?
FACTOTUM	Calcolo.
LA PRIMA ATTRICE	E dunque, signor Factotum?
FACTOTUM	Sto applicando la formula… bla, bla, bla, > 0 indica che il processo è irreversibile.
LA PRIMA ATTRICE	Faccia un'altra prova, ripristini lo stato iniziale mediante idonei processi reversibili.
UNA (*della platea*)	Signori, ma qui si fa la fisica e la matematica anziché il teatro.

FACTOTUM

(S'ingegna)

Nulla di nulla. Per il principio di irreversibilità, niente è reversibile.

MAGÏSTER La fantasia è la legge che può ogni cosa.

UNO (*della balconata III*) L'immaginazione al potere!

UNA (*della balconata III*) Il potere all'immaginazione!

USCERE Attenzione, signore & signori. Chi è di scena?

LA PRIMA ATTRICE La seduta spiritica per metterci in contatto con gli Spiriti-Personaggi.

(Rivolgendosi a degli Attori)

Su, su, sediamoci intorno a quel tavolino rotondo. Io farò il *Medium*.

(Gli Attori si dispongono in quattro per la seduta medianica)

Mi raccomando, si pongono in silenzio e concentrazione. Su con la tensione mentale ed emotiva. Ho necessità di utilizzare l'energia del gruppo per un contatto con l'aldilà.

(Si fa la seduta spiritica}

LA PRIMA ATTRICE Medium Si torni dal nulla!

Spirito personaggio direttore-capocomico Quasi, quasi, mi tenta!

LA PRIMA ATTRICE Medium Suvvia, suvvia, si tenti, si tenti!

Spirito personaggio direttore-capocomico Se insiste, d'accordo! La rappresentazione di *Sei personaggi in cerca d'autore* è consentita alla condizione che si svolga nella sua forma originale, senza incroci, intersecazioni, sovrapposizioni, interferenze, interruzioni, inframmettenze, intromissioni, disturbi e rumori metateatrali smirnoviani. Insomma, niente commedie del pubblico nella tragicommedia di Pirandello!

MAGÏSTER E così sia!

FACTOTUM Evviva! Che così sia!

Spirito personaggio direttore-capocomico	Sia così con Pirandello, in Pirandello e per Pirandello!
FACTOTUM	Pirandello a Pirandello! Buonanotte a tutti e pure agli spiriti e ai fantasmi di Pirandello!
UNA (*della balconata III*)	E il pubblico che farà?
FACTOTUM	Il pubblico farà la parte del pubblico! Buonanotte agli attori e domani sera con i *Sei personaggi in cerca d'autore* senza additivi, buonanotte allo spirito personaggio del direttore-capocomico. Magĭster, sentiamo se c'è qualche novità dalla Banca della Cultura?
MAGĬSTER FACTOTUM	Sentiamo, sentiamo!

(Utilizza lo smartphone, videochiamando con WhatsApp)

	Che si fa, là, alla Banca della Cultura, signor Teatrante Temerario?
TEATRANTE TEMERARIO	La *Cordata* "Save the Tm&vT" pare intenzionata a rilevare l'ATm&vT spa e a pagare subito il suo debito di 1.488.000 D. Si sta discutendo la nomina del Consiglio d'Amministrazione e a chi dare l'incarico unico a uno *yes-man* per la gestione amministrativa e la direzione artistica del Tm&vT. Commenti?
CASSIERA	Che c'è da commentare? Si è, praticamente, alla solita giostra manovrata dal potere delle lobby economiche, finanziarie e bancarie…
TEATRANTE TEMERARIO	… Nient'altro da aggiungere?... A risentirci, allora!
FACTOTUM	Si trattenga ancora qualche istante, signor Teatrante Temerario… Si proponga lei come gestore e direttore artistico del Tm&vT!
TEATRANTE TEMERARIO	Io? In verità, i soci finanziatori, i banchieri e gli sponsor della *Cordata* "Save the Tm&vT" puntano su un manager servile e accomodante, sempre disponibile e pronto ad eseguire i loro comandi.
FACTOTUM	Che cosa farebbe lei, signor Teatrante Temerario,

una volta divenuto gestore e direttore artistico del Tm&vT?

TEATRANTE TEMERARIO Ma è irrealtà!

FACTOTUM Siamo in teatro, nella finzione, e, dunque, finga, fantastichi, lei, che è autore e regista. Immagini che sia lei il nuovo gestore e direttore artistico del Tm&vT!... E allora?

TEATRANTE TEMERARIO Produrrei testi classici e contemporanei con i migliori artisti del teatro mondiale e amplierei le attività culturali del Tm&vT.

FACTOTUM Nulla di nuovo sotto il sole; è così che già fa il nostro direttore artistico.

CASSIERA Quanto costerebbe la sua gestione annuale del Tm&vT? Si dia del tempo, come per gioco, per riflettere e fare quattro calcoli con l'addizione, la sottrazione, la moltiplicazione e la divisione!

TEATRANTE TEMERARIO … Quattro milioni di denari l'anno.

CASSIERA Che però non abbiamo.

TEATRANTE TEMERARIO C'è la promessa d'impegno di uno sponsor di pagare, subito, sia i dovuti canoni d'affitto arretrati e mai versati, così come previsto nel contratto di locazione, e sia i soldi necessari agli interessi bancari rinegoziati con la Banca della Cultura.

CASSIERA I conti per farsi si fanno ma non tornano giusti se risultato è errato. Di suo, quanto metterebbe?

TEATRANTE TEMERARIO Zero, più o meno.

CASSIERA E, allora, si resta come da punto e capo.

FACTOTUM Signor Teatrante Temerario, lei, che è un artista, sprigioni un poco di fantasia dal suo cervello e finga di giocare e vincere, all'estrazione di domani, 2.11 Anno del Conto Salato, il jackpot del Super Lotto di 123.456.789 denari, altrimenti non se ne fa nulla e il Tm&vT fallirà e sarà messo in liquidazione per davvero!

TEATRANTE TEMERARIO Beh, se è per giocare e vincere con la finzione mi dia almeno i *Sei numeri in cerca di fortuna* e stiamo a vedere che ne avverrà.

FACTOTUM   Detto e fatto. Il dado è tratto: 27-5-19-48-13-23. Il numero matto è: 7. Il numero Super-matto è: 2. E stiamo a vedere che ne avverrà della combinazione.

TEATRANTE TEMERARIO   In caso di vincita, metterò di mio 4,7 milioni di denari per rilevare il Tm&vT e 2,5 milioni di denari per avviare una *start up* che la gestisca.

FACTOTUM   Oh, bravo, è così che si fa, signor direttore artistico, gestore e proprietario del Tm&vT! Uno e trino! Sarà cura del nuovo proprietario-gestore-direttore di garantire l'attuazione della "Rassegna del metateatro", del "70° Festival internazionale del teatro" e delle iniziative programmate per il Centenario del Tm&vT? Dica di sì, o si resta al punto e capo.

TEATRANTE TEMERARIO   Sì, certamente!

FACTOTUM   E, anche, di procedere alla revoca della serrata di ritorsione del Gestore e di impegnarsi a far annullare l'esecuzione del decreto ingiuntivo di sfratto del Giudice? Dica di sì, o si resta al punto e capo.

TEATRANTE TEMERARIO   Sì, certamente!

FACTOTUM   Verificherà la possibilità di reintegro al lavoro delle maestranze e degli artisti teatranti licenziati, del pagamento dei debiti e dei nostri stipendi arretrati?

TEATRANTE TEMERARIO   Sì, a patto però che interrompiate l'occupazione, lo sciopero alla rovescia e l'autogestione a oltranza del Tm&vT e che svolgiate le attività culturali programmate nell'ambito della Stagione del Centenario del Tm&vT.

FACTOTUM   In tal caso, ovviamente, si staccherebbe dalla vecchia gestione, che versa in una disastrosa situazione debitoria?

TEATRANTE TEMERARIO   Certamente, ma per iniziare un nuovo percorso occorreranno dei tempi tecnici, nel rispetto della legge.

FACTOTUM   Quando verrà in teatro signor proprietario-gestore-direttore artistico per incontrarvi e assicurarci la sua massima disponibilità?

TEATRANTE TEMERARIO   Domani, nel pomeriggio; al più tardi, nella serata!

UN'ATTRICE   È come la celebre frase pronunciata da Rossella O'Hara nel romanzo *Via col Vento*, di Margaret Mitchell: «Dopotutto, domani è un altro giorno».

ALTRO ATTORE   Domani sarà un giorno che non sarà così come desideriamo che sia; e, se accadrà, sarà come nella tragicommedia *Aspettando Godot*, una delle più famose opere teatrali di Samuel Beckett, costruita intorno alla condizione dell'attesa, in cui il protagonista è assente e che – e qui l'assurdo è, al tempo stesso, terribilmente reale e meta-reale – non arriverà mai.

ALTRA ATTRICE   E, allora, per trarne le debite conclusioni, a mai!

TEATRANTE TEMERARIO   Se non ci sono altre questioni da teatralizzare, me ne tornerei alla riunione.

FACTOTUM   Vada, vada! Che vuole più fare adesso? A domani! Buone risoluzioni!

TEATRANTE TEMERARIO   A domani, mi auguro sul far della sera.

FACTOTUM   A domani sera! Ritengo che il signor Teatrante Temerario otterrà qualche buon risultato per il Tm&vT. D'altronde, l'AGP del Tm&vT non lo ha incaricato, dandogli fiducia, di rappresentare il "Club Tm&vT" nella riunione con i soci della *Cordata* "Save the Tm&vT"? E stiamo a vedere che sarà proprio l'autore teatrale e saggista Enrico Bernard, il nostro Teatrante Temerario, il nuovo proprietario, gestore e direttore artistico del Tm&vT. Di certo noi dipendenti del Tm&vT si farà la commedia della realtà da fare e stiamo a vedere che cosa ne nascerà.

{La balconata I inizia a svuotarsi}

MAGĪSTER   Bene, esco di scena per scrollarmi dalla mente certi pensieri cattivi che mi avvelenano l'anima.

FACTOTUM	Eh, sì, ne ha proprio bisogno! Buon umore e buonanotte!
TUTTI	Buonanotte Magĭster.
MAGĬSTER	Buonanotte. Si riposi anche lei signor Factotum. Riprenda fiato e si ricarichi di energie!
FACTOTUM	In effetti, non ne posso più; sono spossato. Mi tenta, quasi, quasi, mi tenta. Signor Direttore di sala è disponibile a sostituirmi nella funzione di Coordinatore?
DIRETTORE DI SALA	Ma io non sono capace di dirigere l'occupazione, lo sciopero alla rovescia e l'autogestione a oltranza del Tm&vT né di condurre la commedia della realtà da fare!
FACTOTUM	Ma sì che sì! Nessuno come lei sa accogliere gli ospiti in sala; si limiti a riceverli e a invitarli ad esibirsi sul palcoscenico.
DIRETTORE DI SALA	D'accordo!
FACTOTUM	Lo smartphone le permetterà di navigare online e, anche, di telefonare, di videochiamare e di scrivere e leggere messaggi di posta elettronica.

(Gli consegna lo smartphone)

FACTOTUM	Signor Direttore di sala, si ponga alla guida del teatro. Magĭster, si va?
MAGĬSTER	Si va, si va!
FACTOTUM	A domani, solita ora, e puntuali! Buon lavoro a chi resta. A domani. Buona notte a tutti.
TUTTI (*in coro*)	Buonanotte, Magĭster.
MAGĬSTER	Buona notte a tutti.

(Esce con il Factotum)

UN ATTORE	S'è fatto tardi; si va via anche noi?
LA PRIMA ATTRICE	Non siamo mica di scena noi, ora!

(Escono gli attori della Compagnia)

DIRETTORE DI SALA	Al di fuori del proprio ordinario orario di lavoro, che

è da svolgersi come previsto dal contratto nazionale, si prega i colleghi del Tm&vT di dare la disponibilità ad effettuare le turnazioni extra lavorative in teatro durante l'occupazione, lo sciopero alla rovescia e l'autogestione a oltranza.

{La balconata II inizia a svuotarsi}

(Gli artisti, i tecnici, gli impiegati e gli operai del Tm&vT si consultano fra loro e poi forniscono al Direttore di scena un foglio con le indicazioni delle loro turnazioni)

Per la turnazione notturna, restano con me l'uscere, il fonico, lo scenotecnico, l'apparatrice e il tecnico luci. Mi raccomando colleghi: che ognuno sia responsabile nell'effettuare, mediante il sistema automatizzato di rilevazione, la timbratura ogni volta che entra ed esce dal teatro. Buonanotte. Andate, andate! Che volete più fare adesso? A domani, solita ora, e puntuali!

TUTTI (in coro)　　Buon lavoro a chi resta. Buonanotte. A domani.

DIRETTORE DI SALA　　Andate, andate! A domani. Buona notte.

(Si salutano con abbracci e strette di mano, augurandosi di godersi un sonno tranquillo, senza patemi d'animo e magari sognando che, all'indomani, andrà tutto bene al Tm&vT)

{La balconata III inizia a svuotarsi}

Si spengano soltanto le luci superflue! E lei, signor siparista, lasci alzata la tela, che qui, tra breve, sul palcoscenico del Tm&vT, si farà la commedia della realtà da fare.

(Escono tutti i dipendenti del teatro, meno gli addetti alla turnazione notturna.

(Il pubblico, lasciando la sala, dice e fa quel che gli pare)

(Lampi di luce a intermittenza. Diffusione di una musica rilassante per calmare la mente e gli animi dei facinorosi detrattori di Smirnov)

EPISODIO XIV

I lavoratori del turno notturno parlano del più e del meno e, anzi, più del meno che del più.

Sala.

(Entra la Custode)

CUSTODE	Orario! Si sgombra! Fuori dal teatro! È tardi, si chiude. Si va a nanna! Presto, che devo mettere in funzione il sistema d'allarme.
USCERE	Sciopero alla rovescia, occupazione e autogestione a oltranza del Tm&vT.
CUSTODE	Che cosa?

(All'Uscere)

Mi si racconta ciò che non so e di quel che sta succedendo qui, al Tm&vT?

(Entra il Direttore di sala, seguito da un paio di camerieri che spingono innanzi a sé dei carrelli portavivande per il servizio in sala)

USCERE	Ah, purtroppo, io non sono bravo a riepilogare gli avvenimenti deliberati a maggioranza in assemblea! Direttore di scena, spieghi lei, che è gentile e bravo a dettagliare con chiarezza i vari colpi di dritto e rovescio e le battute e le volée servite in scena!
DIRETTORE DI SALA	

(Alla Custode)

In sintesi, a causa delle proteste del pubblico, che ha disapprovato la messinscena della commedia di Iosif Smirnov nella commedia *Sei personaggi in cerca d'autore* di Pirandello, il Gestore in amministrazione controllata ha promulgato la serra e lo sgombero del teatro, provocando la reazione immediata dei dipendenti del teatro che hanno, subito, proclamato lo sciopero alla rovescia, l'occupazione e l'autogestione a oltranza del Tm&vT.

CUSTODE	Orribile, rovinare il Sommo mentre lo si rappresenta

nel *suo* teatro! Deve essere stato traumatico per gli spettatori! E lei, signor direttore di sala, non hai fatto nulla per contrastare la decisione di quel fazioso, sedizioso, rissoso, turbolento, tumultuante, settario, sovversivo, rottamatore, demolitore, smantellatore sfascia-opere e annientatore del Sommo?

USCERE In corso di sciopero, ognuno si è sentito libero di non recitare le battute del copione e di inscenare, invece, senza doverne dare conto a chicchessia, quel che di sé gli premeva rappresentare.

CUSTODE Sciopero alla rovescia, occupazione e autogestione a oltranza del Tm&vT? Ah, questa mania di certi apprendisti, più ambiziosi di Lucifero, che inventano astuzie pur di superare il Sommo!

DIRETTORE DI SALA Su, su, datevi da fare, che si mangia.

USCERE Se proprio si insiste!

DIRETTORE DI SALA Panini, tramezzini e crostini vegetariani, acqua, birra e vino. Signori della cabina, favorite: ce n'è per tutti.

USCERE Signor Direttore di sala, ha svuotato il Ristorante del Tm&vT?

DIRETTORE DI SALA Proprio così! Il signor Gestore l'ha fatto chiudere finché durerà l'occupazione, per timore di atti vandalici, e io ne ho approfittato, col suo consenso è ovvio, per non fare avariare gli avanzi.

USCERE E i lavoratori del ristorante?

DIRETTORE DI SALA Sono stati posti in ferie forzata!

USCERE Angheria, pura!

DIRETTORE DI SALA Prima o dopo si risolverà ogni cosa qui al Tm&vT. Non temete! Andrà tutto bene! Su, su, avanti tutta, si mangia!

(Mangiano e bevono tutti)

(Entra in sala un Agente della SAET)

AGENTE SAET Sono Oreste Manchi, agente della Società degli Autori e Editor: l'istituto giuridico che tutela i frutti dell'attività intellettuale attraverso il riconoscimento

	all'autore originario dell'opera di una serie di diritti di carattere sia morale, sia patrimoniale. Chi comanda, qui?
DIRETTORE DI SALA	Qui non si comanda. Allora?
AGENTE SAET	In caso di eventi artistici, come nel caso della commedia della realtà da fare che vi apprestate a mettere in atto, occorre che si compili il borderò SAET.
DIRETTORE DI SALA	Di che si tratta?
AGENTE SAET	Del diritto d'autore!
DIRETTORE DI SALA	Io, qui, in questa fase di sciopero alla rovescia, di occupazione e di gestione a oltranza del Tm&vT, sono stato incaricato soltanto di svolgere la funzione *pro tempore* di Coordinatore: tutto il resto non rientra nell'elenco delle mie mansioni. Pertanto, signor Agente della SAET, non m'impicci in questa situazione!
AGENTE SAET	Si dia da fare provveda a dar cassa agli autori o ne pagherà, personalmente, le conseguenze!
DIRETTORE DI SALA	Mi minaccia? Alla malora! Mi spieghi quel che si deve fare.
AGENTE SAET	Oh, finalmente! Acceda al sito online ttt.SAET.tp . Attivi il servizio "Borderò SAET" e compili la scaletta standard del modello, indicando il titolo dell'evento, i titoli delle opere e i nomi degli autori. Un'operazione semplice e veloce.
DIRETTORE DI SALA	Signor Agente della SAET, lei, che è del mestiere, è in grado di spiegarmi se in un teatro, in cui è in atto lo sciopero alla rovescia, l'occupazione e la gestione a oltranza, è consentito di fare lo spettacolo utilizzando gratuitamente le opere dell'ingegno tutelate da diritto d'autore?
AGENTE SAET	In verità, si può fare, purché una tale utilizzazione sia fatta conformemente ai buoni usi e nella misura giustificata dallo scopo.
DIRETTORE DI SALA	Qui si fa spettacolo artistico e insegnamento dell'arte

a fini educativi, con l'obiettivo di tutelare, promuovere e sviluppare la produzione e il patrimonio artistico del Tm&vT.

AGENTE SAET Per evitare che il Tm&vT incorra nel reato di furto dell'ingegno di carattere creativo, si dovrà in ogni caso compilare il borderò online, menzionando il titolo e l'autore delle opere e specificando, nella postilla causale, il fine educativo dell'evento, di cui si dovrà indicare la denominazione dell'ente che lo ha organizzato e il nome del Direttore d'Esecuzione.

DIRETTORE DI SALA Sarà fatto, così come lei ci ha suggerito di fare. Come afferma Jaques in *As you like it*, atto II, scena VII, di William Shakespeare «Tutto il mondo è un palcoscenico, donne e uomini sono solo attori che entrano ed escono dalla scena...». La rappresentazione teatrale mette in scena una combinazione di frammenti di realtà e d'immaginazione dell'autore e consente allo spettatore, chi vi si pone di fronte come davanti a uno specchio, di osservarsi, riflettersi, oracolarsi, interpretarsi, ragionarsi, svilupparsi, espandersi, svelarsi e rilevarsi.

(Squillo di corno, in segno di pericolo)

DIRETTORE DI SALA Chi nelle tenebre si manifesta strombazzando la cornetta e muovendosi, come nel gioco degli scacchi, lungo le diagonali della sala, alla guida di alfieri che sventolano fatali, infausti, funesti, nefasti, maledetti, dannati e malaugurati vessilli, stendardi, bandiere, insegne e gonfaloni con i simboli, gli emblemi e gli stemmi che raffigurano i mali del mondo?

GYROVĂGUS Tu chi dici che io sia?

DIRETTORE DI SALA Venga avanti e si mostri alla luce della ribalta.

(Lo sconosciuto, lentamente, si avvicina al palco, seguito dall'Inserviente che si accomoda in poltrona)

Presto, salga sul palco, signore, e si metta in scena!
Subito! E si riveli.

(Il girovago sale sul palcoscenico. Egli appare ieratico, alto, magro, con il volto abbronzato, la fronte rugosa, la barba e la capigliatura incolte e grigie. Indossa una tunica cenciosa, trasandata e dei sandali, e si sorregge su un bastone recante alle estremità un anello, in alto, e un chiodo, in basso)

DIRETTORE DI SALA
Lei, chi è?

GYROVĂGUS
Chi me lo chiede?

DIRETTORE DI SALA
Il Direttore di sala.

GYROVĂGUS
Io sono Gyrovăgus.

DIRETTORE DI SALA
Si racconti! Cominci dall'inizio in cui lei si principiò!

GYROVĂGUS
Ecco, io, per non so quali intrecci umani, fui originato nell'isola di Eliopólis.

DIRETTORE DI SALA
Eliopólis?

GYROVĂGUS
Un'isola nullificata.

DIRETTORE DI SALA
Com'è potuto accadere?

GYROVĂGUS
A causa della crisi politica e del disordine sociale, la Tirannide, fingendo di voler ripristinare la pacificazione e la riconciliazione tra i Primi (i Privilegiati) i Penultimi e gli Ultimi (i Senza Niente), con un colpo di Stato militare destituì il governo, sciolse il Parlamento e assunse il controllo di ogni forma di potere a Eliopólis. Io, quale pericoloso avversario della Tirannide, fui arrestato e punito con un esilio perpetuo da scontare nell'isola dei venti furiosi soffiati da Eolo.

DIRETTORE DI SALA
Come finì?

GYROVĂGUS
Finì nel male e male. I Penultimi protestarono, scioperarono e si ribellarono al regime dispotico per impedirgli di assumere il pieno controllo della polis; ne seguì la guerra civile. Dopo un ventennio di schiavitù, mentre mi trovavo ai lavori forzati nella cava del marmo, l'isola fu scossa dal terremoto e dalle eruzioni del vulcano; riuscii a scappare e, a nuoto, raggiunsi la costa di Eliopólis per combattere contro la Tirannide. Troppo tardi! La violenza, la

carestia, la miseria, la fame e la pestilenza avevano nullificato Eliopólis. Con il cielo che scoppiava fulmini e tuoni, camminai nelle tenebre e, all'aurora, dall'ἀκρόπολη, gettai un ultimo sguardo sulle macerie della città ancora in fiamme e fumo e, ormai, ridotta in cenere e polvere; volsi le spalle al niente più e, senza voltarmi indietro, mi avviai verso il mondo.

DIRETTORE DI SALA   E, poi, che accadde?

GYROVĂGUS   Procedei a vanvera, a passo lento, senza fretta e senza meta, incappando in tremende avversità. Cose terribili! Terribili sciagure e orribili disfacimenti si apprestano ad accadere per rovinare e distruggere il mondo!

DIRETTORE DI SALA   Uhm, dall'apparenza mi par che sia un profeta. Gyrovăgus, chi la invia a ronzare oracoli sulla fine di tutte le cose?

GYROVĂGUS   Non un Angelo, non un Demone, non un Dio!

DIRETTORE DI SALA   Lei è profeta? Predice il futuro? Per ispirazione divina o è dotato di capacità divinatorie?

GYROVĂGUS   La coscienza, la morale, l'etica mi guidano nella visione degli eventi che stanno per accadere al momento che li enuncio, nel subito, nell'immediato e finanche in tempi brevi, ma di quelli che accadranno in un futuro più lontano non mi è dato di predire.

DIRETTORE DI SALA   Profeta, che profetizza al momento?

GYROVĂGUS   Il *Mysterium Tremendum*: il *Nihil*.

DIRETTORE DI SALA   Il *Nihil*?

GYROVĂGUS   Il Nihil, che

(Con espressione vocale grave, lenta e sostanziata di pause)

travolge, trascina, aspira, ingoia e inabissa l'esserci nel vortice a spirale del suo abisso.

DIRETTORE DI SALA   M'inquieta.

GYROVĂGUS   Il Nihil che annienta, nullifica, annulla.

DIRETTORE DI SALA   Che nefasta profezia!

GYROVĂGUS   Quando, sulla strada, annuncio l'Avvento del Nihil, la gente mi tratta da folle e mi scansa; negli spiazzi davanti le scuole, i bidelli mi respingono, i professori mi deridono mentre i bulli mi maltrattano; i preti mi scacciano dalle chiese, temendomi più del Giorno del Giudizio Finale, e mi gridano contro: «Che l'ira di dio ti punisca per i tuoi peccati e ti bruci e incenerisca!». Al mio apparire, la gente mi addita, non mi viene incontro, non mi riceve, non mi accoglie, non mi ospita e mi respinge là, da dove sono venuto. Di qua e di là & di là e di qua, considerato, in ogni caso, invadente, intruso, invadente, clandestino, illegale, estraneo, straniero, sconosciuto, diverso, esterno, apolide, spaesato, senza diritti civili, sociali e politici, senza identità, senza cittadinanza, senza maschera e senza volto; un nessuno, un niente.

DIRETTORE DI SALA   Non potrebbe proporsi a tv, radio e giornali?

GYROVĂGUS   Ovunque, mi hanno scacciato, e la polizia mi ha spesso fermato, arrestato e denunciato.

DIRETTORE DI SALA   È stato processato?

GYROVĂGUS   E condannato più volte. La prima volta, fui punito con l'articolo 656 del Codice penale di Théatropólis; ovvero, per diffusione di notizie false, esagerate e tendenziose per le quali possa essere turbato l'ordine pubblico, con l'arresto a tre mesi, considerato che non mi sono potuto permettere di pagare un'ammenda pari a 309,00 D, e l'ultima volta per procurato allarme presso l'Autorità in base all'art. 658 del Codice penale di Théatropólis che recita: «Chiunque annuncia disastri, pericoli inesistenti e suscita allarme presso l'Autorità, o presso enti o persone che esercitano un pubblico servizio, è punito con l'arresto fino a sei mesi o con l'ammenda da 10,00 a 516,00 D».

DIRETTORE DI SALA   Ahi! Ahi! Ahi!

GYROVĂGUS   Non se ne dia pena; io non me ne sono lamentato, dato che mi hanno offerto vitto, alloggio, doccia e wc.

(Medita)

L'esserci, scegliendo di agire per il Male, si sta annientando.

(Si accascia a terra)

INSERVIENTE   Signore, che le succede? Si sente male?

GYROVĂGUS   Avverto uno stordimento, un capogiro. Sto per svenire.

INSERVIENTE   Un medico, un infermiere!

MEDICO

(Un signore, di statura bassa e corporatura grassoccia, quasi calvo e dal volto tondo e arrossato, occhi minuscoli e scuri, nascosti dietro gli occhiali da vista con lenti spesse e rotonde, vestito con eleganza in abito scuro, zoppicante e munito di bastone, si precipita nel soccorrere il malcapitato)

Eccomi!

(Va sul palco, seguito dall'Inserviente)

Probabilmente una crisi convulsiva o un arresto cardiaco.

INSERVIENTE   Gli massaggi il cuore! Lo rianimi!

MEDICO   Signorina, che fa il ruolo del medico al mio posto? Si calmi!

INSERVIENTE   Mi scusi, sono un tipo apprensivo.

MEDICO   Corpo immobile e flaccido, polso debole e respiro superficiale.

(Dopo la perdita improvvisa, di breve durata, della conoscenza, si risveglia)

INSERVIENTE   Signor Dottore, chiamo il Pronto Soccorso per l'ambulanza?

GYROVĂGUS   Niente ricovero ospedaliero, altrimenti rischio il carcere!

MEDICO (visitandolo)

	Che cosa ha avvertito? Formicolio di labbra o polpastrelli, dolore toracico o palpitazioni?
GYROVĂGUS	Nausea, sudorazione fredda, offuscamento della vista e giramento di testa.

(Si porta una mano sulla fronte)

MEDICO	Pressione bassa. Battito del cuore quasi regolare. Da quando è digiuno?
GYROVĂGUS	

(Si siede a terra, rovista nel suo zaino e scuote la testa)

	Eh!
MEDICO	Da dove viene signor questuante?
GYROVĂGUS	Mi reputa un postulante?
INSERVIENTE	Almeno, all'apparenza, non le sembra di parersi un mendicante?
GYROVĂGUS	Signore, sono un errante e non un barbone accattone stanziale! In verità, sono un *quasi niente* malato di Nihil per colpa del Nihil. Come può un *quasi niente* come me, guarire dal mal di Nihil?
INSERVIENTE	Che significa, un *quasi niente*?
GYROVĂGUS	Un *quasi niente* è costituito dalla quasi inconsistenza di un quasi valore, di una quasi qualità e di una quasi quantità. Un *quasi niente* nell'infinitesimo micro conta poco più di niente e nell'infinitesimo macro è ancor di più irrilevante: se non è così, è così che mi pare.
INSERVIENTE	

(Sul suo cellulare digita la calcolatrice e cerca di combinare alcune operazioni matematiche)

GYROVĂGUS	Cosa fa?
INSERVIENTE	Calcolo il *Niente*.
GYROVĂGUS	Il Niente non è numerabile, né misurabile né calcolabile.
INSERVIENTE	In effetti, sulla calcolatrice il Niente non mi compare.

GYROVĂGUS   Perché il Niente non è un numero.

INSERVIENTE   Niente + Niente= Niente. Niente meno Niente= Niente. Niente per Niente= Niente. Niente: Niente= Niente

GYROVĂGUS   Il Niente, dato che il niente è niente, è, sempre, un niente.

INSERVIENTE   Non si può adottare un calcolo capace di cambiare il Niente in qualche cosa di diverso dal Niente: un Niente meno di Niente e più di Niente?

GYROVĂGUS   Il Niente è, essenzialmente, esclusivamente e unicamente Nulla.

INSERVIENTE   Per mutare la Sfortuna in Fortuna, il Niente in Qualcosa e, quindi, consentirsi un posto in teatro, le suggerisco di applicare le regole di trasformazione annullamento, sostituzione e concessione.

GYROVĂGUS   Inutile insistere nel volermi modificare da un quasi niente a qualcosa e fare di me qualcuno diverso da un quasi nessuno. Non m'imbrogli e non s'illuda di darmi la speranza di contare, più o meno, tra zero e uno, poco più di zero e poco meno di uno.

DIRETTORE DI SALA   Gyrovăgus, lei è affetto da depressione cronica; su, su col morale, si curi!

GYROVĂGUS   Che strano!

INSERVIENTE   Che strano, che?

GYROVĂGUS   Apparirmi strano!

INSERVIENTE   Le sembra strano di apparirsi strano?

GYROVĂGUS   Le sembra strano che a me pare strano di apparirmi strano?

INSERVIENTE   Mi pare che lei si sembri più strano di quando mi era parso strano nel sembrarmi strano all'apparenza.

MEDICO   Chi è lei?

GYROVĂGUS   Sono Gyrovăgus.

MEDICO   Com'è che si trova a Théatropólis?

GYROVĂGUS   Per caso.

MEDICO   Come si sente?

GYROVĂGUS   Perché m'interroga?

MEDICO	Perché dalle sue risposte, mi attendo di capire se lei è pienamente cosciente delle sue facoltà mentali.
GYROVĂGUS	Non soffro di alcun disturbo: sia sul piano fisico e sia mentale.
MEDICO	Che non abbia perso conoscenza della sua identità.
GYROVĂGUS	Intendo che lei intende intendere se io ho memoria di me e se, quindi, mi riconosco? Dato che le facoltà psichiche e la coscienza sono legate ai processi della memoria, io ricordo, di me stesso, che mi chiamano l'avvisatore del *Mysterium Tremendum*: un esule disgraziato, fuggiasco, profugo, clandestino proveniente da Eliopólis e costretto, per avverso destino, a un continuo peregrinare apolide per il mondo, senza una meta precisa e senza un luogo dove poter sostare a lungo.
MEDICO	Si sente meglio?
GYROVĂGUS	Non si disturbi a martoriarmi con le sue curiosità da psichiatra per intendere se sono ancora fuori di testa.
MEDICO	Dove alloggia?
GYROVĂGUS	Ovunque capita.
MEDICO	Dove si trova?
GYROVĂGUS	Al Teatro delle maschere & dei volti di Théatropólis.
MEDICO	Bene, il mio compito è finito. Lei sta bene. Stia bene.

(Scende dal palco e va ad accomodarsi in poltrona)

GYROVĂGUS	Nel tempo che fu e che non è più, alle rappresentazioni teatrali di Eliopólis partecipava, gratuitamente, l'intera popolazione.
INSERVIENTE	A Théatropólis, i teatri sono frequentati da studenti, docenti, critici, intellettuali e da un pubblico di appassionati non ancora sufficientemente ampio.
GYROVĂGUS	Il governo di Eliopólis pagava gli autori, le compagnie e i costi delle messe in scena delle opere teatrali, da ideare in forma di dramma, tragedia, commedia o farsa, purché in funzione educativa, etica, sociale e politica,

INSERVIENTE	Il governo di Théatropólis compartecipa in forma ridotta alle spese del Teatro.
GYROVĂGUS	Eliopólis è, ormai, senza più teatri, senza più autori, senza più registi, senza più attori e senza più spettatori.
APPARATRICE	Che è venuto a fare qui al Tm&vT?
GYROVĂGUS	Ad annunciare l'avvento del Nihil. Sul palcoscenico di un teatro la mia voce non griderà desolata come nel deserto! E qui, mostrando i nefasti eventi causati dal Nihil non rischierò d'incorrere nel reato di turbamento dell'ordine pubblico.
SCENOTECNICO	Il profeta terrorizza!
GYROVĂGUS	Il fatto è che l'umanità finge di non accorgersi di causare, con sempre più accelerazione, la fine di tutte le cose e di sé.
SCENOTECNICO	Il profeta è più letale della morte!
GYROVĂGUS	Il profeta non proclama né afferma principi, teorie o dottrine, ma annuncia e denuncia i guai e i mali del mondo.
INSERVIENTE	Beato chi ascolta le parole del profeta del subito.
APPARATRICE	Il profeta testimoni ciò che hai visto.
GYROVĂGUS	Il profeta ha vagato e visto nel mondo quel che noi fingiamo di non vedere, e ora è qui per raccontarci e avvertirci che il mondo, gravemente malato, è in balìa del Nihil. Il profeta vede nel passato e nel presente e fornisce prova del futuro.
APPARATRICE	Il profeta riveli le sue visioni.
INSERVIENTE	Che oracola il profeta del Nihil?
GYROVĂGUS	Il profeta annuncia che una reazione a catena di eventi calamitosi, catastrofici, dannosi, devastanti, disastrosi, disgraziati, distruttivi, dolorosi, funesti, nefasti, nocivi, rovinosi, sciagurati, tragici, sta annientando e nullificando il mondo.
INSERVIENTE	Contro quali emergenze, minacce, rischi e pericoli l'umanità deve organizzarsi per annullare il Nihil?
GYROVĂGUS	Nell'errare, a vanvera e senza meta, per il mondo,

dall'alba al tramonto, dal tramonto alla sera, dalla sera alla notte, dalla notte all'alba, ho registrato con il telefonino l'avvento inesorabile dell'*Humanum Nihil* che si appresta ad annientarci, nullificarci e a trasformarci in niente. Se si è protagonisti della fine di tutte le cose, allora che si sia anche spettatori della fine di tutte le cose. E, dunque, si prenda visione di ciò che l'*Homo sapiens* ha seminato e ora raccoglie.

(All'inserviente)

Signorina, può collegare il cellulare con un cavo USB al computer e proiettare sul video-fondale del palcoscenico il documentario sulle finitudini del Nihil?

INSERVIENTE   Sarà fatto, subito!

(L'inserviente prende il cellulare del girovago, lo consegna a un tecnico della cabina di regia e torna ad accomodarsi in poltrona)

GYROVĂGUS

(Rivolgendosi alla cabina di regia)

Si clicchi sul desktop l'icona della cartella *Nihil* e si apra il *file 7*.

INSERVIENTE   Fatto!

{Cala lo schermo sul fondale del palco}

{N. B. Il regista, a sua scelta, può scegliere, montare e far proiettare sullo schermo, le immagini del documentario sul tema del *Nihil*, con sottofondo di suoni, rumori, brani musicali, sospiri, sussurri, grida, urla, lamenti, pianti, etc., etc.}

{Sullo schermo scorrono le immagini e i dati dei disastri economici e finanziari}

Economia. L'illusione della disponibilità perpetua, senza limiti, delle risorse, è finita.

USCERE   Finzione o realtà?

SCENOTECNICO   Finzione! Finzione! Non gli si creda!

APPARATRICE   Finzione? Realtà! realtà!

SCENOTECNICO	No! Finzione! Finzione! Finzione!
APPARATRICE	Ma che finzione! Realtà, realtà, realtà!
SCENOTECNICO	Finzione!
APPARATRICE	Realtà!
DIRETTORE DI SALA GYROVĂGUS	Che può succederci, ancora?

(Rivolgendosi alla cabina di regia)

Si clicchi sul desktop l'icona della cartella *Nihil* e si apra il *file 11*.

{Sullo schermo scorrono immagini e dati sulla crescita esponenziale della popolazione nel mondo}

La crescita esponenziale demografica, smisurata e senza controllo, sta esaurendo le risorse dell'ambiente e la Terra non è più in grado di produrre cibo per tutti.

USCERE	Finzione o realtà?
SCENOTECNICO	Finzione! Finzione! Non gli si creda!
APPARATRICE	Finzione? Realtà! realtà!
SCENOTECNICO	No! Finzione! Finzione! Finzione!
APPARATRICE	Ma che finzione! Realtà, realtà, realtà!
SCENOTECNICO	Finzione!
APPARATRICE	Realtà!
DIRETTORE DI SALA GYROVĂGUS	Che può succederci, ancora?

(Rivolgendosi alla cabina di regia)

Si clicchi sul desktop l'icona della cartella *Nihil* e si apra il *file 13*.

{Sullo schermo scorrono le immagini delle api}

GYROVĂGUS	Le api avvelenate dai pesticidi muoiono. La mancata impollinazione delle coltivazioni sta causando la mancanza di raccolti e la fame nel mondo, con

	conseguenze catastrofiche.
USCERE	Finzione o realtà?
SCENOTECNICO	Finzione! Finzione! Non gli si creda!
APPARATRICE	Finzione? Realtà! realtà!
SCENOTECNICO	No! Finzione! Finzione! Finzione!
APPARATRICE	Ma che finzione! Realtà, realtà, realtà!
SCENOTECNICO	Finzione!
APPARATRICE	Realtà!
DIRETTORE DI SALA GYROVĂGUS	Che può succederci, ancora?

(Rivolgendosi alla cabina di regia)

Si clicchi sul desktop l'icona della cartella *Nihil* e si apra il *file 17*.

{Sullo schermo scorrono le immagini di disastri naturali là dove provocano la perdita di vite umane e causano danni ingenti}

GYROVĂGUS	Rischi e disastri naturali: frane, valanghe, terremoti, eruzioni vulcaniche, inondazioni, alluvioni, maelström, tsunami, ondate di caldo e freddo, tornado, cicloni, uragani.
USCERE	Finzione o realtà?
SCENOTECNICO	Finzione! Finzione! Non gli si creda!
APPARATRICE	Finzione? Realtà! realtà!
SCENOTECNICO	No! Finzione! Finzione! Finzione!
APPARATRICE	Ma che finzione! Realtà, realtà, realtà!
SCENOTECNICO	Finzione!
APPARATRICE	Realtà!
DIRETTORE DI SALA GYROVĂGUS	Che può succederci, ancora?

(Rivolgendosi alla cabina di regia)

Si clicchi sul desktop l'icona della cartella *Nihil* e si apra il *file 19*.

{Sullo schermo scorrono le immagini di disastri "propter hominem pertinet perspicacem exercendi", là dove provocano la perdita di vite umane e causano danni ingenti)

GYROVĂGUS | Deforestazione, siccità, desertificazione, inquinamento, problema dell'accumulo e dello smaltimento della spazzatura, pratiche agricole nocive, carestie, epidemie, pandemie, eccessivo consumo dell'energia elettrica, enorme uso del petrolio e del carbone, incendi dolosi, aumento dell'anidride carbonica nell'atmosfera e incapacità di ridurla, riscaldamento, spreco di acqua, scioglimento dei ghiacciai, innalzamento del livello dei mari.

USCERE Finzione o realtà?

SCENOTECNICO Finzione! Finzione! Non gli si creda!

APPARATRICE Finzione? Realtà! realtà!

SCENOTECNICO No! Finzione! Finzione! Finzione!

APPARATRICE Ma che finzione! Realtà, realtà, realtà!

SCENOTECNICO Finzione!

APPARATRICE Realtà!

DIRETTORE DI SALA
GYROVĂGUS Che può succederci, ancora?

(Rivolgendosi alla cabina di regia)

Si clicchi sul desktop l'icona della cartella *Nihil* e si apra il *file 23.*

{Sullo schermo scorrono le immagini di esodi, crimini, di conflitti sociali, culturali, ideologici, politici, razziali, religiosi e d'instabilità sociale}

USCERE Finzione o realtà?

SCENOTECNICO Finzione! Finzione! Non gli si creda!

APPARATRICE Finzione? Realtà! realtà!

SCENOTECNICO No! Finzione! Finzione! Finzione!

APPARATRICE Ma che finzione! Realtà, realtà, realtà!

SCENOTECNICO Finzione!

APPARATRICE Realtà!

DIRETTORE DI SALA
GYROVĂGUS Che può succederci, ancora?

(Rivolgendosi alla cabina di regia)

Si clicchi sul desktop l'icona della cartella *Nihil* e si apra il *file 29.*

{Sullo schermo appare l'immagine di uno jettatore che annuncia la dichiarazione di guerra all'umanità da parte dei microbi, dei germi, dei batteri, dei virus e dei prioni infettivi}

	Malattie, epidemie e morte.
USCERE	Finzione o realtà?
SCENOTECNICO	Finzione! Finzione! Non gli si creda!
APPARATRICE	Finzione? Realtà! realtà!
SCENOTECNICO	No! Finzione! Finzione! Finzione!
APPARATRICE	Ma che finzione! Realtà, realtà, realtà!
SCENOTECNICO	Finzione!
APPARATRICE	Realtà!
DIRETTORE DI SALA GYROVĂGUS	Che può succederci, ancora?

((Rivolgendosi alla cabina di regia)

Si clicchi sul desktop l'icona della cartella *Nihil* e si apra il *file 31.*

{Sullo schermo scorrono le immagini di guerre combattute con armi chimiche, biologiche, nucleari, e si dà informazione su quelle geofisiche, a puntamento di energia, geofisiche, a onde di energia, psicotroniche e genetiche che potrebbero accadere nel futuro prossimo}

	Lo sfacelo!
USCERE	Finzione o realtà?
SCENOTECNICO	Finzione! Finzione! Non gli si creda!
APPARATRICE	Finzione? Realtà! realtà!
SCENOTECNICO	No! Finzione! Finzione! Finzione!
APPARATRICE	Ma che finzione! Realtà, realtà, realtà!
SCENOTECNICO	Finzione!
APPARATRICE	Realtà!
DIRETTORE DI SALA GYROVĂGUS	Che può succederci, ancora?

(Rivolgendosi alla cabina di regia)

Si clicchi sul desktop l'icona della cartella *Nihil* e si apra il *file 37*.

{Sullo schermo scorrono le immagini della fine del mondo}

	L'apocalisse! L'estinzione della specie umana nel mondo!
USCERE	Finzione o realtà?
SCENOTECNICO	Finzione! Finzione! Non gli si creda!
APPARATRICE	Finzione? Realtà! realtà!
SCENOTECNICO	No! Finzione! Finzione! Finzione!
APPARATRICE	Ma che finzione! Realtà, realtà, realtà!
SCENOTECNICO	Finzione!
APPARATRICE	Realtà!
DIRETTORE DI SALA	Che può succederci, ancora?
GYROVĂGUS	È la fine, e la fine è una fine finita, che non riprincipia alcun inizio.
USCERE	Finzione o realtà?
SCENOTECNICO	Finzione! Finzione! Non gli si creda!
APPARATRICE	Finzione? Realtà! realtà!
SCENOTECNICO	No! Finzione! Finzione! Finzione!
APPARATRICE	Ma che finzione! Realtà, realtà, realtà!
SCENOTECNICO	Finzione!
APPARATRICE	Realtà!
DIRETTORE DI SALA	Che può succederci, ancora?
USCERE	Contro quali emergenze, minacce, rischi e pericoli, dobbiamo organizzarci per prevenire e combattere il Nihil?
APPARATRICE	Il profeta *sa* indicare come evitare il *Nihil*?
DIRETTORE DI SALA	Che fare, subito?
GYROVĂGUS	Vi guidi la coscienza, la morale, l'etica! Io dico che ognuno è sostanziato di bene & male. Chi fa del bene agli altri fa del Bene a sé. Chi fa del male agli altri fa del male a sé. Benedetto è chi fa del bene e maledetto chi fa del male. Siate, dunque, o benedetti o

maledetti! Che ognuno si prenda cura di sé, dell'altro e del mondo facendo il bene a sé e agli altri!

(Rivolgendosi alla cabina di regia)

Si clicchi sul desktop l'icona della cartella *Nihil* e si apra il *file 41*.

{Sullo schermo scorrono le immagini delle crudeltà umane}

GYROVĂGUS	Peggio di così si può?
USCERE	Finzione o realtà?
SCENOTECNICO	Finzione! Finzione! Non gli si creda!
APPARATRICE	Finzione? Realtà! realtà!
SCENOTECNICO	No! Finzione! Finzione! Finzione!
APPARATRICE	Ma che finzione! Realtà, realtà, realtà!
SCENOTECNICO	Finzione!
APPARATRICE	Realtà!
DIRETTORE DI SALA	E, ora, che fa il profeta?
GYROVĂGUS	Il profeta va via, altrove, ad annunciare la furia devastante, annientante e nullificante del Nihil. Il *resto* del tutto, che è ancora in esserci, svanirà nel niente più, poiché l'operare del Nihil, il *suo* fare, svolgersi e compiersi vanifica l'esserci e il suo esserci per il suo non esserci più e per il suo niente più.

(Il profeta e l'Inserviente scendono dal palco, attraversano la sala e vanno alla cabina di regia. Il profeta riprende il suo cellulare, saluta e abbraccia l'Inserviente ed esce)

SCENOTECNICO	Il profeta è pazzo!
INSERVIENTE	No, egli è saggio!
SCIENZIATO	Diffidate dei venditori di verità, risparmiatevi di interrogare gli oracoli e gli indovini e di dare retta agli oroscopi e agli aruspici: che nessuno sa al 100% quel che è il futuro!
DIRETTORE DI SALA	Chi è là, del pubblico, che pare intendersi di futuro?
SCIENZIATO	Son qua, in fondo alla sala.
DIRETTORE DI SALA	Avanti, avanti! Anche lei, che non ha aria di profeta,

sa infilarsi nella predizione dell'avvenire?

SCIENZIATO
Non con la profezia ma con la scienza.

DIRETTORE DI SALA
E come pensa di predire il futuro?

SCIENZIATO
Sulla base di calcoli e dati scientifici.

DIRETTORE DI SALA
Su, dunque, s'infili nella predizione e sfili il futuro!

SCIENZIATO
Premetto che sono uno scienziato, non un profeta o un indovino. La previsione, ovvero la conoscenza e l'annuncio in anticipo di quanto accadrà in futuro, è sulla base di presunte doti di chiaroveggenza da parte del profeta e di divinazione dall'indovino, e sul processo empirico e logico dallo scienziato. Dato che il mio motto è «meglio non parlarne che parlarne male» affermo che la scienza è un sistema di conoscenze ottenute attraverso un'attività di ricerca, prevalentemente organizzata con procedimenti metodici e rigorosi, coniugando la sperimentazione con ragionamenti logici condotti a partire da un insieme di assiomi. Lo scienziato controlla costantemente che le osservazioni sperimentali siano coerenti con le ipotesi e i ragionamenti svolti. L'obiettivo dello scienziato è di pervenire a una descrizione verosimile, con carattere predittivo, della realtà e delle leggi che regolano l'apparenza dei fenomeni.

DIRETTORE DI SALA
Che verrà dal futuro?

APPARATRICE
Verranno gli angeli superbi dal cielo a nullificare la terra e l'umanità?

SCENOTECNICO
La loro venuta sulla Terra sarebbe una sciagura per l'umanità!

APPARATRICE
Verranno gli alieni a conquistarci, a colonizzarci e ad annientarci? Ci deporteranno di là per rinchiuderci in uno zoo o in qualche laboratorio per trattarci da cavie per i loro esperimenti disumani?

SCENOTECNICO
La loro venuta sulla Terra sarebbe una sciagura per l'umanità!

APPARATRICE
Dai Centri di fertilità della Terra, gli alieni

preleveranno gli ovuli, gli spermatozoi e gli embrioni umani crioconservati e gli embrioni dei regni dei viventi, animali e vegetali, per involarli e fecondarli altrove!

USCERE E di là, con gli alieni, che cosa accadrà?

APPARATRICE Noi terrestri stabiliremo con gli alieni un'amicizia curiosa, fraterna, non ostile, ed eterna?

DIRETTORE DI SALA Che verrà dal futuro?

APPARATRICE Saremo noi a salire in cielo, visto e considerato che la Terra è in agonia e potrà esalare, presto, il suo ultimo respiro, l'umanità saprà, se non vorrà estinguersi, dovrà organizzarsi per trasferirsi in altre oasi celesti?

SCENOTECNICO Signor scienziato, e se nell'immensità, quasi infinita, dell'Universo, non ci fosse nessuno e neppure un pianeta extrasolare abitabile per la specie umana?

DIRETTORE DI SALA E, dunque, signor scienziato che è che venendo dal futuro?

{Sullo schermo scorrono le immagini dell'Universo, osservate e raccolte dal telescopio spaziale Hubble}

INSERVIENTE Qual è la probabilità, da zero a infinito, che di là, oltre il nostro sistema solare, ci sia un pianeta simile alla Terra e posto alla necessaria distanza dalla sua stella per avere temperature tali da consentire agli umani di viverci?

SCIENZIATO Si chiama K2-18 b ed è un pianeta dalla massa simile a quella alla Terra, da cui dista 110 anni luce. 1 anno luce corrisponde alla distanza percorsa dalla luce nel vuoto ed equivale a circa 9. 460. 730. 472. 581 chilometri.

DIRETTORE DI SALA Ammesso di raggiungerlo e di abitarlo, in quanto tempo saremmo capaci di nullificare K2-18 b?

SCIENZIATO In un lampo! Ma dubito che gli umani riusciranno a porsi in salvo in uno dei 4.000 pianeti extrasolari, sulla cui composizione e natura si sa poco, o su K2-

	18 b, così remoto, da poterlo raggiungere prima che la Terra muoia a causa del disastro ambientale o per la fine del sistema solare e per qualche accidente proveniente dall'empireo!
DIRETTORE DI SALA	Perché, che potrebbe esserci destinato di malefico dal Cielo?
SCIENZIATO	L'impatto di un grosso asteroide o di una cometa con la Terra o con la Luna o il raggio gamma dell'esplosione di una stella che investirebbe la Terra distruggendo lo strato di ozono che la protegge e polverizzandola in un baleno.
USCERE	Finzione o realtà?
SCENOTECNICO	Finzione! Finzione! Non gli si creda!
APPARATRICE	Finzione? Realtà! realtà!
SCENOTECNICO	No! Finzione! Finzione! Finzione!
APPARATRICE	Ma che finzione! Realtà, realtà, realtà!
SCENOTECNICO	Finzione!
APPARATRICE	Realtà!
SCENOTECNICO	Fantasie degli scienziati! Non gli si creda!
APPARATRICE	Fantascienza? Scienza, scienza!
DIRETTORE DI SALA	Che cosa accadrà, ancora, di funesto, nel futuro?
SCIENZIATO	L'aumento della luminosità solare causerà impatti fatali sulla Terra: l'acqua si riscalderà ed evaporare; sarà la morte per l'umanità, prima ancora che, il Sole, nato 4,57 miliardi di anni fa, tra cinque o, sei o sette miliardi di anni, esaurirà l'idrogeno del suo nucleo, diventerà una gigante stella rossa e risucchierà Venere, Mercurio e la Terra.
USCERE	Finzione o realtà?
SCENOTECNICO	Finzione! Finzione! Non gli si creda!
APPARATRICE	Finzione? Realtà! realtà!
SCENOTECNICO	No! Finzione! Finzione! Finzione!
APPARATRICE	Ma che finzione! Realtà, realtà, realtà!
SCENOTECNICO	Finzione!
APPARATRICE	Realtà!
SCENOTECNICO	Fantasie degli scienziati! Non gli si creda!

APPARATRICE	Fantascienza? Scienza, scienza!
DIRETTORE DI SALA	Che cosa accadrà, ancora, di funesto, dal futuro?
SCIENZIATO	L'Universo continuerà a espandersi sempre di più, finché tutte le stelle moriranno e le galassie si dissolveranno.
USCERE	Finzione o realtà?
SCENOTECNICO	Finzione! Finzione! Non gli si creda!
APPARATRICE	Finzione? Realtà! realtà!
SCENOTECNICO	No! Finzione! Finzione! Finzione!
APPARATRICE	Ma che finzione! Realtà, realtà, realtà!
SCENOTECNICO	Finzione!
APPARATRICE	Realtà!
SCENOTECNICO	Fantasie degli scienziati! Non gli si creda!
APPARATRICE	Fantascienza? Scienza, scienza!
DIRETTORE DI SALA	Che cosa accadrà, ancora, di funesto, nel futuro?
SCIENZIATO	La catastrofe, il disastro, la distruzione della nostra specie, che scomparirà, per sempre!
USCERE	Finzione o realtà?
SCENOTECNICO	Finzione! Finzione! Non gli si creda!
APPARATRICE	Finzione? Realtà! realtà!
SCENOTECNICO	No! Finzione! Finzione! Finzione!
APPARATRICE	Ma che finzione! Realtà, realtà, realtà!
SCENOTECNICO	Finzione!
APPARATRICE	Realtà!
SCENOTECNICO	Fantasie degli scienziati! Non gli si creda!
APPARATRICE	Fantascienza? Scienza, scienza!
DIRETTORE DI SALA	Che cosa accadrà, ancora, di funesto, nel futuro?
SCIENZIATO	Poiché l'energia si consuma in un processo irreversibile, si preconizza la morte termica dell'universo.

{Fine delle proiezioni. Si alza lo schermo}

(Esce dalla sala a capo chino)

USCERE

(Con espressione vocale spaventata)

Tutto finisce nel nulla. L'infinito, annientato e nullificato dal Nihil, finirà nel nulla. La luce si spegnerà nelle tenebre del Nihil. *Ex nihilo nihil fit* o *De nilo nil* . Dal nulla viene nulla. Dal nulla si va per il nulla, con il nulla, nel nulla. Finirà l'eternità. Nulla più sarà eterno. È così che va?

DIRETTORE DI SALA Va così.

(Breve pausa)

Uscere, che sta pensando?

USCERE Sovrappopolazione, inquinamento, pioggia acida, effetto serra supermassivo, allargamento del buco dell'ozono, compromissione della biosfera, glaciazione globale, guerre nucleari e biochimiche. Come poter ostacolare, ritardare, evitare ed impedire il Nihil, che ci tormenta e trascina sempre più nel suo tenebroso abisso?

BALLERINO

(Si alza dalla poltrona numero 30, fila Q di destra, il ballerino Giovanni Castelli del corpo di ballo del Teatro dell'Opera di Roma)

Su, su, con la vita!

(Attraversa il corridoio centrale con movenze di danza e va sul palcoscenico)

Signor Fonico,

(rivolgendosi alla cabina di regia)

prego, una meravigliosa, struggente, soave e sublime musica!

FONICO Ah, sì?

BALLERINO E che sia maestosa e luminosa!

FONICO Che vuole danzare?

BALLERINO La sinfonia n. 7 in la maggiore, op. 92 di Ludwig van Beethoven, di cui Richard Wagner, in *Das*

Kunstwerk der Zukunft, ovvero *L'opera d'arte dell'avvenire*, scrisse: «La sinfonia è l'apoteosi della danza: è la danza nella sua suprema essenza, la più beata attuazione del movimento del corpo quasi idealmente concentrato nei suoni. Beethoven nelle sue opere ha portato nella musica il corpo, attuando la fusione tra corpo e mente».

FONICO È composta di quattro movimenti e dura troppo tempo: trentotto minuti circa. È giunta l'alba e il turno notturno è terminato. Tra poco verranno a sostituirci i colleghi della turnazione del mattino. Si limiti a danzare un movimento della sinfonia.

BALLERINO Su, su, allora il secondo movimento, l'*Allegretto*.

(Il ballerino danza il tema dolente sul palcoscenico e il tema cantabile nel corridoio centrale della platea)

(Il pubblico applaude l'esibizione del ballerino ed esce dalla sala. Si fa silenzio)

FONICO Signor Direttore di sala, è quasi giorno e noi si è stanchi e si vuole dormire.

DIRETTORE DI SALA Andate, andate! Che volete più fare adesso?

FONICO Allora, buonanotte.

DIRETTORE DI SALA A domani, solita ora, e siate puntuali, ognuno al proprio posto di lavoro.

SCENOTECNICO Buon riposo. A più tardi.

APPARATRICE A più tardi. Buon riposo.

USCERE Si va a riposare anche noi, signor Direttore di sala?

DIRETTORE DI SALA Ma sì, ma sì! Che vogliamo più fare adesso? Signor Tecnico Luci, spenga tutte le luci che, ora, basta il fascio luminoso del sole ad illuminare le tenebre del teatro! Su, andiamo via anche noi Uscere. Su, via, colleghi, usciamo dalla scena.

USCERE Alla luce del sole.

TECNICO LUCI Alla luce del sole.

(In fondo alla sala, tutti si salutano con abbracci e strette di mano, augurandosi di godersi un meritato riposo, senza patemi d'animo e più tardi, sul far della sera, insieme a tutti i colleghi, ricevere e applaudire il Teatrante Temerario, nel ruolo di proprietario, gestore e direttore artistico del Tm&vT)

(Escono tutti i dipendenti della turnazione notturna, tranne che la custode e l'inserviente)

REGISTA TVTT

    (Dalla cabina di regia)

	Lo spettacolo è finito?
INSERVIENTE	Chi è là, in fondo, ancora, aggrovigliato nelle tenebre?
REGISTA TVTT	Sono il regista del programma televisivo "Il teatro del teatro a Théatropólis".
INSERVIENTE	Ah, che piacevole sorpresa! È ancora là, nella cabina di regia, al suo posto di comando, a dirigere le riprese della realtà al posto della finzione?
REGISTA TVTT	Finché si è ancora in scena, si continua a trasmettere in diretta. Che si fa, ora?
INSERVIENTE	Che vuol più fare adesso? Lo spettacolo è finito! Vada, vada!
REGISTA TVTT	Ma lei che fa ancora in scena?
INSERVIENTE	Leggo sul tablet le adesioni alla commedia della realtà da fare.
REGISTA TVTT	Che tipo di proposte ha ricevuto?
INSERVIENTE	Teatro, danza, musica, reading di poesia e narrazione, folclore, conferenze, convegni, dibattiti, seminari di studio, sfilate di moda, quiz, game, talk e reality show e altro ancora da fare spettacolo a mai fine!
REGISTA TVTT	Mi scusi, signorina, se lei è d'accordo, noi di TVTT si va via, che siamo sfiniti.
INSERVIENTE	No, guardi che ora si fa subito *La commedia della realtà.*
REGISTA TVTT	Allora, non chiudo.
INSERVIENTE	Non chiuda!
REGISTA TVTT	

    (Agli operatori di ripresa televisiva)

      Si fa la turnazione. La trasmissione continua.

(Il regista si fa sostituire dal suo vice ed esce dalla cabina di regia con alcuni operatori di ripresa)

CUSTODE

(All'inserviente)

Vai a riposarti. Lo spettacolo è finito. Che vuoi più fare adesso?

INSERVIENTE

Ordinare sul programma Microsoft Excel le proposte di partecipazione alla commedia della realtà da fare, ripartendole per categorie d'intervento, così sarà più facile al Magĭster di pianificare nel dettaglio la scaletta degli interventi. Wow, quante proposte! Foglio 1: teatro. Foglio 2: danza. Foglio 3: musica. Foglio 4: reading di poesia e narrazione. Foglio 5: folclore. Foglio 6: quiz show. Foglio 6: game show. Foglio 7: talk show. Foglio 8: reality show. Foglio 9: sfilate di moda. Foglio 10: conferenze. Foglio 11: convegni. Foglio 12: altro. Indicare in ciascun foglio, dalla lettera A alla lettera Z della colonna orizzontale, in basso, in ordine di successione, il tipo d'intervento e dalla lettera A alla lettera Z della colonna verticale, in alto, in ordine di successione, titolo, protagonista, indirizzo, telefono e altro. Per esempio, nel Foglio 1, dramma, inserire nella colonna A, il titolo dell'opera; nella colonna B il nome dell'autore; nella colonna C il nome della compagnia; nella colonna D, l'indirizzo di posta elettronica e numero di telefono fisso e cellulare.

(Fra sé e sé)

Questa proposta va qui, al Foglio1 (teatro); questa va là, al Foglio 6 (quiz show); quest'altra va qua, al Foglio 9 (sfilata di moda); quest'altra va lì, questa va qua, questa va lì, quest'altra va qui, quest'altra va là. Qua, vanno gli allievi teatranti dell'Accademia Nazionale d'Arte Drammatica che si esibiscono nella rappresentazione muta del finale del "Fedone".

(Legge la scheda)

> La scena della morte di Socrate (Scena LXIV) in cui l'azione è narrata dai gesti, dall'espressione del volto e dai movimenti del corpo. Socrate si lava, saluta i suoi familiari e li accomiata. L'ufficiale degli Undici annuncia a Socrate di dover bere il veleno per ordine delle autorità, poi piange, a dirotto, gli volta le spalle e scompare. Critone tenta di ritardare la somministrazione del veleno, ma Socrate, dimostrando di non sentirsi così incollato alla vita e di guadagnare tempo, lo sollecita a sbrigarsi nel far eseguire la sentenza della sua condanna a morte. Socrate chiede e riceve le istruzioni da eseguire e, dopo aver bevuto da una ciotola il veleno, si dispone a morire. Il pianto degli amici del filosofo, fino allora frenato, scoppia irrefrenabile, mentre lui, che si sarebbe aspettato da loro parole d'augurio buono, gli ingiunse di calmarsi. Socrate muore e Critone gli compone la bocca e gli occhi.

(Si commuove)

Al Foglio 12 (altro) inserisco il Circo Errante degli Zingari. Esibizioni di clown, mimi, prestigiatori, giocolieri e illusionisti. Gli allievi dell'Accademia Nazionale di Danza che ballano "Il valzer dei fiori" dal balletto "Lo Schiaccianoci", di Pëtr Il'ic Cajkovskij vanno nel Foglio 2. I concerti, vediamo, li inserisco qui. In date diverse, in quest'ordine.

(Digita, copiando e incollando in un foglio Excel, le proposte dei concerti)

> *Omaggio a Billie Holiday*. Ada Montellanico (voce), Stefano "Cocco" Cantini (sassofoni), Giovanni Ceccarelli (pianoforte), Pietro Ciancaglini (contrabasso), Lorenzo Tucci (batteria).

> Shining Quartet. Mario Rahi (violino), Mario de Meo (clarinetto), Gabriele Bassi (violoncello), Francesco Ruggiero (chitarra). Tutti i brani sono stati trascritti e arrangiati da Francesco Ruggiero. Brani: *Tarantella del '600*, (Francesco Ruggiero); Carcioffolà (Di Giacomo-Di Capua); Connie's Wedding (Carmine Coppola); *Der Huser Bulgar* (melodia popolare); *Il cuoco* (Francesco Ruggiero); *Mediterranea* (Francesco Ruggiero); *Klez Dance* (Francesco Ruggiero); *Jeux d'enfant* (Réné Dupéré); *Por una gabeza*, di Carlos Gardel; *Il postino*, di Luis Bacalov; Name Day Waltz (Magnis Fiennes); *Amici miei*, atto II, (Carlo Rustichelli); *Oci ciorna* (brano tradizionale russo); *La vita è bella* (testo di Roberto Benigni, Musica di Nicola Piovani); Csáardás (Vittorio Monti).

> Anna D'Alessio (voce) e Claudio Tomei (voce, chitarra). Brani: "Splendida tristezza", "Quando ke Florentia estava nella guera" e "Quale porto". Testi di Riccardo Canori e musiche di Claudio Tomei.

> Coro di Musicoterapia Contemplativa della Comunità di Accoglienza Residenziale "Adoremus Vitae". Dirige: Angelus Servidei. Brani: "Ave Maria"

(Giulio Caccini); "Eccomi" (Marco Frisina); "Signore delle cime" (Giuseppe De Marzi).

Pierluigi Moschitti, tammorra, tamburello e percussioni; Stefano Moschetti, chitarra e voce; Ettore Panno, chitarra, tammorra e voce; Antonello Rosati, tamburello e voce; Emanuela Mastrobattista, tamburello e voce; Fabio Pannozzo, mandolino; Federico Iacovacci, organetto. Brani e cantanti: "Marinaresca", cantata da Stefano Moschetti; "Garganella", cantata da Stefano Moschetti e Antonello Rosati; "Serenata a Nannarella", cantata da Antonello Rosati; "Michelemmà", cantata da Stefano Moschetti e Antonello Rosati; "Marinariello cantata da Ettore Panno.

Le melodie del mare. Musiche di Antonio Cafolla. Brani eseguiti al pianoforte elettrico/digitale da Angelo Olivieri. Brani: "Tramonto sul mare"; "Sotto un cielo stellato"; "Ricordi"; "L'alba sull'isola"; "Samba del mare"; "Sogno d'estate"; Sfera di cristallo".

I liceali musici del Conservatorio "Gioacchino Rossini", suonano "jazz suite waltz n. 2", del russo Dmitri Dmitriyevich Shostakovich.

Francesca Castelli (voce) e Luigi de Meo (pianoforte). Brani: "I'm kissing you", di Desree Annette Weekes/Tim Atack; "Don't you remember", di Adele Laurie Blue Adkins/Daniel Dodd Wilson; "Fly me to the moon", di Bart Howard; "Halleluyah" di Leonard Cohen.

	Basta, non ne posso più! Mi sento spossata!
CUSTODE	Vai, fila diritto a riposare, Zézè! Resto io ad aspettare i colleghi della turnazione del mattino.
INSERVIENTE	Il fatto è che con tutti i pensieri che mi frullano per la testa non riuscirei a prendere sonno.
CUSTODE	Così stressata, rischi l'ischemia cerebrale! Che ti agita?
INSERVIENTE	Come *teatrare* la realtà da fare.
CUSTODE	*Teatrare*!?
INSERVIENTE	*Teatrare* è un neologismo *coniato* da Iosif Smirnov da intendersi nel contesto teatrale come creato, inventato per distinguerlo dai verbi sinonimi *inscenare* e *teatralizzare*.
CUSTODE	Qual è la differenza?
INSERVIENTE	A differenza di *inscenare,* che significa allestire, mettere in scena, rappresentare l'opera di un autore, e di *teatralizzare, che* significa rendere teatrale una situazione in modo enfatico, retorico, *teatrare* significa considerare la realtà, così com'è in situazione reale, autentica, vera-falsa o vera-vera,

enfatica o no, retorica o no, la messa in scena, la rappresentazione, la teatralizzazione di sé da sé, sempre e in ogni caso, nell'essente-presente del presente.

CUSTODE
Qual è il distinguo tra i tre concetti evocati che io non distinguo?

INSERVIENTE
La realtà! La realtà della realtà! Il teatro della realtà che di sé si *teatra* da sé! Non si fa teatro mettendo in scena nel 2018 una commedia di Pirandello scritta un secolo prima, bensì la commedia della realtà stessa che, di sé, si fa da sé e si teatra unicamente all'istante, irripetibile, irreplicabile.

CUSTODE
Una realtà che è teatro, teatro della realtà! Una realtà che di sé si teatra da sé, senza autore, senza regista, senza personaggio, senza attore, senza un copione o un canovaccio, se non una realtà che è autore, personaggio, attore e regista di sé stessa? Consegnare al teatro non l'opera dell'autore di teatro, ma l'opera *teatrata* dalla realtà, ovvero l'opera creata dalla realtà in una specifica, peculiare e singolare situazione, nella condizione temporale dell'hic et nunc, del qui e ora, dell'istante nell'istante, nell'istante dell'istante, unica, non replicabile.

INSERVIENTE
In teatro, la realtà è recitata e, quindi, si fa la finzione della realtà. Nella realtà, la realtà teatra la realtà e la realtà è teatro della realtà. Un teatro della realtà che non teatra il passato ma, esclusivamente, l'essente-presente del presente. Una realtà che si teatra, esclusivamente, nell'istantaneità. La realtà come opera teatrale di sé stessa, opera teatrale della realtà. La realtà come spettacolo, lo spettacolo della realtà. La commedia della realtà, la realtà della commedia.

CUSTODE
Zézè, come ti si è conficcata nella testa un'idea del genere?

INSERVIENTE	Nel periodo dello sciopero alla rovescia, dell'occupazione e della gestione a oltranza, noi si farà teatro con la commedia della finta finzione.
CUSTODE (sospirando)	Mah! Fare lo spettacolo della realtà, anziché dell'arte!
INSERVIENTE	Dice Iosif Smirnov: Il palcoscenico è la finzione della realtà del mondo e la finta finzione della realtà del mondo e il mondo è la finzione della realtà del palcoscenico e la finta finzione della realtà del palcoscenico; nel palcoscenico, con la rappresentazione della finzione della realtà del mondo e della finta finzione della realtà del mondo, e nel mondo, con la rappresentazione della finzione della realtà del palcoscenico e della finta finzione della realtà del palcoscenico, ognuno persegue gli scopi del proprio agire nel ruolo di autore, personaggio, attore e regista di sé.
CUSTODE	Che testolina! Mi par di sentire Lui! Stesso DNA, stesso genio! *Qualis Pater talis filius.*
INSERVIENTE	Non sarò mai pari al Suo cervellone! Mamma, ma noi, da qui alla fine per sempre dell'esserci, da qui all'apocalisse cosmica, da qui alla fine ineluttabile, inesorabile dell'universo, da qui alla fine dello spazio e del tempo, da qui al nihil assoluto, che si fa?
CUSTODE	Si fa la commedia, la commedia della realtà.

(Pausa di silenzio, come di meditazione sul fluire del tempo e della sua fine; poi, madre e figlia si sorridono e abbracciano dondolandosi)

{Bagliore intenso e di breve durata}

FINE

I PERSONAGGI DELLA RAPPRESENTAZIONE TEATRALE (PARTE TERZA)
(in ordine alfabetico)

MACCHINISTA
DIRETTORE DI SCENA
SEGRETARIO
DIRETTORE-CAPOCOMICO
PRESBITERO
UN ATTORE
L'ATTORE GIOVANE
L'ATTRICE GIOVANE
SUGGERITORE
FONICO
FP CAPO ELETTRICISTA
GIURECONSULTA
TROVAROBE
UN'ATTRICE
UN ALTRO ATTORE
PRIMO ATTORE
QUESTORE
USCERE
I filodrammatici resilienti
MEDICO
CAPOCOMICO RSA
Una filodrammatica resiliente
PUBBLICO (*della platea*)
Una filodrammatica CRA
MONICA
UNO (*della balconata I*)
DIRETTORE CRA
GIP
Un filodrammatico resiliente
ATTORE *(il padre)*
UNA (*della platea*)
UNO (*della platea*)
ATTRICE *(la figliastra)*
ATTORE *(il figlio)*
ATTRICE *(la madre)*
PUBBLICO (*della platea*)
CAPOCOMICO IP&RG
UNO (*della Confraternita*)
UNA (*della Confraternita*)
ALTRI (*della balconata I*)
UNA (*della balconata II*)
UNO (*della balconata II*)
UN ALTRO (*della balconata II*)
UNA (*di qua*)
UNA (*di là*)
UNA (*di sopra*
UNA (*di sotto*)
UNA (più in là)
UNA (più in qua)
POMPIERE
PUBBLICO (*delle balconate*)
PADRE (*recluso*)

FIGLIASTRA (*reclusa*)
MADRE (*reclusa*)
UN POLIZIOTTO
UN ALTRO POLIZIOTTO
GESTORE
PREFETTA
TECNICO
PRIMA ATTRICE
FACTOTUM
Spirito personaggio direttore-capocomico
Spirito personaggio padre
Spirito personaggio figliastra
Lo spirito di Pirandello
AVVOCATO
UN CRONISTA
MAGĬSTER
UNA CRONISTA
UN ALTRO CRONISTA
UN'ALTRA CRONISTA
TEATRANTE TEMERARIO
COORDINATORE
APPARATRICE
INSERVIENTE
TECNICO LUCI
RAGIONIERE
GUARDAROBIERA
TELEFONISTA
TICKET SELLER
SIPARISTA
SARTA
COSTUMISTA
TRUCCATRICE
PARRUCCHIERA
MASCHERA
TRUCCATRICE
UNA GIOVANE COMPARSA
CASSIERA
REGISTA TVTT
SCENOGRAFA
DIRETTORE DI SALA
CUSTODE
AGENTE SAE
GYROVĂGUS
SCENOTECNICO
SCIENZIATO
BALLERINO

PARTE QUARTA
{Fuori rappresentazione}

APPENDICE

TEATRO DELLE MASCHERE & DEI VOLTI DI THÉATROPÓLIS

OCCUPAZIONE, SCIOPERO ALLA ROVESCIA E AUTOGESTIONE A OLTRANZA

{N.B. Durante il periodo dell'occupazione e dell'autogestione del Tm&vT la commedia della realtà da fare si svolgerà giornalmente nel tempo di 21,7727778 h, alla fine della rappresentazione di *Sei personaggi in cerca d'autore* di Luigi Pirandello}

AGP TM&VT

PRESENTA:

La commedia della realtà da fare
I

*

In
programma:
teatro, danza, musica,
reading di poesia e narrazione,
folclore,
conferenze, convegni, dibattiti, seminari di studio,
sfilate di moda,
quiz, game, talk e reality show.

UNA CLOCHARD

(In fondo alla sala)

	È qua, in questo mortorio, che si fa lo spettacolo della vita dal vivo?
DIRETTORE DI SALA	Sì! Da dove venite?
UNA CLOCHARD	Da Asylumpólis, precisamente dal *Rifugio di emergenza* di Central Park.
DIRETTORE DI SALA	Siete stranieri?
UN CLOCHARD	Apolidi e senza documenti e identità. Siamo un quasi niente, insignificanti e socialmente inutili.
DIRETTORE DI SALA	Com'è che siete pervenuti in questo teatro?
UN CLOCHARD	Una strillona, là fuori, ci ha invitato a entrare in

teatro a fare da pubblico.

DIRETTORE DI SALA   Ah, bene! Prego, accomodatevi in poltrona.

UNA CLOCHARD   Resta qualche rimasuglio da mangiucchiare?

UN CLOCHARD   Si beve?

(Il Direttore di sala offre loro da mangiare e bere)

DIRETTORE DI SALA   Mai stati in teatro?

UN CLOCHARD   Mai!

(Mangiano e bevono in piedi)

UNA CLOCHARD   Che si fa lassù?

DIRETTORE DI SALA   Sul palco? Si mette in scena un'opera teatrale.

UN CLOCHARD   Ossia?

DIRETTORE DI SALA   Si rappresenta, per mezzo di artisti, davanti a un pubblico una storia vera, falsa, reale, finta, immaginata e inventata sia di fatti veri, falsi, reali, finti, immaginati e inventati di persone vere, false, reali, finte, immaginate e inventate e sia di persone vere, false, reali, finte, immaginate e inventate, inscenate davanti a un pubblico, attraverso la parola, il gesto, vocalità, suono, il canto, la danza o con una combinazione varia di diverse arti performative.

UNA CLOCHARD   Si può curiosare lassù, sul palco?

DIRETTORE DI SALA   Certo che sì! Salite la scaletta

(La coppia di clochard sale sul palco)

UN CLOCHARD   Che si fa, ora, noi, insignificanti, sul palco?

DIRETTORE DI SALA   Sulla scena del palco si dà significato anche all'insignificanza e si può fingere di essere chiunque e di dire e fare qualsiasi cosa.

UN CLOCHARD   Per davvero?

DIRETTORE DI SALA   Per davvero!

UN CLOCHARD   Io vorrei fingermi re! Un re delle fiabe! Un re che mangia a sazietà, sempre felice e contento, e che non muore mai.

UNA CLOCHARD	Che gusto c'è a fingere di mangiare, quando, in realtà, sei affamato?
UN CLOCHARD	Non è meglio mangiare per finta che non mangiare affatto?
UNA CLOCHARD	Finta per finta, dovresti, per davvero, fingere di fingere la tua realtà di clochard misero, spregiato, insignificante vagabondo, mendicante socialmente inutile, mentre sbirci cibo nei secchioni dell'immondizia urbana e approfittarti di qualche avanzo, prima che se lo pappi qualche gatto randagio.
UN CLOCHARD	Perché?
UNA CLOCHARD	Per ricevere la pietà di chi si sazia e spreca gli avanzi gettandoli nel pattume, anziché distribuirli agli affamati.
UN CLOCHARD	I ricchi non hanno pietà dei poveri e, soprattutto, per operazioni che non fruttano soldi più di quelli investiti.
UNA CLOCHARD	Non t'intendo.
UN CLOCHARD	Voglio dire che distribuire gli avanzi ai poveri non è un investimento necessario, perché non redditizio e darsi da fare in cambio di nulla vale meno di zero.
UNA CLOCHARD	Perché, meno di zero?
UN CLOCHARD	Perché i capitalisti non incassano un soldo dovendosi preoccupare di qualcuno per il quale provano fastidio e nessuna pietà.
UNA CLOCHARD	Uhm, è sempre la stessa storia di sempre: i ricchi sempre più ricchi & i poveri sempre più poveri, i poveri sempre più poveri & i senza niente sempre più senza niente! È questo il senso umanitario dell'umanità?
UN CLOCHARD	Fai attenzione. C'è senso di umanità e di disumanità da umano a umano, con prevalenza dei maschi sulle donne che li devono partorire entrambi e, a volte, in alcune società totalitarie, o maschi o donne a seconda della necessità, rilevata dalla statistica, di

	cui si abbisogna.
UNA CLOCHARD	Ma questa crudele disumanità non ha nulla della dignità umana e neppure divina.
UN CLOCHARD	È il *monstrum* che, chi in più e chi in meno, serpeggia nelle coscienze umane.
UNA CLOCHARD	Non si può far nulla per mutare il *monstrum* nel suo contrario?
UN CLOCHARD	Vuoi dire la cattiveria dell'uomo in cambio di un uomo dalla bontà di coscienza?
UNA CLOCHARD	Se è per eliminare il monstrum, l'ingiustizia, il male, la fame, certamente!
UN CLOCHARD	Oh, sì che accadrà nel futuro: ci puoi scommettere un centesimo e ricavarne miliardi di Denari.
UNA CLOCHARD	Ed evitare di fare quello che i ricchi fanno ai poveri & i cattivi ai buoni?
UN CLOCHARD	Chi lo sa come si evolverà la *cosa*?
UNA CLOCHARD	Quale *cosa*?
UN CLOCHARD	L'*esserci*! L'umanità, il mondo e ogni altra cosa.
UNA CLOCHARD	Si potrà? E come?
UN CLOCHARD	Si potrà, ma con le "combinazioni biologiche", tra cui le *manipolazioni genetiche* che si verificano durante la riproduzione sessuata.
UN CLOCHARD	Manipolazioni genetiche? Che *roba* è?
UN CLOCHARD	Sono interventi sull'organismo che permettono di modificare il suo patrimonio ereditario.
UNA CLOCHARD	Quale organismo?
UN CLOCHARD	Tutti gli organismi viventi: vegetali e animali.
UNA CLOCHARD	Anche il patrimonio genetico di una persona?
UN CLOCHARD	Pure! *Roba* da ingegneria genetica per rimuovere, aggiungere o modificare specifici segmenti di DNA.
UNA CLOCHARD	E questa roba che impatto avrà sulle generazioni umane future?
UN CLOCHARD	Se l'intervento avviene a livello di embrione o cellule germinali, le modifiche genetiche possono essere trasmesse alle generazioni successive, diventando ereditarie.

UNA CLOCHARD   Uhm!

UN CLOCHARD   A che stai pensando? Ti vedo preoccupata, come non mai. è per la troppa fame?

UNA CLOCHARD *(con agitazione, dopo una pausa riflessiva)* Stiamo andando verso la perfezione o l'imperfezione?

UN CLOCHARD   Chissà?

UN CLOCHARD   Quale futuro? Un andazzo verso il *postuomo*, verso Dio, verso la sostituzione di Dio o verso la creazione di un *nuovo monstrum*?

UN CLOCHARD   Chissà chi lo sa?

(pausa lunga di silenzio)

DIRETTORE DI SALA   Ehi, lassù, in scena, perché vi siete ammutoliti e smesso di fare il teatro della realtà autentica, reale, vera? con finta finzione?

UN CLOCHARD   Per conto mio, sto riflettendo sul nuovo probabile o possibile *monstrum* creato dall'uomo per il suo futuro.

UNA CLOCHARD   Io sono già preoccupata, per conto mio, del futuro *monstrum*.

UN CLOCHARD   Ehi, signore, laggiù, in basso, si può davvero, quassù, in scena, fare quel che ci pare & piace?

la realtà così com'è e non come appare? fingendo che sia una *favola*?

DIRETTORE DI SALA   Sì, qui al Tm&vT, in stato di sciopero, occupazione e autogestione, chi è in scena può fare qualsiasi tipo di teatro.

UN CLOCHARD   Per esempio?

DIRETTORE DI SALA   Si può fare, come voi avete fatto poc'anzi, il teatro della riflessione etica, sollevando importanti questioni, oggetto di un intenso dibattito scientifico e sociale, come le manipolazioni genetiche che possono avere implicazioni sia per la salute individuale sia per l'intera specie umana, mutabile in altro da sé & di sé oppure fare il teatro della realtà così com'è, veramente vera o veramente falsa, oppure come il teatro della realtà che è ma che non appare e di cui nessuno ne ha conoscenza o, anche, come vorreste che fosse.

UN CLOCHARD
Anche trarla da una favola con una morale e lieto fine?

DIRETTORE DI SALA
Pure da una fiaba che include gli umani coinvolti in un mondo fantastico, incantato o soprannaturale.

UNA CLOCHARD
Si può fare il teatro della realtà con la finta finzione della realtà autentica, concreta, pratica, vera, viva?

DIRETTORE DI SALA
Certamente!

UN CLOCHARD
Si può mettere in scena il *teatro della realtà* con la vera finzione della realtà, fatta di falsità, fandonie, fingimenti, finzioni, imbrogli, imposture, inganni, ipocrisie, simulazioni !

DIRETTORE DI SALA
Sicuramente! Ripeto che in teatro si può fare ciò che si vuole mettere in scena. Si cominci!

UNA CLOCHARD
Come si fa a iniziare il teatro della realtà con la finta finzione?

UN CLOCHARD
O inscenare il *teatro della realtà* con la vera finzione della realtà?

DIRETTORE DI SALA
Si provi a fare una prova, così come viene da sé.

UN CLOCHARD
Inizi lei la commedia da fare con una sua battuta e noi la seguiremo per fare quel che viene su da sé.

DIRETTORE DI SALA
Perché lei è un clochard?

UN CLOCHARD
Per colpa del fato, avverso, che mi destinò alla malasorte.

UNA CLOCHARD
Il fato?

UN CLOCHARD
Il fato: la legge che regola, domina e fa essere e agire il mondo per così com'è; l'agente di ciò che noi si è e si fa nel corso del nostro esserci.

DIRETTORE DI SALA
Si teatri, si teatri il fato!

UN CLOCHARD
Il fato, se è fato, è fato! È il fato che fa il fato: Il fato decide il che, il come e il quando fatare! Anche gli dèi sono soggetti al fato e non hanno alcun potere di cambiarlo o influenzarlo.

DIRETTORE DI SALA
Su, su, si teatri il fato!

UN CLOCHARD
Valutate se ciò che accade, accade per decisione nostra oppure del fato. Io, chissà perché, sono stato

partorito di notte sulla strada e, subito, mia madre mi avvolse in un sacchetto di plastica e mi gettò in un cassonetto dell'immondizia. Un passante, udendo i miei lamenti, così diversi dai miagolii bassi, prolungati e ripetitivi di un gatto in calore che aumentano d'intensità fino a farsi acuti, mi tirò fuori dai rifiuti, mi avvolse nella sua giacca e trasportò in un ospedale, dove i medici, in via precauzionale, mi posero in terapia intensiva prenatale. Mi chiamarono Fortunato! Nonostante che io abbia, ripetutamente, tentato di cambiare in meglio il corso della mia disgraziata esistenza, eccomi infine, come in principio, solo e abbandonato, sulla strada! Io credo che il fato accordi & discordi, abbini & scombini, avvicini & allontani, armonizzi & contrasti, amalgami & scindi, leghi & sciolga, connetti & sconnetti, componi & scomponga, unisca & divida, coniughi & separa e, insomma, destini ognuno come gli pare.

UNA CLOCHARD	Se il fato – avverso, cattivo, maligno, malevolo, ostile, contrario, nemico, sfavorevole, negativo e funesto o amico, benevolo, benigno, fausto, favorevole e propizio che sia – ci agisce e guida come e quando gli pare, allora noi non si è, in ogni caso, vani? E se così è, e così è, allora il fato è l'autore che ci fa personaggi della sua opera, il regista che fissa il nostro ruolo e ci guida come attori nel recitarla, senza alcuna possibilità di sottrarci a essa o di poterla modificare e interpretare diversamente da come ha stabilito di doversi, fatalmente, eseguire. E se così è, e così è, il fato è il teatro, il teatro del nostro teatro.
UN CLOCHARD	Confermo che il fato è l'artefice della sorte.
CUSTODE	Signor clochard, si liberi del fatalismo si dia responsabilità e da fare: si trasformi, sia causa e condizione delle sue azioni, che niente è

	predeterminato e predestinato; scelga, agisca e determini il suo destino e si sbrighi, che il tempo d'esserci dura come l'abbaglio di un fulmine.
INSERVIENTE	No, non è così come lei afferma, signor Fortunato!
UN CLOCHARD	Ah, no? Che, forse, noi abbiamo disposto, stabilito e deciso d'incontrarci secondo la nostra volontà?
DIRETTORE DI SALA	No, che no!
UN CLOCHARD	E, dunque, chi ha determinato il nostro incontro?
DIRETTORE DI SALA	Non il fato.
UN CLOCHARD	Ah, no? Non il fato? E, allora, perché ci siamo incontrati? Per non inabissarci nel nostro remoto trascorso, che a narrarlo occorrerebbe il medesimo tempo già impiegato per trascorrerlo, esponiamo i casi più recenti che ci hanno posto nella condizione d'incontrarci. Eccomi a Théatropólis, davanti a un Tabellone pubblicitario elettronico che mostra un messaggio rivolto ai cittadini, invitandoli a esprimere la loro solidarietà ai dipendenti del Tm&vT. Ed ecco che, nella mente, subito, mi scintilla l'idea di precipitarmi qua, pur se a passo di lumaca, per fare la parte dello spettatore scroccone. Tutto ciò che è accaduto e qui raccontato non è stato determinato dal fato?
CUSTODE	Nossignore, ma per l'intrecciarsi di una quasi infinità di combinazioni di cause, moventi, cagioni, condizioni e avvenimenti. Ora, in questo tempo presente indicativo, ovvero nell'essente-presente dell'essente-presente, noi, non abbiamo la possibilità di scegliere e di agire, senza costrizioni, con autonoma libertà e volontà, di colloquiare o di separarci in modo che ognuno se ne possa stare per proprio conto e rendere impossibile il corso delle nostre interazioni?
DIRETTORE DI SALA	«Faber est suae quisque fortunae». Ciascuno è artefice della propria sorte. La locuzione è contenuta nell'epistola *ad Cesarum senem*:/ de re pubblica,

attribuita a Sallustio. In contrapposizione all'idea del fato, che nel determinarci e guidarci dentro il susseguirsi degli eventi secondo un ordine non modificabile e che, dunque, ingenera e implica rassegnazione e passività, il concetto di destino, implica che l'uomo, per volontà propria, ha la facoltà di inventare e inscenare gli scopi del proprio agire come e quando gli pare.

CUSTODE	L'invenzione del fato ci necessaria per discolparci della nostra incapacità di saper prevedere, prevenire ed evitare guai, disgrazie, malanni, scalogne, sfortune, sventure, iatture, calamità, sciagure, disgrazie, disastri, catastrofi e di dare soluzione ai problemi e attuazione ai nostri propositi.
DIRETTORE DI SALA	Ognuno di noi, come insegna Iosif Smirnov, deve porsi l'obiettivo di rendersi protagonista di sé, come autore, attore e regista della messinscena di sé.
CUSTODE	Mi pare di non potersi attribuire al fato quanto accaduto, accade o accadrà, poiché sono io, in proprio, che penso, decido, agisco e mi compio.
DIRETTORE DI SALA	Concordo al 100%.
CUSTODE	Si assegna la provvidenza a dio, il male al diavolo e l'avversità al fato; ma, in verità, ognuno è di solito responsabile e artefice di ciò che è e fa.
DIRETTORE DI SALA	Concordo al 100%, perché se è vero che il destino di ciascuno può modificarsi, ed è vero che ciò è vero poiché il suo accadimento è un fatto indagabile, verificabile e conoscibile attraverso un'analisi razionale, allora è pur vero che esso si contrappone all'idea del fato, quale principio esclusivo della causa del destino inesorabile e immodificabile dell'esserci.
UN CLOCHARD	Sì, in effetti, sì.
DIRETTORE DI SALA	Se così è, e così è, non ritiene di poter considerare che si possa modificare il fato, per così come si è supposto e assunto inesorabile e ineluttabile?

UN CLOCHARD	In verità, sì, forse.
DIRETTORE DI SALA	Alla luce di tale riflessione, in che misura ritiene che il fato possa, dunque, determinarci?
UN CLOCHARD	Non più al 100%, ma almeno, al 99,99%!
DIRETTORE DI SALA	Considera allora che lo 0,01%, il quasi niente del 100%, è la percentuale di cui si abbisogna per consentirci di indirizzare il nostro destino a potersi compiere, pur minimamente, secondo la nostra volontà?
UN CLOCHARD	Sì, in effetti; poiché i fatti che mi capitano non accadono per mia volontà, ne deduco che la mia volontà non determina niente. La questione è dunque: finché non causerò io il mio agire, dovrò ritenere che un agente, fuori di me, il fato, determina il mio modo di esserci; ma vale la pena di approfondire quale sia la condizione necessaria e sufficiente per verificarlo. Lo 0,01% rappresenta il 99,99% in meno del 100% e, pertanto, è insufficiente, a compiere il 100% della volontà di potenza necessaria per rendere inefficace il fato. Che può fare lo 0,01% per sottrarsi al travolgente 99,9%? Lo 0,01% può consentirci di compiere, sempre, il 100% della nostra volontà? Questo è il problema che finora non ho risolto.
DIRETTORE DI SALA UN CLOCHARD	Provi a risolversi!

(Sospira; poi, si pone una mano sulla fronte rugosa e corrugata, e medita)

Postulato: qualsiasi cosa diversa dalla sfortuna elevata a potenza sfortuna è uguale a fortuna. Applicazione della Prima regola di trasformazione: *annullamento.* Procedimento. dell'annullamento della sfortuna. Risoluzione: sfortuna annullata. Applicazione della Seconda regola di trasformazione: *sostituzione.* Procedimento della sostituzione della sfortuna con la fortuna. Risoluzione: sfortuna annullata e sostituita dalla fortuna. Applicazione della Terza regola di trasformazione: *concessione* Procedimento della trattativa per la concessione della fortuna al posto della sfortuna. Risoluzione: sfortuna annullata e concessione della fortuna. Risoluzione totale: trasformazione della fortuna in fortuna. Sbrighiamoci! Approfittiamo della trasformazione della fortuna in fortuna che è il caso di muovere il destino altrove con lo 0,1% della nostra volontà contro lo 0,99% della determinazione del fato.

DIRETTORE DI SALA   Andate via per vostra libera scelta e, in ogni caso, buone cose e che il fato non vi sia malevolo!

(In sala cominciano a estrare, alla spicciolata, alcune persone, singolarmente, in coppia e in gruppo)

DIRETTORE DI SALA   Avanti, avanti! Chi è là?

LUCCIOLA   Squillo, Meretrice e Lucciola. Che opera teatrale si rappresenta?

DIRETTORE DI SALA   La parvenza della finta finzione dello spettacolo della realtà dal vivo del pubblico.

LUCCIOLA   Mi scusi, signore, o lei si spiega male oppure sono io che non la capisco.

DIRETTORE DI SALA   Cioè?

LUCCIOLA   Scusi, senza volerle mancare di rispetto, lei è scemo?

DIRETTORE DI SALA   Le pare?

LUCCIOLA   Perché, a lei non sembra di parersi uno svanito? Che c'è di sensato mettere in scena la realtà dal vivo del pubblico fingendo di fingerla?

DIRETTORE DI SALA   In effetti, per non incorrere in certi reati sanciti dal TULPS, DPR n. 603/Anno della Vanificazione dello stimolo fiscale, che prevedono la carcerazione per chi li compie, qui in teatro, lo sciopero alla rovescia è legale e, dunque, può effettuarsi soltanto se si finge di fingerlo per finzione. E così, durante l'occupazione e l'autogestione a oltranza del Tm&vT, sarà il pubblico, al posto degli attori, ad esibirsi sul palcoscenico, mettendo in scena quel che

	gli pare.
LUCCIOLA	Che cosa, per esempio?
DIRETTORE DI SALA	Un genere teatrale qualsiasi.
LUCCIOLA	Che cos'è un genere teatrale?
DIRETTORE DI SALA	Il genere teatrale è una forma di espressione artistica da utilizzare nelle rappresentazioni.
LUCCIOLA	Mi indica qualche genere?
DIRETTORE DI SALA	

(Col telefono cellulare effettua l'accesso a Google News, visualizzando varie fonti, tra cui Wikipedia, l'enciclopedia libera on line, liberamente accessibile, completamente gratuita e priva di pubblicità, e Treccani, l'enciclopedia di scienze, lettere ed arti)

1)Tragedia/Dramma: rappresentazione drammatica di un'opera scritta che si conclude, spesso, con la morte di uno o più personaggi; 2) Commedia: rappresentazione di un'opera scritta, con lieto fine, che fa ridere il pubblico; 3) Mimo: rappresentazione dove la storia viene raccontata dagli attori attraverso i gesti, senza l'uso della parola; 4) Pantomima: una forma d'arte teatrale che fa uso di movimenti corporei e di espressioni facciali con, spesso, musica in sottofondo; 5) Sacra rappresentazione: Genere teatrale di argomento religioso. Si tratta della narrazione di un fatto religioso compiuto in maniera articolata rispetto alla semplice lettura o declamazione di un testo; 6) Danza: girotondo di uomini di differente età, sesso e classe sociale, intervallati da scheletri danzanti; 7) Commedia dell'arte: rappresentazione basata non su testi scritti ma su canovacci: cioè idee chiave, da cui dei personaggi stereotipati, maschere, sviluppavano una storia improvvisata; 8) Grammelot: artificio recitativo che utilizza un linguaggio assemblato di suoni, onomatopee, parole e foni privi di significato in un discorso, utilizzato da giullari, attori itineranti, e compagnie di comici della Commedia dell'arte; 9) Gesamtkunstwerk: (opera d'arte totale): termine, usato per la prima volta nel 1827 dallo scrittore e filosofo tedesco Karl Friedrich Eusebius Trahndorff, che indica l'ideale di teatro in cui convergono musica, drammaturgia, coreutica, poesia, arti figurative al fine di realizzare una perfetta sintesi nelle diverse arti; 10) Farsa: genere di opera teatrale la cui struttura e trama sono basate su situazioni e personaggi stravaganti. I temi e i personaggi possono essere di fantasia e però risultare credibili e verosimili; 11) Improvvisazione: è una forma di teatro dove gli attori non seguono un copione definito, ma inventano il testo improvvisando estemporaneamente. Questa tecnica comporta un grado di interazione con il pubblico commisurato alla perizia tecnica degli attori; 12) Tableau vivant: è un'espressione francese che significa «quadro vivente» e, in arte, descrive uno o più attori o modelli d'artista opportunamente mascherati a rappresentare una scena come in un quadro vivente. Per tutta la durata della "visione", le persone non parlano e non si muovono; 13) Rappresentazione virtuale: tale locuzione è entrata nell'uso comune quando la cosiddetta rivoluzione informatica, ossia l'elaborazione automatica dei dati, ha investito i procedimenti di costruzione delle immagini ed è oggi utilizzata per definire la creazione di un modello informatico tridimensionale, che esiste soltanto in forma digitale nella memoria di un computer, e visualizzata sullo schermo in forma bidimensionale.

LUCCIOLA	E noi,

(Indica le sue amiche)

	del pubblico, potremmo esibirci sul palcoscenico, al posto degli attori in sciopero, mettendo in scena quel che ci pare?
DIRETTORE DI SALA	Sì, che sì! Vi va di teatrare?
MERETRICE	Ma noi non abbiamo mai fatto teatro!
DIRETTORE DI SALA	Conoscete qualche autore, opera e monologo teatrale?
PROSTITUTE (in coro)	No!
DIRETTORE DI SALA	Ricordate qualche poesia?
PROSTITUTE (in coro)	No!
DIRETTORE DI SALA	Sapete suonare, cantare, ballare, fare clownerie e raccontare barzellette?
PROSTITUTE (in coro)	No!
MERETRICE	Siamo artiste dell'amore non di teatro!
DIRETTORE DI SALA	Siete, in ogni caso, però personaggi!
SQUILLO	Personaggi? Che personaggi?
DIRETTORE DI SALA	Personaggi veri, vivi, reali della realtà vera, viva, reale, autentica, fatta di persone vere, vive, reali, autentiche e non frullate dalla fantasia di un autore per poi finire in un copione e sul palcoscenico di un teatro in cui tutto è finzione!
LUCCIOLA	Personaggi della realtà per inscenare nell'arte del teatrare le proprie storie vere, reali, autentiche, così come sono, e non quelle creature dello spirito dell'Autore

PPP

, quei certuni personaggi veri, vivi e reali nati nella fantasia della mente dell'Autore.

LUCCIOLA	Personaggi noi, di noi stesse?
DIRETTORE DI SALA	Sì, che sì! Personaggi vivi e reali da mettersi in scena per *farsi arte*.
LUCCIOLA	Che significa "farsi arte"?
DIRETTORE DI SALA	Fare di voi stesse opere di valore estetico.

Per creare arte, si deve esercitare una forma di creatività e abilità tecnica, mentre per entrare nel mondo dell'arte

- **Esercitare la creatività:** "Farsi arte" implica dedicarsi a un'attività creativa con l'obiettivo di produrre opere di valore estetico.
- **Sviluppare abilità:** Richiede l'acquisizione di abilità tecniche o l'uso di talenti innati,

ed esserci anche qua, in teatro, dove la rappresentazione della realtà è finta e si può far finta di fingerla, falsarla e autenticarla. In ogni caso, se si vogliono rappresentare come personaggi di sé, da recitarsi, qua, dentro il teatro, dove si finge di rappresentare la realtà, allora salgano sul palcoscenico, esprimano la solidarietà ai lavoratori del Tm&vT e si rappresentino così come sono.

LUCCIOLA
Rappresentare noi stesse? Non siamo mica attrici.

DIRETTORE DI SALA
Su, su, che ora di teatrare il *reality show*, dal vivo, in diretta mondovisione con TVTT!

LUCCIOLA
Oh! Quasi, quasi, mi tenta.

(Alle altre prostitute)

Si fa il teatro del *reality show*?

MERETRICE
Confidare quel che provo e sento mi sarebbe difficile.

SQUILLO
Non c'è alcuna necessità di sputtanarci!

LUCCIOLA
Sputtanarci? Ma sì che sì! Siamo puttane, personaggi puttane! Nessuna attrice saprebbe interpretarci, così come siamo, al 100%.

MERETRICE
Personaggi insignificanti, senza valore, che offrono prestazioni sessuali per soldi. Lasciamo stare!

LUCCIOLA
Signore, lei crede che siamo personaggi insignificanti?

DIRETTORE DI SALA
Nel bene o nel male, che si sia buoni o cattivi, mediocri o eccezionali, stupidi o sensati, non esistono personaggi insignificanti; e voi, per i casi

che la realtà intreccia e agisce, siete personaggi, così veri e reali e talmente di notevole interesse, da dovervi sentire obbligati a mettervi in arte, e qua, appunto, subito in teatro.

MERETRICE   Perché?

DIRETTORE DI SALA   Per esserci sempre!

MERETRICE   Per non morire? E come si fa a non morire se si è per la morte e per non esserci più?

DIRETTORE DI SALA   Si muore perché, in effetti, in realtà, si muore; per esserci sempre è necessario mettersi in arte in modo da non morire mai.

SQUILLO   Non la intendo perché la sua mente vaga confusa. Si muore o non si muore?

DIRETTORE DI SALA   Giacché mortali, si muore, ma, se si diventa personaggi, anche di poco conto, di un'opera d'arte, allora si è eterni per l'eternità.

SQUILLO   Che? Cosa?

DIRETTORE DI SALA   La gloria, signore, la gloria! Gloria eterna!

SQUILLO   A che serve la gloria eterna a un morto, che è morto per sempre?

MERETRICE   Che se ne fa un morto della gloria eterna?

SQUILLO   A che serve la gloria eterna a un morto?

DIRETTORE DI SALA   Serve ai morti per esserci sempre e ai vivi per far esserci sempre chi non è più.

LUCCIOLA   Rappresentarci in arte come personaggi, è motivo di vanto, di orgoglio; significa ricevere lodi, elogi, rispetto, considerazione, rinomanza, successo, fama e onore.

DIRETTORE DI SALA   In verità, lavorando senza ricompensa, gratis, ma per la gloria, subito e qua, mentre si è.

MERETRICE   E immiserirsi per un'effimera e vana gloria?

DIRETTORE DI SALA   L'arte tributa l'eternità agli artisti, alle opere e ai loro personaggi! E voi, in scena, sareste autrici, attrici e personaggi della realtà, non della finzione teatrale! Personaggi veri, reali che hanno sentimenti, idee, storie.

MERETRICE	Personaggi tra i più socialmente utili. Se tu intendi rappresentarti in arte, a differenza di noi, che non ne abbiamo il coraggio e, anzi, ce ne vergogniamo, sputtanati pure con la tua storia di prostituta.
LUCCIOLA	Dobbiamo assumerci la responsabilità, per dovere, e cioè per obbligo civico e morale, di assolvere coscienziosamente il nostro compito di rappresentare i drammi che sono in noi al fine di contribuire a migliorare le condizioni del benessere e del bellessere delle puttane di Théatropólis. Ed io sono impaziente di rappresentarmi come personaggio che aspira a esserci, ancora e per sempre, viva e reale, anche da morta, nel post mortem, almeno in arte.
DIRETTORE DI SALA	Nel frattempo che qua si è vivi e reali e non è ancora in morte, dando atto che mettendovi come personaggi in arte non morirete mai, se si vuole, si potrebbe iniziare a concertare subito tra voi il dramma da fare.
SQUILLO	Ma non abbiamo nessun nostro dramma da rappresentare!
LUCCIOLA	Il dramma è in noi; siamo noi.
MERETRICE	Ma non abbiamo il copione del dramma che è in noi!
LUCCIOLA	Il copione è in noi.
MERETRICE	E il copione chi ce lo tira fuori dal di dentro?
DIRETTORE DI SALA	Sarete voi stesse a farlo.
MERETRICE	Ah, sì?
DIRETTORE DI SALA	Sì, che sì!
MERETRICE	E come?
DIRETTORE DI SALA	Rispondendo alle domande del Cronista di TVTT, se è disponibile a farlo.
CRONISTA TVTT	Sissignore!
MERETRICE	Chissà se sapremo rispondere a modo; sa, noi sappiamo fare soltanto le meretrici.
SQUILLO	E sapesse come!

LUCCIOLA

Certamente, almeno in teatro, meglio delle finzioni delle attrici; e, d'altronde, non è qui che ognuno si rappresenta come personaggio di sé?

DIRETTORE DI SALA

Certamente! Inviterei il signor Cronista di TVTT e le ospiti di accomodarsi sul palcoscenico per l'intervista.

(Il cronista e le prostitute salgono sul palcoscenico)

(Alla cabina di regìa)

Signor vice regista di TVTT si può cominciare a teatrare il reality show?

VICE REGISTA TVTT

(Dalla cabina di regìa)

Che luci vuole? Di che colore e come gliele posiziono sulla scena?

DIRETTORE DI SALA

Io non m'intendo di queste cose; lo decida lei, signor regista di TVTT.

VICE REGISTA TVTT

D'accordo!

DIRETTORE DI SALA

La regia tv ci farà la magia di convertire in testo scritto la registrazione audio su computer del nostro colloquio, da cui si ricaverà il copione da provare e rappresentare in teatro, nevvero?

VICE REGISTA TVTT

Senz'altro!

TECNICO LUCI

Signor regista, la luce in scena va bene così?

VICE REGISTA TVTT

Va bene, va bene. Si può iniziare.

LUCCIOLA

Ragazze, pronte? Cominciamo! Si fa la scena.

CRONISTA TVTT

Perché siete in teatro?

LUCCIOLA

Su invito di una strillona del teatro.

CRONISTA TVTT

Che fate di mestiere?

LUCCIOLA

Siamo delle baby prostitute; offriamo prestazioni sessuali dietro pagamento di un corrispettivo in denaro.

CRONISTA TVTT

A che età avete iniziato a prostituirvi?

SQUILLO

La mia infanzia è stata un incubo. Io non ero ancora adolescente, quando mia madre, vedova, puttana,

	consentì al suo sfruttatore, un violento, di …. spassarsela con me per poi costringermi a far sesso con i suoi clienti abituali. Scappai e fui accolta in una casa dei servizi sociali. Basta, mi fa troppo male parlarne.
LUCCIOLA	Io, per ninfomania, ho cominciato ad avere rapporti sessuali in età puberale. Mio padre era un ubriacone e mi picchiava. Alla sua morte, l'amante di mia madre mi ha buttato fuori di casa. All'inizio, dormivo dove capitava, chiedevo l'elemosina e rubavo; poi ho cominciato a prostituirmi per vivere meglio, sotto la protezione di un pappone.
MERETRICE	Io fui venduta da mia madre a un magnaccia, che mi violentò, costringendomi a prostituirmi; quando lui fu arrestato per favoreggiamento e sfruttamento della prostituzione minorile, mi rifugiai, sotto protezione, in un'abitazione segreta.
CRONISTA TVTT	Il tema della prostituzione è molto dibattuto; c'è chi, ritenendo la prostituzione una violenza dell'uomo contro la donna, vorrebbe vietarla e punire la prostituta, e chi regolamentarla, ma punendo il favoreggiamento, l'induzione, lo sfruttamento.
LUCCIOLA	La prostituzione è un mestiere e finché c'è domanda (clienti compratori) c'è offerta (e prostitute venditrici); fare sesso a pagamento, in un rapporto non di sfruttamento, violenza o stupro sessuale, ma di condivisione tra cliente e prostituta, non deve essere considerato un reato.
CRONISTA TVTT	Siete al servizio di qualche sfruttatore o della criminalità organizzata?
MERETRICE	Noi, non più; tuttavia, per contrastare la criminalità organizzata, lo Stato deve legalizzare la nostra professionalità e riconoscerci come lavoratrici autonome: libere di praticarla, in proprio, in casa o nei bordelli, senza sanzioni per i clienti e per le prostitute.

LUCCIOLA

Prostituirci è una nostra libera scelta professionale che vogliamo esercitare liberamente e legalmente. Siamo, a tutti gli effetti, imprenditrici e lavoratrici del sesso: libere, indipendenti e autonome. Facciamo le prenotazioni sui nostri siti web personali, indicando il tariffario e i servizi che offriamo in un villino di nostra proprietà.

CRONISTA TVTT

Si tratta però di un'attività di mercato illegale, esentasse!

MERETRICE

Finché la legge non ci consentirà di legalizzare e registrare la nostra attività professionale come impresa economica, con l'obbligo di rispettare standard di sicurezza sanitaria per clienti e prostitute e d'igiene nei locali e di adempiere gli obblighi fiscali.

LUCCIOLA

Nel nostro bordello autogestito "Il piacere" i rapporti sessuali sono sempre protetti; e, in ogni caso, c'è l'obbligo reciproco, tra prostituta e cliente, di esibire un certificato di sanità legale di buona salute, rilasciato da un medico specialista, iscritto all'ordine professionale dei medici riconosciuto dallo Stato e idoneo a svolgere la professione medica.

MERETRICE

Per consentire la relazione sessuale, il documento deve indicare, necessariamente: nome, cognome, qualifica e struttura sanitaria di appartenenza del medico specialista che ha fatto la visita, l'oggetto e il referto della certificazione medica, il luogo e la data del rilascio e firma del medico. Il certificato non deve riportare correzioni e va controfirmato dal medico.

CRONISTA TVTT

In tal caso, mi par di poter intuire che i vostri affari non possano procedere in maniera pienamente soddisfacente.

MERETRICE

Al contrario, la reciproca garanzia certificata della salute del cliente e della prostituta determina l'aumento della domanda del cliente e ci consente di migliorare la qualità della nostra offerta.

LUCCIOLA   In ogni caso, nulla si fa con i clienti senza il nostro consenso e, in sostanza, diversamente dalla nostra disponibilità e volontà, con il risultato che le infezioni veneree e da virus dell'immunodeficienza umana stanno a zero.

UNO DEL PUBBLICO   Ehi, ma qui si fa spettacolo con il talk show, invece che una rappresentazione teatrale!

DIRETTORE DI SALA   Se lo spettacolo teatrale è rappresentazione della realtà, allora anche il talk show – che è realtà, se pur espressa, in toto, dal protagonismo delle parole e della conversazione – è spettacolo teatrale.

CRONISTA TVTT   Potete indicare un profilo tipo del cliente che vi frequenta abitualmente?

LUCCIOLA   Persone sensuali, di ogni età e ceto sociale; soprattutto maschi, uomini d'affari, sposati e vecchi, e stranieri celibi.

MERETRICE   Persone sole, sessualmente scontente o rifiutate, bisognose d'affetto, di comprensione e di conforto, desiderose di godere e di soddisfarsi e appagarsi con le più svariate e intense espressioni del piacere erotico-sessuale.

CRONISTA TVTT   Vi ritenete anche angeli custodi dei vostri clienti?

LUCCIOLA   A volte, in certi casi, agiamo in tal senso, senza alcun dubbio.

CRONISTA TVTT   Autostima?

LUCCIOLA   Ottima.

CRONISTA TVTT   Il lavoro vi rende ricche?

LUCCIOLA   Sì.

CRONISTA TVTT   Provate vergogna?

MERETRICE   A prostituirci? Ad arricchirci? Ad arricchirci prostituendoci? No, in ogni caso, e neppure i nostri clienti si vergognano di sé e di noi.

LUCCIOLA   Un matematico, mio assiduo cliente, citandomi Archimede e la funzione della leva, di cui non intendo né so manifestare, ma che cito a memoria, sostiene che è il *coitus* la forza motrice del piacere che genera e solleva dalle pene l'umanità.

MERETRICE Il desiderio, l'eccitazione e l'orgasmo sessuale sono le fasi psicofisiche più gioiose dell'esistenza umana, cui non si sa né si vuole rinunciare; e chi vi si astiene, forzatamente, o diventa un eunuco santo spirito o un lussurioso diavolo stupratore.

CRONISTA TVTT Subite violenze e abusi psicofisici dai vostri clienti?

LUCCIOLA Ora non più, a differenza delle prostitute di strada, vessate dai clienti e alla mercé di sfruttatori senza scrupoli. Le nostre alcove sono videosorvegliate e, durante il nostro servizio, per la nostra incolumità personale, ci avvaliamo di un bodyguard e, sotto il profilo dell'ordine e della sicurezza pubblica, della polizia.

CRONISTA TVTT I vostri desideri per il futuro?

MERETRICE Sposarmi e avere dei figli.

LUCCIOLA Viaggiare.

SQUILLO Essere amata e vivere contenta.

(Le prostitute e il cronista scendono dal palco e si accomodano in sala)

DIRETTORE DI SALA Avanti, avanti!

(Dal fondo della sala entra un minicorteo di disoccupati con cartelli, striscioni e bandiere sindacali, scandendo slogan)

DISOCCUPATI (*in coro*) Stop a sfratti, sgomberi e serrate! Reddito subito! Siamo venuti in teatro per esprimervi la nostra solidarietà e informare il pubblico in sala e i telespettatori del programma "Il teatro del teatro a Théatropólis" di TVTT della Manifestazione nazionale dei disoccupati e dei lavoratori stagionali, in nero e precari.

DIRETTORE DI SALA Salite sul palco e riferite i motivi della vostra protesta.

(I disoccupati salgono sul palco)

DISOCCUPATO

Siamo qui per protestare contro l'ultima manovra economica del governo che produrrà l'effetto non di ridurre ma di aumentare la spesa pubblica e la disoccupazione.

DISOCCUPATA

Chiediamo al Governo di dare attuazione ai principi di parità di trattamento e uguaglianza di opportunità tra lavoratori e lavoratrici, aventi lo scopo di favorire l'occupazione femminile e di realizzare l'uguaglianza sostanziale tra uomini e donne nel lavoro.

DISOCCUPATO

Intendiamo sollecitare il Ministero del Lavoro e delle Politiche Sociali a finanziare e ad avviare i corsi per la riqualificazione professionale, in modo da consentire ai disoccupati di acquisire quelle competenze richieste dal mercato.

LAVORATORE MIGRANTE

Chiediamo al Ministro del Lavoro di garantire i diritti umani ai lavoratori migranti, sfruttati, sottopagati e, talvolta, schiavizzati.

BRACCIANTE AGRICOLO

Chiediamo al Ministro dell'Agricoltura d'intervenire sulle condizioni lavorative dei braccianti, di fissare i criteri e i requisiti per l'ammissione dei lavoratori stagionali provenienti dai paesi stranieri, d'introdurre un nuovo visto di soggiorno per il periodo della semina e della raccolta e di approvare una legge sul lavoro stagionale agricolo dei migranti.

LAVAPIATTI

Lavoro, saltuariamente, nei ristoranti; io come lavapiatti e lei, mia moglie,

(indicandola)

come cameriera. Abitiamo nei bassifondi South di Asylumpólis, in una baracca con tre figli.

CAMERIERA

Al momento, lui è senza lavoro ed io mi arrangio, pendolando da qua a là e viceversa.

LAVAPIATTI | In un periodo di crisi economica, come quello attuale, con le imprese che falliscono, sempre più persone, come mi è accaduto, sono licenziate.

DIRETTORE DI SCENA | Come si trova e come si sente, senza lavoro?

LAVAPIATTI | A sussistere, come un irresponsabile, nell'incertezza di non poter soddisfare le pur minime esigenze familiari, si prova rabbia, malumore e un senso d'inadeguatezza, impotenza e insignificanza che genera ansia, paura del presente e del futuro e depressione. Mi sento inadeguato, incapace, sfiduciato, fallito, senza valore e dignità.

CAMERIERA | La crisi economica diventa, inevitabilmente, per la famiglia, anche crisi emotiva e relazionale tra i coniugi, tra genitori e figli e tra fratelli.

CRONISTA TVTT

(Ai telespettatori)

Stiamo affrontando una questione difficile che, in generale, riguarda anche tante altre persone, coppie e famiglie, su cui riflettere e offrire soluzioni.

(Ai coniugi)

Come pensate di risolvervi?

CAMERIERA | Tracciando nella mente una teoria e intrecciando un labirinto errante con diverse vie di uscita.

(Scendono dal palcoscenico e si i accomodano in poltrona)

DIRETTORE DI SALA | C'è qualcuno che vuole intervenire?

(A un signore che ha alzato la mano)

Prego.

UN VOLONTARIO

(Dal fondo alla sala, attraversa il corridoio laterale di destra e sale sul palco)

Mi domandavo: «Che ci sto a fare in questa *via crucis*?». Eccomi, ancora; qua. La crisi economica crea per molti di noi, quasi tutti, meno qualcuno, situazioni di difficoltà molto pratiche ma, anche, malumore, paura del futuro, rabbia, senso d'impotenza, inadeguatezza e fallimento; e, sempre più, aumentavano i miei tentativi di togliermi la vita. Come si può reagire di fronte a ostacoli che paiono inevitabili e rovinosi? Il fenomeno del suicidio, molto serio e complesso, merita attenta riflessione. Il messaggio che deve passare è semplice: il suicidio non è la soluzione all'inquietudine, alla sofferenza, al malcontento, al fallimento, all'angoscia o all'indigenza. *Help me*tp* è un'associazione no profit offrire un sostegno alle persone che vogliono tentare o hanno tentato in passato il suicidio, e a quelle che hanno perso una persona cara per suicidio.

(Scende dal palco e si accomoda in sala)

DIRETTORE DI SALA Avanti, avanti! Accomodatevi sul palco.

(Le attrici salgono sul palcoscenico rappresentando i quadri viventi delle opere pittoriche "Prudenza e Giustizia" e "Fortezza e Temperanza" de Il Perugino, che si trovano nel Collegio del Cambio a Perugia)

PRUDENTIA Io sono la Prudentia. Disponi la ragione a distinguere il vero dal falso e il bene dal male, e scegli e pratica il vero e il bene.

IUSTITIA Io sono la Iustitia. Dai al prossimo il giusto che gli è dovuto.

FORTITUDO Io sono la Fortitudo. Sii ferma e costante nella ricerca del bene. Resisti alle avversità, non scoraggiarti, persevera nella ricerca della perfezione e non farti vincere dalla pigrizia, dalla viltà e dalla paura.

TEMPERANTIA Io sono la Temperantia. Libera, dirigi e controlla con equilibrio le tue pulsioni; non farti dominare dalle bramosie e dalle passioni.

(Dopo l'esibizione dei quadri viventi, le attrici, applaudite, scendono dal palco e vanno ad accomodarsi in sala)

TEATRO DELLE MASCHERE & DEI VOLTI DI THÉATROPÓLIS

OCCUPAZIONE, SCIOPERO ALLA ROVESCIA E AUTOGESTIONE A OLTRANZA

AGP TM&VT

PRESENTA:

La commedia della realtà da fare
II

*

In
programma:
teatro, danza, musica,
reading di poesia e narrazione,
folclore,
conferenze, convegni, dibattiti, seminari di studio,
sfilate di moda,
quiz, game, talk e reality show.

Théatropólis. Piazzetta delle Chiacchiere. L'orologio del Tm&vT suona e segna le 17.00.

Sit-in di un gruppo di dipendenti del Teatro delle maschere & dei volti di Théatropólis (Tm&vT).

Innanzi all'ingresso del teatro, gli spettatori, con il volto coperto da mascherine chirurgiche monouso, troveranno e leggeranno un manifesto:

AVVISO
I

Decreto Legislativo 17 maggio/Anno del Covid-19. Regolamento dello spettacolo . Emergenza covid-19, di cui si dà qui, in sintesi, il contenuto.

Tutti gli spettatori devono indossare la mascherina dall'ingresso fino al raggiungimento del posto e comunque ogni qualvolta ci si allontani dallo stesso, incluso il momento dell'uscita.
La fruizione dello spettacolo è consentita solamente in posti a sedere, numerati e preassegnati.
I posti a sedere, le vie di accesso, i percorsi interni e i percorsi di uscita, sono stati definiti per assicurare il rispetto della distanza interpersonale di almeno un metro.
È prevista la deroga al distanziamento interpersonale per gli spettatori tra loro "congiunti" per i quali sono previsti posti a sedere dedicati e con specifiche modalità di accesso.
Ai portatori di disabilità motorie e ai loro accompagnatori sono stati dedicati spazi e postazioni specifici nel rispetto del distanziamento sociale.
Prima di ogni spettacolo è prevista l'igienizzazione delle sedute degli spettatori e la pulizia e l'igienizzazione di aree, superfici, luoghi di passaggio di tutti gli ambienti accessibili alla fruizione pubblica.
È vietato introdurre cibi e bevande all'interno del Teatro e inoltre non sono previsti punti vendita di bevande e di cibo.
L'utilizzo dell'ascensore è consentito soltanto ad una persona alla volta. È prevista la deroga per gli spettatori tra loro "congiunti" e per i portatori di disabilità motorie e i loro accompagnatori.
Gli addetti di sala provvederanno costantemente, durante tutto il periodo di ingresso del pubblico e sino all'avvio dello spettacolo, a vigilare e controllare il permanere in sala delle condizioni di sicurezza minime. In particolare, potranno intervenire sui presenti in caso di comportamenti quali:

- mancato rispetto del distanziamento interpersonale
- uso non conforme della mascherina chirurgica
- spostamento dai posti assegnati

Acquisto Biglietti
Lo spettatore, per l'acquisto del biglietto congiunto, dovrà al momento dell'acquisto dichiarare tale condizione, in accordo ai "Chiarimenti emanati dal Governo" relativamente al DPCM 17 maggio/Anno del Covid-19, ovvero che per congiunto si intende "i coniugi, i partner conviventi, i partner delle unioni civili, le persone che sono legate da uno stabile legame affettivo, nonché i parenti fino al sesto grado (come, per esempio, i figli dei cugini tra loro) e gli affini fino al quarto grado (come, per esempio, i cugini del coniuge)" ed accettare, senza alcuna riserva, le condizioni di acquisto e le misure comportamentali adottate dall'AGP del Tm&vT.
Al momento dell'acquisto, è necessaria la lettura e l'accettazione del "Regolamento dello Spettacolo" disponibile presso la Biglietteria del Teatro e online sul sito ttt.theatre.th. .

Ingresso in Teatro e posizionamento nel posto a sedere
Prima di accedere in Teatro gli spettatori sono pregati di igienizzare le mani con l'apposito prodotto messo a disposizione nei punti di erogazione. in corrispondenza dell'ingresso.
L'accesso in Teatro è organizzato allo scopo di assicurare il rispetto del distanziamento sociale, l'utilizzo di dispositivi di protezione individuali, le condizioni igienico sanitarie idonee e adeguate alle norme vigenti e garantire il controllo circa il rispetto assoluto da parte degli spettatori di tutte le misure adottate dal Tm&vT.
Il personale addetto ai controlli di sicurezza assicurerà il contingentamento del pubblico allo scopo di evitare assembramenti indesiderati e mantenere la distanza interpersonale di almeno un metro.
All'ingresso è previsto il controllo della temperatura ed è fatto divieto di ingresso agli spettatori con temperatura superiore a 37,5 °C.

Utilizzo dei servizi igienici
L'utilizzo dei servizi igienici viene assicurato al pubblico in caso di necessità. Gli addetti di sala sono, a richiesta, a disposizione per accompagnare lo spettatore ai servizi igienici, mantenendo la distanza interpersonale di almeno un metro e fornendo le informazioni ed istruzioni sull'uso degli stessi.

Fine spettacolo e uscita dal Teatro
Al termine dello spettacolo il pubblico è tenuto a evitare affollamenti ed assembramenti indesiderati e non rispettosi della distanza interpersonale di almeno un metro.
L'uscita dal Teatro al termine dello spettacolo verrà curata dagli addetti del Teatro come segue:
- per primo verrà fatto uscire il pubblico dai settori più vicini alle uscite, sempre mantenendo la distanza interpersonale di almeno un metro;
- a seguire il pubblico degli altri settori, fila per fila, sino allo svuotamento totale.
Gli spettatori sono pregati, altresì, di adottare le seguenti misure comportamentali al momento dell'uscita dal Teatro:
- Attenersi alle indicazioni del personale addetto di Sala ovvero del personale disposto all'assistenza al pubblico lungo i percorsi di uscita;
- Evitare di abbandonare indumenti, borse, etc., in prossimità o nelle postazioni a sedere;
- Evitare comportamenti che possano mettere in difficoltà, durante l'uscita, le persone che precedono o che seguono nei percorsi che portano all'uscita.

Regolamento Visitatori
Tutti i visitatori devono indossare la mascherina per tutta la durata della visita guidata e mantenere la distanza interpersonale di un metro almeno. Per i bambini valgono le norme generali.
È prevista la deroga al distanziamento interpersonale per i visitatori tra loro "congiunti".
L'accesso in Teatro è organizzato allo scopo di assicurare il rispetto del distanziamento sociale, l'utilizzo di dispositivi di protezione individuali, le condizioni igienico sanitarie idonee e adeguate alle norme vigenti e garantire il controllo circa il rispetto assoluto da parte dei visitatori di tutte le misure adottate dalla direzione del Tm&vT.
Le vie di accesso, i percorsi interni e i percorsi di uscita, sono stati definiti per il rispetto della distanza interpersonale di almeno un metro.

Ai portatori di disabilità motorie e ai loro accompagnatori sono dedicati appositi spazi non ché un percorso specifico nel rispetto del distanziamento sociale

All'ingresso è previsto il controllo della temperatura ed è fatto divieto di ingresso ai visitatori con temperatura superiore a 37,5°C.

Prima di accedere in Teatro i visitatori sono pregati di igienizzare le mani con l'apposito prodotto messo a disposizione nei punti di erogazione in corrispondenza dell'ingresso.

È vietato introdurre cibi e bevande all'interno del Teatro.

I visitatori sono pregati, altresì, di adottare le seguenti misure comportamentali:

- Attenersi alle indicazioni del personale addetto all'assistenza al pubblico lungo il percorso di visita;

- Evitare di abbandonare indumenti, borse, etc.;

- Evitare comportamenti che possano mettere in difficoltà, durante la visita, le persone che precedono o che seguono nei percorsi che portano all'uscita;

- Evitare di allontanarsi dal gruppo durante la visita.

L'utilizzo dei servizi igienici viene assicurato ai visitatori in caso di necessità. Il personale del teatro è a disposizione, a richiesta, per accompagnare il visitatore ai servizi igienici, mantenendo la distanza interpersonale di almeno un metro e fornendo le informazioni ed istruzioni sull'uso degli stessi.

In uscita dal Teatro i visitatori sono pregati di evitare affollamenti e assembramenti indesiderati e non rispettosi della distanza interpersonale almeno di un metro.

Rispettare le norme contro il contagio per vincere il virus.

Coraggio.

Andrà tutto bene.

Non è ancora la fine.

TEATRO DELLE MASCHERE & DEI VOLTI DI THÉATROPÓLIS

OCCUPAZIONE, SCIOPERO ALLA ROVESCIA E AUTOGESTIONE A OLTRANZA

AGP TM&VT

PRESENTA

La commedia della realtà da fare
III

Théatropólis. Piazzetta delle Chiacchiere. L'orologio del Tm&vT suona e segna le 17.00.

Sit-in di un gruppo di dipendenti del Teatro delle maschere & dei volti di Théatropólis (Tm&vT).

Innanzi all'ingresso del teatro, gli spettatori, con il volto coperto da mascherine chirurgiche monouso, troveranno e leggeranno un manifesto:

AVVISO
II

I m&v I

In attuazione del D.L.17/Anno del Covid-19 (che recita: «Sono sospese le attività degli spettacoli dal vivo al pubblico in sale teatrali, sale da concerto, sale cinematografiche e negli spazi all'aperto»)

INDICE

477   PARTE QUARTA
APPENDICE
(Fuori rappresentazione)

Il Teatro del Teatro a Théatropolis

Bologna, 20/12/2016

Caro Jeph, che piacere risentirti con tue belle notizie. Mi ricordo tanto di te. Mi commuove risentirti. Io sono invecchiato (87 anni) ma ancora mi piace fare casino e scrivere poesie e romanzi. Mandami il tuo indirizzo postale che ti mando qualche cosa che ho scritto. Riceverei con piacere cose scritte da te. Telefonami o scrivimi dopo queste feste e combiniamo per vederci qui a Bologna o altrove. Per adesso auguri di Buon Natale e di bellissimo Anno Nuovo. Ti abbraccio. Enzo Spaltro.

Bologna, 5/1/2017

Caro Jeph, grazie delle tue poesie. Sono come ai tempi di Trento: imprevedibili e immense. Grazie, ti ricambio con qualche mia poesia ed un libro politico. Spero che ti piacciano. Sarei molto contento di stare in contatto con te. Per ora auguri per l'anno appena iniziato ed un abbraccio da Enzo Spaltro.

Bologna, 30/01/2017

Caro Jeph, grazie del tuo affetto e delle cose che dici su di me. Io non ho fatto altro che comunicare quello in cui credo. Ti mando qualcosa che mi avevi chiesto. La tua poesia su Giovanna d'Arco mi ha commosso. Tutti nei secoli non hanno fatto niente per impedirlo. Adesso non è ancora finito questo gioco al massacro però di nuovo c'è il fatto che noi siamo in grado di farlo finire. Coraggio e continua a fare quello che fai. Da me un abbraccio, Enzo.

Bologna, 1/2/2017

Caro Jeph, tu puoi fare quello che vuoi delle cose che io scrivo: ne sarò migliorato comunque. Vorrei vederti, ma ho paura. di quello che è stato e non si può cambiare. Mi rifugio dentro la mia età, che è poi il tempo. Il tempo, diceva Einstein, è funzione della forza di gravità. E forse anche della pressione atmosferica e gli anni quindi pure: tuoi, miei, di chi? Che ne sarà di noi sulla luna o su Giove? O più facilmente domani o dopodomani? O a Maenza o a Bologna? Mi gira la testa il pensarci ma lo faremo. Un abbraccio, Enzo.

Bologna, 28/4/2017

Caro amico mio, sicuramente troverò il modo di venirti a trovare e grazie dell'invito. Adesso penso a come fare per arrivare al club dei poeti erranti. Da tempo sono convinto che la poesia ad essere la via più diretta verso l'ignoto. Lì, infatti, si incontra la limitazione della lingua con l'universalità del sogno. La musica non ha questa contraddizione. Per questo ha meno bellessere della poesia, ma di questo parleremo a Maenza caro amico mio. Grazie ancora dell'invito e a presto, Enzo.

Bologna 25/6/2019

Caro Jeph, questo messaggio è un invito a festeggiare insieme il mio 90° compleanno. Questo avverrà mercoledì 3 luglio 2019 a Bologna, dalle ore 18.00 alle 20.30 al Teatro Comunale nel foyer Rossini al terzo ordine. Sarò felice di poter godere della tua presenza. Ti sarei grato se non mi facessi regali. Il regalo più bello sarà la tua presenza. Un affettuoso arrivederci quindi. Enzo.

Bologna, 26/2/2020

Ti ringrazio del costante ricordo, da me ricambiato anche se silenziosamente. Complimenti per il tuo lavoro teatrale e grazie per aver parlato di me. Ti avevo promesso qualcosa sullo psicodramma e ti chiedo scusa se non ho mantenuto la promessa: lo farò… Per ora ti mando solo un abbraccio ed un grazie affettuoso. Enzo

Maenza, 26 marzo 2021

Sono addolorato per la morte del mio amatissimo maestro, il prof. Enzo Spaltro, docente di psicologia sociale presso la Facoltà di sociologia di Trento, a cui ho dedicato "Il teatro del teatro a Théatropólis", che parla di lui e delle nostre esperienze dello psicodramma. Carissimo maestro, desideravi tanto leggere questo testo, e di tanto in tanto, per telefono, mi chiedevi quando l'avrei pubblicato. Proprio ieri, avevo comunicato al prof. Rino Caputo, storico e critico della letteratura, e all'autore teatrale e saggista Enrico Bernard, che oggi avrei spedito il testo all'editore per la pubblicazione. Stavo per telefonarti, quando ho ricevuto il messaggio dalla tua famiglia. E piango con forte senso di colpa per non aver pubblicato il libro nel mese di ottobre scorso. Ci tenevi tanto a leggerlo e non lo leggerai, ma sarò io a sussurrartelo e a ricordarti di noi, del maestro e del discepolo, di te e di me. Non ti dimenticherò mai, perché sei una persona speciale e un maestro esemplare. E, come ho sempre fatto, continuerò a parlare di te, delle tue poesie, dei tuoi insegnamenti e del tuo concetto di bellessere (senza trattino, senza apostrofo e senza interspazio). Continueremo a far tesoro di te. Sempre tuo, Jeph

"Il teatro del teatro a Théatropólis" di Jeph Anelli è stato pubblicato con il contributo di Salvatore Capirci, Margherita Caruso, Giancarlo Loffarelli, Pasquale Mancini, Franca Petroni e Alessandro Pucci.